Management Accounting for Public Sectors

公共部门管理会计

罗 辉 洪 流 王祺扬 编著

中国财政经济出版社

图书在版编目（CIP）数据

公共部门管理会计/罗辉，洪流，王祺扬编著.—北京：中国财政经济出版社，2010.11

ISBN 978-7-5095-2351-3

Ⅰ.①公…　Ⅱ.①罗…②洪…③王…　Ⅲ.①管理会计-基本知识

Ⅳ.①F234.3

中国版本图书馆CIP数据核字（2010）第132877号

责任编辑：张若丹　　　　责任校对：李　丽

封面设计：耕　者

中国财政经济出版社出版

URL：http：//ckfz.cfeph.cn

E-mail：ckfz@cfeph.cn

社址：北京市海淀区阜成路甲28号　邮政编码：100142

发行处电话：88190406　财经书店电话：64033436

北京财经印刷厂印刷　各地新华书店经销

787×960毫米　16开　31.25印张　502 000字

2010年11月第1版　2010年11月北京第1次印刷

定价：65.00元

ISBN 978-7-5095-2351-3/F·1894

（图书出现印装问题，本社负责调换）

本社质量投诉电话：010-88190744

序

管理会计是当代会计研究领域的一朵奇葩，公共部门管理是管理科学研究领域的一个难点，将公共部门与管理会计有机结合起来是我国乃至世界会计研究领域人迹少至的一片“荒漠”。由原湖北省财政厅厅长、现湖北省人大常委会副主任罗辉同志以及湖北省财政厅副厅长洪流、王祺扬同志编著的《公共部门管理会计》一书，对此作了难能可贵的探索。

公共部门管理会计是多学科综合发展的产物，对于当代公共部门管理会计理论的探讨，也必须进行跨学科、多角度、交叉性的研究。罗辉同志毕业于华中工学院力学系，有着扎实的数理功底，又曾长期从事社科教学，对经济、财政、会计工作的内涵有着深刻的理解。得益于专业背景的有力支撑，作者在本书中理顺了公共部门管理的逻辑脉络，解释了公共部门绩效评价的价值内涵，使得公共部门管理会计体现出社会科学的思辨性和规范性。同时，作者还在本书中创造性地提出了公共支出项目绩效评价“本量效”分析方法和相关分析技术，并将平衡计分卡方法灵活运用于公共支出绩效评价过程，使得公共部门管理会计又具备了自然科学的严谨性和实证性。因此，本书既有价值观，又有方法论，处处激荡着自然科学与社会科学、实证分析与规范研究碰撞的火花。这正是本书值得推荐之所在。

公共部门管理会计涉及政治、经济和社会等领域，对于当代公共部门管理会计实务的应用，也应当本着客观、全面、综合的态度来对待。在市场经济条件下，以政府组织为代表的公共部门和以企业组织为代表的私人部门虽然性质和目的不同，但经济管理方式方法却有相通之处。罗辉同志既曾担任企业高管，又曾主持高校改革，更有多年行政管理的领导经验，无论是对私人部门还是公共部门的管理会计实务均有着较为深刻而独到的理解和认识。在作者的精心构架下，企业管理的绩效观念和技术方法，行政管理的体制机制和组织方式，得以自然、严密地融会贯通于公共部门管理会计领域。罗辉等同志以身体力行的经验总结为支撑，握笔伏案、潜心研究，妙论观点、详述案例，这种“从实践中来，到实践中去”的务实精神，令人钦佩。

全球化时代的公共部门管理会计最为期待的不是单纯的诠释者或者单纯的实践者，而是二者的结合，既要解释原理，又要改造实务。罗辉、洪流、王祺扬同志在百忙之中笔耕不辍，历时近两年完成此书，在我看来，这既是他们对学术的一种追求，又是他们对受众的一种责任，更是他们对同行的一种馈赠。希望此书的付梓，能唤起更多志同道合的同事们研究探索我国公共部门绩效评价与管理会计问题，为公共管理和会计事业的改革与发展提供更多更好的理论支持和专业指导。

是为序。

二〇一〇年十一月于北京

目 录 CONTENTS

绪论

一、关于公共部门管理会计的思考

随着新公共管理理论与实践的不断发展，推进公共部门绩效管理的呼声不断高涨。在传统的公共管理领域，机构臃肿、效率低下、浪费严重、不计成本等现象几乎成为世界各国不同程度普遍存在的共性问题。新公共管理的倡导者，极力主张用企业管理理论与方法，特别是用企业家精神来改造公共部门、重塑政府。于是，公共部门绩效管理逐步成为公共管理学的一个重要分支，并在公共部门特别是政府管理的实践中得到广泛的关注。与此相适应，财政部门在推进预算管理制度改革的进程中，也明确提出了探索绩效预算的崭新课题。但是，在探索公共部门绩效管理或绩效预算的实践中，明显感到公共部门所提供的传统会计信息难以满足这一需要。正是基于实践的需要，我们从理论与实践结合的角度，思考提高公共部门绩效的会计使命问题。

在市场经济体制条件下，按照行为主体性质和决策机制不同，可以将众多的行为主体分为以政府组织为代表的公共部门（public sector）和以企业组织为代表的非公共部门（或私人部门，private sector）两大类。运用经济学的理论和方法分别研究公共部门行为和企业行为，就产生了公共部门经济学和企业经济学。在市场经济体制条件下，经济社会活动有两种基本行为规则（或交易制度），即市场机制与非市场机制。作为近代制度经济学代表人物之一的康芒斯，在其《制度经济学》中，将“交易”分为三种基本类型[①]：一是买卖的交易，即平等人之间的交换关系；二是管理的交易，即上下之间的交换关系；三是限额的交易，主要指政府对个人的关系。这三种交易覆盖了公共部门和非公共部门所有人与人之间的经济社会活动。然而，长期以来，无论是从经济学还是从管理学角度来看，似乎都存在一种规律，人们往往先是偏重于市场机制应用领域的经济行为与管理活动规律的研究，再逐步转向对非市场机制运作的公共部门的经济行为与管理活动规律的研究，并在研究

---

① 转引自卢现祥著：《西方新制度经济学》，中国发展出版社 2003 年版，第 4 页。

公共部门管理活动规律时，运用对企业经济行为与管理活动规律的研究成果，反过来又促进公共部门提高其绩效。坚持理论与实践相结合，研究表1所示的部门与学科之间的对应关系，可以得到许多有益的启示。

表1　部门与学科之间的对应关系

	经济学	管理学	会计学	
私人部门	传统经济学（微观经济学）	传统管理学（企业管理学）	财务会计（企业财务会计）	管理会计（企业管理会计）
公共部门	公共（部门）经济学	公共管理学	预算会计（行政事业单位财务会计）	公共部门管理会计

（一）从经济学的角度看部门与学科之间的对应关系

1. 从研究私人部门到研究公共部门

任何理论都是在分化中深化，在综合中升华。从传统的微观经济学到现代的公共部门经济学便是一个典型。传统经济学（特别是微观经济学）是研究以厂商为主要对象的市场领域的经济活动规律，而对于以非市场机制运作的公共部门经济活动则主要局限于政府收支的研究，这也是传统财政学的研究内容。至于对政府部门的其他经济行为和其他公共部门的经济与管理活动的研究，则是零散地分布在政治学、福利经济学和宏观经济学的理论中。而系统地以公共部门经济活动规律为研究对象的公共部门经济学（或公共经济学），则直到20世纪中叶才逐渐形成。

在实践与理论的推动下，市场经济体制条件下的政府，其经济作用日益扩大，从单纯的财政收支扩大到对经济运行的调节与管理，政府也开始直接进入生产领域，并形成相当规模的国有企事业单位。在这种情况下，作为一门独立学科的公共部门经济学（或公共经济学）便应运而生了。1959年，美国经济学家马斯格雷夫出版了《公共财政理论：公共经济研究》一书。该书首次引入了“公共经济”（public economy）这一概念。在马斯格雷夫的带动下，一批著名财政学家纷纷将自己的著述改称为公共经济学。1966年开始定期召开以公共经济学为主题的会议，同时成立了阿克森主持的公共经济学会及会刊，这预示着经济学的研究对象已出现“公、私”两大领域，一类是以非市场机制为主的公共部门的经济活动为研究对象，另一类是以市场机制为主的私人部门（主要是企业）的经济活动为研究对象。前者成为新兴的公共部门经济学或公共经济学，后者就是早为人们熟悉的以微观经济学为主的传统经济学，其实质上则主要是关于典型私人部门——企业领域的经济学。

2. 从“经济市场”应用经济学方法到“政治市场”应用经济学方法

20世纪50年代，由公共选择学派形成和发展起来的公共选择理论，是将经济学与政治学交叉融合在一起的理论。它是与市场选择相对应的公共领域的选择。公共选择理论运用现代经济学的逻辑和方法，如经济人假设、效用最大化、交换及供求分析等要素，分析现实生活中与民众相关的政治个体的行为特征，以及由此引出的政府及其公共部门的行为特征。用该理论创始人布坎南的话说①，“公共选择是政治上的观点，它从经济学家的工具和方法大量应用于集体或非市场决策而产生”。该理论告诉我们，无论是按市场机制运行的企业（典型的私人部门），还是按非市场机制运行的公共部门，作为部门运作主体的“人”，都同样具有“经济人”特征，那么，借鉴研究私人部门领域相关学科的工具和方法，来研究和管理公共部门，促进公共部门绩效的提高，就理所当然地成为一种逻辑思维。

（二）从管理学的角度看部门与学科之间的对应关系

1. 私人部门与公共部门管理的异同

从“科学管理之父”泰勒，到“现代经营管理之父”法约尔，再到“社会系统方法之父”韦伯，直到提出“管理理论丛林”理论的孔茨，他们提出的各种各样的传统管理理论与管理分析模式，都是以运用市场机制运作的典型私人部门——企业为研究对象的，实质上则是企业领域的管理学。而以运用非市场机制运作的公共部门为研究对象，以经济学为基础来系统研究公共部门管理，也还是20世纪后期的事情。

与最典型的私人部门管理——企业管理相比，公共部门管理既有其共性的方面，更有其个性的方面。从共性的方面讲，“公、私”两类部门的管理，

---

① 布坎南著：《自由、市场和国家》，北京经济学院出版社1988年版，第18页。

都包含了合作团体的活动，而且所有的组织都必须履行一般的管理职能，如计划、组织、人事、预算等。从个性的方面来讲，公共部门管理在很多方面不同于私人部门管理。一般而言，这些差别主要表现为：一是管理的目标或使命不同。公共部门管理以为公众服务为目标，追求公共利益，而私人部门则以营利为目的。按照马斯格雷夫的观点，公共部门提供公共产品，而私人部门提供私人产品。前者在消费上具有非竞争性，资源的有效利用要求所有消费者边际替代率的总和等于生产的边际转换率，消费者的偏好需要一个政治过程或投票机制来展示；而后者在消费上具有竞争性，资源的有效利用要求消费边际替代率等于生产的边际转换率，消费者的偏好要通过市场出价或竞价方式来揭示。二是管理的竞争与效率意识不同。公共部门管理所处的环境，完全不同于企业管理环境，后者必须在市场环境中靠竞争创造自身价值，维持自身的生存与发展，进而必须树立强烈的竞争意识与效率意识；前者不存在所谓盈亏问题，其运行成本基本上来自财政拨款，难以产生强烈的竞争意识与效率意识。三是管理的责任机制不同。与私人部门管理相比，由于利益机制的原因，公共部门管理特别是政府管理更加强调责任。其原因是，在产权清晰的企业管理过程中，权威与责任的划分是比较清楚的，而在公共部门，从理论上讲，权力意味着责任，职位意味着服务，但却缺乏内在的责任机制，需要较私人部门更有效的监督与约束。按照管理就是决策的观点，上述差异进一步说明，提高公共部门经济与管理活动的效率，也需要与企业决策一样，建立与之相适应的决策支持系统。

2. 新公共管理理念的变化

20 世纪 80 年代以来，为适应西方国家市场机制和经济发展需求而产生的新公共管理，其理念发生了深刻的变化，主要表现在从过去不重视甚至怀疑以企业为代表的私人部门的管理哲学、方式和方法，到开始把企业管理作为可以借鉴的优秀管理样板，积极引进企业管理中较为成功的管理理论、方法、技术和经验，指导西方行政改革，重塑政府的理论基石，这就是新公共管理主义。新公共管理主义的关键内容就是强调私人部门的管理方法与公共部门的管理方法有相似之处，可以广泛运用于公共部门，其核心就是借用企业的管理哲学、模式、原则和技术方法来重塑新的公共部门形象，如努力精简组织机构，大幅度减少行政人员，推行目标管理、绩效管理、全面质量管理等，利用社会和市场力量实现公共服务社会化，并在公共服务中引进市场机制，强调公共部门的绩效管理，在追求节约与效率的同时，更关注质量，强调以结果为本的“讲究效果的政府”。“新公共管理”理论对管理持有两个理念：即管理的自由化和市场化①。所谓管理的自由化，管理主义认为，公共管理人员是具有高度专业化的知识并通晓如何管理的掌握着信息的个人，应该“让管理者来管理”，这是良好管理的基本准则。所谓管理的市场化取向，包括两个基本概念：一是竞争，二是私人部门管理的普遍化。关于竞争，主要是在公共部门创立内部市场，由于竞争所带来的高效率和低成本，它被看做是改进绩效的可靠战略。管理市场化取向的维护者相信，在市场压力下的公共管理者可以提高其绩效水平。关于私人部门管理的普遍化，新公共管理理论认为，私人部门的管理实践和技术优于公共部门并且可以用于公共部门，公私管理之间的区别是一种假象，“管理就是管理”。

3. 从企业管理到新公共管理

毫无疑问，公共部门管理与私人部门（企业）管理之间存在着许多不同。但在本质上，或者说在高度抽象的技术层面，它们之间又是相同、相通的。早在20世纪50年代，刘易斯就有过简要的评述②：“几乎政府所做的一切，私人公司都曾在某一时期采用过，这包括修路、提供警察、救火或仲裁服务。实际上，在公共服务的大多数领域中，开拓工作都是由私人企业家做的，而政府的介入只是在相对较晚的阶段。”无论是私人部门还是公共部门，都需要履行计划、组织、人事、指挥、协调、报告、预算等职能，都少不了制定与控制绩效目标的工作。奥斯本和盖布勒认为，由于政府和企业是两种性质不同的组织，尽管政府不能简单地像企业那样运作，但在理念和精神上应当是相通的。“任何机构，无论是公营私营，都可以有企业家的精神，正像任何公私机构，都会出现官僚主义。③”这就是说，从一定意义上讲，新公共管理的内涵之一就是采用企业管理技术。因此，为了提高公共部门绩效，特别是提高公共支出的经济性、效率性、有效性与公平性，公共部门也应该像企业那样，开展并不断完善管理会计工作，这也是实现新公共管理的应有之义。

---

① 珍妮特·V. 登哈特等著：《新公共服务：服务，而不是掌舵》，中国人民大学出版社2006年版，第3页。

② A. 普雷姆詹德著：《公共支出管理》，中国金融出版社1995年版，第11页。

③ 戴维·奥斯本、特德·盖布勒著：《改革政府：企业精神如何改革着公营部门》，上海译文出版社1996年版，第23页。

（三）从会计学的角度看部门与学科之间的对应关系

会计实质上是一个信息与决策支持系统，也就是为了使信息使用者能够作出有根据的判断和决策而认定、计量和传递经济信息的程序与过程。现代会计特别强调，会计信息对决策的相关性和有用性，应当是为经济决策提供信息的特殊信息系统。“会计是对一定单位的经济业务进行计量、记录、分析和检查，作出预测，参与决策，实行监督，旨在实现最优经济效益的一种管理活动。[①]”然而，春风不度玉门关，这种现代会计观，尚未拓展到公共部门领域。这恐怕与前述关于经济学与管理学的研究类似，会计学的研究也是先从典型的私人部门——企业领域的会计开始的，以至于在相当多的文献里，对会计本质的认识，首先也还是与企业的生产经营活动联系在一起的，如“会计的本质是反映生产经营过程中的数与量”、“会计的本质是管理生产经营过程的一种工具”、“会计的本质是一种记录、分类、总结一个企业交易并报告、解释其结果的艺术”。从企业经济与管理活动的需要而言，为了满足企业内部与外部对会计信息的要求，企业会计又进一步分为企业财务会计（financial accounting）和企业管理会计（management accounting）。比较一下当今典型的私人部门——企业与公共部门这两类部门会计的发展进程，可以看出，提高公共部门绩效特别是提高公共支出绩效，也需要建立公共部门管理会计，并与财务会计一同服务、服从于公共支出决策。

1. 企业财务会计与企业管理会计

企业财务会计与企业管理会计同为企业会计的两大分支。长期以来，人们对财务会计了解比较多，而对管理会计了解则比较少。在实际工作中，财务会计也比管理会计运用得更加充分。管理会计与财务会计的根本区别就在于是对内提供决策所需的信息，还是对外提供决策所需的信息。一般把前者称为管理会计，把后者称为财务会计。

尽管管理会计与财务会计有所区别，但他们之间又是相互联系、相互补充的关系，在企业管理中为提供可靠的管理信息共同发挥作用。从总体上说，财务会计与管理会计研究的对象从不矛盾，都是以物质运动和价值运动为基础，以信息运动为纽带，向使用者提供相关信息。财务会计核算的目的在于

---

① 娄尔行主编：《基础会计》，上海财经大学出版社 2002 年版，第 5 页。

通过提供信息来影响人们的决策及其行为；管理会计则运用了一些特殊的方法和技术对企业的生产经营活动及人们的行为进行管理和控制。财务会计的对象以企业的生产经营为主；管理会计则是利用相关信息对企业及其经济活动进行组织、控制和指导，它是对财务会计信息的再加工。

2. 企业财务会计与企业管理会计的联系

（1）服务对象方面：实际上财务会计在作为“外部会计”的同时也为内部服务，管理会计在作为“内部会计”的同时也为外部服务。财务会计提供的许多主要财务成本指标，如资金、成本、利润等，对企业的管理者，特别是高层级的管理者同样需要，这是他们制定决策、编制计划和实施控制所不可缺少的。同样，企业外部的投资人、债权人也需要了解管理会计提供的许多重要的经济信息，以及根据这些信息所确定的目标、方针、计划等，这是他们决定投资、放款和估量未来报酬时必须考虑的。尤其是管理会计所进行的预测、决策、计划和控制等工作，虽然企业外部关系人并不直接关心，但他们是围绕着实现企业生产经营的最佳运转而展开的，是为保持企业良好的财务状况和取得预期的经营成果服务的，同投资人、债权人的最终利益密切相关。可见，管理会计与财务会计在为谁服务的问题上虽然有明显的区别，但也有一些相通之处，两者之间存在着交叉服务的现象。

（2）主要资料来源方面：管理会计之所以有助于企业管理者规划和控制未来的生产经营活动，一个非常重要的原因就是它可以从不同的渠道取得多种形式的资料，虽然其中包括会计核算资料、统计核算资料、业务核算资料和其他有关资料，但最基本、最重要的还是会计核算资料，是通过记账、算账、报账等手段所能提供的各种成本资料。尽管管理会计是为企业管理者提供有效服务的会计信息与决策支持的系统，但它并不像财务会计那样要取得会计凭证，设置会计科目和账簿，要按规定记录、整理、汇总企业日常发生的经济业务，这方面的工作依旧由财务会计完成。

（3）职能目标方面：一般说来，财务会计的基本职能是对过去的生产经营过程进行事后的反映监督，目的是改善企业经营管理水平，提高企业的经济效益。管理会计的基本职能是对企业未来的生产经营活动进行事前的规划和控制，双方从不同的角度，以不同的方式发挥着自己的职能作用。然而，他们的职能目标却不是对立的，而是相通的，都是为企业的有关方面提供参谋、咨询服务。财务会计的职能目标是为企业外部的投资人、债权人、政府有关部门如实了解企业的财务状况和经营成果提供咨询服务，并对它们日后的投资、放款等活动施加某种影响；管理会计的职能目标是为企业内部的管理者、决策者正确制定决策，有效组织经营提供咨询服务，并对它们目前正在进行和未来进行的规划和控制活动施加某种影响。

3. 企业财务会计与企业管理会计的区别

企业财务会计报告供外部团体（如股东和债权人）使用，而企业管理会计报告是为组织内部的管理人员编制的。这个基本导向的对立造成财务会计与管理会计的许多差别，即使两者通常依靠相同的基础财务数据。表2概括了这些区别[①]。

表2　　企业财务会计与企业管理会计的区别

企业财务会计	企业管理会计
向组织外部的所有者、债权人、税务机构和管理机构报告	对内报告，用于计划、指导和激励、控制及业绩评价
强调对过去活动财务结果的汇总	强调影响将来的决策
强调数据的客观性和可验证性	强调相关性
要求精确	要求及时
只编制组织整体的数据汇总	编制关于部门、产品、顾客和员工等的详细分部报告
必须遵循公认会计准则	不必遵循公认会计准则
强制对外报告	无强制要求

（1）强调将来方面：由于计划是管理工作非常重要的一个部分，管理会计因此特别强调未来的导向性；相反，财务会计主要提供过去财务交易的汇总。汇总固然在计划时有用，但仅是一方面。将来并不是过去发生内容的简单重现。经济状况、顾客需要和喜好、竞争状况等正不断发生变化，上述变化要求管理人员的计划应建立在对将来估计的基础上，而不是已经发生情况的汇总。

① 雷·H. 加里森等著：罗飞等译，《管理会计》，机械工业出版社2009年版，第3页。

（2）数据的相关性方面：所谓相关，指的是适合当前的问题。财务会计数据要求具备客观性和可验证性。然而，供管理人员内部使用的信息必须相关，即使信息不完全客观或可验证，但正是此类信息对管理人员的决策最有用。管理会计信息系统应足够灵活，能提供与特定决策相关的任何数据。

（3）数据的精确性方面：财务会计对外报告，精确是必须的。但对于管理会计而言，确保数据的精确会耗费时间和精力。相比等到将来有一个更精确的答案，大多数管理人员更愿意即刻有一个好的估计值。通常，管理会计人员不像财务会计人员那样强调精确，往往只需要三位有效数即可（如上亿元的估计值，近似到百万元的估计值已经足够了）。同时，管理会计还非常重视非货币数据，例如顾客的满意度等。

（4）涉及范围方面：财务会计主要报告公司的整体情况；相反，管理会计更多地关注组织的各个部分的情况。财务会计固然要求在对外报告中也按主要分部分解收入和成本，但这是次要的，而在管理会计中，分部报告则是首要的。

（5）公认会计原则方面：为外部使用者编制的财务会计报告必须依据公认会计原则，但据此得到的报告却不一定完全适合于内部决策。管理人员可根据内部报告的内容和形式设定自己的规则，唯一限制在于使用信息的预期收益应超过搜集、分析和汇总数据的成本。

（6）强制性方面：财务会计必须按规定及时提供相关报告，而管理会计却是非强制性的。管理会计是完全自由选择的，它的重要问题是“此信息有用吗”，而不是“规定要有此信息吗”。

4. 企业管理会计发展的启示

迄今为止，公共部门的会计业务（如政府会计、政府及非营利组织会计，行政事业单位会计等），仍然只停留在财务会计上，也就是相对于企业财务会计，按照国家统一的相关会计规范，记录与整理公共部门已发生的财务收支活动，并按规定提供给相关部门。而评价过去、控制现在、规划未来方面的会计工作则相当薄弱，有的甚至基本上是一片空白。显然，现行的公共部门财务会计，很难适应日益复杂的公共管理决策需要。因此，随着公共部门经济与管理活动的深度与广度不断加大，公共部门管理会计的复杂性与重要性也不断提高，与建立公共部门经济学、公共部门管理学一样，建立公共部门管理会计，是会计理论特别是公共部门会计理论不断发展的必然要求。这里，我们简要回顾一下企业管理会计产生与发展的过程，更可以看出建立公共部门管理会计是一种必然要求。

管理会计是西方国家在会计管理上的一种发展。在相当长的一个时期内，西方的会计理论一直认为“会计是反映经济（财务）信息的一种技术和方法”，虽然在实际工作中，会计对经济活动的日常管理起着积极作用，但直到20世纪20年代西方会计理论界才把会计与管理联系起来。其重要原因是由于“泰罗制”在企业管理实际中的广泛应用，会计如何为提高企业的生产和工作效率服务，开始提到议事日程上来，于是“标准成本”、“差异分析”、“预算控制”等这些与泰罗的科学管理直接相联系的计划、控制方法被引进到会计中来，并且有的学者以管理会计为题著书立说。第二次世界大战以后，管理会计受到重视，实际工作中大量应用，逐步从传统会计中分离出来，成为独立的学科，并与财务会计相提并论，成为企业会计中两个并存的重要领域。实践需要是决定着一门学科诞生与发展的根本原因，企业管理会计的诞生与发展也进一步说明了这个道理。

（1）企业管理会计的发展是企业决策的需要。第二次世界大战后，西方国家的经济有了新的变化：企业的规模愈来愈大，生产经营日趋复杂，战争中发展起来的科学技术，大量转移到民用产品上去。新产品层出不穷，产品更新换代快，市场竞争十分激烈。在这种情况下，企业经营者为了避免在竞争中被淘汰，迫切要求会计不仅是事后反映，更重要的是对企业未来的经营管理提出多种方案，事先预测其效果，进而为企业经营决策提供依据，以便取得最佳的经济效益。为了适应新形势的要求，会计人员运用现代管理科学的新成就——运筹学，对会计资料进行加工，预测未来，参与决策。著名的管理学大师西蒙有句名言：管理就是决策。在企业管理领域，会计学与运筹学相结合，形成了企业决策会计，奠定了企业管理会计的基础。

（2）企业管理会计的发展是企业控制与考核的需要。为了提高企业的核心竞争力，20世纪50年代以来，现代企业管理中行为科学理论得到较大发展，它主要是应用心理学和社会学原理，来探讨所谓调整和改善人与人之间的关系，引导和激励企业员工在生产经营中充分发挥主观能动作用，为企业出谋划策，争取实现最大的经济效益。按照行为科学确立的原理和方法来管理企业，首先要制定企业在一定时期内必须实现的总目标，企业内部各管理层次成为各种责任中心，并制定与总目标相适应的具体目标，实行目标管理。

因此，企业经营者不仅要求会计反映整个企业的经营成果，更重要的是要控制和考核各责任部门和有关员工的工作业绩。对于这方面的工作，会计人员更是责无旁贷。会计与责任的控制、考核相结合，就形成了企业管理会计的另一重要内容——控制与责任会计。

（3）企业管理会计的发展还得益于计算机技术应用。会计从事后反映，发展到预测、决策、计划、控制、考核，对信息的需求大量增加，与之相对应的计算工作量也大大增加，因此，必须具有良好的计算工具，才能开展这项工作。20世纪计算机技术的发展与普及，特别是计算机在企业管理与会计领域中的应用，为企业管理会计的发展创造了客观条件。

联系企业管理会计的发展进程，结合现代公共部门的实际，我们可以想到：在现代公共支出规模不断扩大的新情况下，为了提高公共部门的工作效率与服务质量，提高公共支出决策的科学性和经济性，提高公共支出特别是公共支出项目绩效，以公共经济学与公共管理学为基础，以计算机应用为条件，大量吸收相关学科的理论成果与实践经验，建立公共部门管理会计，无论是从理论上还是从实践上讲，都是一件颇有现实意义的事情。

二、建立公共部门管理会计的重要意义

（一）从公共行政到公共管理看建立公共部门管理会计的重要意义

1. 行政与管理

行政（administration）与管理（management）是既有联系又有区别的两个概念。在《韦伯斯特词典》中，administration 被解释为一种行政执行行为，对各种事务进行管理，即对执行、运用或处理进行指导或监督。对 management 的解释，《韦伯斯特词典》则给予了更多的内涵。management 被视作行动或艺术：将某种事务作为一种事业进行管理、处理或监督的行为或艺术，特别是指在对结果负责的情况下，各种活动的计划、组织、协调、指导、控

制等执行职能，进而明智地运用各种手段以实现某一目标。对于行政的理解，通常认为是服从上一级的指令并遵照执行；而对于管理的理解，则认为是执行某种任务并要取得结果，而且管理者对取得的结果负个人责任。

英国学者诺曼·弗林认为①，行政是遵循已经确定的规则和程序，对资源进行有序安排，管理是为实现一系列目标而在资源管理上的自主处理权。实际上这两种行为在公共部门中都存在：许多事务要求行政而非管理，且许多管理者需要两者并用。当然，在很多情况下，这两者的区别是语言上的区别，而非实质上的区别。管理，从自主作出决定的意义上讲，要求管理者通过思考和行动以及利用其他人的知识来找到一定目标和最佳路径。管理的概念既不是技术性的，也不是价值中立的。许多关于组织如何运作的观点源于人们的动机、人们之间的关系、权威的运用以及人们可以信赖的程度。换言之，管理本身可能具有意识形态性。

澳大利亚公共管理学者欧文·休斯指出②，“行政”基本上是指服从指令和服务，而“管理”则包括两个方面：一是要取得某些结果，二是要明确取得这些结果的管理者的个人责任。他还指出，“管理”包括“行政”在内，而且也涉及组织，即以最高效率实现目标并对结果真正负有责任。这就进一步明确了“行政”与“管理”的关系。在公共部门管理的实践中，弄清“行政”与“管理”这两个概念的内涵，对如何从会计的角度服务、服从于公共部门管理决策（特别是公共支出决策），努力提高公共部门绩效有着重要意义。

2. 公共行政与公共管理

根据行政与管理的联系与区别，可以分析公共行政与公共管理的联系与区别。一是公共行政主体内含在公共管理主体之中，后者包含前者。公共行政的主体是政府及其行政机关；公共管理的主体则是公共部门，包括政府部门和其他公共部门。二是公共行政与公共管理追求的目标不尽相同。公共行政主要是指政府行政机关执行上级制定的政策，并将其转化为实际行动，为公众提供服务，所以它关注的是执行的过程、执行的程序，将政策转化为行动和日常的办公室管理。公共管理则关注政府部门及其他公共部门如何制定

---

① 诺曼·弗林著：《公共部门管理》，中国青年出版社 2004 年版，第 2 页。

② 欧文·E. 休斯著：《公共管理导论》，中国人民大学出版社 2005 年版，第 6 页。

正确的决策，如何将决策付诸实施以取得好的结果，管理者如何在这一过程中分配个人责任并协调行动，好的结果还意味着公共部门能否以尽可能低的成本来获得公众满意的结果。

英国著名公共管理学家、曾任伦敦经济学院院长的胡德教授，将新公共管理的特质归纳为七个方面①：一是在公共部门中实施专业化管理，让公共管理者自己管理并承担责任；二是确立明确的目标，设定绩效测量标准并且实施严格的绩效测量；三是特别强调产出控制，对实际成果的重视胜过对过程或程序的关注；四是打破公共部门中的本位主义，对部门进行拆分与重组，破除单位与单位之间的藩篱；五是在公共部门中引入竞争机制，降低管理成本，提高服务质量；六是强调对私人部门管理方法和风格的吸收和运用；七是强调对资源的有效利用和开发。从这些方面我们可以看出，公共管理与公共行政内涵之间的区别，前者更加重视管理、强调责任、讲求绩效。

以公共管理为研究对象的公共管理学，就特别注意研究公共部门内部三个主要问题：财政管理、人力资源管理和绩效管理。“公共部门的收入和支出状况如何、收入和支出的情况有没有获得收益—成本的最大化，以及如何改进公共部门的资金使用效率等问题都应该是题中之意。在公共部门面临的新形势下如何发挥管理者的积极性以使每个人都对结果负责？公共管理学需要研究公共部门的恰当的激励机制以使管理者的主观能动性尽可能发挥。最后，从单纯地注重过程和程序研究过渡到更具有实质性的结果和绩效研究，是公共管理发生转变的一个重要原因。建立恰当的公共部门绩效指标考核体系是公共管理学面临的极具挑战性的课题，同时也是公共管理学科长盛不衰的动力。②”

3. 从公共行政到公共管理

当代市场经济国家的公共管理理论与实践已发生了深刻的变化，经历了从公共行政到公共管理的转变。公共行政学的思想形成于19世纪末、20世纪初，它的主导地位一直持续到20世纪60年代。传统的公共行政学范式建立在科层制理论与行政—政治二分法的基础上，讲究组织的内部取向，注重机构、过程和程序以及行政原则的研究，并以行政效率作为追求的最高目标。

---

① 欧文·E. 休斯著：《公共管理导论》，中国人民大学出版社2005年版，第72页。

② 庄序莹著：《公共管理的经济学基础分析》，复旦大学出版社2005年版，第18页。

随着经济社会的发展，传统公共行政学的内在缺陷逐步显现，许多学者对此进行了深入的研究，进而催生了新行政学的出现以及公共管理学的兴起。与传统的公共行政学不同，公共管理学的目标，是促进公共组织尤其是政府组织如何有效地提供公共产品及公共服务，甚至可以说，公共管理学是一门研究公共组织（主要是政府组织）如何有效地提供公共产品及公共服务的学科。

20 世纪 80 年代，公共管理途径在美国大学的公共政策和商学院逐渐成长起来。波齐曼（Barry Bozeman）在《两种公共管理概念》一文中说[①]：“在 20 世纪 70 年代末的美国大学中，几乎同时出现了两种明显不同的公共管理途径：一种来自于公共政策学院的‘政策途径’（policy approach），简称为‘P－途径’；另一种是来自于商学院并受传统公共行政学影响的‘商业途径’（business approach），简称为‘B－途径’。”“政策途径”是一门以政策研究为取向，重视定量分析方法尤其是经济分析手段的新学科。特别是政策执行研究（“执行运动”），把焦点集中在政府的项目而不是像传统行政学那样集中在机构上。将项目作为基本分析单位，机构方面的重要性不再由它自身所决定，而是由它与公共项目绩效的相关性质所决定。从事执行研究的学者凯尔特等认为[②]，执行研究从两个方面推动了公共管理的发展：一是执行研究的焦点由组织（尤其是结构和过程）转移到公共项目及其产生的结果上；二是执行研究超出了公共行政学，也超出了政治学而达到一个更广泛、综合的跨学科基础。也正是从这种由组织结构与过程向项目与绩效的焦点转移的趋势，以及不同学科研究者的共同努力，才促成了公共管理范式的兴起。“商业途径”则强调将工商管理和经济学的概念、理论和方法应用于公共部门管理的研究中，并仍然关注组织结构与过程。经过 20 世纪七八十年代的孕育和进化，公共管理的“P－途径”和“B－途径”逐渐融合，形成了公共管理的新范式。进入 20 世纪 90 年代，公共管理逐步成为一种与传统公共行政、公共政策分析并驾齐驱的公共部门管理研究的三大途径或三大范式。

公共部门的行政效率首先是要体现在用较低的成本有效地提供公共产品及公共服务。公共管理学将研究焦点由传统公共行政学的“内部取向”转变

---

① 转引自陈振明编著：《公共管理（MPA）专题 15 讲》，中国人民大学出版社 2004 年版，第 25 页。

② 同上，第 26 页。

为“外部取向”，由重视机构、过程和程序研究转到重视项目、结果与绩效的研究，这使得公共管理学涉及许多传统行政学所不曾涉及的内容，如公共物品、公共选择、集体行动的逻辑、委托—代理、产权、交易成本、交换范式、制度安排与创新、市场失灵与政府失灵、准市场、成本核算、信息管理系统等。特别是公共管理学更多地以经济学为基础，经济学途径已成为公共管理学研究的一个主导途径。它采用经济学的理论假设、概念框架、分析方法及计量技术来研究公共管理问题。为了提高公共管理的效率、效益与效果，更加有效地为公众提供公共产品与公共服务，在公共部门的经济与管理活动全过程中，需要更加注重会计信息的收集与加工，为公共管理决策服务。特别是随着公共支出规模的不断扩大，注重公共预算绩效，如何实施绩效预算已成为提高公共部门绩效的一个亟待解决的问题。然而，现行的公共部门财务会计所提供的信息是难以满足这种需要的，更为突出的是无法满足项目预算的绩效管理要求，很难以项目为对象进行成本分析与成本控制。唯有借鉴企业管理会计的理念，从公共管理决策的实际需要出发，广泛收集并加工处理相关会计信息，建立公共部门管理会计才能履行好这一使命。

当前，我国的公共管理也正面临着从传统公共行政到现代公共管理的深刻变革。随着我国社会主义市场经济体制的不断完善，特别是加入 WTO 以后，政府职能转换进程加快，公共部门特别是政府组织的职能范围与工作方式正在发生深刻变化。公共经济学与公共管理学已成为培养公共部门工作人员特别是公务员的必修课程。与之相适应，建立公共部门管理会计，对于加速这个转变，促进公共部门廉洁、经济、有效地履行职能，提高运用非市场机制配置公共资源（特别是提高公共支出项目）的效率，创造更大的经济和社会效益，促进建立有中国特色的市场经济、先进文化、民主政治以及和谐社会都有着重要的意义。

（二）从企业管理到公共管理看建立公共部门管理会计的重要意义

1. 企业管理的启示

企业是最典型的私人部门，公司制是现代企业制度的典型形式。几乎世界上所有的市场经济国家，都通过立法方式采用这种企业制度。在公司制现代企业制度的治理结构框架下，为了提高企业的生产经营效率，企业管理会计实现了从执行性管理会计到决策性管理会计的变化，预测决策会计、规划控制会计与经营责任会计已成为现代企业管理会计的重要组成部分。现代企业管理会计所提供的会计信息，在现代企业治理过程中发挥着不可替代的作用，与此同时，形成了比较完善的企业管理会计理论和方法。

公司制现代企业制度发源并成熟于西方市场经济国家。从某种意义上讲，公司制现代企业制度是现代社会的民主制度在现代企业中的应用。其中，股东好比“选民”，董事会好比“议会”，经营者（总经理或CEO）好比“行政领导人”，监事会则是司法机构的缩影。企业管理民主与公共管理民主的同构，一方面说明公司制现代企业制度的产生，分享了公共管理的理论知识与实践经验；另一方面也说明公共管理完全可以也应该分享企业管理的理论知识和实践经验。这就是说，现代企业管理会计的成功经验，既说明建立公共部门管理会计对提高公共部门管理绩效的重要意义，又说明现代企业管理会计的许多内容均可以为建立公共部门管理会计所借鉴与运用。

理论与实践表明，对于现代经济社会而言，无论是企业管理，还是公共管理，其复杂性与广泛性都较过去有了极其深刻的变化。单纯靠少数精英人物，是难以保证随时都能够作出正确决策的。从广义上讲，实施依法（包括依章依规）决策、民主决策和科学决策，实现民主与集中的统一，是企业管理决策与公共管理决策的共同准则。企业管理与公共管理共同面临的问题有两个：一是如何将众多个人的意志转换为一个集体的意志，从而使得这些人能够在集体中联合行动；二是为了提高公共部门绩效，如何既要求行使行政权力（带有一定强制性的权力）并建立权威，又需要同时约束享有行政权力的人不致于滥用权力。解决好这两个问题，实现公共管理民主，必须学习企业管理会计理论，借鉴企业管理民主的成功做法，参考企业管理会计，建立公共部门管理会计，让管理会计信息系统在现代公共管理决策中充分发挥作用，使公共产品与公共服务的提供者与消费者形成较为统一的价值判断，进而既提高公共部门管理绩效，又促进社会和谐与进步。

2. 治理与管理的整合

无论是私人部门还是公共部门，在一个系统中，治理（governance）与管理（management）属于两个既有联系又不完全相同的层次。就企业系统而言，企业治理规定了整个企业运作的基本框架，而企业管理则是在这个特定的框架下，为实现企业目标所进行的一系列管理活动。治理是管理的基础，缺乏良好治理的企业，即使有理想的管理体系，也只能是一座地基不牢的大厦；管理是治理的保障，要是缺乏畅通有效的管理体系，单纯的治理模式就好比是一个只有框架的大厦，由于缺少实际内容，只能是可望而不可用。英国学者简·莱恩指出[①]，一种公共管理理论必须首先明确公共部门的基本任务：一是产品和服务的配置或提供；二是收入保障或转移；三是管制或者经济规则的制定与实施。它们最初主要适用于私人部门，现在也越来越普遍地运用于公共部门。公共治理理论是关于政府运作方式的一系列的理论。因此，它不仅是分析政府决策方式的一个理论框架，政府提供社会服务方式的研究，也是公共治理理论的重要内容。在传统的公共治理模式中，政府为了配置各种公共产品和服务，担负了多种角色。现代的公共治理，则在细致分析如何才能使政府经济地负担不同角色的基础上，将政府的各种角色明确区分开来。而借鉴企业管理会计的理念，从提供公共产品和公共服务的角度看，我们可以通过必要的成本收益分析，将传统政府及其相关公共部门的多种角色，明确区分为不同角色：购买者、提供者、承包者、管制者和仲裁者。

企业系统运行的经验与教训告诉我们，治理不能替代管理，管理也不能替代治理，两者相辅相成，缺一不可。一个有效运行的系统，必然是治理与管理的整合。治理结构的安排，在很大程度上受制于所处的基础性制度环境，例如，治理结构的基本层次、各利益主体在治理结构中的地位和责权利关系，以及相关监督机制等。而管理则是实现组织目标，创造组织绩效的重要资源，是一切组织的根本，其最终目标在于实现资源配置的优化和目标绩效的最大化。有的研究者将管理功能归纳为三个方面[②]，即“信息—决策”功能、“预测—保险”功能和“激励—约束”功能。显然，无论是构建良好的治理结构，还是建立有效的管理体系，特别是从管理层面上讲，都离不开会计信息系统和决策支持系统。

关于会计与管理之间的关系，在企业会计理论领域有两种不同的观点[③]，即会计信息系统论与会计管理（控制）活动论。从信息论的角度看，管理是一个信息网络，会计是该网络的主要信息源泉。它一端联系着信息源，另一

---

① 简·莱恩著：《新公共管理》，中国青年出版社 2004 年版，第 4 页。

② 林钟高等著：《公司治理与公司会计》，经济管理出版社 2003 年版，第 26 页。

③ 同上，第 31 页。

端与信息束联系着的包括信息获取、信息传输、信息储存、信息处理、特征提取、分类判决、反馈控制、测量显示等部分的有机系统。会计的主要职能是把企业的经济数据变为对企业管理有用的经济信息。从控制论的角度看，管理是一个控制网络，会计是该网络的决策支持系统。管理可被视为一个投入产出的资源转换系统，它将信息流、资金流、物流、人力资源流等转换为对消费者有价值的产品或服务，进而满足社会的需要，并在这个过程中创造价值和实现社会福利的最大化。会计作为一个决策支持系统，其基本目标在于为经济（经营）决策和评价受托责任履行状况提供有用的信息，而终极目标就是为了促进经济资源的优化配置。从公共部门管理的角度看，现行的财务会计既达不到信息论所提出的要求，更达不到控制论所提出的要求。实现公共部门治理与管理的整合，努力提高公共部门绩效，既需要不断健全和完善现行财务会计，更需要尽快建立与之相匹配的管理会计。

3. 公共管理的中心问题是公共支出决策

国内外的公共管理实践表明，任何政府都不仅是一个体系，而且是一个过程。这种过程不仅是一个政治过程，而且是一个经济过程，这些过程还是通过众多的公共部门来共同实现的。从政治的角度讲，公共部门的公共权力来自人民，是为人民服务的。人民是主人，是委托人。公共权力的行使者是仆人，是受托人。正如美国学者亨利·克莱（Henry Clay）所指出的那样①："政府是一个信托机构，而政府官员则是受托人；信托机构和受托人都是为了人民的利益而设立的。"与此同时，广大消费者作为选民和纳税人，他们不但有权要求"受托人"——政府部门，为保障他们的权益负责，而且还有权监督"受托人"——政府部门，评价他们履行受托责任的情况。从经济的角度讲，在公共部门的经济过程中，公共支出是一个重要环节。如果将公共部门看成是一个经济实体，那么公共部门的经济运转过程也是由收入、支出、生产、消费等环节构成的。公共管理的中心问题是公共支出决策。在公共支出决策过程中，不断提高依法理财、民主理财和科学理财水平，是提高公共部门管理绩效的应有之义。公共部门的职责就是提供公共产品或公共服务，这些都需要投入。而公共部门的运行成本取之于社会，用之于社会。如何把握最佳的税收结构，如何最大限度地控制公共部门的运行成本，提高其投入产

① 转引自哈维·S. 罗森著：《财政学》，中国人民大学出版社2002年版，第5页。

出比，这些都需要体现委托人的意愿，为社会大众服务，更好地接受社会监督。健全和完善社会主义民主与法制，从公共部门来说，必须以公共支出决策为中心，充分体现民主决策、科学决策和依法决策。公共部门作为“信托机构”，必须像企业那样，一是不断地评价已发生过程中的投入产出情况，从中总结经验，汲取教训，以便改进下一过程的工作；二要立足当前，控制正在进行中的过程成本，让有限的包括财政资金在内的公共资源，发挥出尽可能高的效率；三要对未来过程进行预测，规划好未来。同时，对公共支出项目安排及其原因，要让内行说得清，外行看得懂。企业生产经营管理的实践告诉我们，要回答这些问题，都离不开管理会计收集、加工和整理相关信息，进而尽量满足公共管理决策特别是公共支出决策的需要。

（三）从公共部门财务会计的困惑看建立管理会计的重要意义

在市场经济条件下，私人与公共这两类基本部门对应着两种基本的决策类型：一种是市场决策，另一种是公共决策，即非市场决策。所谓市场决策，就是市场主体（主要是企业和个人）根据市场供求关系来决定私人物品的生产、供应以及消费，即企业决定生产什么、如何生产和为谁生产；作为消费的个人决定购买和消费什么产品和服务等。所谓公共决策或非市场决策，则是国家或政府部门为公共物品的生产及供应，为宏观调控经济及社会运行而作出的决策。从某种意义上讲，管理就是决策，任何决策都需要为之服务的决策支持系统，图 1 显示了管理会计与现代管理系统之间的关系①。企业作为典型的私人部门，在企业管理系统中，遵循市场机制进行决策，有企业管理会计为其提供会计信息服务，然而在公共部门的管理系统中，公共决策则缺乏为之服务的管理会计信息系统，以至于在进行公共决策过程中，现实公共部门财务会计往往出现难言的困惑。

① 余绪缨主编：《管理会计学》，中国人民大学出版社 2001 年版，第 31 页。

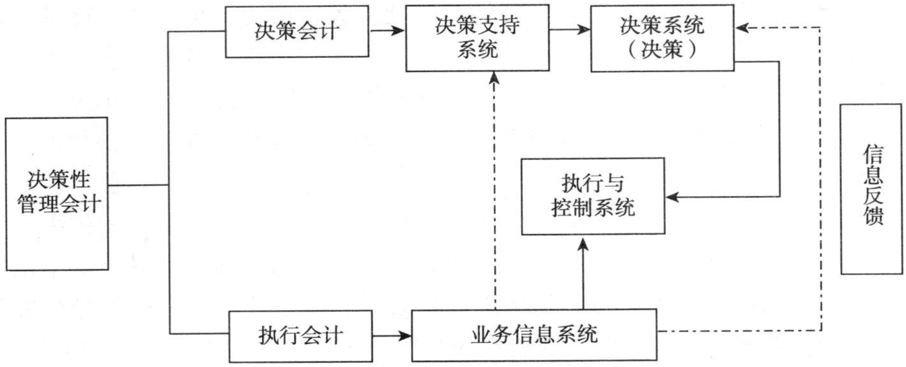

图 1　决策性管理会计与现代管理系统之间的关系

1. 关于公共资源的优化配置问题

与市场决策相比，公共部门的决策主体、决策对象、决策目标、决策情势、决策方式都与“私人部门”不同。其中特别重要的是：公共决策是通过政治过程来决定有限的公共资源在不同的公共物品或服务之间进行配置。在政治过程中，作为投票人或选民的消费者按政治程序投票，遵循少数服从多数的原则，决定公共物品或服务的数量与质量，民主程序促使作为供方的政府或其部门，努力为作为需方的投票人或选民服务。显然，公共决策较之市场决策更加复杂。实现公共资源优化配置目标，更需要提高公共决策的科学化与民主化水平。然而，提高公共决策科学化与民主化水平，首当其冲的是需要提供决策支持系统，提出多个资源配置方案及其比较分析，为公共决策者作出选择时提供参考。虽然公共决策与市场决策不同，很难有一个利润最大化或效用最大化之类的计量标准和决策准则，“大炮”也无法与“黄油”进行比较，但借鉴企业管理会计为企业经营决策提供会计信息支持系统的理念与相关管理技术方法，如成本收益分析方法、同类比较分析方法或其他量化分析方法等，完全可以进行多方案之间的比较分析，为民主决策提供科学依据，最大限度降低决策的随意性，防止或减少公共管理中客观存在的“三拍”现象，即决策“拍脑袋”、执行“拍胸脯”、考评“拍屁股”。

在市场经济条件下，公共资源配置（公共支出）的主要任务是为社会提供公共产品或公共服务。为了优化公共资源配置，必须加强公共支出绩效管理，实现公共支出管理从“关注过程”向“关注结果”的转变。在公共支出绩效管理过程中，有三个问题需要认真研究：一是将有限的财政资金优先安排哪些公共产品或公共服务，更有利于促进社会公平与增进社会和谐？二是选择何种方式来提供拟定的公共产品或公共服务，更有利于降低成本与提高效率？三是提供某项公共产品或公共服务所需的投入（成本），与希望实现的业务量（产出）及目标绩效之间的依存关系如何？理论与实践都证明，要想不断提高公共资源的优化配置水平，提高公共资源的配置效率，一个基本的前提条件就是充分揭示和了解民意，即经济学中所说的消费者偏好，尽可能将稀缺的公共资源用于纳税人偏好最为强烈的项目和用途上去，也就是我们常说的人民群众最关心、最直接、最现实的“三最”问题上去。公共支出决策要想真正体现民意，理想的情形就是让公众在完整的信息下进行公共选择，并把这些选择转化为公共支出的项目决策，据此配置公共资源。

一般而言，在民主与法制基础上的公共决策，要求公共部门从两个方面提高科学决策水平：一是通过政务公开，赋予社会公众充分的“知情权”，即对公共部门信息能够充分了解，并据此有通畅的渠道反映自身的意志，表达最有利于自己的选择；二是通过适当方式，赋予社会公众对公共产品或公共服务项目支出决策的“参与权”，以提高公共支出的民主决策和科学决策水平。俗话说，金杯银杯不如老百姓的口碑。这就是说公共资源配置是否优化，最根本的标准在于社会公众的评价。而实现这一目标，一个非常现实的问题是社会公众进行公共选择不能缺少相关信息，这些都呼唤会计信息系统提供决策支持。结合上述关于“信息论”与“控制论”的观点来看会计，公共部门管理会计可以说就是对公共信息特别是公共预算信息进行搜集、加工、传输、应用和处理的过程。提高公共支出绩效，促进公共选择，最关键的问题就是要提高社会公众对公共部门所提供的公共产品或公共服务的满意度，要实现这个目标，健全的会计信息系统是不可或缺的。在这里，问题的关键不在于信息的数量，而在于信息的质量。长期以来，对财政预算报告有一句戏言，叫做“内行说不清，外行看不懂”，这就是对公共支出信息质量的一种挑战。

2. 关于深化公共预算改革问题

公共资源的配置，主要是通过公共预算来实现的。公共预算与公共管理之间存在着十分密切的联系。公共预算是公共管理的重要工具，公共管理始于预算，经历若干阶段后，又终于向社会提供公共产品或公共服务。公共部门为社会提供公共产品或公共服务就是通过一系列的预算过程来实现的。预算过程通常包括四个主要阶段：预算形成，即由相关公共部门共同编制预算计划；预算确定，即将相关公共部门提出的预算草案提交立法部门讨论、修改和批准；预算实施，即由相关公共部门来执行预算；审计与成果评价，即对实际支出进行汇总，对预算的有效性进行评价。从发展历程来看，公共部门管理经历了内部导向的公共行政阶段和外部（顾客）导向的公共管理阶段，两者分别受到投入导向预算和绩效导向预算模式的强力驱动。

西方发达国家推进预算改革，实施绩效评价，提高公共支出绩效的经验告诉我们，公共预算是关于未来政府支出的计划，而不是事后的报账；公共预算是统一的计划，包括政府所有部门和开支；公共预算是一个详尽的计划，必须分类列举所有项目的开支；公共预算中每项开支都要说明理由，明确项目支出的轻重缓急；公共预算对政府的行为必须具有约束力，没有列支的项目不得开支，列支的项目必须专款专用；公共预算必须得到立法机构的批准，并接受其监督；公共预算的内容和过程必须透明，方便民众监督；公共预算不仅注重分配的公开透明和法制约束，而且强调公共预算绩效评价，注重预算效果。近年来，借鉴西方国家先进的公共预算制度改革的经验，并结合我国国情，正在推行的以部门预算为基础，以国库集中收付为核心，以政府采购为配套，以收支两条线为保证的公共预算改革，取得了初步成效。但是，彻底解决我国长期以来根深蒂固的公共预算“基数法”问题，真正实现采用零基预算与综合预算方法编制公共预算，切实优化公共支出结构，特别是构建预算绩效评价体系，实现传统注重过程的预算管理理念向注重结果的预算管理理念的转变，还任重道远。

实践表明，公共支出决策可以分为三种类型，即公共支出总量决策、公共支出结构决策和公共支出项目决策。其中，前两种类型的公共支出决策主要体现为政策导向型决策，而公共支出项目决策则应主要体现为绩效导向型决策。从会计“信息论”与“控制论”相结合的角度来说，深化公共预算改革，需要通过管理会计提供决策支持系统，促进按绩效取向原则编制、执行和评价部门预算（特别是项目支出预算），并逐步探索绩效预算，将公共资源优化配置的目标落到实处。

3. 关于收付实现制与权责发生制两种会计基础的问题

公共部门无论是为社会提供公共产品或公共服务，还是自身运行都需要成本，支付这些成本的资金，除事业单位有不同程度的业务收入外，大都直接或间接来自纳税人及其他缴费人，如何通过会计信息系统来反映和监督社会再生产过程中分配领域里的财政性资金的运营及其绩效，则需要为一定范围内的外部使用者提供公共部门财务信息，这就是所谓预算会计的任务。按照我国的预算会计规定，政府预算会计或行政单位会计原则上实行收付实现制，即在收到和付出现金的同时才记录收入和支出，而不考虑政府行为实现收入、耗费资源或增加负债的时间；事业单位会计原则上实行权责发生制，即按实现收入、耗费资源和增加负债的期间记录交易，而不考虑与之相关的现金是否收到或已付出。权责发生制下确认的会计要素主要有资产、负债、净资产或权益、收入和费用，包含了现金流量的信息，为信息使用者提供了与会计主体控制的资源、运营成本等相关的信息。

然而，理论与实践都表明，在公共管理决策过程中，无论是事前预算决策过程所需的会计信息，还是事中预算控制以及事后预算绩效分析所需的会计信息，单纯采用某一种会计基础的信息都是不够的。如政府的某项决策（出台一项政策），可能当期并不需要支付任何现金，然而却严重影响着未来的现金分配。有的学者在谈到我国现行预算会计存在的主要问题时说①：“我国现行的行政单位会计和财政总预算会计是以收付实现制为计量基础的，即按照实际发生数额记录收入和支出，无法反映政府的整体财政状况和工作绩效。”这就是说，以某一种会计基础为主的公共部门财务报告的信息难以满足公共管理对会计信息的需求，而应当采取灵活的方式，根据公共部门内部管理或为外部提供决策参考的需要，通过管理会计方式，相机运用两种会计基础，甚至还可以根据需要，对两种会计基础进行修正，并在此基础上将来自财务会计报告或其他方面的信息进行加工整理，以满足公共管理决策对会计信息的不同要求。

4. 关于加强公共支出项目管理问题

公共支出项目，就是公共部门为了达到预定的公共目标，通过配置一定

① 郭磊、郭玲编著：《政府会计》，南开大学出版社2005年版，第475页。

的公共资源，按照一定的质量和数量要求，在特定的时间和空间内完成的特定过程。公共支出项目管理，就是运用系统的观点、理论和方法，对公共支出项目的计划、组织、监督、控制、协调等方面进行全过程的管理。按照财政部关于部门预算改革的要求，现行部门预算分为基本支出预算与项目支出预算。对于一个确定的公共部门而言，基本支出预算包括人员经费与日常公用经费，其中，人员经费是一个相对稳定的数额，基本上可以说是固定成本，而日常公用经费定额的高低又取决于公用经费与项目经费两者之间的边界。所以，评价公共支出绩效，首先应当评价公共支出项目绩效。

从某种意义上说，公共支出项目，就是公共部门提供公共产品或公共服务的预算实现形式。加强公共支出项目管理，其目标就是要努力提高公共支出项目的绩效，提高广大消费者（委托人）的满意度，促进社会和谐，实现社会福利最大化。这既是提高公共支出绩效的基础和前提，也是提高公共部门绩效的基础和前提。从传统公共支出项目管理的理念来看，往往是强调对过程负责的多，而强调对结果负责的少。“打酱油的钱不能买醋”这句话，从一定程度上就是这种传统理念的反映。如何实现从对过程负责向对结果负责的转变，单纯靠财务会计所提供的信息是无能为力的。例如，从财务会计的角度看，由于它主要是对外服务的，所以不可能实施一般预算与项目预算分列的复式预算，所以，公共项目资金的配置，往往是年度性的。而公共支出项目的执行时间，则一般是根据项目目标的难易程度以及项目质量的要求来确定的，其结果势必出现项目预算执行时间与一般预算资金安排时间的矛盾，而从管理会计的角度讲，这个问题就迎刃而解了。与此同时，提高公共支出项目绩效，必然以项目为中心建立责任中心和责任会计，对相关公共支出项目进行“本量效”分析，这些工作都属于管理会计的职能范畴。

显然，为了提高公共支出项目绩效，在经过一定的政治程序通过预算后，如何在预算执行的过程中进行成本控制，或在预算执行后进行绩效评估，这些都是公共支出项目管理的重要内容，是公共部门义不容辞的责任。这种责任不仅要展示资金的使用过程，它还必须说明资金如何被有效率、有效益地使用并按预定目的进行分配，谁从中获益，是否达到了预期的目的，即公平与效率问题。解读这些问题，单纯靠现行的公共部门财务会计（即预算会计或政府会计）提供的信息是无法满足要求的。“目前我国的行政单位会计报告仅包括资产负债表、收入支出总表和支出明细表，这些报表反映了行政单位的预算执行结果，但是却无法提供进一步的信息。作为社会公众和纳税人无法接触到更为详细的会计信息，即使是政府有关部门也只能得到预算、决算等基本的财务信息，无法从会计报告中了解政府的整体财务状况和工作绩效，从而也无法评价政府工作的好坏。另外，从政府部门本身来讲，现行的预算会计模式也只是体现了簿记的作用，没有发挥会计应有的监督作用。①”

5. 关于财政或财务收入预测的问题

财政或财务收入预测，是现行公共部门的财务会计业务不太涉及的问题。但是，从加强公共收支管理，提高公共部门收支管理的质量与水平的角度来讲，这又是一项不可或缺的工作。一般而言，无论是政府（行政单位）还是非营利组织（事业单位），为了做好年度工作计划，必须结合编制部门预算，对下一年度所能运用的经济资源（包括资金或其他财务资源）进行预测。在部门收入预算的编制过程中，保持其完整性必须体现在两个方面：一是收入项目的编制必须完整，不能漏项缺项；二是在具体数额上不能漏数缺数。而做好这些工作，必须认真分析本部门的收入项目，并根据相关政策与历史数据，选取相关预测方法进行科学预测。但是，对相关收入数据的预测，现行的实际工作并不完全属于财务会计的工作范畴，而通过建立公共部门管理会计，则完全可以从学科使命与工作职责的结合上，把这些工作任务交给管理会计去做。

6. 关于公共部门的资产管理及人力资源管理问题

公共部门所占有的资产存量，是过去历年预算执行的结果。现行行政事业单位财务会计通过“固定资产”会计科目，对本部门或单位的资产价值进行静态记账。但是，在进行相关的公共支出决策（如编制部门预算）时，如何为本部门或相关部门提供有关的资产数据，现有财务会计中关于资产的那些信息却难以满足要求。这就需要借鉴管理会计理念，采取实物管理与价值管理、静态管理与动态管理相结合的方式，通过收集与处理相关的资产信息，为相关决策提供会计信息。例如，在制定日常公共经费定额时，如何体现公平、效率与和谐的原则，制定相关实物定额就是一个十分现实的问题。又如，在对某个部门进行绩效评价时，如何全面进行成本绩效分析，就更少不了必

---

① 郭磊、郭玲编著：《政府会计》，南开大学出版社 2005 年版，第 476 页。

要的资产会计信息。

至于说到公共管理中不可或缺的人力资源管理问题，它已成为MPA（公共管理硕士）的必修课程之一。公共部门人力资源管理有一个十分重要的概念，这就是公共生产力①。公共生产力包含了许多要素，具有多方面的含义。理论与实际工作者根据不同情况，从不同的角度突出这一概念某个方面的含义。如有的把它视为效率、效能，有的则把它看做活动过程中的经济性或成本节约性。宏观公共生产力体现为所有公共部门的效能与效率；微观公共生产力则表现为每个特定的公共部门取得的成就。影响公共生产力水平的主要要素是公共部门在管理、服务实践中投入的公共人力资源、资金、物质、科技等，这些要素都在提高公共生产力水平的过程中发挥着不可忽视的作用。无论是从宏观上讲，还是从微观上讲，为了加强公共生产力管理，就必须加强公共人力资源的开发与管理，进而也就必须加强人力资源开发与管理中的成本收益分析。显然，这个过程离不开人力资源成本与价值的会计信息。而这些信息在现有公共部门财务会计中并不直接提供，这就需要在公共部门管理会计中有必要研究与人力资源管理相关的管理会计问题。

三、公共部门管理会计的基本内容与主要功能

现代管理的核心就是决策，而决策离不开信息。从一定意义上讲，现代管理就是正确收集、加工和利用信息，并作出决策的过程。就公共部门的经济与管理活动而言，公共管理决策是公共部门的领导与管理者的首要职能。其中，直接或间接与成本或费用相关的公共管理决策，无一不与会计信息相关。而对于以服务管理决策为己任的管理会计而言，公共部门管理会计的各种信息，必然是公共部门管理信息的重要组成部分，进而在公共部门管理决策中有着十分重要的作用。

---

① 《公共部门人力资源管理》编写组编：《公共部门人力资源管理》，中国国际广播出版社2002年版，第22页。

（一）公共部门管理会计的定义与特点

从公共部门管理意义上讲，公共部门管理会计，是公共部门管理信息系统的一个子系统，是公共管理决策支持系统的重要组成部分，更是公共支出或公共部门绩效评价不可或缺的信息来源。如果说要给公共部门管理会计下一个初步定义的话，可以借鉴企业管理会计的定义，并结合公共部门的特点来阐述：公共部门管理会计是公共部门会计信息系统的重要组成部分，是以提高公共部门绩效，特别是由该部门控制的公共支出绩效为目标，为公共部门绩效管理活动全过程提供会计信息服务的信息收集与处理系统。

从上述定义可以看出，公共部门也应该与企业一样，管理会计与财务会计（如通常所说的政府会计或行政事业单位会计）是相互并存而又相互独立的两个主要会计分支，在实际工作中应该并行不悖，相得益彰。公共部门管理会计的主要特点可以概括为如下四个方面：

1. 促进公共资源的优化配置

根据委托代理理论，公共权力来自人民，人民是委托人，而作为行使公共权力的公共部门，则是受托人。公共部门为社会提供公共产品或公共服务，其“用户”是广大消费者，是选民和纳税人。他们不但有权要求“受托人”——公共部门，为保障他们的权益负责，而且还有权监督“受托人”——公共部门，评价他们的工作绩效及其履行委托责任的情况。

显然，公共部门为了履行其职责，是必须耗费成本的。如何提高投入产出比，或者说是少花钱多办事，少花钱办好事，真正让人民放心，让“委托人”满意，这既是一个政治问题，也是一个经济问题。特别是随着公共部门绩效评价与绩效管理工作的不断引入与深化，广大公共部门在运用公共资源（主要体现为财政资金）的过程中，需要从下功夫“要到钱”，向下功夫“用好钱”转变，切实管好与用好纳税人的钱，履行好公共部门的委托责任，最大限度提高公共支出的经济性、效率性、有效性与公平性。而将此变成现实，单靠现行财务会计所提供的会计信息是远不能满足要求的，需要学习与借鉴企业经营决策的做法，通过管理会计来提供公共部门管理决策所需的各种会计信息，不断优化公共资源配置。

2. 为公共支出（特别是项目支出）决策服务

公共部门为社会提供公共产品或公共服务是通过公共预算来实现的，包括预算编制、预算审批、预算执行与预算监督。在公共支出总量决策与结构决策基本确定的情况下，作为某个公共部门如何将有限的财政资金，用出最大的绩效，这就需要做到以下三点：一是做好一年一度的部门预算，特别是明确基本支出与项目支出的边界，做好项目支出预算，将有限的资金安排到绩效可能最大的项目组合上去；二是摒弃简单地对过程负责的传统理念，确立对结果负责的现代理念，在预算执行过程中，既要做好成本控制工作，保证项目资金的安全性、规范性与有效性，又要根据项目执行过程中的实际，按照规定的程序要求，作出适当的调整甚至是跟踪决策；三是预算执行完毕后，还有一个“决算”的过程，总结经验，找出差距，为今后的工作提供借鉴。所有这些，都需要通过管理会计来搜集、整理、分析与提供相关会计信息。只有这样，各项管理决策才会有坚实的基础。否则，“决策拍脑袋，执行拍胸脯，考评拍屁股”的现象就在所难免。这充分说明管理会计提供的相关决策信息不是可有可无，而是必不可少。只有这样，公共部门的绩效才有可能将计划或者说是将预算变成现实，并接受社会的检验。

3. 为社会公众及立法机构提供相关信息

公共部门所提出的预算草案，既希望最大限度得到社会公众的认可，也要得到立法机构的批准才能生效，并付诸实施。公共支出总是供不应求的。为什么要将有限的财政资金安排这些项目，而不安排另外一些项目，必然要有会计信息来支持。“数据里面有政策，数据里面出成效”，而这里所说的“政策”与“成效”，都需要公共部门管理会计在预算准备阶段，通过定量分析与定性分析做好充分的论证，并向社会公众及立法机关提供充分的信息（预算说明），进而不但使预算得以高票通过，更重要的还在于可以得到社会的理解与支持，努力增进社会和谐，提高社会福利。同时，还为预算监督提供信息支撑，降低监督成本，提高预算执行的效率，进而提高公共支出项目的绩效。

4. 不受财务会计相关准则的约束

前面已经介绍了管理会计与财务会计的区别。其中，很重要的一条就是不受政府会计或行政事业单位会计规则的约束。公共部门管理会计从公共部门的职能出发，以服务于公共部门管理决策为使命，其最终目标是为了提高公共部门的绩效。所以，公共部门管理会计收集、整理、分析，提供的各项信息（包括所采用的计量单位与分析形式），只需从管理决策的需要出发，从格式到内容都不受公认会计（即财务会计）相关规则的约束。公共部门履行职责，是需要成本的。为了降低成本和提高效率，公共部门在运行管理（特别是项目管理）中，经常需要对与成本相关的问题进行决策。为了做好这些工作，提高公共部门绩效，公共部门管理会计就应设法提供与此相关的信息支撑。比如说，现行财务会计所采用的会计基础是收付实现制，公共部门的财务会计报表必须根据基于收付实现制，并由财政部门统一规定的财务报表来记账与作账。而管理会计则可不受这些约束，可综合运用收付实现制和权责发生制来反映相关会计信息，以为决策服务。又比如说，财务会计的计量单位全部是以人民币为单位，而管理会计则可以从管理的需要出发，采用除货币单位以外的其他单位。当然，设计与使用这些新的单位，其目的是为了有利于成本控制与绩效评价。

（二）公共部门管理会计的基本内容

公共部门管理会计的基本内容包括：

1. 关于与公共部门管理会计相关的理论问题

公共部门管理会计是一门应用学科，其理论基础离不开公共经济学、公共管理学、公共财政学以及现代会计学。从服务于公共部门管理决策（特别是收支管理决策）的角度看，收集、整理、加工、提供直接或间接与收支相关的信息时，必然会涉及公平与效率、公共产品与公共选择、委托代理与交易费用、公共管理等理论问题，只有弄清这些理论问题，才能让公共部门从事会计或财务工作的人员明确所收集、整理、加工和提供的会计信息是什么、为什么，以及怎么去做。也就是说，只有理论上的清晰，才有利于管理会计工作者明确自身工作的目标与任务。

2. 关于公共部门收支管理的相关问题

公共部门管理会计的首要任务是为管理决策（特别是收支管理决策）提供服务。决策包括规划及控制，如图 2 所示。李宏健教授认为①：“所谓规划系指组织制定预期的目标及决定达成此目标的手段，它提供两项问题的答案：组织的目标为何？何时及如何达成此目标？若无规划即无控制的依据，规划的方法之一为编制预算，预算不仅是企业最重要的计划，而且将会计与管理连成一体；而控制则包括执行与考核，系指目标的实施及回馈以确保组织中

① 李宏健著：《现代管理会计》，湖北科学技术出版社 1994 年版，第 6 页。

每一部分均能以其最大的效能履行其职能。”与典型的私人部门（企业）相比，公共部门管理决策的目标往往是多元的，既有经济效益方面的目标，更有社会效益方面的目标，既有效率方面的目标，更有公平方面的目标，作为服务于公共部门管理决策需要的公共部门管理会计信息，必须服务、服从于公共收支决策（特别是支出预算决策），弄清楚与公共收支管理相关的基本问题，特别是应紧紧围绕部门预算，及时提供准确详尽的信息。

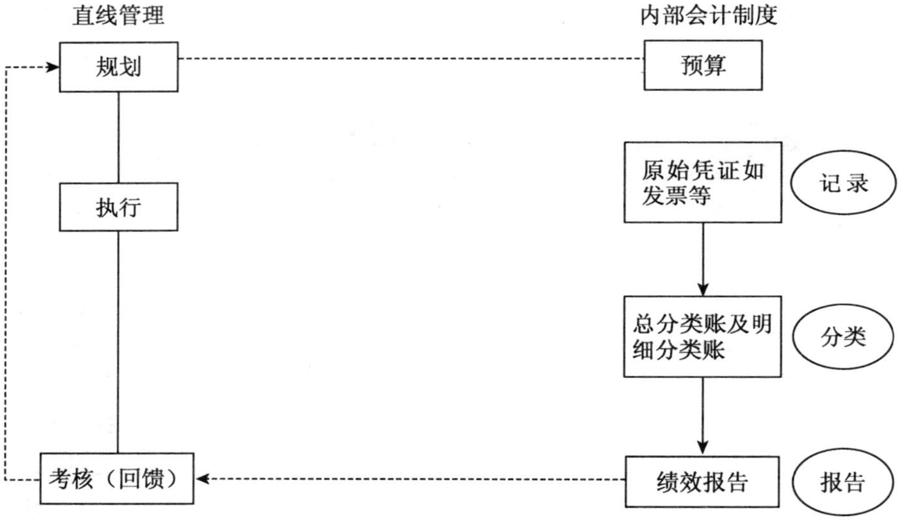

图 2　规划与控制的会计构架

公共部门预算是由政府编制，经立法机关审批，反映预算年度内公共部门收入与支出状况的计划。它主要有两大功能：一是反映公共部门的活动范围，表明公共部门从事经济与社会管理事务付出了多大的成本，这些成本又是通过什么方式和渠道得到补偿的；二是通过必须的政治制度，控制公共部门支出的扩张。公共部门预算的编制与审批过程，实质上是一个决策过程。显然，公共部门所拥有的经济资源是稀缺的。审视传统的预算编制过程，提高预算效率所面临的现实问题有两个：一是如何在决策过程中将有限的经济资源进行合理的配置，尽可能地实现资源优化配置，为社会创造更大的福利，最大限度实现社会和谐；二是在预算执行过程，应适时审视会计资料，以观察决策的效果与效率，当会计信息显示实际情况与决策目标有差异时，则须依照必要的程序，修改政策或决策并采取必要的行动。解决这些问题，必须在了解传统预算编制理论与实务的基础上，立足于服务公共管理决策的需要，进一步研究一些新的理论与实践问题，主要包括：一是会计基础问题，即从加强管理、服务决策的需要出发，针对不同的需要，适时运用收付实现制或权责发生制会计基础，或者使用修正的（modified）收付实现制或修正的权责发生制，必要时甚至还可使用以权责发生制为主、收付实现制为辅的会计基础，而不完全局限于当前财务会计使用的单一收付实现制会计基础；二是要树立科学的预算观，即从规划与控制的实际需要出发，融会贯通任务导向型预算观和结果导向型预算观；三是明确绩效预算与预算绩效的内涵，遵循科学的预算观，围绕提高预算绩效，探索绩效预算的方法与机制，夯实提高预算绩效的基础。

3. 关于公共部门收入与支出分析问题

公共部门收入与支出管理是公共部门财务管理永恒的主题。但由于管理会计不同于财务会计，它不必严格遵守一般公认的会计原则，只要一种法则适合于自己的用途，即可采用并付诸实施。因此，从服务于公共部门管理决策的角度讲，公共部门管理会计关于收入与支出的分析，旨在通过对传统财务会计中反映的收入与支出信息，进行相应的整合，并作出综合分析，为管理决策或追踪决策提出意见和建议，以不断改善和提高公共部门绩效。通常，在公共部门的收支分析过程中，支出分析又更为关键。根据公共支出决策的特点，公共支出总量与结构决策更多地体现为“政策导向型”，而公共支出的项目决策则更多地体现为“绩效导向型”。按照财政部关于部门预算编制的相关要求，公共部门预算支出包括基本支出与项目支出。其中，基本支出又由人员经费与（日常性）公用经费组成，主要取决于编制数、工资等个人收入标准与公用经费相关项目的定额。所以，基本支出预算的关键是明确公用经费与项目经费的边界，并制定好（日常性）公用经费的相关定额；部门预算管理中的核心问题，则相对集中在项目预算上。所以，公共部门管理会计服务于支出决策，其重点应是项目支出管理的全过程。

4. 关于公共部门成本分析与成本控制问题

成本与绩效是密不可分的。公共部门的成本问题是各方面都很关注的问题，也是财务会计和管理会计都十分重视的会计信息。公共部门财务会计遵循公认会计中的历史成本原则，记录的是实际成本或历史成本，并向外部使用者提供财务报表或报告；而作为管理会计，其基本问题是应满足管理者改善和提高公共部门绩效的需要，而不管是否符合一般公认的会计准则，所以其重点不是记录历史成本，而是依据相关成本数据进行相应的成本绩效分析。由于公共部门不同于“私人部门”，其主要任务是为社会提供公共产品和公共服务，因此，公共部门成本与绩效的概念及其内涵相对复杂得多。我们应借鉴企业管理会计中的相关成本概念，联系公共部门实际，建立相应的成本与绩效概念，并通过成本、绩效分析寻求控制成本的措施，达到运用有限的经济资源，来促进公共部门提高绩效的目标。根据现行的公共部门预算结构，这些成本主要包括两大类，即基于机构与编制的运行成本和基于公共产品或公共服务的项目成本。公共部门管理会计应针对这两类成本及其发生过程的特点，有针对性地开展成本分析与成本控制活动，进而在保障“产出”质量与数量的基础上，最大限度地降低成本或投入。

5. 关于公共部门项目管理与责任会计问题

从一定意义上讲，公共支出项目的绩效评价是公共支出绩效评价，乃至公共部门绩效评价的基础和重点；公共支出项目的绩效决定着公共支出乃至公共部门的绩效。因此，公共部门管理会计的重点应围绕提高公共支出项目绩效，从项目预算的源头——项目选择开始，到项目实施的全过程，针对项目的事前、事中与事后管理，有针对性地提供必要的管理会计信息。一是在公共支出项目的决策过程，应把握好项目成本、业务量与绩效三者之间的相互关系，通过应用成本收益分析等相关方法，提高项目决策的科学性；二是在公共支出项目的实施过程加强成本管理，围绕项目核算，建立项目责任会计制度，同时，应用挣值项目管理技术，将项目实施过程的成本控制落到实处；三是在公共支出项目执行完毕后，应用相关的评价方法（如美国预算管理办公室推出的“项目等级评价工具”）进行必要的绩效评价，进而将项目全过程的成本绩效管理落到实处，并为未来的项目管理与预算编制积累经验。

当然，为加强项目管理收集、整理、加工和提供管理会计信息，必须明确项目绩效评价的标准问题。早在20世纪80年代初，英国效率小组就建议在财务管理新方案的改革中设立经济（Economy）、效率（Efficiency）、效果（Effectiveness）的“3E”标准体系。不久，英国审计委员会将“3E”标准纳入绩效审计的框架中，并运用于政府管理的实践之中。此后，“3E”逐渐成为了公共部门绩效评价的主要内容，并在此基础上，又将“公平性”（Equity）作为绩效评价的重要标准，这样就形成了项目绩效评价的“4E”标准。而所谓绩效评价，从一定意义上讲，就是对其“在积极履行公共责任的过程中，在讲求内部管理与外部效应、数量与质量、经济因素与伦理政治因素、刚性规范与柔性机制相统一的基础上，获得的公共产出进行的评审界定”①。国际上通行的公共部门绩效（public performance）的评价都要从公共部门的行为目标（即公共受托责任）出发，确立其行为所实现的效果（公共受托责任的分解和具体化），在此基础上评价公共部门提供公共服务的资源耗费与其所得的配比关系，也就是公共部门运行过程的成本（cost）、投入（input）、产出（output）和成果（income）四个要素之间的关系。所以，公共支出项目绩效评价必定成为公共支出绩效评价或公共部门绩效评价的基础。通过管理会计所提供的公共支出项目绩效评价的相关信息，必然是进行公共支出绩效评价或公共部门绩效评价不可或缺的信息资源，也为应用平衡计分卡进行公共支出绩效评价创造更加有利的条件。

此外，除资金外，资产与人力资源也是公共部门履行职责不可缺少的重要资源，但在传统的公共部门会计信息中，往往只重视资金方面的会计信息，而忽视人力资源与资产管理方面的信息。所以，借鉴企业人力资源管理与资产管理方面的理念，联系公共部门实际，探讨这两个领域中的管理会计问题，也应成为公共部门管理会计框架的组成部分。

（三）公共部门管理会计的主要职能

借鉴企业管理会计体系，公共部门管理会计也可以按照预测决策会计、规划控制会计和责任会计的要求，将其主要职能明确为：

1. 进行收入支出预测

根据经济社会发展的中长期规划，特别是在现行财税体制下，在分析近期经济社会形势的基础上，对当期收入（包括税与费两个方面的收入）与支出情况进行预测，为公共部门的相关决策提供有用的信息。

① 卓越主编：《公共部门绩效评估》，中国人民大学出版社2004年版，第7页。

2. 参与公共支出决策

决策在管理中处于核心地位。为决策提供必要的会计信息支持，既是企业管理会计的主要任务，也是公共部门管理会计的主要任务。各类公共支出决策应当充分发挥会计人员的参谋与助手作用，以提高决策的科学性、规范性和有效性。特别是对于公共支出项目决策，由于它主要体现为“绩效导向型决策”，所以，更应该重视在项目管理的“立项”阶段，发挥会计部门的作用，让管理会计人员自始至终参与项目抉择的全过程，为项目决策提供强有力的管理会计信息支撑。

3. 规划公共管理目标

公共支出预测，只有建立在公共管理目标的基础上才有意义。因此，预测工作不能脱离目标规划，两者之间有着十分密切的联系。同时，规划公共管理目标，又为公共管理成本的控制与绩效的考核提供了实际操作依据。由于管理会计的规划职能，是通过编制各种计划和预算来实现的，所以，管理会计的规划职能在整个公共部门管理中发挥着承上启下的作用。

4. 控制公共支出过程

管理会计发挥控制职能，是将事前控制与事中控制结合起来，即事先确定科学可行的各种标准，并在执行中对偏离标准及时进行原因分析，提出建议，当好参谋，为改进工作、确保计划目标的实现提供技术支撑。这个方面，对加强公共部门的运行成本控制与公共支出项目实施过程的成本管理尤为重要。

5. 评价公共支出绩效

管理会计履行评价职能，是通过建立责任会计制度来实现的。这就为公共支出（特别是项目支出）实行目标管理奠定了基础，也为公共部门逐步实施绩效管理创造了一定的条件。根据公共支出的特点，公共支出绩效评价，可分为公共支出项目绩效评价、公共部门基本支出绩效评价与公共部门预算绩效评价。其中，最为重要的是公共支出项目绩效评价，它是公共支出绩效评价的突破口，也是实施绩效预算与提高预算绩效的关键所在。

第一章 公共部门管理会计的理论基础

一、经济人与公平和效率理论及其应用

（一）经济人假设与理性行为

1. 经济人假设

通常认为，经济人的内涵是随着经济学的发展而不断充实的，其基本含义为：个人的一切活动目的都是为了增进自己的经济利益，除非能够使个人受益，否则个人不会“主动”考虑他人或社会利益；在存在多种行动方案的条件下，个人会根据成本和收益选择最有利于自己的那一种，从而使个人利益最大化，并总是力图以最小的经济代价去追逐和获得自身的最大利益。经济人是利己与利他的统一，经济人本身并不包含对人的经济行为的褒贬，只是实证的描述而已。市场经济就是在刺激人们追求个人利益的基础上，通过利己与利他效应来增进社会福利的。经济人假设本身无所谓善与恶，我们不应该将经济人之说与我国传统的“人之初，性本善”或“人之初，性本恶”之说联系在一起。经济人之说不等于纯粹自私自利的利己主义，更不能说是要损人利己，我们不应该指责与批判，而应该正视与引导。

经济学中关于经济人的假设，其完整理解包括：一是经济当事人是理性自私的，即每个人都是在追求自身利益的最大化，而不是为别人考虑；二是经济当事人追求自身利益必须遵循一定的法律制度规则，以防止强制剥夺他人利益；三是只要每个当事人都是在合适的法律和制度结构之下追求自身利益，就会无意中造成有利于“社会”利益的结果。市场经济就是以这种“经济人”原理来分析以各种方式参与市场的人们的行为的，并由此分析各种市场制度的作用。

在市场经济条件下，垄断、公共品、外部性等问题都是市场失灵的重要表现，以行政机构为主体的公共部门，其存在的主要理由是弥补市场失灵。从这个意义上讲，公共部门作为整体来讲，不是“经济人”，而是“社会人”。公共部门是社会利益的代表，履行公共管理职能，通过为市场服务、为社会服务、为公众服务，促进社会福利的最大化。但是，从个体来说，在公共部门工作的公务人员，也正如公共选择理论所说的那样，他们的思维方式也很难超越经济人假设。公共部门追求部门预算最大化的理论与实证分析，则是经济人假设同样适合于公共部门的一个具体表现。

2. 注重效用与福利

公共支出的目标是满足社会成员的公共需要，因而个人需求是否满足以及满足的程度如何，应该成为衡量公共支出合理性或适宜性的重要标准。这既是一个理论问题，也是一个实践问题。解读这个问题，必须理解福利经济学中关于效用与福利这两个概念。

所谓效用，是指个人需求得到满足的主观感受。所谓福利，是指个人生活的幸福满意程度。一般而言，两者可以相互通用，如福利大小可以用个人消费的效用量大小来衡量。但两者在使用上有差异。一般来说，“效用”一词用于个人消费时主观满足的评价，而“福利”一词用于整个社会每个成员的生活状态的评价。社会福利可以看成是个人福利或效用的汇总。从理论上讲，社会福利改进的标准是帕累托法则，即如果某种社会经济状况的变化，能使某些人（或一个人）的福利状况改善，而无其他任何人的福利状况恶化，则认为整个社会福利状况是改进的，并认为这是一种可取的价值判断。随着帕累托改进的持续，当全体社会成员都无法在不损害任何一个别的社会成员的福利条件下得到改善时，这时的社会状态就是所谓的帕累托最优状态（又称为帕累托效率）。

理论研究发现，在实际生活中存在着所谓边际效用递减规则，也就是说，个人会随着他所消费的物品或服务的数量增多，个人需求的满足程度（即效用）会增多，但是随着个人消费的某一物品和数量增多，最后一个单位物品带给消费者的效用是递减的。这对于我们研究公共支出项目决策、提高公共支出项目的绩效具有重要意义。

从实践的角度讲，社会和谐与社会福利是相关联的。提高社会福利有利于促进社会和谐；促进社会和谐，需要改善社会福利。但效用的概念却告诉我们，公共部门所提供的公共产品或公共服务的组合不同，即公共资源的配置方案不同，可能产生不同社会福利或社会和谐的社会效果。也就是说，由于公共资源的配置方案不同，每单位公共成本所创造的社会福利或社会和谐是有差异，甚至是有很大差异的。所以，从事公共部门管理会计工作，理解福利与效用这两个基本概念，有利于为公共支出决策特别是公共支出项目决策提供更好的信息支撑，其重点是应分析不同的公共支出项目组合，以判别哪一种项目组合更有利于增进社会福利和促进社会和谐。

3. 讲求边际收益与边际成本

经济学视角在很大程度上集中于边际分析——边际收益与边际成本的对比。在这里，边际意味着“额外的”、“附加的”或“增量”。事实上，绝大多数决策都与现有状态的改变有关。由于资源的稀缺性，每一次选择都既与边际收益有关，又与边际成本相关。在进行理性选择时，必须进行两者之间的比较。在公共支出决策时，公共部门也经常作出涉及边际收益与边际成本的比较分析。例如，增加医疗保健支出很可能意味着将减少农业、教育方面的支出。在一个稀缺的世界里，在获得边际收益的同时，也带来了放弃其他选择的边际成本。

根据边际分析决策，尽管某些公共产品或公共服务非常美好，但在财力有限的情况下，有必要通过优化公共支出结构来达到边际成本（放弃其他选择的价值）与边际收益相等的临界状态，否则，“过多”就会发生。例如，如果我们提供的某项惠农补贴，当其数量多至其对社会的边际成本超过了边际收益，那么尽管我们都认为惠农是一件好事，但却会导致供给方式不当。因为这时的边际成本超过其边际收益，我们牺牲了边际（最后一单位产品的）价值更高的其他产品或服务，如医疗卫生、义务教育或节能减排等。

（二）公平和效率理论

1. 经济学关于公平和效率的概念

效率与公平是经济学中的两个基本概念，也是公共支出决策的两个基本原则。一般而言，效率是指以最少的可得资源来完成一项工作任务，追求投入与产出之比最大化。当我们决定提供某种公共产品或公共服务时，需要考虑收益与成本在不同产出水平上的差异。总体上讲，收益越大越好，而成本则越小越好，收益超出成本的部分，即净收益，达到最大的产出水平就是所追求的目标。当某个公共支出项目的产出水平达到这一目标时，说明该项目的公共支出是有效率的。

根据边际分析方法可知，当某项支出的社会边际收益等于社会边际成本时，该产出水平所对应的社会净收益最大。然而，效率不是唯一的社会目标。

理论与实践表明，一个有效率的体系并不一定是公平或公正的。因为市场经济对于效率的追求，必然会导致在社会范围内资源配置和收入分配上的不公平。公平包括经济公平与社会公平两个方面。经济公平是从社会生产的角度来看待公平问题的，它是指按所占有并投入的生产要素来分配成果。按生产要素来分配成果是市场经济规则的要求，也是市场经济规律的核心内容之一。社会公平则是指从社会消费的角度来看待公平问题，进而对市场分配结果再进行二次分配。由于每个人占有生产要素是不平均的，所以经济公平是影响社会分配公平的重要因素之一。所以说，从社会公平的角度需要通过税收、社会保障等措施进行再分配，以维护和促进社会公平。

2. 公共支出决策应更加注重公平

公平作为一种社会理想和原则，反映了人们对现实社会权利关系的道义追求。英国学者朱利安·勒·格兰德等认为①："因为公平的问题涉及个人对福利在社会成员之间如何分配的价值判断，许多经济学家认为这些问题不属于他们能够讨论的范畴。他们认为，经济学家在解答这些问题方面并不比任何其他公民要好。因而，他们把注意力集中于所谓的价值中性的效率条件，认为公平或收益分配的问题应由政治过程来解决。"这就是说，作为公共支出决策的"政治过程"必须将促进社会公平放在头等重要的位置。在公共经济学与公共管理学中，公平通常理解为是对收入分配和公共资源配置不平等状况的调整，而不是指个人收入分配上的平均主义。从我国的国情出发，维护社会公平与正义，促进基本公共服务均等化，是构建社会主义和谐社会不可或缺的重要内容，也必然是公共支出决策需要首先考虑的问题。

党的十七大报告明确指出，"合理的收入分配制度是社会公平的重要体现"，并强调"初次分配和再分配都要处理好效率和公平的关系，再分配更加注重公平"。显然，公共支出决策也就是二次分配，应更加注重公平。一次分配的公平，既要关注结果，更应关注过程，特别是关注起点公平与机会公平；二次分配的公平，则既要关注过程，更应关注结果。从关注结果的角度看，按照"更加注重公平"的基本要求实施公共支出决策，应在实施公共支出决策的过程中，全面理解"基本公共服务均等化"的内涵。

首先，"公共服务"的理论边界似乎很清晰，即是那些具有非竞争性和非

① 朱利安·勒·格兰德等著：《社会问题经济学》，商务印书馆2006年版，第18页。

排他性的产品或服务，但在实践中却又是一个边界十分模糊的概念。再加上“基本”二字，准确解读“基本公共服务”就更加困难了。对基本公共服务的理解，更是远远超越了经济学的范畴，它还涉及社会学、政治学，甚至社会心理学等多个交叉领域。我们坚持“更加注重公平”的理念，首先应有一个参照系，也就是各级政府及社会各界对基本公共服务的范围和边界应有一个相对统一的共识。从定性的角度讲，基本公共服务是与我国现阶段经济社会发展相适应，国家及地方政府财力所允许，为实现社会公平正义、增进社会和谐、保障个人最基本的生存权、发展权所必须提供的那些公共服务。与此同时，基本公共服务还具有阶段性与层次性的特征，需要各级政府统筹考虑需要与可能，区分轻重缓急，分阶段与层次按先后次序予以统筹安排。

其次，从国际经验和操作性来看，均等不是平均，而是在承认差别的前提下，保障社会公众享有一定标准之上的基本公共服务，其实质是强调“底线均等”。所以，推进基本公共服务均等化，需要正确认识标准界定与测度指标这两个问题。一般而言，实践中的标准有两类，一类是平均水平法，即根据平均水平的一定比例来确定的均等化标准；一类是基准法，即根据基准水平（最低水平）来确定均等化标准。与此同时，测度“均等化”既可用“投入”，也可用“产出”或“效果”作标准。从转移支付制度的设计看，似乎采用“投入”指标，并采取严格的程序控制较为合适。

英国学者朱利安·勒·格兰德等在他们的著作《社会问题经济学》中的一些观点值得我们借鉴。他们认为[①]：“一些人建议追求效率，觉得这只是一个价值中性和技术性问题，显然他们没有意识到或没有告诉你，其预先接受的某个既定的收入分配（往往是当前的收入分配）本身就包括了价值判断。事实上，从它们对价值判断的依赖性来看，效率与公平之间的唯一差别是，经济学家对效率问题构成的理解比对公平问题构成的理解有更多的认同。但是这个差别仅是程度上的，而不是本质上的。”该书作者进而提出自己的观点：“可以用经济学家的分析方法评价不同的经济组织方式在实现效率和公平方面所取得的成就；而且确实还包括其他的目标，如增加消费者选择或培养社区精神。此外，虽然我们应当总是注意区别在确定目标（无论是效率、公平还是什么其他目标）时不可避免的价值判断过程和在实现既定目标时大致

① 朱利安·勒·格兰德等著：《社会问题经济学》，商务印书馆 2006 年版，第 18 页。

价值中性的方法，但是，经济推理实际上也可以帮助澄清对目标的定义。”为了说明这最后一点，朱利安·勒·格兰德等还提出两种公平的理解：“一个是完全平等的概念：每个人相同的医疗应当享有同等的治疗，每个同等能力的人应当得到同等的教育，如此等等。另一个概念是从最低标准的角度来谈的：任何人的收入和消费水平都不应当低于社会确定的最低线。这样，尽管有的家庭住房比其他人要好，但每一个家庭都应当有体面的住房，享有基本的条件；每个需要医疗的人应当至少得到最低水平的照顾，等等。”

3. 效率是公共支出绩效的应有之义

效率意味着用最小努力程度或费用实现某一意愿的结果。在市场经济条件下，公共支出可以看成是政府提供公共产品或公共服务的成本。公共产品或公共服务主要由公共部门来安排或提供，也应该与市场提供私人产品一样，讲求效率。事实上，由于公共部门是用别人的钱办别人的事，所以，为了防止出现官僚主义，提高公信力和执行力，更应该有一个注重效率的问题。马国贤更是将效率提高到“公共经济的核心”地位。他认为①：“公共经济有两个难题，一是政府与市场的关系，二是公平与效率的关系。这也是世界所有市场经济国家所遇到的难题，解决这两大难题的答案在于效率。”我们可以从三个方面来看待效率问题：一是公共事务与私人事务的分离是社会分工的结果，而支配这一分工发展的基本动因是社会对效率的追求。在进行公共支出决策时，完全有可能像私人那样，按照需不需要支出和支出与效用是否匹配两个标准来选择开支范围，衡量办事效果，努力降低成本和提高效率。二是从政府与市场的关系来看，市场经济下以政府为代表的公共部门之所以存在，其重要理由就是市场失灵，由于市场经济本身无法克服这一缺陷，所以需要政府介入。政府介入的目的是弥补市场失灵。从这个意义上说，效率与公平一样是处理政府与市场关系所必须遵循的原则之一。三是从公平与效率的关系来看，将效率与公平对立起来的传统观念是不全面的。事实上，公平与效率两者之间既存在矛盾的一面，又存在统一的一面。因为公平是从公共支出的分配出发，即从公共产品或公共服务的公共供给的角度来说，公共供给必须坚持公平原则；而效率原则却是从公共生产即公共产品或公共服务的制度安排与组织方式来说的，公共生产与私人生产一样必须讲求效率。公共供给

① 马国贤著：《中国公共支出与预算政策》，上海财经大学出版社2001年版，第100页。

与公共生产是公共支出活动的两个侧面，通过公共支出来实现社会公平的每一个项目的组织实施与运行管理，在坚持公平优先的同时，必须注重经济性、效率性与有效性，这也是公共支出项目绩效评价的重要内容。

4. 社会公平是社会和谐的基础

和谐是社会主义的内在特征，社会公平是实现社会和谐的基础。社会主义的根本性公平与整体性和谐，首先在于消灭阶级剥削和阶级压迫这种最大的不公平与不和谐现象。邓小平同志所讲的“解放生产力，发展生产力，消灭剥削，消除两极分化，最终达到共同富裕”，正是从社会主义本质的高度讲求根本性公平和整体性和谐。但是，实现这一根本性公平和整体性和谐目标，是一个历史过程。我国现阶段所追求和实现的是社会主义初级阶段的公平与和谐。社会公平与社会和谐应体现在整个社会的各个方面，主要包括权利公平、机会公平、规则公平、过程公平和分配公平。权利公平是社会公平的核心，意味着社会成员平等地享有各项公民权利，每个人的政治、经济、文化、社会以及生态权益都能得到切实的尊重和保障。我国现阶段由于存在着多层次和多形式的经济社会关系，反映这些关系的公平原则自然也包括多方面的含义，如作为市场经济基本规范的等价交换的公平，与社会主义公有制和按劳分配相适应的劳动与收入公平，与私营、外资企业相适应的劳资关系应有的公平等。

当前，从我国经济社会生活的实际出发，实现社会公平，建设和谐社会，最为重要的是应逐步实现基本公共服务均等化。常修泽认为（《人民日报》2007 年 1 月 31 日理论版），实行基本公共服务均等化，是体现以人为本和弥补市场公共品供给失灵的重要制度安排，是缓解社会矛盾的现实需要，是构建社会主义和谐社会的内在要求。基本公共服务均等化的内涵包括全体公民享有基本公共服务的机会均等，结果大体均等，同时尊重社会成员的自由选择权。在把握基本公共服务均等化的内容时，应遵循范围适中（不能过宽或过窄）与标准适中（不能过高或过低）的原则。基本公共服务均等化的主要内容包括四个方面：一是在就业和基本社会保障等“基本民生性服务”方面实现均等化；二是在义务教育、公共卫生和基本医疗、公共文化等“公共事务性服务”方面实现均等化；三是在公益基础设施和生态环境保护等“公益基础性服务”方面实现均等化；四是在生产安全、消费安全、社会安全、国防安全等“公共安全性服务”方面实现均等化。

（三）经济人与公平和效率理论的应用

公共部门的主要职责是为社会提供公共产品或公共服务。从某种意义上讲，个人效用与社会福利、公平与效率，以及公共部门“社会人”与公务人员“经济人”行为都会直接或间接地体现在公共产品或公共服务供给的全过程。所以，从公共部门管理会计的角度，学习与应用上述这些理论，可以从下述几个方面进行思考与探索。

1. 公共收支决策实质上是公共权力参与社会资源配置的过程，其决策准则应是社会福利最大化

以税收收入为主体的公共收入是政府凭借公共权力，通过参与国民收入分配，将资金由私人部门转移到公共部门，是一个资源配置的过程。公共部门在取得公共收入后，应当满足管理公共事务和社会共同福利的支出需要，为社会无偿提供公共产品或公共服务。显然，以公共收入为主体的公共资源是稀缺的，如何将这些公共收入用于不同的部门或不同的项目，也就是如何选择用途，是公共经济和公共管理领域特别重要的资源配置问题。选择是一种配置，而不是简单的分配。尽管配置与分配都是以公共资金的分配和使用为起点，但分配的目标强调的是公平，而配置的目标强调的是包括公平与效率在内的公共支出绩效，必须注重促进社会福利最大化。与此同时，分配偏重于公共资金分配的政治途径，通过无偿供给方式来实现，而配置则强调绩效，注意针对不同用途的支出，选择市场或非市场等多种方式来提高公共支出绩效。所以，选择既是分配，更是配置，这个理念应体现到公共部门管理会计的理论与实践中来。

在计划经济条件下，人们普遍认同的政府理论和公共预算理论分别是“分工论”和“费用论”。“分工论”与“费用论”说明了公共部门存在的必要性以及其运行成本的无偿性。按照这些理论，政府是社会分工的产物，而政府部门则是为完成某一政府职能而设立的专门机构。政府及其部门为了履行公共事务管理的职责需要费用（成本），公共预算就是政府及其部门的开支计划。在人们的观念中，公共部门的收入与支出预算是为了维持公共部门的运转。在公共预算过程中，完全缺乏这样一种理念：即如何提高预算收入与支出的社会效用，努力促进社会福利最大化。所谓加强公共预算管理，也就是按照管理要素来编制，比如工资、公务费、购置费等。相应的，会计核算也采用要素法以及时向相关部门提供会计信息。同时，建立审计制度，防止“打酱油的钱买醋”。

在市场经济条件下，现代政府理论和公共预算理论分别是“受托责任论”和“购买论”。这些理论进一步说明公共权力的来源，要求依法从事公共事务管理，遵循社会福利最大化原则，科学合理地进行公共收入与支出决策，努力降低行政成本，提高行政效率，提高公共支出绩效。以税收为主体的公共收入，以及公共部门提供的公共产品或公共服务都不是越多越好，必须与广大消费者的消费偏好或购买意愿相适应，同时还要物有所值，价廉物美。这就是说，政府及其部门的公共权力来源于人民的委托，公共部门是一种信托机构，应该是维护和发展社会福利的代理人或受托人。公共部门的职能就是为社会提供公共产品或公共服务，税收可看做是私人部门向公共部门购买公共产品或公共服务所支付的价格。如果私人部门支付的税收较低，公共部门提供的公共产品或公共服务质量和数量都让委托人满意，就说明购买成本低，社会福利大。与之相对应的政府及其公共部门就是“廉价的政府”，反之，就是“高价的政府”。

2. 在公共支出决策的过程中，需要将公共支出的效率目标具体化，并与此相适应提供管理会计信息

效率用投入产出比来测量，而公共支出的产出在许多情况下又往往难于用货币来量化，所以公共支出效率有时则是一个较为抽象的概念。在公共支出决策特别是公共支出项目决策过程中，需要将效率概念具体化。按照在市场中购买私人产品的理念，对某个公共支出项目所安排的公共产品或公共服务，相关部门应分析“该不该买、该花多少钱买与性价比是否合适”等相关问题。

所谓“该不该买”的问题，这是效率的前提。人们的选择源于需要，需要引发动机，动机决定行为。如果不需要的东西，再好再便宜也是浪费，即无效率。但由于不同的选择主体，对购买目的的判断标准是不同的。这就是经济学中的价值标准或价值偏好。对于一个人或一个家庭来说，这个判断标准比较容易。对于一个企业来说，与家庭相比则相对复杂一些，但由于企业的目标比较单一，即追求企业利润或股东价值最大化，所以这种选择也不是很难。但对于公共部门来说，代理人的身份决定了它所提供的公共产品或公共服务，最终需要由委托人来评价，并且这个委托人还不是一个人或少数人，

而是一个群体，是一个地区乃至一个国家的广大消费者。这个群体所反映出来的社会福利如何，必须通过适当的方式让他们来表达。只有当公共支出增进了公共福利，并得到绝大多数人的赞同，才是有效率的；否则，就是“形象工程”、“政绩工程”，就是无效率。

所谓“该花多少钱买”的问题，说到底就是你愿意为购买某一产品花多少钱的问题，也就是涉及办事成本的问题。由于货币是商品的一般等价物，因而花多少钱也就是为办事而付出的代价。为了办好某件事，我们必须分析办这件事所需要的成本，然后决定出价。当然，这里的成本既包括以货币形式度量的成本，也包括以非货币形式度量的成本（表现为公共资源）；既包括直接成本，也包括间接成本，必要时还要分析机会成本。然而，与购买私人产品不同，购买公共产品既不需要作为委托人的消费者个人另外掏腰包（该缴纳的税费都已经缴纳了），更不需要作为受托人的公务员个人支付，所以，对于某项公共产品或公共服务而言，得到与其相关客观合理的成本信息，需要集思广益，通过多种途径来分析确定，而不能由少数人甚至一个人说了算。

所谓“性价比是否合适”的问题，是一个效用评价问题，也就是对花了这么多钱购买某个商品是否值得的主观判断问题。如果你认为其性能与价格比（性价比）很合适，就会对购买的商品满意，就说明是有效率的。性价比越高，就说明效率越高；否则，就是低效率，甚至无效率。公共经济学中所说的“X—效率”问题就属于这类问题。从购买私人产品来说，往往第二与第三个环节是合并进行的，因为当你在决策是否购买时，就已经对“性价比是否合适”的问题作出判断了。但是，由于委托人与受托人（代理人）的偏好不尽相同，所以，公共产品或公共服务的提供者与消费者对这一问题的评价有前有后，并不一定相同。因此，我们认识到这一实际问题，在公共支出项目决策的过程中，尽可能采取必要的工作程序与工作方式，尊重广大消费者的知情权、参与权、表达权和监督权，提高公共支出决策的法制化、民主化和科学化水平，是将好事办好、实事办实的关键所在。

3. 在公共支出决策的过程中，需要处理好公平与效率之间的关系，项目的优先顺序及其具体内容应该注重公平，项目的组织实施与运行管理必须讲求效率

在市场经济条件下，市场配置资源必然是效率优先，但不能不兼顾公平。

而公共资源配置，则应同时兼顾公平与效率，尤其应“更加注重公平”。作者认为，这里所说的“更加注重公平”，从公共预算的角度讲，首先应主要体现在如何处理公共支出项目的优先顺序与具体内容上。公平与正义是现代社会所追求的目标。在现实条件下，逐步实现基本公共服务均等化，是公共支出决策所必须坚持的原则。从稀缺与选择的角度看，以公共收入为主体的公共资源永远是稀缺的，所以需要选择，而如何选择，即哪些公共产品或公共服务需要优先提供（项目的优先顺序问题），以及具体提供到什么水平（项目的具体内容），必须坚持“更加注重公平”的原则。这就是说，公共支出决策必须坚持基本公共服务的最低标准。所谓基本公共服务的最低标准，是指与居民日常经济和社会活动密切相关的，因而必不可少的服务，如教育、治安、基本社会保障、医疗卫生等。它涉及人的基本生存权利，属于人权的范畴。一般而言，最低标准包括两层意思：一是提供者的义务，即公共支出（可能是由几级政府的公共支出共同来实现的）必须保障人人有权享受到这一最低水平的公共服务；二是消费者的权利，即每一个自然人所享有这些方面的公共服务，其质量与数量都必须达到这个水平。当然，公平是一种理念，往往体现为主观效用，对最低标准的合理定位有利于和谐社会的建设。在现实的社会经济生活中，需要从现实财力的可能性出发，实事求是地确定不同时期的基本公共服务均等化的最低标准。那种有条件不作为或不切实际的乱作为，都是与基本公共服务均等化原则和建设和谐社会目标不相一致的。

公共部门管理会计需要按照建设和谐社会的要求，全面理解公共支出决策中的公平与效率目标之间的辩证关系。它们是从两个不同的角度提出的公共支出决策目标，两者之间并不矛盾。公平主要体现在公共支出项目的先后顺序与项目的具体内容上，解决所谓轻重缓急和雪中送炭的问题；而效率则主要体现在具体项目的组织实施与运行管理的过程中，需要最大限度讲节约、讲成本，使有限的公共资金有效地提供公共产品或公共服务。在现实的社会生活中，应特别注意三个问题：一是应努力降低项目投入中行政开支（即用于项目组织实施部门的那一部分支出）所占的比重，提高业务开支（即直接用于公共产品或公共服务的那一部分支出）的比重，尽可能用更多的钱为社会创造福利。二是注意研究公共产品或公共服务的提供方式问题，即哪些公共产品或公共服务需要采取非市场的方式提供，即由公共部门直接无偿提供；哪些公共产品或公共服务可以通过市场方式或混合方式来提供，特别是对于大量的准公共产品或公共服务的提供，更应通过引入市场机制，提高有限的公共支出的效率，促进社会福利最大化。三是对于那些由公共部门直接提供的公共产品或公共服务，也应注意借鉴企业项目管理的经验，以项目为成本中心，引入责任会计理念，加强项目核算，努力发挥有限公共支出项目的实际效果。

二、公共产品理论与公共选择理论及其应用

（一）公共产品理论

公共产品亦称公共物品或公共品，是用于满足社会公共消费需要的物品或劳务。劳务（或服务）也是一种产品，只不过是不具备或基本不具备实物形态，生产与消费这两个环节是不能分开的而已。以公共产品为核心概念的公共产品理论是公共经济学的理论基础，是分析公共支出的重要工具。这一理论为公共部门的支出分析提供了定性和定量分析依据，是公共部门管理会计所必须掌握的理论之一。我们在进行公共支出项目决策时，首先要判断这一项目所提供的产品或服务是否属于必须由公共支出来提供的公共产品范畴。

1. 公共产品的特点

与私人产品相比，公共产品通常具有以下两个基本特征：一是非竞争性；二是非排他性。著名经济学家斯蒂格利茨认为：“公共物品是这样一种物品，在增加一个人对它进行分享时，并不导致成本的增加（它们的消费是非竞争性的），而排除任何个人对它的分享都要花费巨大成本（它们是非排他性的）。”世界银行《1997 年世界发展报告：变革世界中的政府》指出：“公共物品是指非竞争性的和非排他性的货物。非竞争性是指一个使用者对该物品的消费并不减少它对其他使用者的供应，非排他性是指使用者不能被排除在对该物品的消费之外。”公共产品的这两个特点体现为所有权上的非排他性和

消费过程中的非竞争性①。

（1）非竞争性。公共产品的非竞争性，是指从经济的角度讲，增加一个人消费的边际成本为零，也就是说增加一个人的消费，其生产成本为零，对原有的消费者没有任何影响，大家可以同时消费，相安无事。萨缪尔森把这一特征称为公共产品最基本的特征。实践表明，一个公共产品一旦提供了，多一个消费者的加入并不影响其他人的消费，消费者之间不必展开竞争或争夺。也就是说，某人对公共产品的消费，并不排斥和妨碍其他人的同时享用，也不会因此而减少其他人消费该种公共产品的数量或质量。公共产品或服务的非竞争性是从消费的角度讲的。一些公共产品或服务可以被消费者共同和同时使用，其数量和质量并不会因此减少或降低；其他一些产品却只能被个人而不是大家共同消费，即如果被一个消费者使用，就不能再被第二个消费者使用。

（2）非排他性。公共产品的非排他性，是指一个公共产品一旦提供了，便会有众多的受益者，大家将共同享有该公共产品，不可能将其中任何人排斥在外。也就是说，公共产品的非排他性，主要是因为在技术上无法将那些不愿意为消费行为付费的人（即"搭便车者"）排除在某种公共产品的受益范围之外；或者在技术上虽然可以实现将他人排斥在外，但由于成本太高，致使在经济上不可行。同时，任何人也不可能用拒绝付费的办法，将那些与其消费偏好不一致的公共产品排除在他的消费范围之外。比如，环境治理就具有这样的性质：不可能排除任何一位当地居民从良好的环境中受益。显然，排他的实质是一个成本问题，而不是一个逻辑问题，其可行或不可行依赖于执行成本的相对高低。因此，排他性允许有不同的程度。例如，公海捕鱼的排他性在技术上是困难的，虽然可以在码头上对商业渔船实施监控或采取游艇进行监控，但这样做成本都很高。另一方面，商店购物的排他性就非常容易实现。在讨论排他性问题时，灯塔提供了一个有趣的例子。灯塔的建造成本与运行成本是相当高的，但它可以帮助船只通过危险的海域，这对船只来说是一种有价值的服务。但是，是否能够实现灯塔的排他性呢？实际上，灯塔也是可以设法实现排他的，其私人拥有与运营在英国持续到 1842 年，其具体的做法是对那些使用附近港口的船只收费。确切地说，灯塔的无偿使用是

① 戴文标著：《公共经济学新论》，浙江大学出版社 2005 年版，第 27 页。

不可能排除的，但港口的无偿使用却可以排除。船只保险公司也能够提供类似的功能，用保险费附加相关费用来资助灯塔的建造与运营，尽管这不是直接的用者付费。与此同时，技术变化可以使得排他性更困难或相对容易一些。例如，使用计算机系统，利用电子收费机甚至可以对使用城市公路收费；有线电视系统、频道加密系统等技术使对观看电视节目收费成为可能。

有必要说明的是，公共产品的非竞争性和非排他性是其最基本的特征。实质上，在这两个基本特征之中还隐含着其他一些特征，如公共产品的不可分割性、不可拒绝性等。所谓不可分割性，是指公共产品只能整体消费，不可能分成小份额消费。这一特征正是非竞争性和排他性的基础。也就是说，因为纯公共产品不能分成小份额消费，只能整体消费，所以才既无法排斥他人消费，自己也无法拒绝消费，即公共产品在消费上显示不可拒绝性。同时，在公共产品不可分割性的基础上，还派生着公共产品消费数量的一致性和消费评价的差异性。这就是说人们对公共产品的消费只能是整体消费，所以消费的数量是相等的，但每个人对相同消费数量的公共产品，其个人的主观评价是不同的，也许有的人感到效用很高，也许有的人却感到效用很低。

正是由于公共产品一般具有不可分割、难于排他和不能拒绝等性质，所以消费者就容易产生故意压低自我评价，希望别人出钱购买，自己免费消费的道德风险，又称"免费搭便车"心理。与此同时，有些产品（例如大众广场、公园等），在其产生拥挤之前，它的非竞争性和非排他性特征很强，每增加一个消费者的边际成本等于零或接近于零，即增加一名游人并不需要增加什么成本，也不影响他人的消费。然而，当某种公共产品的消费者数量达到一定程度以后，就伴随出现拥挤现象，也就是产生消费者竞争。在这种情况下，该产品的排他性就随之加强，在现实生活中就需要采取收费等措施来限制消费人数。

2. 公共产品的分类

我们说公共产品是具有非竞争性和非排他性特点的产品，但这是对于纯粹公共产品而言的，事实上，并不是所有的公共产品都完全具有这两个特点。因此，对于某项具体的产品而言，可以按照其非竞争性与非排他性的强弱，将公共产品分为纯公共产品与准公共产品。

（1）纯公共产品。所谓纯公共产品，是指完全具备非竞争性与非排他性特点的产品。比如，国防、社会治安、行政管理、立法、司法、基础科学研究、社会科学研究、环保等都属于这类产品。以法律为例，它完全具备非竞争性与非排他性的特点：一是法律的生产成本与居民人数多少没有必然联系，居民增加时，法律的新增成本为零（即边际成本为零）。二是当某人从法律中获得利益时，他不可能排斥他人同时消费，也不可能排斥其他人同时获得利益。

（2）准公共产品。所谓准公共产品，是指具备上述两个特点中的一个，另一个不具备，或不完全具备，或者两个特点都不完全具备，但具有较大的外部收益的那些产品。准公共产品是介于纯公共产品与私人产品之间的公共产品。具体而言，它可进一步分为三类：一是具有非竞争性特点，而不完全具备非排他性特点的产品，大多数公共工程（如公路、桥梁等）都属于这类产品。二是具有非排他性特点，而不完全具备非竞争性特点的产品，如教育产品。由于这类产品具有非排他性特点，所以也就具有较大的外部收益。三是非竞争性与非排他性特点不充分，但具有较大的外部收益的产品。它属于接近市场产品的公共产品，如法律服务、医疗等。

3. 公共产品的生产与提供

公共产品的生产与提供是两个不同的概念，生产不等于提供。美国学者E. S. 萨瓦斯认为[①]，“有必要区别公共服务中三个基本的参与者：消费者、生产者、安排者或提供者”。其中，消费者直接获得或接受服务，生产者直接组织生产，安排者或提供者指派生产者给消费者，指派消费者给生产者，或选择服务的生产者。萨瓦斯还认为：“服务提供或安排与服务生产之间的区别是明显且十分重要的。它是整个民营化概念的核心，是政府角色界定的基础。对许多集体物品来说，政府本质上是一个安排者或者提供者，是一种社会工具，用以决定什么应该通过集体去做、为谁而做、做到什么程度或什么水平、怎样付费等问题。”在现实生活中，采取何种形式生产与提供公共产品，主要取决于成本。正如萨瓦斯所指出的那样：“当安排者和生产者合一时，官僚成本就产生了，即维持和管理层级系统的成本。当安排者和生产者不同时，又产生了交易成本，即聘用和管理独立生产者的成本。两种成本的相对值决定了安排和生产功能分开是否值得。”

---

① （美）E. S. 萨瓦斯著：《民营化与公私部门的伙伴关系》，中国人民大学出版社2002年版，第68页。

传统观念认为，公共产品必须由公共部门生产，这是不准确的。公共产品同样可以由私人部门生产，公共部门通过政府采购方式将其买回来，变成公共产品，向社会提供。因此，公共产品的生产形式包括公共生产与私人生产两种。所谓公共生产，是指公共产品由公共部门来生产。当然，这里所说的生产，不仅指加工或制造某一具体产品的过程，也包括劳务产品的供给方的活动。例如，法律的制定过程、公安部门提供治安服务过程中对案件的调查活动、公务员办公等，都属于劳务产品的生产活动。公共生产由于缺乏竞争，一般来说其效率较低，成本较高，还容易产生官僚主义。所谓私人生产，是指公共产品由私人部门来生产。例如，我们要修一条道路，政府可以组织力量直接生产（即公共生产），也可以将工程承包给某一施工企业，由他们来组织生产，这就是私人生产。在私人生产条件下，政府要将这些产品用于公共用途，就必须将它购买回来，这一过程称为政府采购。私人生产由于具有较高的效率，所以为市场经济条件下公共产品生产所广泛采用。

（二）公共选择理论

1. 公共选择理论的含义

公共选择理论或公共决策理论是用经济分析方法来研究非市场决策的理论。该理论的创始人——美国经济学家布坎南将“经济人假设”引入到对政府制度的分析中去，认为政治过程或公共决策过程也可以描述为一个复杂的交易过程。也就是说，政治过程仍然是一个以个人评价或个人偏好为投入，最终产出一个多数裁定的妥协方案，和市场交易过程相一致。这样，参与政治过程的人们就好比市场交易的人们，可以是一种有私人评价、私人利益的人，也可以追求自身利益的最大化，只要遵循政治交易规则，便会产出符合社会公众利益的结果。

公共选择理论的核心是运用经济学方法来说明市场经济条件下，政府干预行为的局限性或政府失灵问题。政府失灵是指个人对公共产品的需求在现代代议制民主政治中得不到很好满足，公共部门在提供公共产品时趋向于浪费和滥用资源，致使公共支出规模过大或者效率降低，预算上出现偏差，政府活动并不总像应该的那样或像理论上所说的那样能做到“有效”。努力提高公共支出的绩效水平，是公共选择对公共部门的必然要求。

2. 公共选择中的个人决策行为

公共选择理论分析了公共选择机制下的个人决策行为，发现它与市场机制下的个人决策行为有很大的区别，进而导致了公共选择的复杂性。理解这两种机制下个人决策行为的区别，对于我们分析公共支出决策，设法提高公共支出绩效是非常有益的。

（1）偏好表达的方式不同。市场机制中个人的偏好通过货币购买来表达，而在公共选择机制中，公众偏好通过投票来表达，理论上它与个人货币量无关，但实际上不同的投票程序会产生不同的投票结果，个人表达偏好的能力并不是完全一致的。

（2）个人偏好表达对决策结果产生影响的大小不同。在市场机制下，个人偏好表达是取得自身利益的前提和基础。在公共选择中，由于个人显示偏好并去投票的行为可能不能给自己带来必要的收益，所以势必挫伤个人在公共选择中显示自身偏好的积极性，进而滋长搭便车的心理和行为。

（3）个人偏好显示的程度不同。当公共部门就某项公共产品提供与否、规模大小进行民意调查，并将公共产品成本根据个人的偏好程度进行相应分摊时，人们就会在政治程序中隐瞒自己的偏好程度，以尽可能少分担成本而多享受效用。在市场交易中这种隐瞒所带来的收益将要小得多。

（4）偏好体系不同。在市场机制下，每个人的决策取决于自己的偏好，而在公共选择机制下，公共部门将不同的投票者的偏好统一为社会偏好，但这种偏好并不同时符合所有个人的偏好。

（5）强制性不同。根据公共选择机制所产生的决策方案，不可能每个人都赞成，但却要求每个人都必须遵守，并承担这一决策所带来的成本义务。

3. 公共选择理论对传统行政管理模式的判断

公共选择理论正是以理性经济人假设为出发点，对传统的行政管理模式及其所面临的困境作出了以下判断[①]：

（1）理想的官僚，即“服务于公共利益的公仆”并不存在。官僚是理性经济人，追求个人利益或个人效用的最大化，官僚机构与官僚行为遵循制度约束下的刺激反应模式。

---

① 彭健著：《政府预算理论演进与制度创新》，中国财政经济出版社 2006 年版，第 234 页。

(2) 政府产出的非市场性特征导致官僚机构缺乏竞争，使得政府没有动力降低成本，从而变得没有效率或低效率。

(3) 韦伯“官僚模型”强调严格的规章制度，强调绝对的、垂直的“命令—服从”机制，扼杀了公务员的创造性和积极性，造成公务员墨守成规、逃避风险，使得官僚机构丧失内部激励机制。

(4) 官僚追求预算最大化，追求更大的自主权和权力垄断，导致政府规模扩大，出现“政府扩张”。

(5) 伴随“政府扩张”，政治权力可能直接介入经济活动。在此过程中，很多人会求助于权力因素谋取个人最大利益，产生寻租行为。

公共选择理论认为普遍存在政府失灵现象，并提出自己独特的解决问题的方式，即通过政府与市场、政府与社会关系的重新界定来解决政府所面临的危机。他们认为，公共产品既可以由政府来提供，也可以由市场来提供；应打破公私界限，破除政府垄断，在政府和市场之间，在公共部门和私人部门之间形成竞争；应当给予公众对公共产品或服务进行选择的机会。

4. 公共选择中的决策程序

公共选择理论表明，公共选择首先需要选择正确的决策程序，因为决策程序不同，往往影响着决策结果。一般而言，有代表性的公共决策程序，包括直接民主决策、间接民主决策和集中决策。所谓直接民主决策，是指全体选民都参与公共事务的讨论，按照“一人一票制”原则，对重大公共事务进行的选择过程，一般采取多数票通过制。所谓间接民主决策，是指按照某种程序，先在全体居民中选举出一定数量的代表，然后由代表行使投票权利，参与公共决策，其结果不一定完全取决于选民的偏好，而是取决于投票人与公共部门之间的相互关系。所谓集中决策，是指由一个人或某个为数很少的群体对公共事务作出决策。显然，不同的决策程序其成本与效率是不同的。

(三) 公共产品理论与公共选择理论的应用

1. 公共产品理论的应用

公共产品理论运用微观经济学的产品生产与供给原理来分析公共支出，为安排公共产品或公共服务的公共部门借鉴生产经营私人产品的企业经验，建立公共部门管理会计提供了逻辑必然，是进行公共支出决策特别是项目决策不可或缺的理论指南。公共部门管理会计的重要任务之一，就是为公共支出项目决策服务，运用公共产品理论，有利于扬弃传统的公共支出范围，立足于提高公共支出绩效，重新界定公共支出范围，创新公共支出管理理念与内容，采取多种生产方式提供（或生产）公共产品或公共服务。

（1）公共产品理论认为公共部门的“产出”也是产品，这就为我们在市场经济条件下研究公共支出提供了新的思路和方法。按照传统的思维方式与工作方式，我们对于公共部门的绩效是什么、如何提高公共部门的绩效等问题很难理清思路，这在很大程度上与未能树立产品观念、从产品生产与供给的角度来分析公共部门的“产出”有关。而公共产品理论则认为，公共部门的“产出”也是一种产品，它同样有生产与供给问题，可以借助于微观经济学的分析方法，通过将公共产品与市场产品类比，将它分解成生产和提供两个方面来研究，并分别考察其效果。借助这一理论，将成本、费用、效用等微观概念引入了公共部门绩效评价分析之中，从而为提高公共部门绩效提供了十分有用的分析工具。

（2）公共产品理论将公共产品分为公共产品、准公共产品（或混合公共产品）两大类。这就为我们针对不同类型的公共产品，采取不同的公共支出政策提供了理论依据。纯公共产品的资金必须由政府无偿提供，保障这部分支出的需要是公共支出的首要责任。对于准公共产品的成本，应当采取政府与受益人共同负担的方式。就是说，这类产品的生产虽然也应由公共部门来安排，但成本可以采取公共支出安排一部分，受益人适当承担一部分的方式。这样做，既有利于降低纳税人的负担，也有利于节约公共资源，体现公平与效率的统筹兼顾。

（3）公共产品理论创造性地将公共产品分成生产与提供（或安排）两个环节来研究，这就为我们在市场经济条件下进行公共支出决策提供了新的理念。从实践层面上讲，提供或安排公共产品是公共部门的职责，但并不一定非要由公共部门亲自生产，完全可以选择一种不花或少花纳税人的钱的形式，照样也能将事情办好。特别是对于我国这样的发展中国家，公共支出供不应求的矛盾不可能在短期内得到根本解决，所以对于准公共产品的生产，应该尽可能引入市场机制，公共部门从提供或安排的角度履行管理职责，而鼓励通过市场方式来生产，努力实现管而不死，放而不乱，消费者、生产者及提供者多赢的工作目标。

（4）公共产品理论还告诉我们，公共产品的两大特征（非竞争性与非排他性）并不是绝对的，还取决于市场条件、社会环境和技术因素。一些传统观点认为具有非排他性的产品，经过技术处理后，也可能具有排他性，进而可以通过收费来管理。例如，电视讯号经过加密处理后，普通的电视机就无法接收，为此就需要安装特定的设备，或者改造成闭路电视。又如，高速公路设立收费站也就实现了排他性。同时，有些私人产品，如农村饮水问题，考虑到应逐步实现城市与农村之间的公共服务均等化，所以在新农村建设中也应纳入公共产品范畴，通过公共支出给予必要的支持。

2. 公共选择理论的应用

公共选择理论所揭示的公共部门追求部门预算最大化的经济人动机，是客观存在且难以避免的，这就是我们平时所说的“屁股指挥脑袋”问题。但是，如果换个角度看，要钱干事也是有事业心的表现，因为他们要钱不是为自己个人或自身部门发奖金、搞福利，而是为了干事，为社会提供公共产品或公共服务。所以，在实践中，对公共部门追求部门预算最大化的问题，既需要正视，更需要正确引导，而不能是简单地指责。从公共部门管理会计的角度讲，公共选择理论给了我们许多启示。

（1）为了防止和缓解公共支出低效率或无效率现象，公共部门应当不断创新公共支出观，实现从“费用论”（也称“成本论”）的公共支出观到“报酬论”（也称“购买论”）的公共支出观的转变。所谓“费用论”的公共支出观，是认为公共预算是公共部门提供公共产品或公共服务的一种成本或投入，其前提是维持公共部门的运转，因此公共预算的分配首先是人员经费和公用经费，即保证各行政事业单位的存在和运转，其次才是办事，这叫做“先吃饭，后办事”。因此，保证行政事业单位的人员经费和公用经费就成了公共预算的基本任务。至于取决于机构设置与人员配备的“编制成本”（至少包括人员经费和日常公用经费）是否合理，则不是公共预算本身能够解决的事情。正因为如此，我国公共部门的运行成本或者说行政成本一再攀升，相当多的公共部门，其人员经费及与之相关的公用经费所占本部门总支出的比例不断提高，进而公共支出的绩效就势必大打折扣。然而，按照“报酬论”的公共支出观，公共部门必须强化成本观念，讲求公共支出绩效。这种理论认为，在市场经济条件下，公共部门与私人部门之间也是一种商品和劳务交换，即商品货币关系。税收可看做是私人部门向公共部门购买公共产品或公共服务的价格，而公共预算则是购买各项具体公共产品的一种价格安排。既然公共预算是一种价格安排，就存在着购买的服务是否符合社会需要、其价格是否合理等问题。也就是说，在公共部门的支出预算中，有些可能是无效率的，对那些无效率的支出就不应该支付。因此，公共预算首先不只是权利分配，而是一种责任分配，是公共部门履行职能、向社会提供公共产品或公共服务的一种购买计划。既然是购买计划，就必须讲求效率。做好这个计划，必然少不了运用会计信息，特别是那些直接为公共支出决策提供参考的管理会计信息。

（2）公共选择理论揭示的公共决策机制是一种非市场行为，它所指的是公共部门尤其是政府行政部门的决策活动。按照“购买论”的公共支出观，为了让纳税人“买到”合意的公共产品或公共服务，必须尊重纳税人的知情权、参与权、表达权和监督权，进而按照纳税人的意愿或偏好来进行公共决策。由于公共产品具有非排他性与非竞争性特点，所以，公共部门提供公共产品或公共服务的决策活动，与企业提供私人产品或劳务的市场决策活动有着很大的区别，这个区别主要表现在“消费者偏好”的表达方面。市场选择是通过个人的购买行为来表达偏好，是一种“货币投票”。每个消费者买与不买或买多买少，都是自己说了算，是一种个人自愿不受他人支配的决策行为，有人说这种选择是“用脚投票”；公共选择则是以权利公平为基础的，实行的是“一人一票制”，即是“用手投票”。但是，每个人的偏好又不可能完全相同，所以只能是少数服从多数。从我国的国情出发，在公共支出决策过程中，应该坚持民主集中制原则，实行在民主基础上的集中和集中指导下的民主，通过制定科学合理的公共决策程序，作出反映绝大多数民众偏好的决策。这是提高公共决策水平、降低公共决策成本、提升公共支出绩效不可忽视的重要内容。

（3）公共选择理论与公共产品理论一样，认为公共产品或公共服务的公共供给不等于公共生产。公共供给是说公共产品或公共服务的资金应该由公共部门提供，而公共生产则是指具体生产某项公共产品或公共服务的组织形式或制度安排。为了克服传统公共管理模式的弊病，公共产品的供给完全可以与私人生产相结合。这个观点告诉我们，公共产品或公共服务的供给必须扬弃传统单一的公共部门供给模式，针对不同类型与特点的公共产品或公共服务，相机采取公共供给、私人供给或混合供给等多种方式。具体到对公共部门管理会计的要求，在公共支出特别是公共支出项目决策过程中，为了提高公共支出绩效，不但要为回答某个项目“该不该上”提供有关分析资料，而且还必须为回答“用什么方式上”更省钱提供相关信息支撑。

三、委托代理理论与交易费用理论及其应用

（一）委托代理理论

1. 委托代理的基本含义

委托代理理论是契约理论的重要发展，是基于委托代理关系而产生的。委托代理模型是一种分析代理关系的理论结构，主要研究委托人如何设计出一个刺激结构（契约）来诱导代理人为委托人的利益行动。由于委托人与代理人之间的信息不对称和结果的不确定性会产生代理问题，带来效率损失和代理成本。从企业角度讲，所谓委托代理，是指对所有权与经营权“两权分离”的现代企业而言，人们把企业的所有者——股东看成是委托人，把企业的主要经营者看成是代理人，因此出现委托代理关系，并因委托人与代理人之间的目标经常发生偏差而产生委托代理成本。对作为委托人的股东来说，他追求的是股东利益最大化，而对作为代理人的经营者来说，他往往追求自身利益最大化，而不会主动自觉以委托人的目标作为自己的目标。在“两权分离”的情况下，委托人希望通过对代理人的适当激励以及通过某种形式的监督，来约束代理人的行为，以使其目标尽可能与委托人保持一致，这就是监督成本。对现代企业来说，只有当“两权分离”所增加的企业收益大于委托代理成本时，企业采取委托代理关系才是必要的。

委托代理理论告诉我们，作为委托人，总是试图采取有效的激励与约束机制，以促使代理人的行为选择符合委托人的利益目标。与此同时，在委托代理关系中，不但委托人与代理人的目标存在明显的偏差，而且他们之间的信息也是不对称的。因此，如何针对信息不对称与监督不充分的客观实际，来构建委托代理契约关系，就是很现实的理论与实践问题。一般而言，委托代理关系契约的要素包括四个方面：一是订立契约，也就是委托人与受托人

通过平等协商，采取书面方式或其他方式，建立以授权—承诺方式为基础的委托关系。二是明确责任和义务，也就是经过双方协商一致，明确受托人的责任范围和各项责任要求。三是授权，也就是委托人必须赋予受托人行使这一责任的必要的权利，所授权限范围应当与受托人完成职责所需要的权利范围相适应。四是确定代理费用，也就是明确受托人在履行职责时，可以支出的相关费用（包括自身的报酬在内）的开支原则或具体数额。

2. 公共部门的委托代理关系

虽然委托代理理论起源于企业，但是这种分析视角却同样适用于公共部门。从政治的角度讲，公共部门的公共权力来自人民，是为人民服务的。人民是主人，是委托人。公共权力的行使者是仆人，是受托人。就连美国学者亨利·克莱（Henry Clay）也认为①：“政府是一个信托机构，而政府官员则是受托人；信托机构和受托人都是为了人民的利益而设立的。”公共部门存在的必要性在于为公众提供公共产品或公共服务，这源自公众的委托。公众希望“代理人”能够用纳税人的钱提供数量多、质量好、价格低的公共产品或公共服务，尽可能提高纳税人资金的使用效益，但并不是所有的公务人员都能自觉地做到这一点。采取相应的激励与监督机制，促使公共部门提供公共产品或公共服务的目标不偏离公众利益，这就是公共部门管理所需要研究的课题。这里，最为核心的问题就是公共支出特别是公共支出项目决策，因为公共产品或公共服务的具体安排主要是通过公共支出项目来体现的。

与企业相比，由于公共产品或公共服务的特殊性，公共部门处理公共事务的复杂程度远远高于企业，再加上企业目标——追求股东利益最大化很明确，且易于表达，而公共部门的目标理论上是明确的，但实际上由于公众利益的相对抽象性与模糊性，人们往往面对的是一些不同利益群体的利益，它们之间甚至还可能发生冲突，这就导致现实中很难确定委托者到底是谁，更不用说有效控制代理人——公共部门管理人员特别是官员了。欧文·休斯对此深有感触地说②：“委托人/代理人理论在公共部门中的运用结果与私人部门中的运用结果相比较，在责任机制方面有一定的难度。我们难以确定谁是委托人或难以发现他们的真正愿望是什么。公共服务的委托人是选民，但是他

① 转引自哈维·S. 罗森著：《财政学》，中国人民大学出版社2000年版，第5页。

② 欧文·休斯著：《公共管理导论》，中国人民大学出版社2001年版，第15页。

们和利益非常分散，以至于不可能有效地控制代理人——公共管理者。对于代理人来说，在任何情况下都难以确定每一个委托人可能希望他们做什么。没有对利润动机的严重影响，没有股票市场，没有可与破产相提并论的事情。如果委托人没有适当的手段确保代理人实现他们的愿望，代理人极少有可能付诸行动。如果说私人部门中也存在着代理问题，在公共部门中则更为严重。”正因为公共部门广泛存在着委托代理关系，需要采用契约形式将代理人的权利与义务固定下来，所以，有专家将公共管理界定为契约制，是外部契约（contracting-out）与内部契约（contracting-in）的综合。

3. 决策程序与代理成本

公共选择理论告诉我们，决策程序对决策结果的影响很大。与此同时，研究委托代理的学者在对代理人行为特别是企业家的决策行为进行研究时指出，科学合理的决策程序有利于降低委托代理成本。尤金·法马·迈克尔·詹森在其文章《所有权与控制权的分离》中指出①，广义的决策程序包括四个步骤：提议——提出资源利用和契约结构的建议；认可——对所需贯彻的提议作决策选择；贯彻——执行已认可的决策；监督——考核决策代理人的绩效并给予奖励。在实际决策时，提议和贯彻两个功能经常结合在一起由同一代理人作出，习惯上以决策经营来命名，决策认可和监督结合在一起，被称为决策控制。这样的分析，试图为我们找到一条有效分离决策从而减少委托代理成本的可能途径。与此同时，委托代理制度的产生与信息不对称有关，一些人掌握着大量的某一方面的专业信息，而另一些人却不掌握这些信息。由于信息的取得是有成本的，因此，为公共决策提供尽可能多的相关信息，由掌握信息的人来管理公共事务将会降低交易费用，提高效率。于是，结合上述所说的“决策控制”与“决策经营”两大环节，在公共支出决策特别是公共支出项目决策的不同阶段，尽可能让掌握信息的人参与决策或提供尽可能多的相关信息，都对提高公共支出绩效有利。

---

① 该文收录于《所有权、控制权与激励——代理经济学文选》一书，陈郁编，上海三联书店、上海人民出版社2006年版，第169页。

（二）交易费用理论

1. 交易费用的含义

新制度经济学从个人效用最大化出发，揭示了产权制度在资源配置和经济增长中的作用，并发现了交易费用概念。所谓交易费用，是指市场双方为了交易的达成需要耗费的一定的社会资源。美国经济学家科斯对市场交易成本的构成及对交易的影响进行了开创性的研究，他明确指出，在市场交易中不存在成本的假设是很不现实的，“为了进行市场交易，有必要发现谁希望交易，有必要告诉人们交易的愿望和方式，以及通过讨价还价的谈判缔结契约，督促契约条款的严格履行等。这些工作常常是成本很高的，而任何一定比率的成本都足以使许多在无需成本的定价制度中可以进行的交易化为泡影”[①]。通常，可将交易费用概括为搜寻成本、谈判成本、履行成本和违约成本。在现实的经济社会生活中，一方面人们希望达成交易以增进双方之间的收益，另一方面又希望通过合理的制度安排以尽可能降低交易费用。

2. 公共管理中的交易费用

公共管理学家研究发现，不仅市场交易中存在交易费用，公共部门管理同样面临着这一问题，进而将交易费用引入公共管理领域的研究。巴托等研究者提出[②]，公共部门管理可直接或间接地看做是一个合同问题，从而可用交易费用理论来解释。他们建立的公共财政管理的交易费用模型，将公共财政管理看成是一个组织和管理财政交易的过程，并指出公共财政管理中的三大交易费用：协调费用、激励费用和控制费用。西方学者的研究表明，由于公共部门不同于私人部门，所以在公共经济或公共管理过程中表现出来的交易费用，无论是形式还是影响，都较市场交易复杂。比如，公共政策制定者在修订立法方面要达成一致所消耗的时间和精力，以及私人利益集团所要投入的时间和精力，选民对立法的未来收益和交易费用的估量会反映在他们愿意提供的选举支持度上，从而最终影响到公共政策的出台和实施。又比如说，在提供公共产品或公共服务的制度安排时，如果引入市场机制，势必会发生

---

① R. 科斯等著：《财产权利与制度变迁：产权学派与新制度学派译文集》，上海三联书店、上海人民出版社 1994 年版。

② Bartle John R. Jun and Ma , 2001 , “Applying Transaction Cost Theory to Public Budget and Finance” In Evolving Theories of Public Budgeting, New York Press.

类似搜寻成本、谈判成本、履行成本和违约成本等方面的费用。这些都是在公共支出项目绩效评价过程中不可忽视的问题。

欧文·E. 休斯在其著作《公共管理导论》中指出，交易费用理论“对交易没有成本的概念提出了挑战，并且阐明了在任何环境中，公司可能会偏好市场检验或签订合同的方法而不仅局限于在公司内部完成某些工作。这种情况同样适用于公共部门。在公共部门中，如果采用对外签约的形式来降低行政经费并且造成某种竞争，将有可能使某些交易只付出较低的成本。但是，如果按照威廉姆森的逻辑进一步分析的话，内部完成的效果可能实际上会更好。当购买者与供应者之间的谈判较为复杂时，不应想当然地认为合同形式会有较好的效果。在这种情况下，拟购买的商品和服务的性质以及合同的详细内容对于取得理想的结果具有决定性的作用”①。这就是说，在选择公共产品或公共服务的供给方式时，对交易可能发生的成本及其可能取得的收益进行分析是有必要的。

（三）委托代理理论与交易费用理论的应用

委托代理理论与交易费用理论都是研究成本费用问题的。理解代理成本与交易费用的内涵，对为公共支出特别是公共支出项目决策提供信息支撑的公共部门管理会计而言，有着很重要的现实意义。

1. 树立“购买论”公共支出观

扬弃传统的“费用论”的公共支出观，树立“购买论”的公共支出观，在公共支出决策的全过程，高度关注公共支出的成本收益，努力提高公共支出特别是公共项目支出的经济性、效率性、有效性和公平性。

传统的公共支出“费用论”认为，公共部门为社会提供公共产品或公共服务，而公共产品或公共服务的公共性必然决定了公共服务的无偿性。财政之所以向行政事业单位提供公共资金，是为了维持公共部门的运转，是维持公共部门运行所需的成本。至于各个公共部门用钱干什么，或者说为什么要花这么多钱、这些费用的产出是什么，则往往不是公共支出决策过程的首选课题。根据这种理念，“先吃饭，后办事”，“管好自己的人，看好自己的门”，就变成了公共部门传统的思维定式。在这种思维定式下，公共预算往往

① 欧文·E. 休斯著：《公共管理导论》，中国人民大学出版社 2001 年版。

是按工资、办公经费和办事经费等逐项分配预算的，因而也称为分项排列预算。其结果也在一定程度上造成公共部门机构膨胀，人浮于事，效率低下等问题。

然而，根据委托代理理论，公共部门是一个“信托机构”，其主要职责就是为社会提供公共产品或公共服务，而税收就是社会为之支付的价格。这就是说，公共支出首先不是为了公共部门养人，而是为了“购买产品或服务”，这就是我们需要树立“购买论”的公共支出观的缘由。按照“购买论”的公共支出观，财政对行政事业单位的拨款，是因为要购买具体的公共产品或公共服务，从经济关系来说，是一种委托代理关系。既然公共支出是一种购买行为，所以就有一个价格问题，这一价格应当由供求来决定。这就是说，公共产品或公共服务也有供给和需求问题。就公共支出决策实务而言，遵循供求规律必须同时考虑三个问题：一是哪些公共产品或公共服务是“委托人”需要“受托人”（公共部门）提供的；二是提供这些公共产品或公共服务需要什么样的价钱；三是“委托人”能从这些公共产品或公共服务的消费中获得多大的收益，有多大的满意度。

从“费用论”到“购买论”公共支出观的转变，公共预算所强调的则是从关注投入到关注产出的转变，或者说是从“投入预算”到“产出预算”的转变。从公共部门管理会计的角度讲，“购买论”强调公共预算所要提供的不仅仅是工资、公用经费、项目支出等“要素”，而且更重要的应当是提供公共产品或公共服务的成本信息。财政向行政事业单位拨款，其主要依据不是为了维持其运转，而是为了购买相应的公共产品或公共服务。因此，行政事业单位的人数不应是公共预算的主要依据，而应当以他们向社会提供了多少公共产品或公共服务以及这些产品或服务的效用为依据。如果某一个部门的产出不是社会所需要的公共产品或公共服务，或者说这些产品或服务可以通过市场机制来提供，那么就意味着没有必要向这个部门购买那些产品或服务。如果某个部门的产出，委托人觉得与其所花的成本相比不合算，那么就应当采取两种方式处理：一种是对其进行改组，以提高效率；另一种是将它撤销，把钱投到那些更有效的部门，这样才能降低代理成本，增进社会效用或社会福利。

2. 选择成本最低的生产方式

认真分析不同公共产品或公共服务的提供成本，按照公共供给与公共生产有分离有结合的制度安排，针对不同类型的公共产品或公共服务选择成本最低的生产方式。

公共产品理论与公共选择理论都告诉我们，提供公共产品或公共服务是公共部门的主要职责，但是，提供并不意味着生产，相当多的公共产品或公共服务完全可以通过引入市场机制的办法来降低生产成本，提高支出效率。为了提高公共支出的经济性、效率性、有效性和公平性，有必要注意公共产品或公共服务的提供（或安排）与生产两者之间的区别。正如前面谈到的，美国学者 E. S. 萨瓦斯强调公共产品与公共服务的提供或安排与生产是可以分离的，对许多公共产品或公共服务来说，政府本质上是一个安排者或者提供者，而不一定是直接生产者。公共部门作为“信托机构”，需要研究“什么应该由公共部门去做，为谁而做，做到什么程度或什么水平，怎样付费等问题”。该书作者关于比较“官僚制成本”与“交易成本”来决定是否将公共产品或公共服务的安排和生产功能分开的精辟阐述，直截了当地说明了代理成本与交易费用之间的关系，对做好公共部门管理会计的成本分析工作很有启迪。

3. 引入激励与约束机制

在公共支出决策过程中，针对“决策控制”与“决策经营”这两个不同的环节，采取相应的措施，引入有效的激励与约束机制，充分发挥委托人与代理人的积极性，以提高公共支出项目绩效为突破口，进而提高整个公共支出绩效。

如前所述，尤金·法马·迈克尔·詹森关于决策程序对委托代理成本的影响很有新意。公共支出项目绩效管理的理论研究与实践探索表明，“决策控制”的主体可以是委托人，而“决策经营”的主体则主要是代理人。为了尽可能减少委托人与代理人目标之间的差异，必须做好相应的制度安排。一是权利与义务对等，通过建立起有效的激励机制，正视公务人员客观存在的经济人属性，并促进他们尽可能将自身目标与委托人目标（即公共目标）一致起来，在实现公共利益的同时公开、公平、合理、有序追求自身利益（包括个人与部门利益），但不允许损害他人利益和社会公众利益。为此，对由代理人提出的公共支出项目，需要公共部门管理会计为之提供充分的成本、业务量与收益方面的信息，以便有利于委托人的选择与监督。二是引入市场机制，改革公共产品或公共服务传统的提供方式，把推行公共服务的市场化与社会化作为提高公共部门效率的重要途径；鼓励在发展公共事业中引入市场机制，允许私人资本进入公共事业；促进公共服务社区化，通过参与民主向公民授权等，并以此来降低代理成本。三是强化对权力的约束，通过健全法制来监督和约束代理人的行为，建立起有效的约束保障机制，以降低作为经济人的代理人可能出现的负面行为发生的几率。

为了降低监督成本，一个十分重要的理论与实践问题，就是如何实现公共支出项目信息的公开透明。委托人与代理人的信息不对称现象广泛存在，比如，公共部门将提供某项公共产品或公共服务，如果没有一种完善的偏好表达制度，对于公共产品或公共服务的成本、数量、质量需求的信息往往会分散在公众中间，公共部门对社会的需求信息掌握并不充分，这就会影响社会对公共部门提供某项公共产品或公共服务的认知程度。与此同时，公众对公共预算信息，包括使用方向、数量、效率等都处于劣势，由委托人直接监督公共部门往往只成为理论上的话题。所以，无论是降低代理成本还是降低交易费用，都存在一个如何防止由于信息不对称而产生道德风险与逆向选择问题。所谓道德风险，是指市场交易的双方达成一项合同或契约后，交易一方会在追求自身利益最大化的时候侵害另一方的利益。所谓逆向选择，是指劣质品有可能驱逐优质品，进而造成劣质品泛滥。显然，由于信息不对称引发的道德风险与逆向选择都会影响到公共支出的绩效，所以加强公共支出管理，必须重视公共部门管理会计的信息供给，为“决策控制”提供有效的信息支撑。

四、公共管理理论及其应用

（一）公共管理理论

1. 从公共行政到公共管理

公共管理新概念发端于20 世纪70 年代与80 年代之交的新公共管理运动，其理论与模式的建构正伴随着全球的政府改革运动稳步推进。它以对传统公共行政批判性承继、拓展、接替和超越的态势，从理论与实践的结合上迅速发展。那么，什么是公共管理？Hood 认为[①]：“公共管理即‘国家的艺术’，能够松散地被定义为如何设计和管理公共服务的问题，以及政府行政部门的细微工作。”从“传统的公共行政”（或称为传统的公共管理）到“新的公共管理”，诺曼·弗林认为有这样的变化——“在各种变革中包括从过分强调投入和预算转为关注产出；从官僚化的程序型管理转为刺激主动性的管理；从控制到授权、从垄断到竞争、从标准化服务到个性化、以顾客为导向的服务，以及从组织为中心到以顾客为中心的服务”。按照“治理”与“管理”的联系与区别，新公共管理运动，实质上既包含了公共治理范畴的变革，也包含了公共管理范畴的变革。在传统的公共治理与管理模式中，公共部门主要通过以下方式提供公共产品或公共服务：一是由政府机关或公共企业在系统内进行生产；二是通过征收税费，提供预算经费；三是由政府机关进行公共管制。而新的公共治理与管理模式，则明确区分了政府承担的不同角色：购买者、提供者、承包者、管制者和仲裁者，从而彻底改变了传统的模式[②]。

2. 提供公共产品或公共服务的新思路

公共管理为分析公共部门如何为社会提供公共产品或公共服务，提供了全新的思路与视角。正如简·莱恩在其著作中进一步所明确提出的那样，向社会提供公共产品和服务所需要完成的各种不同的任务，并不一定要由同一个主体，例如政府来承担。根据不同任务，可以采取不同的处理方式：一是经费筹措，或者称作服务费用支付，可以由政府来承担，也可以由服务的使用者来实现。二是生产，或者称服务的供应，可以在系统内完成，也可以在系统外完成。三是安排，或者称作从经营者获取服务的方法，可以向公共供应商获取，也可以向私人供应商获取。由公共供应商供应与由私人供应商提供，最关键的区别在于是否存在竞争。四是所有制，或者说谁对供应产品和服务的组织拥有财产权。传统治理倾向于由那些与国家有紧密联系的组织提供产品和服务，而现代治理则更偏好股份公司，这些股份公司可能是由政府持股的公司，也可能是一个私人经营者持股的公司。五是管制，或者说政府是否建立了一套制度来规范产品和服务的提供。这就意味着政府可以同时扮演三种不同的角色：购买者、服务提供者和仲裁者。在经费筹措、生产、安

---

① 转引自黄健荣等著：《公共管理新论》，社会科学文献出版社 2005 年版，第 1 页。

② 简·莱恩著：《新公共管理》，中国青年出版社 2004 年版，第 4 页。

排、所有制和管制等方面，新公共治理与管理都倾向于将所有各种可能的方式结合起来运用。

3. 认识新公共管理理论

公共管理理论内容丰富。波立特认为[①]，“新公共管理主义”主要由20世纪初发展起来的古典泰勒主义的管理原则所构成，即强调商业管理的理论、方法、技术及模式在公共管理部门管理中的应用。公共管理理论的核心内容可以概括为：一是更加关注服务效率、效果和质量。二是更加关注公共政策或公共支出的结果，由传统的对过程负责转变为对结果负责，用分权的管理环境取代传统高度集权、等级制的组织结构。在分权的环境中，资源配置和服务提供的决策更加接近第一线，并为顾客和其他利益集团反馈提供更多的余地。三是强调管理技术在公共管理中的应用，可通过成本效益分析，选择更好或更有效的提供公共产品或公共服务的方法，如通过市场的机制来替代政府直接提供和管制。四是更加关心公共部门直接提供的公共产品或服务的效率，包括提供何种公共产品或服务、如何在公共部门之间建立竞争性环境等。五是强化国家或政府的行政能力，引导国家或政府能够自动、灵活、低成本地对外界的变化以及不同的利益要求作出反应。

通过绩效考评加强政府管理是新公共管理理论最直接的体现。一是实行绩效考评有利于转换政府公共管理的理念，在组织内部形成浓厚的绩效意识，敦促管理者增强对政府公共项目的责任感，改进政府对公共事务管理和公共服务传递的方法。二是实行绩效考评是新公共管理框架的组成部分。一方面，政府在分解所提供公共产品的总体目标、分配使用公共资金的过程需要绩效考评；另一方面，公共支出管理采用的“产出预算”模式的核心就是要对支出的效果、效能进行分析和评价，并根据评价结果优化财政资源配置。

（二）公共管理理论的应用

1. 学习与应用公共管理理论，不断更新公共部门管理理念，促进由传统理念的公共行政向现代理念的公共管理转变

公共部门管理像工商管理一样，需要重视管理绩效，并充分利用绩效评

---

① 转引自彭健著：《政府预算理论演进与制度创新》，中国财政经济出版社2006年版，第235页。

价这个有效工具，切实推动公共部门绩效管理。公共管理理论充分吸收了当代各门科学的理论和方法，特别是更多地依赖于经济学的理论和方法，并日益与工商管理学相融合。这些理论与方法的应用，促进公共管理将其研究的焦点由传统公共行政的“内部取向”转变为“外部取向”，由重视机构、过程和程序研究转到重视项目、结果与绩效的研究，这使得战略管理、公共管理的政治环境、项目执行、绩效评估、公共责任制及公共管理伦理这样一些传统公共行政学中所没有的或不受重视的主题成为公共管理的核心主题。依据公共管理理论的核心理念，促进公共行政向公共管理的转变，应具体体现为公共支出从“对过程负责”向“对结果负责”转变；控制机制从投入控制、过程控制向产出控制转变；权力运行从高度集中向分权共治转变；对公共部门提供公共产品或公共服务的测评，不应简单地停留在公共支出项目的过程管理上，而应进一步向绩效管理责任方面转变。

公共管理学更多地以经济学为基础，经济学途径已成为公共管理学研究的一个主导途径。它采用经济学的理论假设、概念框架、分析方法及技术来看待公共管理问题。公共管理学也涉及大量的公共行政学所没有涉及的其他主题，如公共产品、公共选择、集体行动的逻辑、委托代理、产权、交易成本、交换范式、制度安排与创新、政府失灵、准市场、学习型组织、多元组织、认知风格、管理网络、管理工具、成本核算、信息管理系统，等等。

2. 以公共支出绩效为目标，以管理会计信息为支撑，努力提高公共支出决策特别是公共支出项目决策水平

从一定意义上讲，履行管理的“信息—决策”功能，提高公共支出决策特别是公共支出项目决策水平，就需要更多、更有针对性的信息支撑。从公共支出决策需求的角度讲，所需要的信息不只是一般性的财务会计信息，更需要直接为决策服务的管理会计信息。

美国学者夏恩·桑德在其著作《会计与控制理论》一书中指出[①]，“会计有助于实施和推行企业所包含的契约”。“管理贡献和其他技巧或贡献不同。……由于直接观察对公司的管理贡献极为困难，致使定义经理契约非常困难。”“自我履行契约试图将计量无法观测的管理投入时采用不完善的替代所带来的缺陷减至最小。会计与控制在此类契约中扮演主要的角色。”显然，

① 夏恩·桑德著：《会计与控制理论》，东北财经大学出版社2000年版，第19页。

对公共部门绩效管理而言，度量管理贡献的难度较工商企业更大，这就更需要为管理决策提供信息支撑。

需要特别指出的是，为了充分体现公共管理理念，做好公共支出决策，更需要综合运用绩效评价工具，提高公共支出特别是公共支出项目的绩效水平，进而促进公共支出从“内部取向”的过程管理向“外部取向”的绩效管理转变。然而，立足于“结果”的责任制不同于立足于“过程”的责任制，现行财务会计所提供的信息远不能满足需要，而需要借鉴工商管理与工商会计的经验，像企业建立管理会计那样建立公共部门管理会计，既让公共部门财务会计（即现行行政与事业单位会计）主要为外部提供相关信息，同时，让管理会计主要为内部管理特别是为公共支出项目决策提供信息支撑，以不断提高公共支出决策水平。

3. 牢固确立公共管理理念，切实加强管理会计信息系统建设，以提高公共支出绩效为目标，努力降低委托代理成本与交易费用

由于公共部门不同于私人部门（工商企业），其降低委托代理成本或交易费用的问题，与工商企业相比要复杂很多。其中一个显而易见的原因是，公共部门追求本部门预算的最大化，往往是“事业心”与“部门效用”混合在一起的。于是，在公共部门管理的过程中，履行“预期—保险”与“激励—约束”功能，切实增强行政事业单位广大工作人员的责任意识，充分发挥他们的主观能动性和创造精神，就更需要加强预算管理，包括预算编制、预算执行、预算监督以及预算绩效评价等工作，这些工作的开展离开了管理会计就难于进行，或者是难于深入开展。

英国学者温林特·怀特在其著作《欧洲公共行政的现代化：英国的个案分析》一书中列举了英国公务员制度改革的一些问题①：“一是协调问题因执行机构林立而日益突出，对政策执行控制不力这一老大难问题日益加剧，因而没有实现将政策制定与管理以及政策执行分离的设想，提高了执行成本。二是绩效评估问题成堆，政府想来一次“国家总退却”，却引来对自治部门的更多的国家干预；想设立“客观的”绩效指标，却难以摆脱政治或意识形态的影响，即使把绩效评估建立在‘3E’（效率、效益和经济）基础上也无济

① 转引自陈振明编著：《公共管理（MPA）专题15讲》，中国人民大学出版社2004年版，第188页。

于事，因为三者都承载价值且往往相互矛盾，评估绩效往往因人而异；评估不仅发现浪费，而且发现需求，这意味着增加成本，公共开支因改革举措而被迫提高。此外，官员士气低落，缺乏动力也导致成本增加。三是公共责任方面的问题。这一问题既产生于半自治性的非政府组织的急剧增长并取代公共组织，也产生于部长与执行机构之间的模糊关系——在实践中，部长们坦然接受因执行机构运转良好而带来的赞扬，而把政策失效的责任推到执行机构领导上。四是决策与运作管理之间的界限划分具有太多的人为因素。大量的证据表明，一些部长不停地干预部里的日常运作，甚至对一些细枝末节的事情也不放过。实际上把政策制定与管理以及实际执行分开，这可能是根本性错误，因为这种分离可能导致扭曲的政策执行或有缺陷的政策执行或两者同时出现。”显然，研究温林特·怀特指出的这些问题，对改善我国公共部门管理、降低管理成本是有益的。尽管解决好这些问题需要综合的配套措施，然而，从降低委托代理成本与交易费用的角度看，借鉴工商企业的经验，牢固确立公共管理理念，切实加强会计信息系统建设，特别是通过建立公共部门管理会计对相关公共支出项目尽可能进行成本、业务量与绩效等方面的研究分析，为公共支出决策特别是公共支出项目决策提供会计信息支持是很有必要的。

第二章
公共收入与公共支出分析

一、公共收入与公共部门收入

（一）公共收入的构成与分类

公共收入也称政府收入或财政收入，是指政府为履行公共职能，满足公共支出的需要，依据一定的规则，从私人部门那里获得的所有货币资金的总和。财政部预算司将其定义为①："政府收入是预算年度内通过一定的形式和程序，有计划地筹措到的归国家支配的资金，是国家参与国民收入分配的主要形式，是国家实现职能的财力保障。"按照2007年新的政府收支分类科目的规定，政府收入包括税收收入、社会保险基金收入、非税收入、贷款转贷回收本金收入、债务收入以及转移性收入等。税收是国家凭借政治权力，按照法定标准，强制、无偿地取得公共收入的一种形式。法定标准是指税收的对象和比例事先由法律确定，时间上是连续的，数量上是有限的。强制性是指纳税是纳税人的法律义务。无偿性是指国家征税后不直接偿还给纳税人，也不直接向纳税人提供任何报酬。税收收入是现代国家公共收入最主要的来源。2009年，我国税收收入从全国的角度讲，占全部财政收入的比重达86.9%；而在地方（省、市、县）一般预算收入中，税收收入所占的比重，不同层级、不同地方有较大的差异。

此外，政府非税收入也是政府财政收入的重要组成部分。按照2007年新的政府收支分类的规定，政府非税收入内容主要包括：政府性基金收入、专项收入、彩票资金收入、行政事业性收费收入、罚没收入、国有资本经营收入、国有资源（资产）有偿使用收入和其他收入等。

为了研究公共收入的各种因素，寻求增加公共收入的途径，加强公共收入管理，需要对公共收入进行不同的分类。

---

① 财政部预算司编：《政府收支分类改革问题解答》，中国财政经济出版社2006年版，第15页。

1. 按管理权限分类

按管理权限来分类，主要是指根据某项公共收入是由谁行使分配与使用等管理权限来分类。在分税制财政体制条件下，根据各级政府的事权与财权，需要将整个公共收入按政府级次来分配。这就产生了中央收入与地方收入问题。地方收入又进一步可分为省（市、区）级收入、市（州）级收入、县（市、区）级收入与乡（镇）级收入等。根据我国现行的《地方组织法》的规定，地方政府的级次包括省（市、区）、市（州）、县（市、区）、乡（镇）四级，但在现行“省直管县”与“乡财县管乡用”财政改革体制下，地方财政级次实际上是省与市县两级，进而客观上形成了“五级政府、三级财政”的运行格局。地方收入分为省级收入、市（州）县（市）级收入。

（1）中央收入。所谓中央收入，是指按预算法和财政管理体制的规定，由中央政府集中筹措和支配使用的公共财政资金。中央收入主要来源于国家税收中属于中央的税收、中央与地方共享收入中的中央分成收入、中央政府所属企业的国有资产收益、地方政府向中央政府的上缴收入以及公债（即中央债）收入等。中央财政在一国纵向财政结构中居于主导地位，担负着提供全国或跨区域性公共产品或公共服务、实施宏观调控和重要事业发展的支出责任。所以，按照财权与事权相结合的原则，单一制国家的中央财政一般把财源稳定、充沛和涉及宏观调控的税收和非税收入直接控制在自己手里。例如，我国现行财政管理体制规定，全部消费税、增值税的75%、企业所得税与个人所得税的60%为中央收入（个别所得税科目全部为中央收入）等。联邦制国家中，联邦宪法一般规定联邦政府拥有课税的优先权和举债的优先权，以确保中央（联邦）政府财政收入的主导地位。

（2）地方收入。所谓地方收入，是指按照预算法和财政管理体制规定，划归地方集中筹集和支配使用的财政资金。这类收入可以分为四种情况：第一种是由国家统一制定法律、法规，地方负责征收，其收入归地方财政，如营业税全部为地方收入（在地方不同级次财政进行分配）；第二种是由地方自行按宪法和其他法律的规定立法（或立项），自行组织征收的财政收入，如地方自行确定的费收项目；第三种是在中央与地方财政的共享收入中，按照财政管理体制，由地方参与分享的收入，即体制分成收入，以及税收分成收入，如增值税的25%、所得税的40%等；第四种是转移性收入，如中央财政对地方财政的税收返还与转移支付、地方财政自身的上年结余收入或调入资金等。

各级地方政府负责提供本区域内所必需的公共产品与公共服务，所以地方财政在纵向财政结构中居于基础地位。在构建纵向财政收入结构时，必须保证地方各级财政有自己较为稳定可靠的收入来源。

2. 按管理形式分类

按照公共收入的管理形式，可以分为预算内收入与预算外收入。所谓预算内收入，是指必须按《预算法》要求实施预算管理的公共收入。这些收入只有经过法定的预算管理程序，才能安排相关支出，并纳入国库管理。预算内收入包括一般预算收入和政府性基金预算收入。所谓预算外收入，是指按现行制度规定实行财政专户管理、具有专门用途的财政性资金。预算外收入由各级政府自行安排，用于国家某些指定用途。预算外资金属于公共收入的范围，不能脱离财政管理与监督。在我国，由于历史的原因，预算外收入的规模较大，所以，加强预算外资金管理已成为拥有这类收入的公共部门实施绩效管理不可或缺的内容。

3. 按稳定程度分类

按照公共收入的稳定程度，可以分为经常性收入和临时性收入（非经常性收入）。所谓经常性收入，是指每个财政年度都连续不断，可以稳定经常取得的公共收入。经常性收入包括强制性的各项税收收入、半强制性的规费收入等。所谓临时性收入，是指在财政年度之间不经常或不够有规律取得的公共收入。这些收入在不同级次的财政或不同年度往往有其特定的内容。

4. 按来源或来源地分类

按照公共收入的来源分类，可以有不同的分类方式，例如按来自税收收入或非税收入分类、按来自三大产业分类或各级财政从加强收入分析的角度，以适合研究需要的其他按来源分类的方式等。

按照公共收入的来源地分类，可以分为国内收入与国外收入。顾名思义，所谓国内收入，是指来自本国境内的各种公共收入，也就是《政府收支分类科目》所规定的相关收入项目从国内取得的收入；所谓国外收入，是指来自国外的各项收入，主要包括来自国际组织或机构（如世界银行、国际货币基金组织、亚洲开发银行等）的借款或捐赠收入，来自外国政府的贷款和捐赠收入，在国外金融市场上直接融资（发行外债）取得的收入，以及政府在境外的投资所获得的收益等。显然，各级政府的公共收入，其绝大部分应该是来源于国内的收入，国外收入只能是起辅助或调剂作用。

（二）公共收入规模

公共收入规模是指一定时期内（通常为一个财政年度），一国或一个地区通过税收等多种形式所获得的公共收入的总水平，它是衡量一国或一个地区财政状况及提供公共产品或公共服务能力的基本指标。公共收入的衡量指标可以用绝对量指标与相对量指标来表示。研究公共收入规模，不仅要研究其绝对量，而且更要研究其相对量。若是脱离国民经济和社会发展的相关指标，单纯去研究和确定公共收入规模，就必然会割裂经济运行与公共收入的内在联系，也就不能真实、客观、准确地确定公共收入规模。

1. 公共收入规模的衡量指标

（1）公共收入规模的绝对量衡量指标。它是指一定时期内公共收入的实际数量，反映了一国或一个地区在一定时期内的经济发展水平和财力状况，体现了政府运用各种公共收入手段调控经济运行、参与收入分配和资源配置的范围和力度。对公共收入规模的绝对量按时间序列进行分析，可以看出公共收入规模与经济发展、政府调控经济运行、资源配置和收入分析中的范围、力度的变化趋势。衡量公共收入规模的绝对量指标是财政总收入，主要包括中央和地方公共总收入、中央本级公共收入和地方本级公共收入、中央对地方的税收返还或补助收入、地方上解中央收入，以及税收收入与非税收入等。公共收入的数量指标系列，具体反映了公共收入的来源、构成和数量。

（2）公共收入规模的相对量衡量指标。它是指在一定时期内公共收入与有关经济和社会指标的比例。衡量公共收入相对规模的指标主要有公共收入占国民生产总值（GNP）或国内生产总值（GDP）的比重、税收收入占 GDP 的比重。其中，公共收入占 GNP 的比重是衡量一国公共收入规模的基本指标，其他指标如公共收入占 GDP 的比重或国民收入的比例以及分级财政体制下中央政府财政收入或地方政府财政收入占 GNP 的比重等，都可由这个基本指标推导出来。公共收入占 GNP 的比重这一指标，综合体现了政府与微观经济主体之间占有和支配社会资源的关系，体现了政府调控国民生产总值分配结构，进而影响经济运行和资源配置的力度、方式和地位等。在 GNP 一定时，公共收入占 GNP 的比重越高，表明社会资源由政府通过财政预算机制集中配置的数额越多，私人经济部门的可支配收入相应减少。反之，若公共收入占 GNP

的比重越低，表明政府介入国民生产总值分配和直接配置资源的份额和力度越小，市场配置的作用也就相对增强。税收收入占 GNP 的比重又称为宏观税率，它是衡量一国或一地区宏观税负水平高低的基本指标。由于税收已成为现代公共收入的主要组成部分，所以公共收入的相对规模在很大程度上可以由税收占 GNP 的比重体现出来。与此同时，还有非税收入占 GNP 的比重，它实际上体现为非税收入在公共收入总量中所占的比重。由于税与非税的功能不尽相同，所体现的收入原则也有很大的差异，且税与非税在公共预算管理方式上也不相同，两者之间还存在着一定的削减关系，所以，研究非税收入的相对量很有必要。除此之外，由于多种复杂的原因，我国有些地区公共收入规模中的所谓“水分”问题客观存在，分析税或非税收入占全部公共收入的比重，也可大体上看到相关地区公共收入的质量。

2. 影响公共收入规模的因素

公共收入规模是衡量国家财力和政府在社会经济生活中职能范围的重要指标。随着社会经济的发展和政府职能的不断扩大，各国公共收入的规模一般都呈上升趋势，保证公共收入持续稳定增长也始终是各国政府主要的财政目标。但是，公共收入规模及其增长速度，固然与政府筹集公共资金的主观意愿有关，但更重要的是还要受各种政治经济条件的制约和影响，这些条件包括经济发展速度、经济效益水平、分配政策与财政体制、价格因素。

（1）经济发展速度。经济决定财政，经济发展速度对公共收入规模的增长影响表现为基础性的制约，是提高公共收入的基础与前提。一国或一地区的公共收入规模，最终受到经济发展水平的制约，而经济发展水平主要表现在人均所占有的 GDP 上。一个国家或一个地区的经济发展速度决定了其公共收入的增长速度，也决定了一定时期公共收入的规模，公共收入规模与经济发展速度成正向变动。在其他条件不变的情况下，经济发展速度越快，经济发展水平就越高，作为公共收入来源的国民收入就越多，公共收入规模也就越大。

（2）经济效益水平。经济效益水平反映了一个国家或一个地区经济活动投入与产出的关系，可以用劳动生产率和资金利税率等指标来衡量。一定时期的公共收入水平由公共收入的性质及其来源的特殊性决定，要受经济效益水平制约。公共收入的重要来源是社会价值扣除成本的剩余部分，而经济效益直接决定扣除成本后价值的剩余状况，决定价值一定状况下财政可以分配的份额。可见，单纯扩大经济发展规模并不一定能保证公共收入规模的相应增长，关键是看经济规模的扩大是否伴随着经济效益的相应提高，只有在经济规模扩大、社会价值增加的同时不断提高经济效益，公共收入规模及其增长速度才有可能扩大和提高。经济与科技发展的实践表明，技术进步或技术创新对经济效益水平起决定性的作用。所以说，经济效益水平对公共收入规模的影响，实际上又体现为技术进步水平对公共收入规模的影响。这种影响可以从两个方面来分析：一方面是技术进步往往以生产速度加快、生产质量提高为结果，技术进步速度越快，社会产品和国民收入的增加也会加快，进而公共收入的增长就有了充分的财源。另一方面技术进步必然带来物耗比例降低，经济效益提高，进而必然会提供更多的公共收入。谢秋朝与侯菁菁在他们的著作中介绍[①]：“尽管技术进步对我国经济增长的贡献还较低，但它对公共收入的影响要大于对整个经济的影响。据粗略测算，技术进步对公共收入增长的贡献是其他因素的2.8倍，它所创造的国民收入每百元可提供50元公共收入，而其他因素仅为13元。”

（3）分配政策与财政体制。从客观上说，财政收入的规模是由经济发展速度与经济效益水平决定的，在上述两个因素既定的情况下，一定时期的分配政策与财政体制便成为制约公共收入规模的重要因素。分配政策的作用是直接且显而易见的，它既决定着社会财富在私人部门与公共部门之间的分配，又决定着上下级次政府之间的分配。在财政管理实践中，分配政策往往是在财政体制中体现的。所谓财政体制，就是国家管理与规范财政分配关系，划分各级政府之间财权和财力或同级政府各财政职能机构之间职责分工的根本制度，这种制度决定着中央财政与各级地方财政的公共收入规模。

（4）价格因素。价格因素对公共收入规模的影响主要表现为：一是对公共收入货币表现形式的影响。由于现代国家的公共收入都是在一定的价格水平条件下，以货币形式来实现的，价格因素的变动当然会影响公共收入的货币表现额，物价的上涨将导致公共收入的贬值现象。一般而言，在经济发展水平和分配政策大体保持不变的情况下，价格水平的升高总会使以货币形式表现的公共收入规模不断增大。特别是当一个国家或一个地区的公共收入制度主要采用累进制所得税的征收方式时，由于以货币计值的各种收入所得会

① 谢秋朝、侯菁菁编著：《公共财政学》，中国国际广播出版社2002年版，第292页。

随着价格的升高（或降低）而增大（或减少），其纳税所适用的税率也会随之升高（或降低），这就必然起到提高（或降低）公共收入分配比例的作用。二是表现为产品比价关系变动带来的影响。价格总水平的变动会伴随产品比价关系的变动，进而以另一种形式影响公共收入：这种影响表现为一方面产品比价的变动会引起货币收入在企业、部门和个人各经济主体之间的转移，形成国民收入的再分配；另一方面是公共收入在企业、部门和个人之间的分布呈非均衡状态（或者说，各经济主体上缴的税费比例是不同的），进而产品比价变化导致财源分布结构发生变化，相关企业、部门和个人上缴的税费就会有增有减，而增减的综合结果最终影响公共收入规模。此外，当一个国家价格水平的提高是由于财政性货币发行所引起的，则公共收入会因此获得额外的增加，也就是学术上所说的“通货膨胀税”。

3. 公共收入规模的确定标准

适度的公共收入规模是保证社会经济健康运行、资源有效配置、国民收入分配结构管理、财政职能的有效发挥，从而促进国民经济和社会事业的稳定、协调发展的必要条件。公共收入的规模是由多种因素综合决定的，不仅在不同国家或不同地区公共收入规模有较大的差异，而且在同一国家或同一地区的不同历史阶段，公共收入规模也不相同。当然，这并非说适度管理的公共收入规模无法测定。实际上，在特定时间和条件下，大致有一个客观的标准来衡量公共收入的规模是否合理、适度。这个标准主要包括效率标准和公平标准，即效率和公平需要统筹兼顾。

（1）效率标准。所谓效率标准，主要是指公共收入规模的确定应以公共收入规模的增减是否有助于促进整个社会资源的充分有效利用和经济运行的协调均衡为标准。效率标准包括两方面的内容：一是资源利用效率，将一部分资源从私人部门（企业和个人）手中转移到公共部门（政府）手中，即是取得公共收入的过程，转移的多少应考察是否有助于提高整个资源的配置效率。如果公共收入规模过多，则会加重微观主体的财税负担，制约他们的发展，从而对整个经济的效率提高不利；如果公共收入规模过少，政府会因为缺乏经济资源而导致公共服务水平下降。二是经济运行的协调均衡。一般来说，当经济运行处于失衡状态时，公共收入规模就应以能够有效地矫正市场缺陷、恢复经济的协调均衡作用为界限；当经济处于稳定增长的良好态势时，公共收入规模应以不影响市场均衡为界限，这时的公共收入规模应以能满足公共财政需要，又不对市场和经济发展产生干扰作用为标准。

（2）公平标准。所谓公平标准，是指在确定公共收入规模时应当公平地分配财税负担。从理论上讲，即公共收入占 GDP 的比重要以社会平均支付能力为界限，具有相同经济条件的企业和个人应承担相同的财税负担；具有不同经济条件的企业和个人应承担不同的财税负担。在公平负担的基础上确定社会平均支付能力，并据以确定公共收入规模，尤其要注意分析公共收入中的税收收入占 GDP 的比例（表现为宏观税率），进而分析公共收入规模的合理性。

（三）公共部门收入的确认与计量

1. 公共部门收入的概念

公共部门收入是各级部门预算单位从不同来源取得的各类收入的总称，具体包括财政拨款收入、行政事业单位依法组织征收的预算外资金收入、纳入预算管理的政府性基金收入和其他收入。公共产品或公共服务往往是通过公共部门来提供的，而公共部门收入正是提供公共产品或公共服务所必需的成本。公共部门实施绩效管理的第一要义，就是应最大限度提高公共部门收入的支出效率，按照“4E”（经济性、效率性、有效性和公平性）标准，为社会提供更多更好的公共产品或公共服务。显然，公共部门收入与公共收入是一个既有联系，又不完全相同的概念。从部门预算的角度讲，公共部门的各类收入需要按照不同来源编入预算，加总后形成公共部门的收入预算。

（1）一般预算收入。该项收入包括财政拨款收入、预算外资金收入和其他收入。所谓财政拨款收入，是指由财政部门拨款形成的部门收入。按照现行部门预算管理制度改革的要求，各级财政部门根据预算单位的基本支出预算、项目支出预算以及各方面收入来源情况，综合核定某一部门的年度财政拨款额。所谓预算外收入，是指行政事业单位为履行或代行政府职能，依据国家法律、法规或具有法律效力的规章而收取、提取和安排使用的，纳入财政预算外专户管理，而未纳入财政预算管理的财政性资金。预算外收入具体包括行政事业性收费、主管部门集中收入和其他预算外收入三种类型。所谓其他收入，包括上级补助收入、事业收入（指从事专业业务活动取得的收入）、事业单位经营收入、附属单位上缴收入、用事业基金弥补收支差额等。

（2）政府性基金收入。按照《政府性基金预算管理办法》确定的管理原则，政府性基金全额纳入预算管理，实行“收支两条线”，收入全额上缴国库，先收后支，专款专用；并且在预算上单独编列，自求平衡，其结余结转下年继续使用。政府性基金收入预算根据上年度征收任务完成情况、本年度征收计划及征收标准调整变化情况等确定；基金支出预算根据基金收入情况，按规定的用途、支出范围和支出标准编列。

2. 预算外资金的特点

预算外资金与预算内资金一样，都是政府财政性资金的重要组成部分，是相关公共部门收入来源的重要渠道之一。至于说为什么要设立预算外资金，这取决于各国的具体情况。《公共支出管理》一书的作者认为①，主要原因在于，保护优先项目支出不受削减预算的影响；避免出现某些拨款管理规则不适用于特定类型支出；由于预算编制过程中存在过度讨价还价现象，恰当分配支出遇到困难时可通过预算外资金解决；遇到政治强权和游说集团时，避开预算规定和控制。与预算内资金相比，预算外资金具有以下特点：

（1）在取得方式上：预算外资金一般由各行政事业单位在行使或代行行政职能过程中收取、提取，与税收由税务部门征收相比，则有一定的分散性。具有预算外资金收取或提取任务的公共部门，必须依规做到应收尽收，不乱收，也不漏收，且尽量提供优质服务，降低收费成本。

（2）在管理方式上：预算外资金纳入财政专户管理，其收支管理相对于预算内资金管理而言具有一定的灵活性和专用性。这种特点使安排使用预算外资金的相关公共部门，更有责任对这笔资金的使用绩效负责。

（3）在使用目的上：与预算内资金一样，预算外资金也是服务于政府职能，为社会提供公共产品或公共服务。预算内资金主要用于为社会提供一般性公共产品或公共服务（如公共安全、基础教育、公共卫生等），这类公共产品或公共服务由全社会成员共同消费，不需直接付费；预算外资金则主要用于为社会提供专门性公共产品或公共服务（或称准公共产品或公共服务），如城市公共交通、家庭垃圾处理、护照和签证管理等，消费这类公共产品或公

① 萨尔瓦托雷·斯基亚沃－坎波、丹尼尔·托马西著：《公共支出管理》，中国财政经济出版社2001年版，第36页。

共服务需要付费。这就是说，使用预算外资金的这些公共部门，这部分收入也就是社会消费者向公共部门购买服务的价格，为他们提供良好的服务，是成本效益分析时的应有之义。

（4）在收支关系上：预算外资金存在着内在联系。预算外资金实行“收支两条线管理”，是对资金管理而言的，而对业务工作而言，则有着直接的因果关系，即“用者付费”。每一项预算外收入，通常都是与某一项相应的具体支出需要而联系着的，即从什么项目收取的预算外资金一般都将主要用于与收入有关的业务活动支出。而税收收入与支出之间，则没有这种内在的对应关系。

3. 非税收入（或预算外资金）的管理模式

公共部门的收入，从来源上讲，有税与非税之分。预算外资金是非税收入的主要组成部分。从实践意义讲，对预算外资金的管理就是对非税收入的管理，随着预算管理制度改革的不断深入，可能原来不纳入财政预算管理的很多资金都将相继纳入预算管理，所以从发展趋势上讲，应不断规范非税收入的管理。

（1）收费立项审批管理。按照《行政许可法》的规定，加强行政事业单位收费和政府性基金的审批管理，首先要依法实施行政事业性收费项目（非税收费项目）的立项审批，并合理确定收费标准，切实减轻法人、自然人和社会负担。行政事业性收费必须经过国务院或省级以上政府及其财政、物价部门批准，其他部门无权批准行政事业性收费。未经批准，行政事业单位一律不得凭借自身拥有的行政管理职能自行收费。行政事业性收费立项由财政部门会同物价部门审批，收费标准由物价部门会同财政部门审批。建立政府性基金的决定权在国务院，由财政部具体负责审批。行政事业性收费项目实施“阳光政策”，应及时对外公布收费项目及其依据、标准、范围，实行亮证收费。

（2）收费票据管理。票据管理是非税征收管理的源头，以票据为“龙头”，实现以“票”管“收”。行政事业单位收费（基金）必须使用由省级以上财政部门统一印制或监制的行政事业性收费专用票据。财政部门负责票据的印刷、发放、核销、稽查和其他监督管理工作。从加强非税收入管理的要求出发，清理归并收费票据种类，使用统一制发的收费票据，实现缴款通知书、缴款凭据和银行进账单于一体，是非税收入管理的基础和记录非税收入全部信息的载体，应全部由代收银行或征收部门通过计算机开具。缴款凭证的购领、对账、核销等工作全部由计算机自动控制和完成，开票后，通过计算机网络将票据全部信息传送给财政部门，实现票据管理工作的信息化和全过程的适时监督。

（3）财政专户管理。专户管理是实施非税收入（或预算外资金）“收支两条线”管理的中心内容。所谓“收支两条线”管理，就是“单位开票、银行代收、财政统管”的管理方式，这也是国际通行的成熟做法，可以严格控制非税收入的流向，杜绝隐瞒、截留、挤占、坐支和挪用现象的发生，有利于预防和治理腐败，进一步提高财政资金的运行效率。各级财政部门都必须在银行开设统一的预算外资金财政专户，用于管理和核算本级预算外资金收入和支出。凡有预算外资金的单位，必须把收取的预算外资金上缴同级财政专户；财政部门根据批准的预算外资金收支计划以及支出申请和实际工作需要，从财政专户申请单位拨款，实行收支两条线管理。

（4）单位专用账户管理。为加强非税收入管理，从长远来讲，有必要逐步探索建立“征收、预算、支付”三分离的新型非税收支管理模式，彻底改变传统预算外资金“谁收谁用，多收多用”的格局，实行彻底的收支两条线。当前，必须通过加强账户管理的方式来强化规范运作。行政事业单位必须报经财政部门批准，为本单位设立一个预算外资金支出专用账户。支出账户只能用于接受财政专户的拨款，并按财政部门批准的支出计划和规定的用途使用资金。确有必要的，经财政部门批准，单位还可开设一个预算外资金收入过渡账户。该账户只能用于归集本单位所有的预算外资金收入，并把归集的资金上缴同级财政专户。预算外资金专用账户及预算外资金的收支管理，应由本单位财务部门统一负责，不允许多头开户和多头管理预算外资金。同时，应努力创造条件，尽可能取消部门和单位的预算外资金收入过渡户，直接通过银行，把预算外资金收入缴入财政专户。

（5）计划和决算管理。为了提高公共部门管理绩效，逐步探索公共部门绩效管理，有预算外资金的单位，必须结合绩效管理目标，编制年度预算外资金收支计划，并上报同级财政部门审批。财政部门审批预算外资金使用计划，应逐步扬弃传统的“以过程为导向”的管理理念，树立“以绩效为导向”的管理理念，在审批计划时，既要看流向，也要看效果。经财政部门批准的年度收支计划，是财政部门监督单位收取预算外资金和向单位拨付预算外资金的重要依据。财政部门要在认真审核单位预算外资金收支计划和单位财务收支计划的基础上，编制本级预算外资金收支计划，报经同级人民政府批准后组织实施。年度终了，部门和单位不但要对资金的流向负责，还要对照年初确定的绩效目标，对最终的使用效果负责。同样，财政部门也要在绩效管理新理念的指导下，审批部门和单位的预算外资金收支决算，并报同级政府审批。

（6）监督管理。一是健全财政监督机制。各级财政部门要充分利用单位预算外资金收支计划、财政专户以及票据发放手段，对单位的预算外资金收支活动进行经常性的监督和管理。与此同时，要在加强对非税收入日常检查的基础上，按照财政部《行政事业性收费和政府性基金年度稽查暂行办法》等有关文件的规定，开展非税收入年度稽查工作。二是积极配合监察、审计、物价、金融等部门。根据各自的职责，相互协调配合，对单位预算外资金收支活动的有关问题进行监督检查，特别是需要将非税收入收支活动纳入审计范围。三是发挥社会监督作用。各级财政部门应编制本级行政事业性收费和政府性基金项目目录，向社会公布，接受社会监督。四是加大查处力度。对违反非税收入或预算外资金管理规定的，除了要严格按照国家有关财政法规处罚规定进行处罚外，还要追究有关责任人的相应责任。同时，还必须强调的是，禁止把预算内资金转到预算外。

二、公共收入分析的几个问题

公共部门需要为社会提供公共产品或公共服务，是公共收入形成的主要原因，但是公共部门组织公共收入必须遵循一定的原则，这种指导公共部门制定公共收入政策法规、实施公共收入管理的基本要求，就是公共收入的基本原则。公共收入必须取之有度，取之有方，总的要求是公共收入的取得必须体现公平与效率相结合的基本原则。

（一）征税中的公平和效率

根据现代经济学理论，税收原则可以归纳为三个主要方面：一是公平原则，税收应由所有社会成员共同负担，并有助于缩小贫富差距；二是效率原则，税收应能促进资源的有效配置；三是经济稳定和增长的原则，即税收应能促进生产水平、价格水平的稳定以及生产力的发展。

1. 税收要以公平为本

公平原则被认为是税收的首要原则，这一方面是由于公平对维持税收制度的正常运转必不可少，另一方面也是由于通过税收来矫正收入的分配作用，对于维护社会稳定是不可或缺的。所以，公平不仅是一个经济问题，更是一个社会问题和政治问题。一般而言，税收公平原则分为横向公平和纵向公平。所谓横向公平，是指税收应使纳税能力相同的人承担相同的税负；所谓纵向公平，是指税收应使纳税能力不同的人承担不同的税负，即所得多者多征，所得少者少征，无所得者不征。这里的征多征少，往往是通过累进税、差别比例税、减征免征、加成征收等办法来实现的。根据税收公平的理论阐述，大体上又可以区分为两个基本原则，即受益原则和能力原则。

（1）受益原则。所谓受益原则，是指要求纳税人应根据其从公共产品或公共服务中获得的利益纳税。其理由是：公共部门所提供的公共产品或公共服务的成本来源于税收，所以社会成员的纳税应与其从中的受益联系起来。这种理念实际上就是将公民纳税与政府提供公共服务看成是一种类似于市场交易的过程，税收仿佛是政府提供公共产品或公共服务的价格。从理论上讲，受益原则是很理想，也是最公平的。但是，由于公共产品或公共服务的非竞争性与非排他性，再加上经济人假设的普遍意义，使得公共产品或公共服务的消费者不可能自觉地如实申报自己的真实收益，这就使受益原则的应用受到了很大的限制，只有当消费者的受益能够客观地表现出来的场合，受益原则才可能得到贯彻。与此同时，除去理论和实践上的差距外，受益原则的局限性更在于它对收入分配是中性的，并没有改变市场上已经形成的分配格局，只有假定分配一开始就处在合适的状态上，最后的结果才可能是公平的。这一原则不可能解释应用于社会福利和社会救济的公共支出的征税情况。显然，对于政府提供的大部分的具有共同消费的公共产品或公共服务，就很难确定简单的受益对等关系，所以公平原则还应强调支付能力原则。

（2）能力原则。所谓能力原则，是指根据个人的纳税能力的大小确定个人应承担的税收，因此又称为支付能力原则。该能力又包括两重递进的含义：一是国家纳税应以纳税人的支付能力为依据；二是支付能力相同者应同等纳税（即体现为横向公平），支付能力不同者在课税上应有所区别（即体现为纵向公平）。按照这个原则，公共部门所提供的公共产品或公共服务的成本费用的分配，与社会成员所获得的边际效益的大小没有直接的对称关系，而只应根据纳税人的支付能力进行分配。政府若按照支付能力原则征收公共收入，那么就会使社会成员的境况达到一种相对公平的状态。这不只能使纳税人的税收负担相对均衡，而且能使每个人的收入在纳税后的边际效用趋于均衡。在各国的税收实践中，税收政策坚持以公平为本，基本上是以纳税能力原则而不是以受益原则为依据来制定的。

2. 征税要讲求效率

征税不仅要公平，而且还应是有效率的。这里的效率包括两层含义：一是指征税过程本身的效率，如较少的征收费用、便利的征收方法等；二是指征税对经济运转效率的影响，其目标应是征税必须有利于促进经济效率的提高，也就是有效地发挥税收的经济调节功能问题。有效率的税收体系应该能以最小的成本费用足额及时地取得税额，并促进资源的优化配置和经济运行效率的提高。

衡量税收成本与效率的指标也应该能反映以上特征。从税收成本与效益优化的观点分析，税收成本与效率指标体系应体现税收收入与税收成本、征收人员、机构设置以及经济增长之间的关系等重要内容。但是在现实情况下，各国税收的经济成本与经济效率都还不能用数据直观体现，只能局限于定性分析。为了考虑统计数据的可测性，考核指标的可控性以及研究问题的针对性，一般选择税务机关为研究问题的出发点。通过税收收入水平反映税务机关的工作成果，将税收征管效率集中体现在税收收入与税收成本的对比上，重点通过征收成本的计量与分析来反映税收效率。这样形成了国际上通行的三个基本指标：

（1）税收征收成本率。

税收征收成本率 =（税收征收成本 ÷ 税收收入总额）×100%

上式中，税收征收成本是指税务机关在一定时期（通常为1年）内，为征税而发生的各项费用和支出，按用途可以分为工资性支出、办公性支出、业务性支出、基建性支出和设备购置支出等。上式中的税收收入总额指同一时期征收入库的税收收入总额。这是一个反映征税成本、税收收入和税收效率的静态指标。从理论上说，税收征收成本越低，则税收机关征收效率越高，因此，要提高征收效率，就要减少征收成本，并取得更多的税收收入。但是，决定税收征收成本率的两个元素即税收征收成本与税收收入之间存在着相关性：为增加税收，必然会相应增加费用支出，即征收成本会增加，但在经济总量与税收负担率一定的条件下，税收收入总量会达到一个新高点，支出的增加并不会带来税收收入的增加。

（2）人均税收收入。

人均税收收入＝税收收入总额 ÷ 税务人员数量

上式中的税务人员数量，是指税务机关在岗人员数量，如果年内职工人数有变动，可用期初和期末的平均数计算。这一指标表明税收效率的高低与税收收入、税务人员数量密切相关，人均税收收入越高，税收效率越高。结合公式，从成本效益的角度考虑，人均征税额在以最少的税务人员征收最多的税收收入时达到最大。实际上，税务人员数量与税收收入的相关性并非呈线性的。一般而论，人均征税额随着税务人员的增加而逐步增加，到达一定数额时达到最高点，再增加税务人员，人均征税额会随之下降，人均征税额为最高点时得到税收效率最高的最佳人员配置。

（3）税收成本收入弹性。

税收成本收入弹性＝税收成本增长率÷税收收入增长率

这一指标是反映税务机关税收效率变化情况的动态指标。显然，随着税收收入的增长，税收成本的绝对额也会相应增加，但税收成本的增长幅度不应超过税收收入的增长，因此，这一指标应该小于1。在采用税收收入成本率指标的基础上，再运用这一动态指标的目的就是为了避免因税收收入的增长，而掩盖税收成本中可能存在的问题。

关于税收政策促进经济效率的提高是更高层次的税收效率问题。税收作为一种重要的再分配工具，可以在促进资源配置合理化、刺激经济增长等方面发挥作用，但也可能扭曲资源配置格局，阻碍经济发展；如果税收起的是前一种作用，就是有效率的，如果税收的作用是后一种，就是无效率的。税收是否有效率必须结合经济运行本身的效率来考察，假如经济运行本身已是高效率的，税收活动就应以不干扰经济运行为有效率；假如经济运行本身是低效率乃至是无效率的，税收效率则体现在它对经济运行的影响和干预上，这种影响和干预的结果则必须是改善经济运行的效率。

3. 税收公平和效率的兼顾

税收的公平与效率是密切相关的。从总体上讲，税收的公平与效率是互相促进、互为条件的统一体。首先，效率是公平的前提。如果税收活动阻碍了经济社会全面协调与可持续发展，影响了 GDP 的增长，影响了资源的合理与节约利用，影响了环境的改善与保护，也许税收是公平的，但却是没有意义的。因为税收作为一种分配手段是以社会产品为基础的，而没有效率的公平便成了无源之水、无本之木。所以，真正的公平需要融合效率的要求，必须是有效率的公平，必须是坚持科学发展基础上的公平。其次，公平是效率的必要条件。尽管公平必须以效率为前提，但失去了公平的税收也不会是高效率的。因为税收不公平必然会挫伤企业和个人的积极性，甚至还会影响社会和谐，引发社会矛盾，从而使社会生产缺乏动力和活力，自然就无所谓效率而言。因此，真正的税收效率必须体现公平的要求，必须是和谐基础上的效率与公平的统一。

当然，税收的公平与效率的统一也不是绝对的，就某一种具体的课税活动来说，两者有时还会有矛盾与冲突。例如，商品课税可以通过政策杠杆促进合理配置资源和发展生产，一般认为是有效率的，但由于它背离了支付能力原则，有时会造成纳税人的苦乐不均，通常又被认为是不公平的。再比如，所得课税具有负担合理、课税公平的优点，但它距离经济运行过程较远，很难直接调节生产和流通，又有效率不高的缺点。

一般而言，税制结构效率要求的核心是税基（征税对象）和税率的确定。税基是决定税率的基础，税基确定之后，普遍征收的税称为一般税；在此基础上，另外再开征的税称为特殊税（或称精选的税种）。一般税的基本要求是“全、简、统一”。所谓“全”，是指税基选择要全，即不能对同样的税基有的征税，有的不征税。因为只有都征税，才能有效遏制避税行为。所谓“简”，是指税收的征收成本要尽量的低，这不仅包括税收征收的直接成本，还包括间接成本。这包括纳税环节的确定，即是选择在交易的买方纳税，还是选择在交易的卖方纳税，以及税收缴纳方式等的选择。所谓“统一”，是指相同的税基负担要相同，也就是需要遵循前述公平与效率原则。与此同时，“统一”还意味着同一税基要尽量避免重复征税问题。

（二）公共收费中的公平和效率

1. 公共收费的含义与条件

（1）公共收费的含义。所谓公共收费，是指公共部门对其提供的公共产品或公共服务或特许权收取的价格，也是为那些公共产品或公共服务提供全部成本或部分成本的使用价格。如果收费纳入预算，则是所谓预算收入；如果收费不纳入预算，则是预算外收入。公共收费必须从公共部门提供的公共产品或公共服务的分类、公共收费收入与公共部门提供公共产品或公共服务之间的关系来认识。由于公共产品或公共服务"非竞争性"与"非排他性"的特征，公共部门所提供的纯公共产品或公共服务是没有价格的，即消费者在消费时通常是免费的。但对于有些公共产品或公共服务（往往是准公共产品或公共服务），消费者可以像消费私人商品那样实行"等价交换"。这就可以真正体现"受益原则"，把消费成本和消费受益联系起来。这就是收费与征税的根本区别。根据财政部制定的《2007 年政府收支分类科目》的规定，公共部门的收费收入主要体现为非税收入中的"行政事业性收费收入"。从收费科目的角度看，公共收费大体上可以分为以下几种：一是直接费或使用费（使用者费），是指直接消费公共产品或公共服务所支付的价格，例如高速公路使用费、诉讼费等；二是证照费（规费），是指公共部门发放某些证照时接受者支付的价格，例如行车执照、结婚登记证等；三是特许权费，是指获得公共部门某些特别许可的权力所支付的价格，例如建筑许可、烟草专卖许可、资源开发许可等。

（2）公共收费的条件。公共部门对所提供的公共产品或公共服务是否收费是有约束条件的。这些约束条件有时不只是经济因素，还涉及社会因素与技术因素。对于纯公共产品或公共服务来说，由于完全的"非排他性"与"非竞争性"特征，所以其成本只能通过税收来支付。但是，在现实的经济社会生活中，很少有真正纯粹非竞争性的公共产品或公共服务，例如公共资源的开采和利用、高速公路的通过、高峰时段的十字路口等；也很少有真正纯粹的非排他性的公共产品或公共服务，因为很多公共产品或公共服务不可能绝对满足每个人的需求。如果存在上述情况，那么就会出现"拥挤"，并表现为对相应公共产品或公共服务的"等待"。对于那些可以满足每个人消费的公共产品或公共服务来说，则不需要收费，可以通过税收来解决资金筹措问题。

对于那些难于满足每一个人需要的公共产品或公共服务，对公共产品或公共服务的额外受益的那部分收费，把消费和受益直接联系起来，就可以增进公共资源的配置效率。这就是说，使公共产品或公共服务的消费具有排他性是公共收费的必要条件；而合理制定公共产品或公共服务的消费价格是公共收费的充分条件。

2. 公共收费的特点

在市场经济与公共财政条件下，规范的公共收费具有下述特点：

（1）公共收费的主体是提供了准公共产品或公共服务的公共部门。这里包括三层含义：一是公共收费的主体只能是公共部门，企业、个人等民事主体不具备公共收费的主体资格，不具有公共权力的组织和个人是不具有公共收费职能的，他们的收费属于民事活动中的价格性收费。二是公共收费应以提供准公共产品或公共服务为前提，如果不提供准公共产品或公共服务就不可以收费，否则就是属于乱收费。三是公共部门如果提供的是准公共产品才应该以收费来补偿，而如果是提供纯公共产品或公共服务，则应该用税收来补偿，否则就是税收的缺位与收费的越位，或者就是税收的越位和收费的缺位。正确理解这三层含义对于公共部门加强收费管理很有现实意义。

（2）公共收费体现为一定的权利义务关系。在税收关系中，在具体的纳税人和公共产品或公共服务的受益者之间没有直接的受益对应关系，但是在收费活动中是以公共部门提供公共产品或公共服务为前提，企业和个人享受公共部门所提供的公共产品或公共服务也必须以付费为前提，所以说公共收费体现了一定的受益关系。这里对罚没收入可以这样理解：从形式上看，罚没收入并不是公共部门向被罚款人提供了什么产品或服务，但是从广义上讲，实行罚款也是在向社会提供一种司法服务，这种司法服务既使受罚者受到了司法教育，也是向受罚者给社会造成的危害收取适当的补偿。

（3）公共收费具有不充分的强制性。其强制性的一面主要体现在：一是公共部门提供的某些公共产品或公共服务要求消费者消费具有强制性，例如，公民要取得合法婚姻就必须领取结婚证书，企业要获得合法经营资格就得领取工商营业执照等。二是公共部门那些需要收费的准公共产品或公共服务具有独家垄断性，而不是像私人产品那样可以在多个供应者之间具有竞争性。三是公共部门提供的公共产品或公共服务一旦进行政府定价后，则具有供方强制性，而不是像私人产品那样可以讨价还价。其非强制性的一面主要体现在：对某些公共产品，消费者可以选择不消费或少消费，以规避付费或少付费。当然，关于收费是否具有强制性，在理论界也是有争议的。

（4）公共收费具有专门的用途。一般来说，公共部门收费是为了提供某种特定的公共产品或公共服务，这些收费也是向这些准公共产品或公共服务的特定受益对象收取的。而纯公共产品或公共服务的提供则不同，哪一种税用于提供何种公共产品或公共服务是不指定的。当然，也有少数税种的收入具有指定的专门用途，这种税实际上是一种受益税。同时，某些费虽然具有指定的用途，但若受益对象与负担者之间没有对应关系，这时也不宜以费来征集，即使以费来征集，其实质上也不再是费而已经是税了，如当前的教育费附加就是这种情况。

3. 公共收费的原则

在公共收入中，公共收费与税收一样，同样是经常性公共收入的一个重要来源。但从公共收费的特点可以看出，公共收费不同于税收，它总是与有偿性的公共产品或公共服务相联系的，也就是说纳入公共收费范畴的是具有部分私人产品性质的准公共产品或公共服务。正因为如此，公共部门才可能在生产和提供相关产品时直接引入市场机制进行调节，因此才会有公共收费。但是，对哪些公共产品或公共服务进行收费呢？这涉及公共收费的公平与效率，体现为公共收费的原则。

（1）“谁受益，谁付费”原则。公共收费的原则首先表现为收费与纳税在征缴目的与对象的不同上。税与费的差异性从根本上说在于收入原则不同。税收是公共部门为履行其职能而强制地、无偿地和规范地征收的收入。尽管在理论上存在着利益交换学说，但这只是一种广泛意义上的交换，而且难以判断这种交换的真实性。实践中的税收政策更多地是遵循纳税支付能力原则，就某一具体的纳税人而言，其从公共部门所提供的公共产品或公共服务中得到的效用与其缴纳的税收额度之间没有直接必然的联系。从纳税人的主观需求上说，也没有这种因消费公共产品或公共服务而缴费的意识，这也是税收无偿性的表现。而公共收费则不同，其核心是由于收费从总体上说是依赖市场原则设立的，是公共部门和广大消费者之间的一种交换关系。也就是说公共收费不是无偿的，也不是模糊的，而是依据受益原则和受益与付费的对应关系而有偿收取的公共收入。也正是由于存在着这种交换关系，公共收费从总体上说并不是一种强制性的收入，而是基于自主自愿原则，采取“谁受益，谁付费”的原则来获得的收入。这种原则其实也就是直接受益与自愿付费原则，其内涵体现了市场交换规律。

通过引入市场机制，采取公共收费的形式提供部分公共产品或公共服务，既有利于减轻公共部门压力，也可以充分发挥市场机制作用，提高公共产品或公共服务的供给效率。从缴费者方面来说，“谁受益，谁付费”的原则体现了等价交换与社会公平，而从收费者方面来说，付费性公共产品或公共服务的提供往往能使受益者“看得见，摸得着”，因而有利于实施社会监督。从社会经济整体来看，采取公共收费来资助部分公共产品或公共服务将更有助于显示社会真实偏好，减少政府过多干预，防止出现这些准公共产品或公共服务消费中的拥挤，从而有助于把公共产出的规模限制在合理必要的范围内。显然，这将有利于提高社会资源的配置效率与公共产品或公共服务的供给效率。总而言之，公共收费机制是公共部门的一种准市场行为，在一定程度上体现了公平和效率的统一。

（2）实行政府定价原则。公共收费是收回公共产品或公共服务的全部或部分成本。公共部门是非营利单位，公共收费不是营利的手段，决不能将公共收费等同于公共部门“创收”。因此，对那些确需通过收费来提供的公共产品或公共服务，其收费标准必须经过政府定价。我国《价格法》明确规定，所谓政府定价，是指依照《价格法》的规定，由政府价格主管部门或者其他有关部门，按照定价权限和范围制定的价格，并明确规定重要的公用事业价格、重要的公益性服务价格。在政府定价过程中，如何制定公共收费标准呢？这里的一个重要原则就是成本原则。因为公共部门不能像私人部门那样追求利润目标，所以高于公共产品或公共服务成本的收费就是不合理的。因此，公共收费项目应尽可能以成本为标准，公共服务项目不发生追加成本而设立收费项目或超越成本上限的收费其实质上也就是“乱收费”行为。

（3）“有拥挤，才收费”或“有负债，才收费”原则。公共收费项目应适度合理。一般而言，只应对那些不收费会产生拥挤的公共产品或公共服务（如公园收费），或者是通过负债来提供的公共产品或公共服务（如贷款修路、收费还贷）进行收费。如果公共产品或公共服务的资本投入是由税收解决的，并且使用这些公共产品或公共服务也不拥挤，那么就不应该收费。因为收费会让这些公共产品或公共服务使用不足与闲置，反而导致浪费。对于负债提供的公共产品或公共服务，是公共部门使用未来消费的收入用于现在消费，因此需要回收资金，以偿还债务。

（4）排他装置成本应低廉原则。公共收费需要设置排他装置，而排他装置及其管理都需要花费成本，实施具体的收费项目时必须考虑这方面的成本。这个成本不但是装置的直接成本，还应考虑因此而带来的社会成本（或机会成本）。如果入不敷出，收费就无价值可言。对于那些排他装置成本太高或排他的技术性根本不可行的收费项目（如在高峰期的十字路口收费），就不应该收费。

4. 政府定价的方法

对需要进行收费的公共产品或公共服务，根据其性质不同，可采取如下三种不同的定价方法：

（1）设置成本定价。所谓设置成本定价，是指回收公共产品或公共服务的设置成本（即设置该公共产品或公共服务的成本）的使用价格。这是公共产品或公共服务的长期生产成本（资本性投入），直接或间接从该公共产品或公共服务中受益的人都应该为其支付相应的成本份额。这里所说的直接受益，是指从该公共产品或公共服务的使用中得到的收益；所谓间接受益，是指该公共产品或公共服务虽然暂时还未被一部分人使用，但为他们的未来消费提供了选择，也具有潜在收益；或者是从该公共产品或公共服务中获得其他非货币计量的收益。于是，所有受益者都应为该公共产品或公共服务的长期成本承担相应的份额，这类成本的回收和直接使用之间不是一回事。对这类成本的回收，通常采取按月收取服务费的办法。固定服务费可以根据公共产品或公共服务的不同性质进行分摊。例如，可以按户收取垃圾收集的固定费，以便回收垃圾收集的固定成本，固定费与每户垃圾的多少无关。

（2）经营成本定价。所谓经营成本定价，是指回收公共产品或公共服务的经营成本或可变成本的使用价格。这部分公共产品或公共服务成本的回收与直接使用该公共产品或公共服务的多少无关。如果使用公共产品或公共服务的边际收益全部是由使用者获得，那么使用者应该负担全部边际成本。例如，拉走某户垃圾可以看做是该户的收益，那么经营成本就是按照垃圾的多少（比如按车计量）来分摊。如果边际收益并不是直接使用者全部获得的，那么直接使用者只承担部分边际成本。例如，受教育者的一部分边际收益是外溢的，因此增加一个受教育者的边际成本不应该全部由其负担。

（3）拥挤成本定价。所谓拥挤成本定价，是指回收公共产品或公共服务的拥挤成本的使用价格。拥挤成本是指另外增加一个消费者产生对其他使用者的超额成本。例如，当道路或桥梁变得拥挤时，交通变慢并增加其他使用者的时间成本；当公园变得更拥挤时，使在公园中的消费者减少愉快感。在这种情况下，增加一个消费者并没有增加长期成本和经营成本，公共收费是为了在部分性需求中配置资源。然而，拥挤使用费的定价要根据拥挤的程度来定，因为收费可以限制一部分人的使用，从而可以缓解拥挤或变得不再拥挤。拥挤通常还与时间段有关，所以拥挤使用费的理念使公共产品或公共服务在不同时间段上的价格是不一样的，显然高峰期的价格应高一些。通常，拥挤收费会产生净收益，这正是拥挤收费的优点，因为这可以为提供新的设施筹措资金，最终从根本上解决拥挤问题。

（三）公共收费与税收及政府性基金的比较

1. 公共收费与税收相比的优越性

根据公共收费的特点、原则及其定价方法，可以看出公共收费较之税收来说，具有下述优越性：

（1）充分体现了收费与受益之间的公平性。公共收费在本源上也近似于民事活动中的等价交换原则，这一原则是民事活动中最能为人们接受、最通行的原则。因为这一原则保障了相关方的等价互利，所以双方都会对行为及利益分割关系满意。尽管收费不完全等价有偿，但与其他一般税收相比，毕竟具有较强的受益对应关系，因而更能体现受益公平这一人类最愿接受的原则。从这个意义上讲，客观合理的公共收费，在和谐社会建设中具有特殊意义。

（2）符合效率标准。从规范分析来看，受益原则本质上属于市场的等价交换原则，纳入均衡价格机制，所以自然就符合效率原则。因为如果纳税人与公共产品或公共服务相脱节，就会由于免费搭车而诱导消费者过度或过多使用公共产品或公共服务。公共部门也有可能出于部门预算最大化的考虑，而降低公共资源的配置效率。但是，如果将某些公共产品或公共服务的使用与付费联系起来，这必然会促使使用者对付费的成本与使用的收益进行比较，从而决定使用这类公共产品或公共服务的最佳数量，进而促进资源在公共部门与私人部门之间的最优配置。从实证分析来看，一是由于各地区之间在经济基础、风俗习惯、自然环境等方面存在着差异，所以各级各地政府为了实现本地资源的有效配置，在提供一些地方性公共产品或公共服务方面，必然会出现种类与数量上的差别。二是地方政府的某些职能具有阶段性或期限性，例如某项环境保护工程、某项公用事业发展、某条高速公路建设等的筹资就具有明显的期限性，而固定规范的税收征集的财政资金无法满足这些特定支出的需要，所以就需要有特定的财政收入形式来为之筹措财政资金。这些原因说明，通过公共收费这种筹资途径来提供这些公共产品或公共服务是一种比较合适的办法。

（3）可以满足不同收入水平的居民对公共产品或公共服务不同层次的需求。因为公共部门可以针对不同收入的居民提供不同品质的公共产品或公共服务，并收取相应的费用，从而使得不同收入的居民可以自由选择消费适合自己收入水平的公共产品或公共服务，比如说，你愿意多付钱，你就可以走高速公路，这使消费者能有更多的选择。也就是说，公共部门提供不同品质、不同档次的公共产品或公共服务，同时向不同收入水平、不同消费层次的居民收取费用，也有利于保障各个收入层次的消费者的偏好得以有效实现。

2. “费改税”与“税改费”

公共收费原则及其定价在实际执行中往往较为复杂，其原因一是由于公共收费的标准确定问题，即是按照受益原则的主观效用评价为准，还是按照公共部门提供该类产品或服务的实际成本耗费为准的问题，在实际执行中后者成为主要的标准。另一方面，公共收费的困难还在于税和费的无偿性差异往往难以区分。因为税收在广泛的意义上讲，也可以认为是对公共部门所提供公共产品或公共服务的付费。在实际操作中会造成“以税代费”与“以费挤税”。亚太经合组织在税与费的分类中指出，在满足下列条件时，公共收入的征收可以认为是税收：一是政府征收的收入大大超过其提供该类公共产品或公共服务的成本；二是费用的缴纳者并非是直接受益者；三是政府并不根据所征收的收入份额提供给费用缴纳者任何特殊服务；四是即使只有付费人受益，但每个人并非必然按其所付的份额得到相应比例的受益。尽管这些标准的测量还需有一些更具体的指标，但是足以帮助我们对税与费进行区别。这些标准同时也表明，公共收费的原则仅在于受益的直接性和收益—成本负担的对称性。

正是由于上述众多因素，我国择机实施了相关收费项目的费改税改革，如把公路的使用费改为燃油税。公路的使用费是按照不同车型的里程计量的，而汽油的消耗大体上反映了不同车型的用路状况，因此费可以转化为税。虽然“收费”改成了“缴税”，但这类“税”仍然具有费的性质，这种“费改税”可称为费的税化。为什么要“费改税”呢？关键在于成本比较是否合算。收费的优点是排他性容易做到；其缺点是收费的征管成本可能相对较高。征税的优点是容易统一，由此增加的征管边际成本可能相对较低；缺点是排他难度大。因此，孰优孰劣，需要经过成本收益的比较才能确定，而且哪些费可以改为税，哪些费又不可能改为税，都需要从实际出发，根据收益与成本的具体情况而定。

与此同时，由于纳税与收费存在一定的替代关系，所以从理论与实际相结合的角度看，也存在着所谓“税改费”或称税的费化问题。根据前述“受益原则”与“能力原则”，需要按照“全、简、统一”的基本要求确定“一般税”。与此同时，再在“一般税”的基础上特别设置精选税种（特别税种）。弄明白所谓“精选税种”，对“费改税”（即费的税化）或“税改费”（即税的费化）有着直接意义。因为精选税种是在一般税基的基础上再特别设置的税种，明显有“重复”征税的特征，是对一般税的补充，是为了解决一般税尚未解决的问题。设置精选税种的主要原因应能明显保证国家的整体利益和经济效率的提高。这里所谓明显：一是范围不能太宽；二是与一般税收收入相比，数量不宜太大。

吴俊培等学者认为①，精选税种主要在以下领域设置：一是能更有效贯彻税收的受益原则。把税收称之为“无偿”，是指纳税人本身在缴纳税收和政府支出受益之间是不对称的，因此从政府支出需求的成本构成来看，不可能完全符合边际成本等于边际收益的要求。但是，有一些税收基本可以做到纳税和受益之间的对称关系，这样就可以设置精选的税种。例如，汽油税和轮胎税。汽油和轮胎的交易额应该缴纳一般税，在此基础上还要缴纳该种税收是因为车辆对汽油和轮胎的消耗量大体反映了对道路的使用量。这种税收是道路使用价格的转换形式。二是能更有效地贯彻税收的能力原则。例如，可以对某些高档消费品征收精选的消费税。高档消费品的选择视社会经济情况而定。这主要是对奢侈消费品在一般税的基础上加征一道消费税。三是能更有效地提高国家整体利益。有些税收是为了保护国家整体利益才设置的，而且

① 吴俊培、许建国、杨灿明编著：《现代财政学》，中国财政经济出版社2001年版，第192页。

需要集中管理才能更有利。典型的例子是关税，这是对进出口商品在一般税基础上加征的税收。四是能更有效地调节社会偏好。社会偏好的形成是非常复杂的，有些偏好是社会不鼓励的，需要用税收方法加以引导。例如，人们认为过度消费烟酒是有害健康的，因此社会不应该鼓励在烟酒方面配置过多的资源。因此对烟酒在征收一般税的基础上另征收精选的税种。五是能更有效地限制外部不经济行为。外部经济问题是市场失灵的重要原因，外部不经济是企业转嫁成本的重要方式。例如，为了生产某种产品而导致的环境污染问题。因此，政府可以对企业排放的废气、废水和其他废物有必要的限制，并可以按照产量的交易额征税。六是更有效地贯彻产业政策。政府根据产业发展规划，对不予鼓励的产业，可以对其需要的生产要素或产品加征税收。与此同时，与精选税种相对应的是税收优惠。前者是为了限制，而后者则是为了鼓励，方向不同而已。

3. 公共收费与政府性基金的比较

财政部制定的《政府收支分类科目》明确规定，政府性基金收入是非税收入的重要组成部分。一般著作在讨论公共收入时，都只讨论税收与费收这两种形式的公共收入，似乎将基金收入归并到规费收入之中去了。但是，在实际中，政府性基金却是介乎于税收与费收之间的一种特殊形式的公共收入，所以有必要将政府性基金与政府性收费（即公共收费）两者之间进行比较分析。

（1）基金是“为了什么”而设立，而收费是“因为什么”而收取。一般而言，政府性基金是为了支持某项特定事业或产业的发展而设立的，是依照法律法规并经有关部门批准设立，凭借公共权力向法人和个人征收的具有专项用途的资金。收费则是因为提供了相应的公共产品或公共服务而收取的费用。在我国，政府性基金与政府性收费都包含专项收费，在这一点上两者没有质的区别，只有量的差异。例如，传统的养路费等专项资金就属于政府性基金中的收费项目，这是政府性基金与政府性收费的共同点。但属于政府性基金的专项收费，其规模较之一般的公共收费则要大得多。正因为如此，在许多文件中，特别是在地方政府下发的文件中，往往将基金与收费混在一起表述。

（2）政府性基金与政府性收费的实质性区别在于是否具有排他性和补偿性。除专项收费性质的政府基金外，其他政府性基金是一种准税收，由公共部门凭借公共权力强制地、无偿地征收，具有强制性、非排他性特点。例如电力建设基金，经国务院批准，从1988年起在全国每千瓦时电价外征收2分钱，作为地方电力基本建设的专项资金，由政府强制收取，没有商量的余地。交了钱的企业、个人不排斥其他企业、个人使用电力，因此不具有排他性。政府性收费就不同了，排他性很强。比如，企业注册登记费就是一种管理性收费，一个企业如果注册了某个名称，向工商部门交了钱，这个企业绝不允许另一个企业注册相同的名称。又如，居民证件的工本费、车辆牌照费，其排他性就更明显了。因此，是否具有排他性是政府性收费和政府性基金的实质性区别。

除此之外，一些政府性收费，主要是行政事业性收费，还具有补偿性质，如检验检疫收费，收费的主要目的是要补偿服务成本，但政府性基金则不具有补偿性。因此，是否具有补偿性是政府性收费和政府性基金的又一重要区别。

（3）政府性基金与政府性收费在管理上的差别：一是收取方式不同。政府性基金一般不与被征收主体发生直接管理或服务关系，而政府性收费与提供具体服务或行使管理职责相联系。二是征收来源与形式不同。政府性基金的征收渠道和形式很多，既有以税收、价格为载体征收，也有按销售收入、固定资产原值、工资或预算外资金的一定比例收取。有的基金的来源很多，如地方水利基金，一部分来源于地方征收的政府性基金（如养路费）等收入中划转3%，另有一部分来源于城市维护建设税中提取5%，还有一部分来源于经省级人民政府批准通过向企业事业单位等销售收入一定比例计征等。政府性收费就没有这么复杂，一般只能来源于被管理或服务的对象。三是管理程序不同。各地区、各部门申请设立政府性基金项目、变更项目名称、改变征收对象、调整征收范围和标准、减免政府性基金等，应当严格按规定报财政部审批，重要的政府性基金项目，由财政部报请国务院审批。其他任何部门和地区均无权批准设立政府性基金项目、改变征收对象、调整征收范围和标准、减免政府性基金，也不得以行政事业性收费名义变相批准设立政府性基金项目。但政府性收费管理级次要小得多，一般由地方政府批准即可。

三、公共支出的分类、规模与结构

（一）公共支出分类

如前所述，公共支出是公共部门为社会提供公共产品或公共服务所必须支付的成本或费用，也是公共部门履行职能的物质保障。公共支出是由不同的支出项目所构成的，公共支出总额中各类支出的组合就是公共支出的结构。财是为政服务的，公共支出结构在很大程度上反映了政府在一定时期的政治经济目标和政策取向。

1. 功能分类与经济分类

根据财政部关于政府收支分类改革的要求，现行政府收支分类科目采用功能与经济两种分类标准。支出功能分类和支出经济分类是从不同的侧面，用不同方式来反映公共支出活动，这更有利于全面、完整、明细地反映公共收入的使用情况。从某种意义上讲，按经济分类是对公共支出活动更为明细的反映，也是加强公共支出绩效评价需要重点关注的问题。

（1）功能分类。公共支出按功能分类，主要是反映政府（公共部门）的各项职能活动及其目标，说明公共收入到底干了些什么事，如办学校、修水利等。根据社会主义市场经济条件下政府职能活动情况及国际通行做法，我国新的政府收支分类科目，按由大到小、由粗到细分层次设置，将公共支出按功能分为类、款、项三级科目。其中，类级科目反映政府主要职能，包括一般公共服务、外交、国防、公共安全、教育、科学技术、文化体育与传媒、社会保障和就业、社会保险基金支出、医疗卫生、环境保护、城乡社区事务、农林水事务、交通运输、工业商业金融等事务、其他支出、转移性支出。款级科目反映政府履行某项职能所要从事的主要活动，如教育类下的普通教育、特殊教育等。项级科目反映某项活动下的具体事项，如普通教育下的小学教育、初中教育等。

（2）经济分类。公共支出按经济分类，主要是反映公共支出的经济性质与具体用途，说明公共收入是怎样花出去的，如办学校的钱究竟是发了工资，还是买了设备、盖了校舍。公共支出按经济分类设类、款两级科目。其中，类级科目设置为工资福利支出、商品和服务支出、对个人和家庭的补助、对企事业单位的补贴、转移性支出、赠与、债务利息支出、债务还本支出、基本建设支出、其他资本性支出、贷款转贷及产权参股、其他支出。

2. 功能分类与部门分类[①]

公共支出按功能分类与按部门分类是支出归类的两种方法，两者既有差别，也存在一定的联系。部门分类即按机构名称、管理级次分类，主要反映政府支出的责任主体。功能分类主要反映政府的职能，说明政府在做什么。两种分类既可以分开使用，也可以结合使用。比如，在编制部门预算时，既要使用部门分类名称、编码，也要使用功能分类科目和编码。需要特别指出的是，并不是一个部门只能使用一个功能分类科目，往往存在一个部门使用多个功能分类科目以及一个功能分类科目为多个部门使用的情况。比如，公安部门可以根据其各项支出的具体职能，相应使用公共安全、教育、医疗卫生、社会保障和就业以及交通运输等支出功能分类科目；而铁道、民航、交通等部门公安机构用于维护公共安全方面的支出则都可归入“公共安全”下的相应科目。

3. 按公共产品理论来区分公共支出

从公共支出决策的角度讲，应用公共产品理论来分析公共支出，无论是从理论上讲还是从实践角度看，都是很有必要的。根据公共产品或公共服务的含义、性质和类别来界定公共支出，包括公共支出的对象、层次、次序以及筹资方式等。根据公共产品理论来分析公共支出的类别，可以从理论上界定哪些项目应该由公共部门支出（或支出得更多一些），哪些项目应该由私人部门支出（或支出得更多一些）；哪些项目应该由中央财政支出（或支出得更多一些），哪些项目应该由省及省以下财政支出（或支出得更多一些）。这是确定公共支出范围与结构的基本理论依据。

（1）根据公共支出对象来分，可以将公共支出分为提供纯公共产品或公共服务的支出与提供准公共产品或公共服务的支出。纯公共产品或公共服务

① 财政部预算司编：《政府收支分类改革问题解答》，中国财政经济出版社2006年版，第21页。

的支出，如国防支出、行政管理支出等；而准公共产品或公共服务的支出，如基本建设支出、社会保障支出、环境保护支出等。纯公共产品或公共服务的支出需要全部由公共部门提供，而准公共产品或公共服务的支出只需要公共部门部分提供，这就必然会提出这样一个问题，即多大比例的公共支出用于准公共产品或公共服务才比较合适。

（2）根据公共支出层次来分，可以将公共产品或公共服务分为全国性的公共产品或公共服务、区域性的公共产品或公共服务和地方性的公共产品或公共服务。与此相适应，公共支出可分为中央财政支出、省级财政支出和县（市）级财政支出，这也同时确定了各级财政的事权和支出范围。显然，中央财政的支出首先应为全国性的公共产品或公共服务提供保障，全国性的公共产品或公共服务支出必须在中央财政占有适当的比重。

（3）根据公共支出次序来分，纯公共产品或公共服务无疑是公共支出安排首先需要考虑的领域，其次是具有非竞争性的准公共产品或公共服务，最后才是具有非排他性的准公共产品或公共服务。当然，次序的安排并不能决定规模的大小。

（4）根据筹资方式来分，纯公共产品或公共服务的支出一般由强制性税收来融资，而准公共产品或公共服务的支出，既可以通过税收也可以通过收费（使用者付费）来融资，还可以通过举债融资，或几种方式同时并举。

（二）公共支出规模

1. 衡量公共支出规模的指标

公共支出规模主要是通过政府财政支出的数量来分析，也就是在数量分析过程中，假定公共支出等于财政支出。因为以政府为代表的公共部门是公共支出的主体，所以，一般对公共支出的分析均是建立在这一假设之上的。通常，分析公共支出规模的方法主要有两种：一种是从绝对量上来考察；另一种是从相对量上来考察。衡量公共支出的绝对指标包括按当期价格计算的财政支出和按不变价格计算的财政支出。衡量公共支出的相对指标，通常包括财政收入占 GDP（或 GNP）的比重与财政支出占 GDP（或 GNP）的比重。由于财政收入往往不等于财政支出，所以这两个指标通常并不相等。此外，反映公共支出规模的增长趋势还可以用下述两个指标：

（1）公共支出弹性。它是指公共支出增长率与 GDP（或 GNP）增长率之间的比率，它表示 GDP（或 GNP）增长引起公共支出增长幅度的大小。公共支出弹性大于 1，表明公共支出的增长幅度大于 GDP（或 GNP）的增长幅度，也表示公共支出在 GDP（或 GNP）中的比重上升。公共支出弹性等于 1，则表明公共支出与 GDP（或 GNP）呈同步增长。公共支出弹性小于 1，则表明公共支出增长幅度落后于 GDP（或 GNP）的增长幅度，在这种情况下，公共支出的绝对量可能是增长的，但公共支出占 GDP（或 GNP）的比重可能呈下降趋势。

（2）边际公共支出倾向。它是指公共支出增加额占 GDP（或 GNP）增加额的比重，表明在 GDP（或 GNP）的增加额中，用于增加公共支出的部分所占的份额，是从另一个角度反映公共支出的增长趋势。边际公共支出倾向大于 1，说明公共支出的相对规模呈上升趋势。边际公共支出倾向小于 1，则说明公共支出绝对量增加的额度小于 GDP（或 GNP）的增加额度，公共支出的相对规模是下降的。

2. 影响公共支出规模的主要因素

公共支出规模，或者说公共支出占 GDP（或 GNP）的比重，国家或地区之间的差别均较大，就是同一国家或地区，不同时期这一比重也是不同的。但总的走向却都呈现出不断膨胀的趋势。当然，这个趋势也不是无止境的，当经济发展达到一定阶段则相对稳定。很多经济学家从理论上研究了公共支出规模增长问题，最具有代表性的有：瓦格纳的“公共支出增长法则”、皮考克和怀斯曼的“时间形态”理论以及马斯格雷夫的“发展型”理论。若是透过不同的理论与实证分析在现代市场经济条件下导致公共支出不断增长的本质性因素，经济学把这方面的原因分为经济性因素、政治性因素和社会性因素；公共管理理论则将其归结为军事支出不断增长、政府机构的膨胀、社会福利事业的扩大、人口的不断增长、物价上涨等方面。

（1）从经济学角度看公共支出增长的“三个因素”：一是经济性因素。它主要是指经济发展水平、经济体制的选择和政府的经济干预政策等。关于经济发展水平对公共支出规模的影响，马斯格里夫和罗斯托的分析具体说明了经济不同发展阶段对公共支出规模以及支出结构变化的影响，这些分析表明经济发展因素是影响公共支出规模的重要因素。经济体制选择也会对公共支出规模产生影响，最为明显的例证便是我国经济体制改革前后的变化。政府的经济干预主要是通过管制而非通过公共资源的配置活动或收入的转移支付活动来进行时，它对支出规模的影响并不明显。因为政府通过管制或各种规则对经济活动的干预，并未发生政府的资源再配置或收入再分配活动，即公共支出规模基本未变。显然，政府通过法律或行政手段对经济活动的干预与通过财政等经济手段对经济活动的干预，具有不同的资源再配置效应和收入再分配效应。二是政治性因素。它主要体现为社会是否稳定与行政效率如何这两个方面。三是社会性因素。如人口状态、文化背景等因素，也在一定程度上影响着公共支出规模。发展中国家人口基数大，增长快，相应的教育、保健以及救济贫困人口的支出压力便大；而一些发达国家人口出现老龄化问题，公众要求改善社会生活质量等，也会对公共支出提出新的需求。

（2）从公共管理学角度看公共支出规模增长的“五个因素”：一是军事支出不断增长。军事支出占公共支出的比重高低，不同国家或同一国家不同时期都会有较大差异，但它影响公共支出规模是显而易见的。二是政府机构的膨胀。现代市场经济实行社会化大生产，客观上强化了国家干预经济的范围，膨胀了政府机构，扩大了政府的公共支出。特别是在金融体系、金融市场不甚发达的时候，财政性干预就发挥着重要的调节作用。特别是凯恩斯主义的诞生，为国家进行经济干预、扩大政府公共支出提供了理论依据与实践经验。随着政府职能和政府机构的扩张，再加上常见的机构臃肿、人浮于事、效率低下等，势必造成公共支出规模的增长。当然，政府主要是通过管制还是通过财政与货币政策来实施经济干预，这两种方式对公共支出的影响是大不一样的。三是社会福利事业的扩大。随着市场经济的发展，社会分配中的两极分化现象日益突出，贫富差距不断扩大，从而导致了一系列不安定因素的产生。为了缓和社会矛盾，市场经济国家通过举办公共福利事业来调节社会收入分配差距，保证低收入者的最低生活需要。社会福利事业的发展，一方面起到了缓和社会矛盾的作用，同时又会提高广大劳动者的文化与健康水平，有利于社会劳动生产率的提高。四是人口的不断增长。随着人口的增加，居民对文化、教育、医疗卫生、社会福利等方面的公共需求必然相应扩大，而司法、警察、行政管理、社区建设等方面的公共服务需求也必然随之扩张。五是物价上涨。物价上涨也是促使公共支出不断增长的一个重要原因。历史地看，各国物价变动的总趋势是逐步攀升的。在物价上涨的条件下，要取得相同的财政政策效果，就需要更多名义上的公共支出数额。也正因为如此，各国的实际公共支出增长并不像名义上的公共支出增长那么快。

（三）公共支出结构

1. 公共支出结构的内涵与类别

公共支出结构是公共支出各个不同部分的组合状态及其数量配比的总称。一般来讲，分类的公共支出项目构成了公共支出结构的基本框架，而分类的公共支出数量则赋予公共支出结构以实际内容。尽管公共支出结构就其现象形态而言，表现为各类支出的集合，表现为一定的数量关系，但实际上具体的公共支出结构则往往与一国或一地的经济发展阶段，以及本阶段的与政府职能直接相关的公共政策导向紧密相关。在现代公共管理理论和实践中，比较常见的公共支出结构的分类方法和公共支出结构的类别，大体有以下几种：

（1）公共支出的横向结构。所谓公共支出的横向结构是指支出的职能结构，即以政府职能为标准，对公共支出进行分类所形成的结构状态，是研究公共支出结构中最基本最常用的方法。从会计科目的角度看，我国新的政府收支分类科目将公共支出的职能结构设置为17个类级科目。而从公共管理的角度看，通常有两种方法，一种是把公共支出分为维持性支出、经济性支出和社会性支出；另一种是IMF在《政府财政统计》中所使用的方法，它将政府职能分为经济服务、社会服务、行政管理和其他四个方面，相应地将财政支出分为四大类，即经济服务支出、社会服务支出、一般政府支出和其他功能支出。经济服务支出，主要是指政府对商业活动进行管理，使之较为有效运营的支出，包括用于交通（公路、水路和铁路）、燃料与能源服务、农业、林业和渔业、采矿业与制造业等方面的支出；社会服务支出，主要是指政府直接向社会或家庭提供服务的支出，如教育、保健、社会保障与福利、供水与环境卫生等方面的支出；一般政府支出，包括一般公共管理、国防、公共秩序与安全等方面的支出；其他职能支出，包括利息、对其他政府机构的转移支付等方面的支出。

（2）公共支出的部门结构。公共支出是通过各个公共部门来执行的，就预算管理的角度来讲，按部门分类比按职能分类更为具体，而且便于将公共支出与部门绩效联系起来，有利于分析和衡量财政支出的绩效。因此，部门分类在公共支出管理中是常用的分类方法。

（3）公共支出的纵向结构。公共支出的纵向结构也称为公共支出的行政结构。一般而言，一级政府对应着一级财政。公共支出按照行政结构可分为中央政府（联邦政府）公共支出和地方政府公共支出两部分。这种分类方法仅反映了中央和地方政府在财政资源配置中的地位和相互关系。而这一关系正是中国现行财政体制的核心问题，其焦点就在于如何合理确定中央与地方在财政资源配置上的比率关系。

（4）公共支出经济结构。公共支出的经济结构，也就是按支出的经济性质来分类的公共支出结构，它主要是显示支出交易对象的经济性质。在实践中，通常使用的大体上有两种：一种是补偿性支出结构，是以支出有无补偿为标准进行分类的方法，它将支出分为购买支出和转移支付两部分；另一种是再生产支出结构，是以支出在社会生产中的地位为标准进行分类的方法，它将支出分为资本性（积累性）支出和经常性（消费性）支出。资本性支出，主要是指用于购买或生产使用年限在 1 年以上并用于非军事目的的耐久产品所花费的支出，如桥梁、道路、学校建筑、医院诊所等方面的支出；经常性支出，主要是指工资、其他产品和服务（非工资的营运保养费用）、利息支付、补贴和其他经济性转移支付等方面的支出。

2. 影响公共支出结构的主要因素

公共支出作为政府或其公共部门履行其职能的物质保障，体现着政府的意志和政策。在一定的公共支出总量下，公共支出结构主要取决于对政府职能的界定。

显然，由于公共支出是政府或公共部门活动的直接成本，所以，政府职能的大小及其侧重点，必然决定着公共支出的结构。因为政府职能的界定，关系到公共政策的制定，而公共政策的制定又直接决定着公共支出的结构。市场经济理论与实践表明，不论是市场机制这只“看不见的手”，还是政府作用这只“看得见的手”，各有各的优势，同时各有各的缺陷，即所谓“市场失灵”与“政府失灵”。“看不见的手”与“看得见的手”就像硬币的两面，不能只强调一个方面而忽视另一个方面。但是，在经济学中，关于政府职能特别是政府在经济发展中的作用，一直存在着两种观点，即市场主导型观点与政府主导型观点。持不同观点，必然会影响公共支出结构。

（1）市场主导型观点。所谓市场主导型观点，也就是新古典学派的观点，强调自由运作的市场力量在经济发展中的作用，认为市场机制本身能够运作得很好，只是在一个十分有限的程度上才会出现失灵。因此，只有着眼于促进市场机制运作效率的政府活动才是适当的。与此相适应，政府干预应局限于一个狭窄的范围内，即除去提供诸如国防、法律这类基本的公共服务之外，政府的经济事务应仅限于环境保护、基础教育等这些具有明显外部性的领域。

（2）政府主导型观点。所谓政府主导型观点，即凯恩斯学派的观点，强调政府要干预经济，特别是要通过财政政策实现充分就业和经济增长目标，认为市场失灵现象如此普遍，以至于如果没有政府的强有力干预，就很难实现资源配置优化、产业成长和经济的稳定增长。在经济发展的初期，如果没有政府强有力的干预，就不可能实现快速的资本积累、有效的资源配置、及时的技术追赶，而这三大要素正是现代经济增长的必要条件。与此相适应，政府职能不仅体现在为民间部门的迅速扩张提供良好的经济环境，提供充分有效的经济基础设施，而且还要直接参与战略性产业的投资活动。

按照市场主导型观点，不仅公共支出的规模不应该太大，而且公共支出结构无疑是偏重于行政管理、法律秩序、防卫等维持国家机器正常运转方面的支出。按照政府主导型观点，公共支出规模必然相对较大，或者即使受经济发展水平的制约，公共支出规模不是很大，但支出结构必然会偏重于资源动员和经济事务方面的支出。当然，随着经济社会科技的不断发展，经济学领域中的不同学派也都在不断修正和完善自己的观点。如今，几乎没有哪一个经济学家主张纯粹的自由经济或纯粹的政府干预。人们都清醒地看到，市场机制有缺陷，政府作用也有短处，两者之间应相得益彰，因时因地制宜。

除此之外，补偿制度变迁中的利益相关者、社会利益集团在决定预算支出份额中的竞争，以及政府的经济目标与政府的政治目标之间可能存在的冲突等，也是影响公共支出结构的重要因素。

3. 优化公共支出结构的思考

（1）优化公共支出结构需要观念创新与制度变革。如前所述，政府职能范围的变动决定了公共支出在项目、规模、结构上的变化。因此，合理界定政府的职能范围，就成为优化公共支出结构的基础与前提。然而，政府职能又不是空中楼阁，必须与相应的体制背景相适应。从一般意义上讲，与市场经济体制背景相适应的财政，必然是公共财政。然而，中国特色的市场经济是“非典型的市场经济”，“建构在非典型市场经济背景下的中国公共财政建设指标体系，应当也必须是根植于中国国情[①]”。所以，按照解放思想、实事

---

① 高培勇：“标识公共财政建设方向‘路线图’”，《中国财经报》，2007 年 8 月 7 日。

求是、与时俱进的要求，立足于中国国情，既要广泛学习与借鉴适用于典型市场经济国家的那一套有关公共财政的理念、规则以至成型的制度安排，又不宜照搬或移植，“中国自身的国情加市场经济下财政税收制度及其运行的一般特征，既是我们可以依循的有关中国公共财政建设的基本线索，也是我们构建中国公共财政建设指标体系的基本着眼点”①。因此，我们优化公共支出结构，必须从现阶段“非典型市场经济”国情出发，按照建立公共财政体系的总体要求，坚持以人为本，以公共性为取向，以基本公共服务均等化为主线，以实现社会和谐最大化为目标，坚决退出长期处于“越位”状态的一般竞争性领域，让财政资金腾出来注入公共性支出，从而逐步满足长期处于“缺位”状态的基本公共产品或公共服务事项。从我国当前的实际情况出发，完善公共财政制度，必须坚持以人为本，推进基本公共服务均等化，把更多财政资金投向公共服务领域，不断加大重点支出项目的保障力度，向农村倾斜，向社会事业发展的薄弱环节倾斜，向困难基层、困难群众倾斜。

（2）优化公共支出结构需要突出重点与逐步推进。党的十六届六中全会就明确提出，逐步实现基本公共服务均等化。所谓公共服务均等化，是指政府要为社会公众提供基本的、在不同阶段具有不同标准的、最终大致均等的公共物品和公共服务。这个定义的重要内涵之一就是公共服务均等化的相对性，也就是说我国公共服务均等化突出的是“相对均等”，较好地实现了公平与效率的统一。把握基本公共服务均等化的内容，在总体上应注意两点：一是范围要适中——不能过宽或过窄；二是标准要适度——不能过高或过低。基于此，优化公共支出结构既要突出重点，又要逐步推进。从我国当前的实际出发，按照贯彻落实科学发展观与建设和谐社会的要求，遵循“公共性取向”与“均等化主线”要求，优化公共支出结构的重点应放在以下几个方面：一是加强公共卫生体系建设，积极稳妥推进医药卫生体制改革，加快推进医药卫生事业发展，建立覆盖城乡居民的基本医疗卫生制度，实现人人享有基本医疗卫生服务的目标。二是加快完善覆盖城乡居民的社会保障体系，多渠道筹集并管好社会保障资金，加大对社会保障的支持力度，积极参与、推动和支持各项社会保障制度改革。同时，按照积极的就业政策要求，积极促进就业和再就业工作，认真落实各项再就业优惠政策，及时拨付资金，促进下

① 高培勇：“标识公共财政建设方向‘路线图’”，《中国财经报》，2007 年 8 月 7 日。

岗失业人员再就业，并采取有关政策，支持大中专院校毕业生和农民工的就业工作，千方百计扩大就业。三是全面实施科教兴国和人才强国战略，支持教育、科技、文化事业发展和人才资源开发。同时，要支持落实计划生育基本国策，实现人口、资源和环境的协调发展。四是解决好困难群众的生产生活问题，提高中低收入者的收入水平，增加扶贫开发的支持力度，帮助贫苦落后地区的困难群众改善生产生活条件，增加救灾投入，帮助灾区群众解决基本生活困难问题等。五是加大统筹城乡发展力度，把解决“三农”问题作为全部工作的重中之重，让公共财政的阳光逐步照耀到农村，从思想观念上实现“两个转变”：即由过去的农村支持城市、农业支持工业逐步转变为城市反哺农村、工业反哺农业。六是积极运用财政政策，促进区域之间的协调发展。当然，这些方面的重点，不可能齐头并进，而应以实现社会和谐最大化为目标，科学进行不同配置方案的结构效益分析，尽可能在一定的公共支出规模下，将有限的资金用到最需要的项目上，并达到最适宜的水平。

（3）优化公共支出结构需要循序渐进与讲究策略。在我国，尽管公共财政建设已经取得了初步进展，但通向“公共性”与“均等化”的公共财政运行格局还任重道远。就从均等化的角度看，成熟的公共服务均等化要求在区域之间、城乡之间、居民之间的公共服务配置均等，这需要经历不同的阶段，且不同阶段应该具有不同标准。所以，优化公共支出结构需要循序渐进。当前，我国尚处于公共服务均等化的探索阶段，应首先将其标准定位于区域之间的均等化。与此同时，也应将基本公共服务均等化与绝对意义上的“平均化”区别开来，应以不同个体对公共服务的不同需求为基础，强调均等化的相对性。在目前阶段，我国公共服务均等化并不排斥差距，而是要将差距控制在可以接受的范围之内，这样既有利于公平，也不影响效率。根据渐进预算理论，预算具有政治性与渐进性特点。所以，优化公共支出结构是一个渐进的过程，遵循渐进主义的改革原则，有利于在相对和谐的氛围中，在扩大公共支出规模的同时，通过增量带动存量进行结构调整。与此同时，立足于“非典型市场经济”这一国情，在坚持公共性取向调整公共支出结构的过程中，还应讲究策略。从当前的实际出发，一是要将财政投资退出一般竞争性领域与支持国家支柱产业与基础设施建设，促进产业结构与技术结构升级结合起来。按照市场经济要求，财政投资的基本政策取向是有所为有所不为，逐步减少和退出竞争性领域，集中财力确保国家投资重点。二是把界定公共支出范围与推进行政事业单位改革结合起来。按照市场经济一般理论，文化、教育、科研、卫生等事业单位从其性质而言，并不都具有公共性。一般可以分为三类：即公益性、准公益性与经营性的，进而采取相应的财政供养方式。对于公益性的事业单位，如基础教育、基础科研、公共卫生、计划生育等，财政应保障其经费供给；对于准公益性的事业单位，财政可采取资助的方式；对于经营性的事业单位，财政应逐步与其脱离关系，使其逐步走向市场。三是把优化公共支出结构与整合公共资源结合起来。当前，在公共支出方面存在的问题一方面是资金紧张，一方面是资源浪费，有效的公共资源得不到有效利用，造成支出结构与支出效果不对称。因此，在做好支出结构调整优化的同时，还要注意研究包括行政事业单位资产在内的整个公共资源的优化配置问题，尽可能提高公共资源利用的公平与效率，努力降低行政运行成本。四是把深化预算管理制度改革与创新财务包干方式结合起来。预算是部门、单位的全面财务计划。单位的所有收支都必须在预算中体现，不能有游离于单位预算之外的资金，不能有任何形式的体外循环。在当前正在进行的部门预算改革进程中，应按照人员经费（包括工资与规范后的津贴补贴）、日常公用经费与项目经费的要求分类管理。特别是最难管理的公用经费，应在科学制定定额的基础上，实行财务包干，由部门统筹安排使用。这样做既可以保障国家机器正常运转，又能调动部门理财的自觉性与主动性。五是把节约公共支出与推进职务消费货币化改革结合起来。如移动电话费若是全部由单位据实报销，则这笔开支就相当可观。但一旦实行了职务消费货币化改革，量化到每一个人身上，则总支出就会大大减少。

（4）优化公共支出结构需要强化预算责任与法制建设。预算作为“贴着价格标签的政府计划”，是政府服务公众的最具体的表现。从预算编制、决策与执行的各个阶段都需要强化责任，强调依法办事。不少地方的预算执行缺乏严肃性，从客观上讲既与年初预算编制的计划性不够有关，还与预算执行过程中有许多政策调整、突发事件较多等因素有关。但从主观上讲，一些地方与部门领导的预算责任意识与法制意识淡薄，则可能是更为根本性的原因。所以，优化公共支出结构，需要在强化预算责任的同时，加强财政法制建设，特别是要加大对公共支出的监督力度。一是对公共支出的监督要全面细致，预算内外、经营性收支都要全部纳入监督范围。二是充分利用部门预算、国库集中收付、政府采购、收支两条线等预算制度改革的成果，建立健全监督网络。三是健全监督约束机制，特别是要注意运用信息化技术，提高公共支出的透明度。没有较高的公共支出透明度，就不可能有较强的监督约束力，部门或单位必然会利用自身与监督者之间的信息不对称来逃避监督。湖北省财政与编制政务公开，已经在这一方面做了很好的探索，收到了良好的效果。

四、公共支出分析的几个问题

（一）公共支出分析的基本方法

桑贾伊·普拉丹在《公共支出分析的基本方法》一书中提出[①]，公共支出组合的目标应能使政府所提供的公共产品或公共服务实现社会福利最大化。该书通过列举一些部门以及国家的案例，为评价公共支出的总水平及其结构提供了一个分析框架。下面将立足于建立公共部门管理会计的需要，结合相关文献资料来介绍相关内容。

1. 公共支出分析的三个步骤

（1）界定公共部门和私人部门的职责范围。基于公共产品理论等相关理论，首先需要评价在某个领域是否存在市场缺陷，政府的干预特别是具体的公共支出项目是否有适当的理由。公共支出应集中用于私人市场不能提供或者提供过少的商品和服务，而不是单纯地去替代私人市场，或者只是对它的产出做有限的改进。如果在一般市场价格条件下能够获得利润，那么这项支出就应由私人市场去承担，除非存在严重的市场缺陷，政府干预能够促进资源的优化配置。这就需要分析需求和供给的性质，确定是否存在某种特定的市场缺陷（例如公共产品、外部效应、非竞争市场等）使私人市场所产生的结果背离社会的需要。市场缺陷的类型将显示私人市场在融资和产品提供上的职责范围。例如，尽管经济学原理认为纯公共产品应全部由公共部门来提供资金，但某些公共产品或服务至少存在着某种程度的私人效益，这些产品

① 桑贾伊·普拉丹著：《公共支出分析的基本方法》，中国财政经济出版社2000年版，第7页。

或服务可以通过私人部门以及补贴来补偿其成本，以实现能满足社会需要的产出（例如对具有正外部效应、成本递减、边际成本低于平均成本的产品）。因此，对私人部门融资或生产的范围以及相应的改革、定价和管制应作充分的评估，这在分析公共支出配置时是一个基本的、首当其冲的步骤。

（2）评价支出与产出的社会效益。在前述最基本评价的基础上，如果在某个领域存在市场缺陷，就需要评价社会收益与私人收益的差异有多大，各种可供选择的支出配置（包括通过定价策略进行的补贴）可以在多大程度上改善私人运作。因此，需要计算各种不同支出方案的成本和效益，以便选出能够使社会福利最大化的支出配置。这需要拥有影响需求的各种因素（例如支付意愿、需求价格弹性、消费者信息不充分、外部效应等）以及影响供给的因素（例如私人部门的规模、绩效、公共部门与私人部门的替代等）的相关信息，并用它们来衡量支出配置在私人消费和供给方面对社会福利产出的净影响。因此，对各种不同的支出配置或投入组合产生的结果（如果对私人供给有影响则应减去）需要进行评价，并比较各种投入组合所产生的社会价值。传统的公共财政学用影子价格来衡量投入与支出的价值。

（3）评价对收入再分配（特别是贫困阶层）的影响。一般的成本效益分析，往往是将所有的成本效益分别加总，而不将包括贫困阶层在内的不同收入群体给予不同的权重。尽管这样做有助于满足经济效率准则的需求，但另一方面，从公平的角度讲，必须对支出对贫困阶层的影响作出明确的评价。由于存在分析和实证上的困难，在单个项目的评价上尚未使用分配权数，因此对贫困阶层的影响在支出分析中未成为一个明确的组成部分。然而，在某些大范围的公共支出中，分析支出对贫困阶层的影响则较为可行，以保证公共支出有助于实现缓解贫困的目标，促进社会和谐。这种分析可以采用多种方式，利益回归分析是其中常被采用的方法，它考察各个收入群体从公共支出中得到的利益大小。这些项目的成本，应考虑它们的总成本，不仅包括管理成本，同时也包括贫困阶层的参与成本以及相关行为所隐含的成本。

2. 选择适当的分析层次和范围

普拉丹认为，在理想的条件下，构成政府全部支出的每一个项目（资本性支出或经常性支出）都应该按上述三个步骤来进行分析，以选择适当的公共支出配置。但在实践中由于信息和能力限制，很难达到上述目标。在大多数发展中国家，评价公共支出所需要的信息和能力很有限，对公共支出评价构成了一种硬约束（本书认为，产生这种约束的原因固然有很多，但从技术层面上讲，则应归结于公共部门管理会计的缺失）。因此，在实践中主要的关注重点就在于选择与可获得信息和能力相适应的研究层次和范围。具体而言，可以通过一些易于运用的方法步骤以及相对格式化的统计资料来鉴别某些异常的支出失衡，例如，复杂的分析可以通过下述四种方法来简化并提高分析的质量。

（1）运用公共支出的第一个步骤来识别那些用于不存在紧迫的市场缺陷的私人产品或服务的公共支出。这将有助于重新构建公共支出的组合，使之用于增加公共产品、具有外部效应的产品以及能够使贫困阶层受益的产品。

（2）可以在处理一些较为复杂的部门间效益评价之前运用三步骤分析方法，有利于较容易地分析部门内的支出配置。

（3）发展中国家投入组合失调中具有一些共性，在具体分析中较为重要。这些弊病包括机构臃肿、人员过剩、非工资性的营运维护费不足。

（4）利益回归分析以及其他分析方法可以用来鉴别那些被认为是有利于贫困阶层，但实际上却有利于较高收入阶层的支出。

普拉丹还认为，尽管简化的方法以及格式化的事实可以在某种程度上加以运用，但在公共支出分析中仍存在许多难点。一个主要的困难是估计支出项目对贫困阶层的影响，通常采用利益回归分析来对它进行估计。这种方法试图衡量各种支出对不同收入水平的群体所带来的利益。最常用的方法一般有四个步骤：一是根据每一个人的境况（通过用收入或消费水平来衡量）将被调查群体分成若干等级；二是通过家庭调查估计每一组对有关的公共支出项目的平均使用量；三是将公共支出或政府为提供项目所花费的成本作为该项目的总利益；四是将各组从这项服务中得到的利益与他们原先的福利水平相加，然后比较政府干预前和干预后各组福利状况。需要注意的一个重要问题是，许多利益回归分析存在一些局限性：某项服务的成本或支出是公众所获得的利益的一个不良指标；受益者或非受益者的行为反应没有被考虑进去；缺乏“干预前”的对照资料。一些研究项目用估计技术来建立模型，将利益回归分析通常缺乏的行为反应考虑到模型中去。行为分析方法的贡献在于能够较好地衡量干预前的福利状况（即对应事实），从而能够计算出政策的实际影响。

在大量的公共支出中，往往需要进行简化的支出分析，选择适当结论。

从较为综合的支出类别（即效益相对来说比较单一化的分类）着手，然后再根据需要和可行性将其分解为较为具体的类别。这一方法的好处是，如果某类支出被认为不符合社会的要求（例如，根据公共部门与私人部门的职责范围），那么就无须再分析这一类别的分解支出。除了选择适当的总量层次之外，还有必要将公共支出从经济意义上进行分类，这一分析不一定与预算或管理上的分类相同，但对分析是很有用的。

3. 公共支出部门结构分析

公共支出部门结构包括资源在部门内以及部门之间的配置，例如，教育、卫生、交通、国防等。从最高的总量层次开始，公共支出部门结构分析需要回答在给定的总量条件下，应如何将资源分配到各个部门（即支出在部门之间的配置）才能满足社会福利最大化的要求。这就需要通过上面所说的三个步骤对各个公共部门的支出进行分析，以鉴别哪些公共支出配置符合适当原则，并确定相关部门各个备选的公共支出项目组合的效果（包括对贫困阶层的影响）。由于一组支出所构成的项目，不论是部门内或跨部门的，只要具有相对单一的效益，就可以构成一个有用的分析对象。在项目之间以及部门之间具有相互关联和外部效益的情况下，一个项目很可能是用以实现某种特定效益或政府目标的多部门支出的组合。然而，为了简化分析，普拉丹运用这一分析框架着重讨论在某一部门中具有相对单一效益的项目，尽管这一原理同样适用于跨部门的项目。部门内的主要项目是那些具有相对同质的潜在市场缺陷、效益性质以及对贫困阶层影响的项目。这就是说，首先要鉴别那些项目的各种潜在的市场缺陷，确定公共支出的原则界限，并根据净效益的性质或者对贫困阶层的影响来分解。一个项目的效益越是单一，分析的准确性就越大。这就意味着要尽可能细致地对项目进行分解，一直到具体的资本性和经常性支出项目层次。

部门内的支出分析包含下述方面：一是根据潜在市场缺陷的性质以及公共部门与私人部门的分工原理，鉴别和评价部门内的主要项目；二是将各个项目的产出与支出进行比较，在可行的情况下，对产出—支出组合进行社会效益的评价；三是比较各个项目对贫困阶层的影响；四是在可行的情况下，运用前面所述的三个步骤对各项目的主要资本性支出以及经常性支出进行分析。部门内的支出分析有助于对项目之间的支出配置进行调整，使支出较大程度上符合效率与公平。它可用以确定部门内公共支出具有合理性的项目以及各种项目的支出与产出组合。这样就能够为部门之间的支出配置分析或者能够使社会福利达到最大化的部门支出与产出组合提供必要的信息。

然而，在运用上述三个步骤来分析公共支出在各部门之间的配置时，如果不首先分析各部门的支出配置结构，那么就很难对部门之间的配置结构进行分析。例如，对某个公共部门（如工业部门）而言，若它的某项公共支出是为没有潜在市场缺陷的私人产品提供资金，那么，这项公共支出是不适当的。但是，如果只进行部门之间的总量支出分析，就很难从总量上判断该部门支出的合理性。

与此同时，对有些部门而言，它们的支出涉及多个方面，这些支出的作用范围、净收益以及对贫困阶层的影响都有所不同，进而增加了部门支出结构分析的复杂性。例如，像卫生和教育这样的部门，通常既包含着一些应该由政府提供的项目（如公共卫生和基础教育），又包含着一些并不一定必须由政府负担的项目（例如高级护理和高等教育）。在这种情况下，如果不知道这些部门的支出是用于什么项目，它们各自的产出又如何，从支出总量上就很难判断这些部门的支出配置是否可以实现社会福利最大化。因此，分析各部门的支出配置结构是分析公共支出在各部门之间的配置结构的重要基础。

4. 公共支出经济结构分析

普拉丹认为，在对跨部门的支出配置进行评价之前，首先应对部门内支出的经济结构进行分析。下面将介绍部门内以及部门之间支出的经济结构分析的基本框架以及所涉及的问题。

普拉丹的研究表明，许多发展中国家往往出现这样的问题，即不论是跨部门的还是部门内的支出，其经济结构中支出不足与支出过度的现象并存，主要问题表现在热衷于新的资本性支出项目，而非工资性的营运维护支出不足。纠正这些问题，既要从技术上考虑，也要从理财思想方面或政策方面考虑。从技术层面上讲，必须对各主要支出项目的经济结构（包括资本性支出与经常性支出、工资性支出与非工资性的营运维护支出）进行全面分析。需要指出的是，经常性支出通常在总支出中占较大比例（有的甚至达到80%），因此，单纯地对资本性支出进行分析，而不同时对经常性支出进行分析是有很大局限性的。具体的分析过程为：一是搜集各主要支出项目的经济结构的有关资料；二是运用前面所提出的分析步骤取消无效益的项目；三是对每一个项目的资本性支出与经常性支出以及工资性支出与非工资性的营运维护支出的比例进行考察。这一方法与目前许多国家所采取的资本导向预算以及只对经济结构中的某一部分进行分析的方法有重大区别。

普拉丹提出对资本性支出预算采用四步骤的分析方法：一是将各主要部门以及项目的资本性支出列表，这项工作的难度在于信息的充分性。二是需要对主要项目的资本性支出进行综合评价，前述所讨论的项目分析，可以用来否定某些经济活动方面有问题的资本性以及经常性支出项目。三是对单纯注重于资本性支出的偏向需要进行分析，并通过对主要项目的资本性支出与经常性支出的综合分析加以纠正。这里，有两个与经常性支出相关的问题需要引起注意：一个问题是在为新的资本项目提供资金或对它进行评估时，应考虑部门中现有的资本投资项目是否能够得到适当的营运和维护；另一个问题是必须对新的资本投资项目所隐含的经常性费用加以考虑。从理想化的角度讲，项目书应对资本投资项目建成后所需要的经常性费用进行估计。如果做不到的话，可以就特定的部门，先测算该部门资本投资项目总成本中经常性费用所占的比例，然后据此粗略估计新建资本投资项目所需要的经常性费用。四是选择主要部门的主要项目进行严格的经济评价，特别是挑选那些大型的、资本密集的项目。成本效益分析可有助于清除和推迟一些重大项目。在对这些实际上是经常性的支出进行分析时，需要注意下述几个问题：

（1）人员经费。对人员经费的评估涉及三个方面的问题，即工资总额、从业人数、工资制度（包括平均工资和工资结构）。一是关于工资总额。评价工资总额是否过大一般以某些总量指标，例如工资总额的增长趋势或者人员支出占政府总收入或总支出的比重来进行评价。运用成本效益方法进行分析，即分析其用于工资支出的边际资源是否能产生与之相称的利益，这些资源如用于其他用途是否会有较高的回报。与此同时，工资总额问题不仅是一个工资支出总数量问题，还应包括工资支出的结构，也就是工资支出内部各项目之间的优先性。二是关于从业人数。从业人数分析的关键是考察是否存在冗员现象及其严重程度，这需要对员工的各个项目进行鉴别。实际上，最为明显的冗员现象，几乎可以通过工资单或就业登记审核来识别。三是关于工资制度。在评估人员工资支出时，还有一点很重要，就是要将各种津贴、补贴与非货币性的福利考虑在内。与此同时，在可能的情况下，改革工资和就业制度，对加强公共部门管理、提高公共支出绩效是很有意义的。

（2）非工资性的营运维护支出。非工资性营运维护支出分析是评估主要项目支出的经济结构的一项重要而不可分割的内容。营运维护支出包括各种为使项目和计划能够在预计水平上运行的必要的经常性支出。营运支出用于实际生产经营服务，而维护支出则用以保持基本设施的正常运行状况。某些维护支出（例如与日常定期的保养有所不同的大修理）具有资本投入的性质。对于像道路这样的物质性的基本设施，物质状况决定了服务的质量，因此对于这类服务来说，维护的重要性就更大。对于公共服务而言，劳务质量较固定资产更重要，所以这种公共服务的营运成本更高。其他有些项目（如农业灌溉），营运支出和维护支出都具有重要意义。

非工资性营运维护支出的不足，不但会影响资本投资项目作用的充分发挥，而且还需要经常花费昂贵的修理成本。然而，当利息支出增加、工资支出保持不变时，包括各种补贴物品和服务在内的营运维护支出就会受到挤压。有关研究分析表明，非工资性营运维护支出的下降，将导致基本设施服务状况恶化，甚至还有可能使有关的服务出现瘫痪。评估营运维护支出提出了关于成本效益分析的问题。根据定义，营运维护支出是用于当前的公共支出。在一个给定的资本存量条件下，投入与当前产出的技术关系随着营运维护支出的增加或减少而变动。然而，政策分析往往缺乏对这些产出进行评价的足够的信息。因此，实际上可行的做法是，对被认为有益于社会的项目制定服务与设施相互关系的营运标准。尽管这一办法是可行的，但在公共支出紧张时，却难于评价营运维护支出与其他支出、这一部门的营运维护支出与其他部门的营运维护支出之间的相对效益。这种标准主要是提供某一种特定水平的营运维护支出与可能形成的产出之间的基本关系。

为了使营运维护支出恢复到较为符合实际的水平，一些国家运用了标准成本分析方法来确定支出标准。支出标准为判断具体项目经常性预算的配置提供了一个尺度。这一标准的计算基础是所进行的项目的成本信息。在理想条件下，这些信息应由功能健全的、能反映各项服务单位成本的预算和会计体系来提供。可惜的是公共部门不像企业那样有健全的财务会计与管理会计体系，因此试图建立类似企业那样的管理会计信息系统，则正是公共部门管理会计的重要任务。标准成本分析往往会涉及预算项目分类的规范化。支出标准的确定与这一分类有关，并且要使用其他来源的信息。这些来源通常包括各种具体项目物质投入的经验数据以及这些投入的成本、制造商和供应商提供的营运成本信息、用现行价格对成本进行调整、预算资金较为合理时的支出信息、与公共部门的劳动维护支出有可比性的相关信息。搜集和分析来自这些渠道的信息，是一项需要长期坚持的工作，这样做有助于制定与定期修改支出标准。

更需要说明的是，在评价营运维护支出标准时应注意到，这一标准与特定的服务水平有着紧密联系。也就是说，对于投入产出组合所产生的结果，需要仔细分析它们的社会净效益。为了实现社会所需要的产出结果（如提高教育质量），就要从投入的项目层次上（如教科书）进行分析。因此，标准的制定既是为公共服务提供预算资金，同时也是一项政策问题。

（3）补贴与转让支出。由于补贴与转让支出的类型很多，从总体上对补贴和转让支出进行评估是不适当的。例如，对家庭的补贴由跨部门的众多项目的具体支出（如教育、卫生、住房、食品等）或者特定目标的项目（例如公共工程项目）构成。此外，转让支出可以是针对公共企业的，也可以是针对下级政府的。每一项补贴和转让支出都有特定的公共部门和私人部门的分工界限以及对贫困阶层净收益的影响。因此，对每一项补贴和转让支出都要单独进行经济评估。

在转让支出中，各级政府之间的转让支出有其自身的特殊性，而有关政府间财政关系的文献为设计这种转让支出，实现具体的效率与公平目标提供了指导。例如，一般非配套转让或者税收分享机制可用来解决下级政府的收支缺口；一般非配套的“因素法”、“公式化”计算的转让支出，则用来缩小各地财力之间的不平衡，促进基本公共服务均等化。而不封顶的配套转让用以补偿外部效应，配套的比例根据外溢效益的比例来决定；特别是那些有条件的不封顶的配套转让用以鼓励那些在上级看来具有很大的重要性，但在地方看来其优先性较低的领域的公共产品或公共服务。值得注意的是，在实际工作中，与理论原则相悖的众多专项转让支出仍然普遍存在，这里恐怕还有其他深层次的原因。

（二）公共支出决策的三个层次

公共支出决策是公共财政管理的核心内容。由于公共资源永远是稀缺的，提高公共资源的配置效率和使用效率，是公共支出管理的永恒课题。根据公共支出不同层次的特点，公共支出决策大体上体现为“政策导向型”与“绩效导向型”两种决策形式。美国学者爱伦·鲁宾认为①，“公共预算既是技术性的也是政治性的。在预算决策制定的条件下，政治有着特定的含义。预算决策的制定必须有弹性、适应性和灵活性，这样就形成了含有五个独立的决策束的结构：预算收入、预算过程、预算支出、预算平衡和预算执行。每一个决策束都呈现出各自的政治特征”。从实践层面来看，在公共支出决策过程中，“政策导向型”决策更多地呈现出政治性特征，而“绩效导向型”决策则更多地呈现出技术性特征。其中，“政策导向型”决策，主要体现在对公共支出规模（即总量）与结构方面的决策，往往是从政治高度去分析公共产品或公共服务的社会需求，进而运用政治智慧与领导艺术来进行的决策活动；而“绩效导向型”决策，则主要体现在公共支出的项目决策上，往往是根据公共支出绩效评价所必须遵循的“4E”原则［即经济性（Economy）、效率性（Efficiency）、有效性（Effectiveness）和公平性（Equity）］，由公共部门提出并通过绩效评价来进行具体项目的选择活动。

1. 公共支出规模决策

（1）最佳公共支出规模的理论标准。如前所述，公共支出规模或总量总是呈现出增长趋势，且影响公共支出规模的因素很多，理解这些因素对适度把握公共支出规模很有必要。从理论与实践相结合的意义上讲，决定公共支出规模的主要因素不应是需求本身，因为公共需求本身是无限“贪婪”的。作为从事公共部门管理会计工作者，为了当好参谋，为公共支出规模决策提供有价值的参考意见，必须明白其中的道理。从社会的角度看，公共支出是一种资源的使用形式，所以，资源配置效率是决定公共支出规模的基本出发点。在市场经济条件下，合理的公共支出规模是提高资源配置效率的前提。经济学理论告诉我们，公共支出是对稀缺资源的使用，所以必然存在机会成本，这是进行公共支出规模决策的基本出发点。在一定时期，整个社会可供使用的资源是基本给定的，通过公共支出所使用的资源越多，意味着私人部门（企业和个人）所使用的资源就越少，反之，则相反。因此，社会总资源在两大部门之间的配置存在着此增彼减的交替关系。理论分析表明，只有当

① 爱伦·鲁宾著：《公共预算中的政治：收入与支出，借贷与平衡》，中国人民大学出版社 2001 年版，第 34 页。

公共产品或公共服务对社会生产的边际生产效率与私人产品或服务相等时，社会资源的配置才能达到最优。换言之，只有当公共支出的边际效率与私人部门（企业和个人）支出的边际效率相等时，才是公共支出的最佳规模。

（2）确定适度公共支出规模应考虑的因素。从现实需要来说，人们对公共产品或公共服务日益增长的需求与公共支出保障不足的矛盾将长期存在。作为适度的公共支出规模决策，需要考虑下述因素：一是满足政府履行职能的需要。由于“量入为出”与“量出为入”犹如一块硬币的两面，所以满足政府履行基本职能的需要，既是确定公共支出规模的首要条件，也是确定公共收入规模的首要条件。随着经济社会的不断发展，政府职能的范围和重点也在不断变化和调整。一般来说，适度的公共支出规模，将有助于政府职能的履行，也有利于促进经济发展和社会进步。处理好履行政府职能与公共支出规模两者之间关系的一种比较理想的目标应是有利于提高资源配置效率和促进社会和谐。前者应尽可能保证政府充分履行职能的公共支出不会对社会私人部门投资产生挤出效应；后者应保证有财力优先解决那些影响社会稳定与重大民生方面的支出需求。为此，首先是要在一定的政治架构下，科学界定政府职能的范围；其次是要确定政府行使职能的成本；再次是要确定新增加的社会资源中可以分配的数额。同时，还要在一定的公共支出规模下，降低行政成本，提高支出绩效。二是与经济发展水平相适应。从经济与财政的关系来看，经济决定财政，从而经济发展水平决定着公共收入与公共支出水平。合理的公共支出规模要与经济发展水平相适应，其基本标准是：在经济发展水平一定的条件下，政府行使职能所需要的资金能够基本得到保证，私人部门的投资能够保持与经济发展水平相适应的增长幅度，城乡居民的生活水平不因公共支出规模的扩大而降低，经济发展质量与速度不因公共支出规模的扩大而降低，社会事业发展不因公共支出规模的扩大而减缓。如果能够出现这样的局面，则可以认为公共支出规模与经济发展水平是基本适应的。三是应与一国或一地的具体情况相适应。从实践层面来看，最大的实际是公共支出的惯性。公共支出计划是通过预算程序与要求来实现的，但预算支出一旦付诸实施，往往在短期内是相对不可控制的。同时，很多公共支出项目实际上涉及长期的预算承诺，即公共预算中的持续项目较多。因此，在进行公共支出规模决策时，必须考虑由某些与公共支出相联系的公共政策所带来的长期的公共支出义务。

（3）公共支出规模决策是“政策导向型”决策。所谓公共支出规模（或总量）决策，是指一级政府或一级财政，按照规定的程序对某一会计年度的支出总量所作出的决策。这个问题对中国各级地方政府而言，往往又涉及四个方面：一是现行税制下地区经济的发展问题，即通过营造良好的经济发展环境，促进经济又好又快可持续发展，以培养和壮大市场经济主体，涵养税源，增加财政收入。二是政府间财政体制特别是转移支付体制问题。在地区间财力水平差距较大的现实面前，体制财力已成为欠发达地区政府可用财力的大头。三是综合开发利用土地、矿产等资源，形成地方政府预算外可用财力问题。对于我国不少地方政府而言，这块财力往往是建设性财力不可或缺的重要来源。四是尽管《预算法》明确规定地方政府不得负债，但实际上却客观存在显性或隐性债务问题。如何对待上述四个问题，从实践的角度看，与其说是靠决策技术，还不如说是靠管理艺术或领导艺术，特别是靠以“政策导向”为特色的领导艺术。

我国《预算法》的相关条款明确规定，中央预算和地方各级政府预算，应当参考上一年预算执行情况和本年度收支预测进行编制。同时还规定，中央政府公共预算不列赤字，但可适当举债。而地方各级预算按照量入为出、收支平衡的原则编制，不列赤字。经济决定财政，财政反映并反作用于经济。从中长期的角度看，中央政府的经济与财政政策（包括税收政策与财税体制）以及地方政府的主观能动性决定着地方经济与财政的发展水平。但从短期来说，在一个相对稳定的税收政策与财税体制，以及一个相对完善的依法征缴税费的法制环境下，各级政府某一个年度的财政收入，则往往是客观重于主观。就地方政府或地方财政（包括省、市、县、乡四级）而言，其预算支出规模为地方一般预算收入与上级财政补助收入之和。其中，上级财政的各种转移支付补助及其他专项资金的数额大小，决策权在上而不在下，即在供给方而不在需求方。中央财政的支出规模与支出结构影响甚至决定着地方财政的支出规模与结构。就中央财政而言，由于可以举债（实质上体现为赤字），所以其支出总量等于全国财政收入与计划赤字之和。尽管国际上通常采用财政赤字占 GNP 的比重（简称“财政赤字率”，一般以赤字不超过 3% 为警戒线）来衡量一个国家财政赤字规模的适度与否，然而，由于国家之间的情况千差万别，就是一个国家不同时期的情况也不尽相同。所以，从国家到地方，某个年度公共支出的总量或规模确定到某个水平，这些都很难由某个经济模型来确定，也很难说在某个公共支出规模下的绩效就好，而另一个公共支出规模下的绩效就不好，而主要取决于当期的政策导向。

2. 公共支出结构决策

（1）优化公共支出结构的理论依据。公共支出结构优化，是财政资源配置的核心内容。公共支出不仅有总量不足的问题，这与公共收入规模相关，同时更多的是公共支出结构的问题。这些问题的成因与对政府职能和财政职能的认识密切相关；与对公共产品的认识密切相关；与对中央政府及地方政府责权不同的认识密切相关。因此，要实现公共支出结构优化的目标，从总的方面讲，必须明确市场与政府的基本分工，明晰确定公共支出的范围与规模，并根据经济发展阶段的要求和公共财政目标决定公共支出方向。与此同时，还需要注意到，公共支出的结构又与支出的科学划分密切相关，进而又必须明确政府职能的分工层次以及公共产品或公共服务的受益范围。

①政府职能状况直接决定公共支出结构，有什么样的政府职能，也就应有其相应的公共支出结构。财是政的基础，政是财的目标，任何政府都具有政治管理及社会管理职能，这是政府的基本职能。然而，政府基本职能所涵盖的各个方面的具体内容，又是发展变化着的，它们总是随着社会生产力的发展、生产方式的变化以及经济运行模式的改变而不断变化着。因此，公共支出范围及其结构随着政府职能状况的变化而变化，也就成为一种客观的必然要求。我国的经济体制从计划到市场的改革，要求政府职能也必须随之变革，进而调整公共支出结构也就成为经济改革不可缺少的一环。

②政府职能决定财政职能，经济发展阶段决定公共支出方向。美国学者罗斯托认为（见其著作《经济成长的阶段》），在经济发展的早期阶段，公共部门为经济发展提供社会基础设施，如道路、运输、环境卫生、法律与秩序、健康与教育及用于人力资本的投资等。此阶段的政府投资在总投资中占有较高的比重。进入发展的中期阶段，公共支出将从基础设施投入转向不断增加的教育、保健与福利服务的支出。而在“大众消费”阶段，政府突出再分配的作用，维持公平的政策性支出会大大超过其他支出的增长幅度，同时也会快于 GDP 的增长幅度。恩格尔定律揭示了消费者消费需求变化的规律，当人均收入较低时，总支出中用于食物和必需品的比例就高，用于舒适品和奢侈品的比例就低。随着人均收入的提高，用于食物和必需品的消费支出比例便会下降，而舒适品和奢侈品的消费支出比例就会上升。这种需求变化势必引

起农业部门或第一产业部门生产所占比例下降，制造业或第二产业和服务业或第三产业所占比例上升。而产业结构的变化对政府职能着力点的变化，以及投资方向都有着重要影响。当人们实际收入提高时，人们对公共产品与私人产品的需求都会增加。但公共产品需求的收入弹性大于市场私人产品，其中最主要的原因就是现代社会的公共产品不属于生活必需品，而越是非必需品，它的收入弹性就越大。诸如医疗保健、文化体育、交通运输、社会保障等公共产品开始“侵蚀”消费结构中的私人产品的相对份额。这就是说，随着收入的增长，人们的需求结构变化由低到高，由单一到多样，由注重物质到注重精神，不仅对市场供应私人产品提出了新的要求，也对政府提供公共产品在质、量、品种上提出了新的要求。人们需求结构的变化对以满足居民个人需求和社会共同需求为价值取向的社会经济发展，具有重要的导向意义。

与此同时，从恩格尔定律中还可得到这样的启示：当公共收入较低时，公共支出中用于国家政治职能、维持国家正常秩序的基本需要的比例较高，而用于经济社会管理职能方面的支出的比例就低。随着公共收入的增长，用于政府基本需要的支出比例下降，而用于经济社会管理职能方面的支出比例将会增加。

③公共产品或公共服务受益范围的层次性，必然为公共支出划分提供客观依据。如前所述，由于公共产品或公共服务之间的性质与受益范围不同，可将其分为全国性的公共产品或公共服务与地方性的公共产品或公共服务。从理论意义上讲，全国性公共产品或公共服务的特征表现在：无论国土面积大小，受益范围都被限定在整个国家疆域之内，它表明，全国性公共产品或公共服务的外溢性问题几乎可以忽略不计。也就是说，全国性的公共产品或公共服务，其边际社会成本，从总体上等于全体社会成员消费该公共产品或公共服务的边际社会收益之和。而有些公共产品或公共服务具有明显的地域性，如消防、路灯等，只有本区域的居民才能享受。这些地方性的公共产品或公共服务具有利益递减性、规模经济空间性、利益外溢性等特征。所谓利益递减性，是指消费地方公共产品或公共服务的效益有一定的区域范围，距离中心位置愈远效益愈少。所谓规模经济空间性，是指并非每一种地方公共产品或公共服务的受益区域都固定不变，地方政府可通过伸缩受益区域来获取规模经济效益。所谓利益外溢性，是指地方公共产品或公共服务的受益范围外溢至辖区以外，使地方政府单独决定其最适宜数量时，无法达到帕累托

最优。这是由于一个国家内的各个地区之间有着密不可分的经济、政治和社会文化联系，区域间的人口迁移与流动经常发生；行政区域之间的界限并非依照公共产品或公共服务的受益范围来划分和规定，而是根据其他很多因素确定的。因而，较之全国性公共产品或公共服务来说，区域性的公共产品或公共服务的外溢性问题就在所难免。从这个意义上讲，本地区提供的地方性公共产品或公共服务的边际社会收益之和就很难等同于其边际社会成本。鉴于公共产品或公共服务的提供和受益范围的空间特点，要保证公共产品或公共服务的有效供给，客观上就要求中央和地方分工负责，实行财政分权制。

（2）公共支出结构的效益。所谓公共支出结构的效益，是由于优化公共支出结构而带来的整体效益。因为“财”是为“政”服务的，所以，公共支出结构的效益首先必须体现在服务与服从于政府关于经济建设、政治建设、社会建设和文化建设的宏观目标上。特别是用科学发展观指导财政工作，就必须坚持用科学发展观统率公共财政的“三大职能”，即资源配置、收入分配与经济稳定职能。具体而言，公共支出结构的效益应包括经济效益、社会效益和生态环境效益，并通过众多的具体公共项目支出，为社会提供质量、数量和品种合适的公共产品或公共服务，进而促进和谐社会、资源节约型和环境友好型社会建设。

（3）公共支出结构决策是以“政策导向型”为主的决策过程。由于公共支出结构的类别很多，所以不可能泛谈所谓的公共支出结构决策。从公共预算实践的角度看，由于公共支出是要通过各个公共部门来执行的，公共支出的部门结构又直接与公共支出的职能结构（即横向结构）相关联（有的职能支出比例或增长幅度还是法律规定了的）。所以，在公共支出决策的实践中，往往体现为公共支出的部门结构与职能结构（即横向结构）决策。其他类别的结构，实际上是在此基础上，再按一定的规则重新分类的结果。

①就公共支出的部门结构与职能结构（即横向结构）决策而言，是指在公共支出规模（或总量）一定或基本一定的前提下，如何将公共资源在不同的公共部门之间，或在公共部门内与部门之间的配置过程。通俗地讲，就是如何通过“批发”的方式分切“蛋糕”的问题，例如教育、卫生、交通、社会保障、国防等在支出总量中各占多少份额。由于公共支出永远是稀缺有限的，供小于求的矛盾始终存在，各个公共部门的支出需求都是难于满足的；再加上不同国家或地区，乃至同一国家或同一地区，在不同的经济社会发展

阶段的情况千差万别，所以很难制定出一套标准，说一种公共支出结构肯定会优于另一种公共支出结构。同时，各个公共部门之间大量存在着很多无法可比的因素，所以很难说哪一种支出结构配置是最优或次优的，更谈不上说哪一种支出结构配置符合经济学中所说的那样，能够使社会福利最大化，或者说能够实现帕累托最优或帕累托改进。正如桑贾伊·普拉丹所指出的那样①，“如果不具体地分析部门内各项支出的配置就很难分析部门之间的支出配置问题”。

②公共支出结构的比较分析，可以发现公共支出结构的变化趋势，但难于作为公共支出决策的依据。比较分析是科学研究的常用方法，古今中外的许多研究者，通过比较分析都有过重大发现。许多文献都对公共支出结构的比较分析结果作过介绍，并通过对不同国家或地区的支出结构的比较分析，为本国或本地区的公共支出结构决策作参考。但是，由于各国或各地区之间的情况千差万别，这些比较分析的支出结构仅仅是一个参考。公共支出结构的最终确定，还只能是在各个部门项目支出决策初步方案的基础上，再从当期本国或本地区经济社会发展的实际出发，并参考公共支出项目决策过程中所提出的相关意见和建议来实现的决策过程。郭庆旺与赵志耘合著的《财政学》一书，在进行“财政支出结构的国际比较”后，写了这么一段话②：“最后应当指出，我们不能轻易地谈中国目前的财政支出结构是合理还是不合理，既不能拿发达国家的支出结构作为判断标准，也不能以发展中国家的支出结构作为判断依据。这是因为，各国的国情极为不同，特别是中国还处于经济体制改革和政府职能转变的动态过程中，财政支出结构正与此相适应地发生变化，其实这也正是财政支出结构逐步优化的过程。”

③公共支出结构决策，是介于公共支出规模（或总量）决策与公共支出项目决策之间的一种决策过程。如果说在公共支出规模（或总量）决策过程中，从政策层面考虑问题更多一些的话，而在公共支出项目决策过程中，从绩效角度考虑问题更多一些的话，那么，公共支出结构决策则是首先考虑贯彻落实相关政策，再考虑在政策指导下如何提高绩效的决策过程。也就是说，公共支出决策是以“政策导向型”决策为主、“绩效导向型”决策为辅的决

① 桑贾伊·普拉丹著：《公共支出分析的基本方法》，中国财政经济出版社 2000 年版，第 11 页。

② 郭庆旺、赵志耘著：《财政学》，中国人民大学出版社 2002 年版，第 189 页。

策过程。

3. 公共支出项目决策

所谓公共支出项目决策，是指在某个公共部门的部门预算中，如何选择具体的支出项目，并按预算审批程序确认某个部门的项目支出预算的过程。1940 年，美国学者凯伊在《预算理论的缺乏》一文中，将最基础的预算问题概括为："将 X 元分配给活动 A 而不是活动 B 的决策基础是什么?"这个反问揭示了作为资源配置的预算问题的基本属性。就预算的本质而言，它是一个公共选择的政治问题；就形式而言，它是一个配置资源的经济问题。如果说在整个预算过程中，公共支出规模与结构决策更多地体现为以"政策导向"为特色的政治问题的话，那么，公共支出项目决策则应更多地体现为以"绩效导向"为特色的经济问题。

按照现行部门预算构架，对一个部门而言，其预算包括两部分，即基本支出预算和项目支出预算。按照财政部《中央本级基本支出预算管理办法（试行)》的规定："基本支出预算是部门支出预算的组成部分，是行政事业单位为保障其机构运转、完成日常工作任务而编制的年度基本支出计划，其内容包括人员经费和日常公用经费两部分。"其中，人员经费对一个部门来说，由于编制数与个人工资性收入都是有明确规定的，属于不可控成本或称固定成本；日常公用经费则主要取决于如何确定科学合理的定额标准，一旦定额标准确定后，对一个部门来说主要是一个节约开支的问题。所以，编制规范的部门预算，其重点是合理确定日常公用经费的定额标准与科学编制项目支出预算。财政部在《中央本级项目支出预算管理办法（试行)》中明确规定："项目支出预算是部门支出的组成部分，是中央部门为完成其特定的工作任务或事业发展目标，在基本支出预算之外编制的年度项目支出计划。"这里所说的"特定的行政工作任务或事业发展目标"，则是由公共部门的职能所决定的。由于公共支出需求总是难于满足的，所以，对于某个公共部门而言，当期可纳入的支出项目，必须在科学发展观的统领下，根据当期本区域以及本系统经济社会发展的客观需要，并考虑到支出结构决策所初步提供的支出可能，遵循"4E"原则，按照社会和谐或社会福利最大化的原则来确定相关项目。显然，公共支出项目决策应该是"绩效导向型"决策，做好这项工作是公共部门管理会计的重要任务。

根据公共财政的特点，公共支出应该为实现社会和谐或社会福利最大化的公共产品或公共服务组合提供资金。根据前述公共支出分析的三个步骤，公共支出项目应是市场机制不会提供或提供过少的那些公共产品或公共服务。所以，在选择公共支出项目时，首先必须解决应不应该纳入公共支出范围这个问题（可简称为“该不该”问题），即需要一个一个项目地甄别是否属于弥补市场缺陷、实施政府干预的范围。如果不属于政府干预的范围，则项目评价的其他事项就没有必要再继续下去了；如果属于政府干预的范围，则应按项目评价的要求，继续实施其他评价程序。在澳大利亚的“计划评价”系统中，作为“第一关”的“适宜性”（appropriateness）评价，即项目的“规划目标或预期成果”是否符合政府政策的优先性和公众需要这道程序，其实质也就是要解决某个特定的公共支出项目这个“该不该”的问题。在解决了“该不该”的问题之后，紧接着就要解决在本部门项目支出的控制范围内，能否将某个项目纳入当期支出的问题（简称为“能不能”问题）。解决“能不能”的问题，其核心就是坚持绩效导向，将有限的财政资金用在绩效最好的项目上，以最大限度地提高财政资金的使用效果。

公共支出规模（或总量）、公共支出结构与公共支出项目这三个层次的支出决策，通常都统筹于一个完整的预算草案之中，并按照《预算法》的规定提交相应的人民代表大会审查和批准。但是，如前所述，从决策过程来看，公共支出规模（或总量）决策与公共支出结构决策是以“政策导向型”决策为主，以“绩效导向型”决策为辅的决策过程；而公共支出项目决策，则体现为是以“绩效导向型”决策为主的决策过程（见图2－1）。

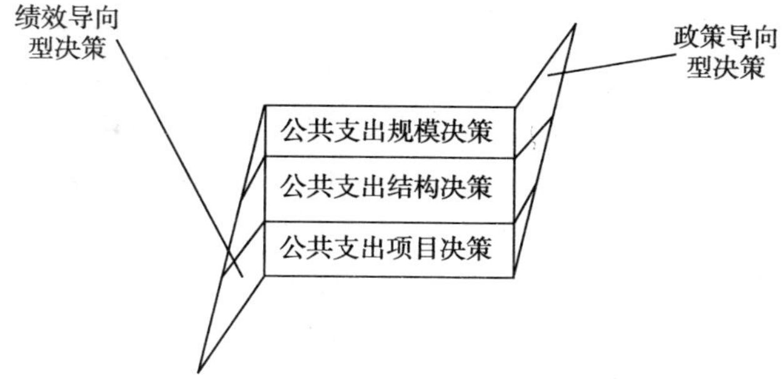

图2－1　公共支出决策的三个层次

（三）公共支出分析中几个需要注意的问题

根据公共支出决策的特点，作者将公共支出决策分为规模（或总量）、结构和项目三种不同特点的决策，并认为公共支出规模决策过程与结构决策过程是以“政策导向型”为主的决策过程，而公共支出项目决策则是以“绩效导向型”为主的决策过程。但是，由于公共支出决策的特殊性，实践中主观与客观上的差别很大，认识到这些问题，对加强公共支出绩效管理是很有实际意义的。

1. “公地悲剧”的启示

所谓“公地悲剧”，是指英国曾经有这样一种土地制度——封建主在自己的领地中划出一片尚未耕种的土地作为牧场（俗称“公地”），无偿向牧民开放。这本来是一件造福于民的好事，但由于是无偿放牧，每个牧场最终因“超载”而成为不毛之地，牧民的牛羊最终全部饿死。显然，公共预算有与“公地”相类似的一面，所有的公共部门都有追求本部门预算最大化的冲动。只有采取针对性强的措施，才能够避免类似“公地悲剧”的问题出现，并尽可能不断提高公共支出特别是公共项目支出的绩效。

对公共预算而言，往往有许多要求者（如下级政府、分管领导、相关部门等），每个要求者对如何分配预算即支出构成都有不同的偏好，而且还会以不同的方式，从不同的渠道施加自己的影响甚至是压力，以力求预算支出符合自己的偏好。所以，那些强势要求者对他们所喜欢的项目所要求的支出水平将总是高于社会最优的支出水平。解决这些问题的办法，一是可以对相关部门提出明确要求：即将预算置于一个前后连贯的、有约束力的中期框架中，以促使人们从较长的时期来考虑问题，将眼前利益与未来利益结合起来。二是对相关部门的预算支出提出一个控制数额，让相关部门在绩效导向下去决定本部门的支出结构。具体就是让公共支出项目的组织部门，在本部门预算控制数的范围内，尽可能根据“4E”标准，对每一个项目进行评估，进而按优先顺序提出项目清单，建立项目库。三是明确绩效标准，注重产出与结果的考核，加强公共部门的运行成本控制，努力提高项目支出预算执行的透明度，特别是应要求项目组织与实施部门提出能让项目受益对象来评价的相关指标，并将这些指标公诸于众，加强社会公众对公共支出项目执行的监督，以形成强有力的激励与约束机制。这些也是我们对公共支出项目决策提出应以绩效导向型为主的重要原因。

2. 公共部门与社会公众的信息不对称问题

通常，在给定的支出规模约束下，政府必须在各种支出方案中作出取舍，确定公共支出在各个部门与各个项目之间分配的优先性。在这种情况下，由于信息不对称和较高的交易成本而产生的问题，往往阻碍公共支出有效地反映社会中个人和集团的偏好。根据委托代理理论，委托人（社会上的个人与利益集团）希望代理人（政府及其公共部门）提供尽可能多的公共产品和公共服务，以使他们的福利水平达到最大化。但是，委托人对相关公共支出会如何影响他们的福利，实际可能得到的信息是不完全的，或者说要获得较为全面信息需要付出很高的交易成本。尽可能解决好这个问题的办法，是通过制度安排有助于减少交易成本，使政府较好地了解公众的支出偏好，努力提高公共支出项目的绩效水平。

（1）疏通信息渠道，促进公众参与，加强社会监督，及时了解社会公众对公共支出项目安排优先性的需求和偏好，建立起较好的委托代理机制。一种征求范围最广泛而且简单易行的协商形式可能是预算的人大讨论。人大及其组成部门应对公共支出方案，特别是对公共支出项目组合进行评价，以检验政府及其组成部门在编制预算时，是否体现了“4E”绩效标准，或者体现的程度如何。但从实际情况来看，由于人大会议时间较短，与会的人大代表又不可能全面熟悉相关项目内容，所以，在人大会议召开之前，由人大常委会下设的财经委员会与预算工作委员会组织相关专业人员，对公共支出方案特别是公共支出项目方案（包括项目支出与基本支出的边界确定）进行评估是必要的。在此基础上，再将公共预算和财经委与预工委的审查意见一同提交人大会议审议，同时，根据人大审议的意见与反馈的信息，对公共支出方案及时作出相应的调整。通过这种民主与法制渠道，让代理人配置公共支出的方案接受委托人的监督，力求能较好地反映委托人的意志。需要强调的是，从政府与人大两个方面讲，作为政府及其公共部门，为了能够让提出的公共支出项目有说服力，必须按照“4E”原则，立足于项目绩效，对相关项目进行详尽的说明；而作为人大部门，为了能够对公共支出方案特别是公共支出项目组合提出意见，也必须从人才与设备上提供必要的技术支撑。否则，就很可能出现认认真真走过场的现象。

（2）提高预算编制与执行过程的透明度，使公共支出项目从计划配置到实际执行及其实际结果，都能够让社会公众及时获得信息，赋予社会公众知情权、建议权与参与权，增强委托人对代理人的适时监督。当然，由于预算本身是一种比较专业的工作，所以提高透明度不只是公布那些冗长而难于理解的预算文件，而是要公布和公开与支出结果相关的信息，包括计划花多少钱、预计达到什么结果、最终花了多少钱、达到了什么结果，并尽可能采用通俗易懂的语言及图表等形式来表达。这就意味着预算过程始终应该以产出与结果为导向，并保持事前与事后信息的透明度。在美国学者安瓦·沙等提出的发展中国家以公民为中心的预算模式中，明确提出要改变预算过程，用“预算解密”的方式，将政府预算报表编成公民容易理解的各种数据，指导这种预算报告的原则是相关性、可读性、有责任和可报告①。

（3）建立奖励与处罚制度，加强对组织与实施公共支出项目部门的激励与约束。这一制度可以从实际出发，通过考核评价或投票过程来实现，可以通过一个时期的实践，将传统的“以过程为导向”的责任制转向“以结果为导向”的责任制，进而降低追求“部门预算最大化”的原始动力，增强提高项目绩效的主动性与责任感。与此同时，通过这种激励与约束机制，也可以促使上级部门将决策权下放。因为只有加强对组织与实施公共支出项目部门的考核，才有利于实现从立项用权过程中的“权力幸福”到结果问责过程中的“责任压力”的转变，进而让这些部门愿意将项目决策权下放给下一级政府，以有利于反映支出偏好，提高信息的完全性，降低交易成本。理论与实践表明，下一级政府对本地偏好拥有更全面的信息，所以在区域性的公共产品或公共服务的配置中，让本区域地方政府拥有较大的自主权可以潜在地改善资源配置。然而，下一级政府是否能发挥预期的作用，同样，也如前述相关要求一样，需要提高预算编制与执行过程的透明度，加强社会监督，建立起对组织与实施公共支出项目部门的奖励与处罚制度，建立起强有力的激励与约束机制。

3. 政府及其公共部门之间激励上的不协调问题

通常，即使一般偏好可以从政府中的政治领导层与社会公众权力的关系中呈现出来，但由于政府及其公共部门之间也存在信息不对称，这种信息不对称同样也阻碍着将这些偏好转变成支出配置的战略性优先顺序，并且最终

---

① 安瓦·沙主编：《公共支出分析》，清华大学出版社2009年版，第205页。

阻碍将其转变为社会所希望的产出和结果。特别是由于下一级部门与委托人的联系较为紧密，他们对于部门内的支出配置如何影响产出和结果拥有更多更详尽的信息，但他们的动力又会要求尽可能多地实现本部门的预算最大化，并且如果不强化公共支出项目的绩效评估，很可能将有限的公共支出优先用于满足那些对本部门或个人有利的项目。而政府领导往往是对预算配置提出原则性要求，但并不完全具备所需要的相关信息。正因为这样，他们不可能根据战略性的优先顺序分配资源。同时，上一级部门也很难通过自上而下的方法，获得准确充分的重要信息。因此，需要建立一种激励与约束机制，通过这种机制，引导下一级部门自觉主动地提供相关的真实信息，进而降低信息成本，提高公共支出项目从决策到实施全过程的工作效率与绩效水平。

在这种情况下，上一级部门既要提出中长期目标以指导与约束下一级部门，同时又要给下一级部门以一定的自主权，并利用下一级部门的监管信息来促进项目绩效目标的实现。中期支出规划可以构成一种制度机制，来平衡资源配置中宏观与微观之间的矛盾。中期支出规划可以在总资源约束的条件下，根据总体上的优先性为下一级部门提供支出配置，然后让他们在各自资源的约束条件下将部门目标、项目以及单位成本结合起来考虑，以实现部门产出目标。与此同时，为了能取得合意的结果，同样需要要求下一级部门建立以结果为导向的责任制，并与必要的激励与约束机制结合起来，促进具有相对充分信息的部门增强公共支出项目绩效的积极性、主动性和责任心。

第三章 公共部门收支管理的几个问题

一、公共部门收支管理与部门预算

（一）公共部门收支管理

1. 公共部门收支管理的含义

从管理就是决策的角度讲，公共部门收支管理可以看成是一种特定的决策活动，也就是公共部门在其职能范围内，按照规定的程序与要求，在本部门收支领域的一种管理行为。它具有决策的一般含义。决策是指人们对未来的行动目标及其实现方案进行合理抉择的分析、判断过程。决策行为是人类固有的行为之一。美国学者西蒙（H. A. Simon）认为，绝大多数的人类决策，不管是个人的还是组织机构的决策，都是属于寻找合乎要求的措施的过程。这是因为寻找最优化措施的过程比寻找合乎要求的措施的过程要复杂得多。前者的首要条件是存在完全的理性，而现实中的人或组织都只是具有有限的理性。西蒙对决策理论三个方面的贡献对公共部门收支管理同样具有指导意义：一是突出决策在管理中的地位。二是对决策原理提出了许多新的见解，如用“令人满意”的准则来代替传统决策理论的“最优化”准则；提出了目标冲突、创新的程序、时机、来源和群体处理方式等一系列有关决策程序的问题。三是既强调在决策中采用定量方法、计算技术等新的科学方法，又重视心理因素、人际关系等社会因素在决策中的作用①。

2. 公共部门收支管理的基本要素

一般而言，管理问题的构成要素包括决策者、目的或目标、方案、结果、决策准则和效用等六个方面，它同样也是公共部门收支管理构成要素的重要内容。

（1）决策者，即决策主体，往往受社会、政治、经济和心理等方面因素的影响。

---

① 蔡美德主编：《管理决策分析》，华南理工大学出版社 1992 年版，第 1 页。

（2）目的或目标，即决策所期望达到的成果。

（3）方案，在实践中往往有明确方案与不明确方案两种：前者一般是明确提出的方案，而且方案数量大多是有限的；后者一般只是对产生方案可能的约束条件加以描述，而方案本身还需要去寻找。方案总的个数可能是有限的，也可能是无限的。至于如何提出合理的方案，则往往是不容易的。

（4）结果，是指每个方案被选择之后，它造成一个或几个可能的结果。一般可用货币或效用作为它们数值的度量单位，而对它们的可能性往往用状态概率来描述。这些概率可以客观地计算或估算。有时要由人们给定，称之为主观概率。

（5）决策准则，是指评价方案达到目标要求的价值标准，也是选择方案所依据的原则。通常，决策准则的确定和方案的选择都与决策者的价值观或偏好有关。

（6）效用，是决策者对于经济得失或者其他事物得失大小的主观量度。它反映了决策者对于风险的态度，以及对某种事物的感受、倾向、偏好等主观因素的强弱程度。或者说，它表明了某种事物带给决策者心理的满足程度。

需要指出的是，随着新公共管理运动的兴起，私人部门（企业）管理方面的理念越来越为公共部门管理所运用。这是因为“私人”与“公共”这两类部门的管理，其内涵都是为了达到某种组织管理的目的，运用多方面的知识，确定多种可供选择的行动方案并从中选取一种最佳方案，以付诸实践的管理行为。但是，公共部门管理特别是收支管理又不完全等同于企业管理，其中最大的不同是公共部门的收支管理过程，即公共预算过程，均不同程度上体现为是一种政治过程。“公共预算涉及公共资源的配置，以及如何支出公共资金的选择。它有一些技术性的方面，但也有许多政治性的方面。所以，预算反映了国家和地方的优先选择，也反映了政治过程。[①]”

3. 公共部门收支管理的特点

公共部门收支管理具有一般管理的共同特点，诸如针对组织管理中的特定问题而作出决策，对提交的若干方案进行比较后进行选择，对组织未来行动面临的各种环境作出预测，决策作出后要付诸实践等。但公共部门收支管

① 爱伦·鲁宾著：《公共预算中的政治：收入与支出，借贷与平衡》，中国人民大学出版社 2002 年版，中文版序言。

理还有自己的特点，这是公共部门收支管理的特殊性所决定的。归纳起来，公共部门收支管理自身的特点体现为以下几个方面：

（1）决策主体的公共性。公共部门和其他部门为什么有区别，主要是由于公共部门行使的责任和行为都代表公共利益，这样就决定了公共部门收支管理主体的公共性。

（2）决策目标的多元性。企业管理的目标相对单一，即追求企业价值或企业盈利最大化，而公共部门管理的目标则往往是多元的，既有经济效益方面的目标，也有社会与生态效益方面的目标；既有效率方面的目标，也有公平方面的目标。

（3）决策内容的社会性。公共部门决策内容主要是组织内部的行政事务以及与社会生活相关的公共行政事务。因此，公共部门决策内容非常繁杂，牵涉到社会事务的方方面面。

（4）决策收益的公益性。公共部门的管理收益是公共利益最大化，即以实现社会价值的权威性再分配为主要任务。公共部门的全部开支由财政资金来支付，其目标必然要为公众谋取公共利益，以实现公共利益最大化为目标。而衡量公共利益最大化的关键标准是社会收益、国家收益，而不是经济收益。所以，公共部门的收支管理不应该苛求经济上的收益，而应优先保证社会与生态效益的最大化。

（5）决策依据的法规性。公共部门决策必须与法律法规相符，不能超出法律法规的界限。公共部门的决策依据是国家的法律文件和相关的法规，具有国家强制力的特点，对社会有极大的影响。因此，确保其合法性就显得非常重要。如果公共收支的某项决策不符合法律法规的精神，那么这项决策的合法性就不存在。在强调依法治国的社会环境下，公共部门的收支管理决策应特别突出合法性这一基础与前提。

（6）决策方式的民主化。由于决策主体的公共性、决策内容的社会性以及决策收益的公益性，因此民主决策和公众参与是公共部门收支管理决策方式的基本特点。公共部门在进行收支决策时必须建立真正的民主决策机制，激励公民充分参与决策过程，广泛听取公民的意见，最大限度地实现决策方式的民主化。

（二）部门预算

1. 部门预算是公共部门收支管理的集中体现

公共预算也称政府预算，是指政府及其组成部门在每一个财政年度的财政收支安排计划，是反映政府全部财政收支结构的一览表。按照预算收支管理的范围分类，公共预算或政府预算可分为总预算和部门预算。总预算是国家各级政府的基本财政收支计划，而部门预算则是以政府部门为单位进行编制、经财政部门汇总上报政府审核后、报同级人民代表大会审议通过、反映部门所有的收入和支出的预算。

部门预算是公共部门进行收支管理活动的集中体现，也可以看成是政府和立法机关对公共预算进行管理和控制的基本框架。我国的部门预算改革是从21世纪初开始的。2000年以前我国没有编制部门预算（即每个公共部门没有一本完整的预算），每年向人民代表大会提交的是收入按类别、支出按功能编制和汇总的预算①。按照部门预算管理的要求，财政部门编制并向立法机关报送的年度预算，不仅包括政府的总预算，而且还应包括相关公共部门的预算；立法机关在审议和批准预算时，即同时批准了政府总预算和各部门的预算。因此，实行部门预算意味着各部门都是相对独立的预算编制主体，它们的预算需要分别得到立法机关的审议和批准，才能最终产生法律效力②。

实行部门预算改革后，每个公共部门都应编制一本全面反映本部门收支活动的预算，也就是必须完整地反映本部门所有的收入和支出。既要反映一般预算的收入和支出，又要反映基金预算的收入和支出。在一般预算中，既要反映预算内收入和支出，又要反映预算外收入和支出。在预算内收入中，既要反映财政部门直接安排的预算拨款，又要反映其他有预算分配权的部门安排的资金。

2. 部门预算的编制方法

根据现行部门预算框架，部门预算包括收入预算与支出预算两大部分。支出预算又包括基本支出与项目支出两大部分，其中，基本支出包括人员经费与日常公用经费两大部分。

---

① 项怀诚编著：《中国财政管理》，中国财政经济出版社2002年版，第82页。

② 贾康、苏明主持：《部门预算编制问题研究》，经济科学出版社2004年版，第29页。

（1）收入预算的编制方法主要是收入预测与分项核定：

①预测本部门的收入，即根据有关规定以及本部门历年收入情况和下一年度增减变动因素，测算本部门组织收入的数量。

②根据收入类别逐项核定收入预算，即对本部门组织的行政性收费和其他非税收入，按规定要求具体到单位和项目，逐项进行核定。

（2）支出预算的编制方法主要是根据相关规定，测算人员经费、公用经费与项目经费的数量：

①测算公用经费和人员经费，即根据国家现行的工资与津补贴政策，以及财政部门对公用经费定额标准的规定，测算本部门的人员经费和公用经费。

②分项目测算支出需求，即按照预算年度所有因素和事项，区别轻重缓急，测算每一级科目的支出需求。

③进行项目论证，即根据项目预算管理的要求，进行项目立项前的相关论证工作，并测算出项目概算。在此基础上，根据具体情况，或由部门建立自身的项目库，或由财政建立综合的项目库。

④对专项支出编制滚动预算，即根据本级政府的经济与社会发展计划或规划，对行政事业单位的相关专项支出进行分类排队，根据轻重缓急，制订滚动项目计划。

3. 部门预算编制的流程

根据现行部门预算改革的要求，部门预算的流程包括几个相互关联的步骤，实践中常概括为“二上二下”，具体可以分为预算准备阶段、“一上（即部门预算的编报）”、“一下（即财政审核并下达预算控制数额）”、“二上（即由部门按控制数额对预算进行调整并逐级上报）”、“二下（预算的审议和批复）”。

（1）准备阶段。这个阶段主要是由财政部门在分析本年度预算执行情况的基础上，根据国家政策以及本行政区域内经济与社会的发展情况，对下一年度的收入与支出情况进行初步预测，包括根据工资与津补贴政策，测算人员经费的可能变动情况；根据公用经费的实际运行情况，判断相关公用经费定额标准的合理性，进而决定是否需要修改定额，并测算公用经费的可能变动情况；根据国家政策和下一年度政府及各部门的预算支出重点，并参照项目库情况，测算相关项目支出的需求情况。

（2）“一上”阶段，即部门预算编报阶段。在财政部门正式布置预算编制工作后，各部门及所属单位按照本部门或单位的编制情况，以及财政部门下发的定额编报本部门或单位的基本支出预算，并按照持续项目或新增项目，填报项目申请表，提出项目支出预算建议。

（3）“一下”阶段，即财政审核并下达预算控制数额阶段。财政部门在汇总各部门预算的同时，一是根据定员定额要求，对各部门的基本支出预算进行审核，确定基本支出预算数额；二是根据收入预测与支出需求的情况，在扣除基本支出总额后，提出项目支出总额的建议，并在审核各部门项目支出预算的基础上，提出各部门项目支出预算的控制指标。与此同时，结合测算相关部门的政府性基金收入与非税收入，进而形成各个部门的“一下”控制数建议，经规定程序审定后，就形成部门预算控制数额，并下达给各个部门。

（4）“二上”阶段，即按控制数额对预算进行调整并逐级上报阶段。经过“一上一下”后，财政部门配合相关部门，依据突出重点，兼顾一般的原则，对“一上”的预算进行调整，并在规定的时间内再上报财政部门。财政部门将各部门上报的预算审核之后，进行汇总，上报政府审定，并报同级人民代表大会审批。

（5）“二下”阶段，即预算的审议和批复阶段。人民代表大会经过审议，批准政府预算。按照《预算法》的规定，人民代表大会批准的预算，财政部门要在一个月内批复给各部门。

4. 部门预算编制过程的决策分析

就部门预算的编制来说，其实质就是一个公共部门收支管理制定的过程。显然，公共预算的编制过程，不同于一般的管理过程，因为它既体现为技术性，又体现为政治性，要求公平、效率与和谐的有机统一。但是，从技术的角度看，在部门预算的编制过程中，牢固确立科学决策理念，努力降低人为因素，对提高部门预算编制的质量与水平是很有必要的。

从技术层面上讲，公共部门的管理与私人部门（企业）的管理一样，大致可以分为问题分析、目标确定、方案提出、评价分析、方案决定和组织实施等六个基本步骤，如图 3 - 1 所示①。在这些步骤中，又可将决策过程归纳为决策分析和作出决定两大部分。决策分析是作出最后决策的根据，而作出

① 蔡美德主编：《管理决策分析》，华南理工大学出版社 1992 年版，第 10 页。

决定乃是决策分析的必然结果。决策分析主要是依靠决策参谋系统进行，而作出决定则往往是在决策者的主持下进行。

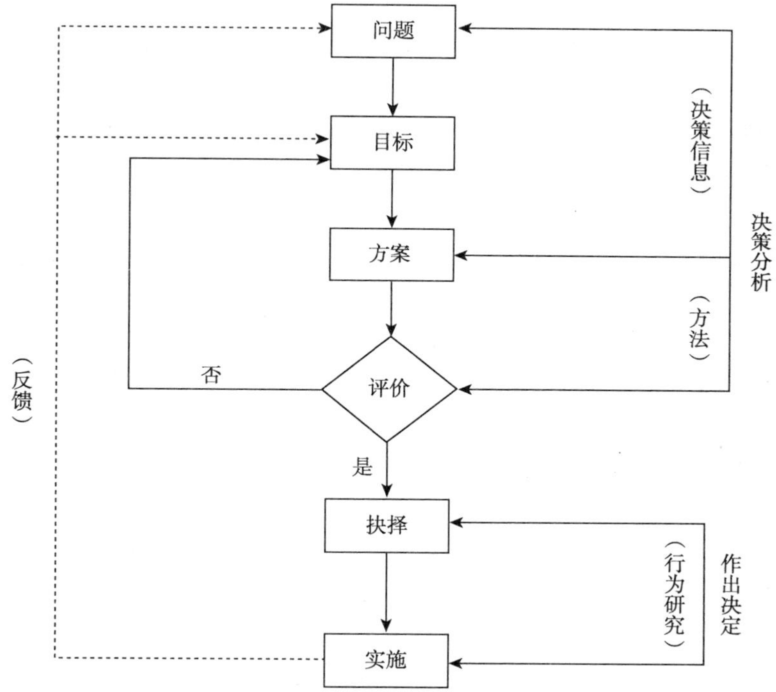

图 3－1　决策过程示意图

然而，由于公共收支管理的特殊性，在编制部门预算的过程中，其决策分析又呈现出自身的特殊性。这种特殊性主要表现为：公共支出总量决策与公共支出结构决策主要体现为政策导向型决策，而公共支出项目决策则主要体现为绩效导向型决策。当然，公共支出项目决策的不同结果，也影响着公共支出结构甚至总量的变化。鉴于公共支出项目决策的特殊性，在公共支出项目决策分析的过程中，除遵循上述一般管理的相关步骤外，桑贾伊·普拉丹提出的三个分析步骤或支出选择标准值得借鉴。桑贾伊·普拉丹指出[①]：

① 桑贾伊·普拉丹著：《公共支出分析的基本方法》，中国财政经济出版社 2000 年版，第 7 页。

“公共支出的结构应能为实现社会福利最大化的产品与服务组合提供资金。原则上，这意味着现有的或规划中的支出配置要通过三个分析步骤或支出选择标准来进行评价。前两个与效率准则相关，而第三个则与公平准则有关。”下面，将摘要介绍桑贾伊·普拉丹在该书中的论述①：

（1）政府干预，特别是公共支出在某个存在市场缺陷的领域中的干预，其界限是否合理？公共支出应首先集中用于私人市场不会提供或者提供过少的产品和服务，而不应该仅仅去替代或者只是有限地改进私人市场活动。这就需要鉴别需求与供给的性质，以确定是否存在着某种特定的市场缺陷（例如公共产品、外部效应、非竞争性市场），使得私人市场运行的结果偏离社会的需要。市场缺陷的类型告诉我们，需要根据私人提供和生产的局限性，相机选择相应的政府干预方式，包括公共管制、公共提供或直接的公共生产等。因此，私人部门筹资与生产的范围，以及公共部门在定价与管制方面的相应改革，也应作为改革与完善公共支出配置的基本方面给予充分的评估。

（2）如果存在着市场缺陷，它所产生的私人价值和社会价值之间的差异究竟有多大，各种不同的公共支出配置（包括用定价政策所给予的补贴）能在多大程度上改善这种市场缺陷？换言之，这就需要对各种不同公共支出方案进行必要的社会成本效益分析，以便选择能使净社会福利最大化的配置方案。这需要拥有各种需求决定因素（例如支付意愿、价格的需求弹性、消费者信息失灵、外部效应）以及供给决策因素（例如私人部门的规模、业绩、公共与私人部门的可替代性）等方面的信息，以便衡量公共支出配置（包括通过定价政策进行的补贴）对私人消费和供给产生的社会影响。因此，需要确定各种不同公共支出配置所产生的结果（如果会对私人供给产生影响的话要予以扣除）以及它们的投入，并对各种不同的投入产出组合的社会价值进行比较。

（3）由于传统成本收益分析没有将分配权数考虑进去，因此需要分析各种不同的公共支出配置对贫穷阶层所产生的影响，以便使支出组合有助于实现缓解贫困的目标。这种分析可以采用某种福利指标（例如消费、收入）将个人和家庭进行排列，估计各个群体对相关服务的平均使用情况，将这些服务的公共支出作为获得利益的指数，以此来比较干预前后的福利状况。一般

① 桑贾伊·普拉丹著：《公共支出分析的基本方法》，中国财政经济出版社2000年版，第8页。

而言，项目的成本并不是消费者所获得的利益的准确指标，许多研究通常都难以全面考虑项目支出的各种成本。所以，常用的利益归宿分析仍然是有用的，它能够为我们提供一种初步的估计。

实践表明，在给定的信息和能力约束条件下，不可能严格地使用上述步骤对资本性和经常性支出的项目进行分析，政策因素或政治因素在公共支出结构决策中起着十分重要的作用。但是，在进行公共支出项目决策分析时，上述三个分析步骤或支出选择标准是应该充分考虑的。正如桑贾伊·普拉丹所指出的那样："从最高的总量层次着手，公共支出分析应告诉我们在一个给定的支出总量条件下，这一总额应如何分配到各个不同的部门（即部门间配置）才能使社会福利最大化。这就需要采用上述三个步骤来分析各部门的支出。然而，如果不首先对部门内的公共支出进行分析，用这三个步骤来分析各部门支出总量，即部门间的支出配置，就会受到很大的限制。"这也正是我们认为公共支出决策分析的重点应放在公共支出项目决策分析的原因。

就公共支出项目决策而言，立项之前的工作就属于决策分析阶段的内容，而决定立项则属于决策阶段的工作，而立项以后的工作，就是组织实施阶段的工作了。作为公共部门管理会计，其工作既要为公共支出项目决策提供必需的会计信息，又要为加强项目实施阶段的管理提供会计信息服务。无论是作为部门预算编制主体的一般公共部门，还是作为履行部门预算编制组织职能的财政部门，在开展部门预算各项工作的过程中，特别是在编制项目支出预算的过程中，都应该严格按照管理的程序要求，认真负责地做好各个步骤的决策分析工作。

5. 渐进预算理论及其启示

渐进预算理论是由美国预算学者瓦尔达沃斯基和芬诺在20世纪60年代创立的。作为一种描述预算运作程序和政府官员预算行为的理论，渐进主义理论已成为最具影响力的预算理论。彭健在其著作中，根据瓦尔达沃斯基《预算过程中的政治》一书，将渐进预算理论的基本观点概括为以下几点①：

（1）预算具有政治性。预算改革者将预算视为一个技术问题，试图将完全理性引入到政府预算决策当中，他们认为政治过程缺乏效率，因而都试图

① 彭健著：《政府预算理论演进与制度创新》，中国财政经济出版社2006年版，第19页。

回避政治过程。但是，与预算改革者的观点不同，瓦尔达沃斯基认为，预算决策处于政治过程当中，因而具有政治性，预算过程是政治框架中的人类行为。他认为，如果不运用政治学理论的话，便无法回答科伊所提出的问题，即究竟以什么为依据，决定将 X 美元分配给 A 活动，而不是分配给 B 活动。

（2）预算具有渐进性。对一个政府和其主要机构而言，预算过程的结果，也就是预算拨款一般是递增的。从一个预算周期到另一个预算周期，从预算过程的一个阶段到另一个阶段，预算拨款只是发生相对极小的变化。

（3）预算参与者在预算过程中通常会采用“简化”策略。预算可以理解为决策制定的过程，这个过程非常复杂，而人类的决策能力却非常有限，因而，当预算参与者面对预算决策中的复杂情形时，会运用一些相应的策略使其简化。比如，在决策中只运用部分可以获得的信息，而不是全部的信息。这些策略可分为：政治环境中运用的一般策略和预算过程中运用的特殊策略。一般策略包括运用各类指标、基于经验来进行决策，选择一个较为满意的决策（而不是最为满意的）以及在一个有限的范围内作出选择等。特殊策略包括“公平分享”和“预算基础”两个相关概念，以及在预算过程当中进行职能分工，形成一个互相补充和互相制衡的预算体系。“预算基础”和“公平分享”这两个概念可以使预算决策者作出如下假定：大部分政府部门的预算可以不用重新考虑，预算支出数额的变化将在各个部门之间以一些共同的基础分配。一个职能分工的预算体系通过将预算决策职能分配给不同的政府机构，从而降低了预算决策的难度。同时，在这样的预算体系中，根据预算参与者所处的部门，将其预算行为限定于有限的范围之内，并使预算参与者也知道其他预算参与者的作用与行为，从而使得整个预算决策进一步简化。

（4）预算参与者将会使用不同策略实现各自的预算目标。瓦尔达沃斯基认为，预算参与者基于以往的经验，会选择他们认为在不确定的条件下，最有可能获得成功的策略来实现各自的预算目标。瓦尔达沃斯基具体分析了各政府部门在确定本部门预算拨款时所运用的策略。与预算的技术问题相比，在争取预算拨款的过程当中，取得政治上的支持是更为重要的。

（5）瓦尔达沃斯基将传统的“渐进预算”和预算改革者所提倡的“理性预算”进行比较后，得出结论——传统的“渐进预算”要明显优于“理性预算”。瓦尔达沃斯基列出了对传统的渐进预算的批评，并认为这些批评中所列出的传统的渐进预算的缺点，正是使其优于理性预算的优点所在。传统的预算方式是政治性预算，简化了预算决策过程，并有利于达成政治上的一致。预算改革者所建议的更为理性的预算方法则会增加预算决策的难度，妨碍政治上一致的形成，因而是很难成功的。瓦尔达沃斯基认为，预算改革并不像预算改革者所称的那样，在政治上是中立的。预算改革不仅是预算技术的变化，而且，必然会包括政治系统的变化。

这里，如果我们仔细研究瓦尔达沃斯基所创立的渐进预算理论，可以发现它是在以投入为导向的预算管理模式下得出的结论。以投入为导向的预算管理模式，其优点主要在于便于进行支出控制与支出监督，确保支出不会超过预先设定的支出限额。同时，还有利于与过去年度进行比较。在这种情况下，由于无须考虑支出的绩效问题，所以，正如瓦尔达沃斯基所说的那样，一些公共部门更习惯于从政治上采取措施去实现自身的预算目标。20 世纪 80 年代以来，在世界范围内兴起的公共管理改革浪潮中，以新西兰、澳大利亚和美国等为代表的 OECD（经济合作与发展组织）国家，对以投入重点的预算管理模式进行改革，开始实行以产出和成果为导向的预算管理改革，这已成为国际预算管理改革的新趋势。这些改革的措施在促进政府提高预算管理效率，充分发挥预算资金效能，增进公众对预算过程的了解和监督，改进政府形象等方面都产生了良好的效果。这些变化，首先得益于这些国家在政治层面上转变了传统的以投入为导向的预算理念。这一点也似乎印证了瓦尔达沃斯基的一个重要观点，即预算改革只有通过改变政治过程，从而改变预算在不同预算项目之间的分配，才能对预算结果产生影响。

实质上，政府预算本身就是一个政治过程。有一句通俗的话就很说明这一点：这就是若要知道政府想要做些什么，就去看它的预算；若要知道政府做了些什么，就去看它的决算。美国学者爱伦·鲁宾在其著作中明确指出①："预算的实质在于配置稀缺资源，因而它意味着在潜在的支出目标之间进行选择。预算意味着平衡，它需要一定的决策制定过程。""政府预算也涉及在众多的支出项目之间权衡的程序。预算者可以首先决定每一项目的相对重要性并根据这种分配的重要性来决定各自的支出水平；或者，预算者可以允许各个领域的购买独自进行，然后重新分析这些选择，直到各部分之间的平衡是

---

① 爱伦·鲁宾著：《公共预算中的政治：收入与支出，借贷与平衡》，中国人民大学出版社 2002 年版，第 3 页。

可接受的。”如果遵循以投入为导向的预算管理理念，必然会在公共资金的配置过程中，忽视或降低预算绩效目标，而会像渐进预算理论所说的那样，采取较为简单的方式，把平衡人为因素放在更加重要的位置。其结果也就缺乏压力和动力去按照科学决策的要求，切实进行必要的决策分析，为部门预算特别是项目支出作出科学合理的决策。

（三）以产出和成果为导向深化部门预算改革

1. 政府改革与预算改革

美国学者英格拉姆（P. Inraham）把当代西方政府改革的内容概括为①：“一是预算和财政改革；二是结构改革；三是程序或技术层面的改革；四是相互关系方面的改革。每一类改革都涉及组织内部运转与外界的关系；每一类改革都试图从不同的角度解决公共管理和公务员中的问题。”其中，预算改革是政府改革的一个重要环节。

预算制度主要从三个方面与公共部门的效率相联结：一是公共部门对预算资源总量提出需求，这是“总量配置效率”问题，也就是如何在公共部门之间进行公共资金配置的问题；二是预算资源投入到最有价值的地方，这是“配置效率”问题，也就是如何在不同的项目之间进行公共资金配置的问题；三是与生产相联系的技术效率，也就是公共部门如何以最低的成本为社会提供所需要的特定公共产品与服务的问题。经济合作与发展组织（OECD）的成员国家从本国实际出发，对本国的公共预算进行了大规模的改革。其中，最为核心的问题就是预算资源的合理分配。

在传统的预算制度中，由于存在着抵制重新分配的种种因素，要想实现预算资源在各部门、支出用途和项目上的重新分配是非常困难的，结果就是大量的资源长期滞留在效益相对较低的地方，而不能适时转移到更有价值、更符合政策目标的地方。预算改革的一项核心任务就是要确立一种预算决策过程，能够让多数人的公共利益压倒少数人的既得利益，并赋予预算执行部门必要的自主权，促使他们将更多的注意力集中在预算的产出和成果上。

---

① 国家行政学院国际合作交流部编：《西方国家行政改革述评》，国家行政学院出版社 1998 年版，第 48 页。

2. 三种不同导向的预算管理模式

根据预算制度对成本、投入、过程、产出和成果的重视程度和相应评价，可以将预算制度分为不同的模式，如图 3－2 所示①。

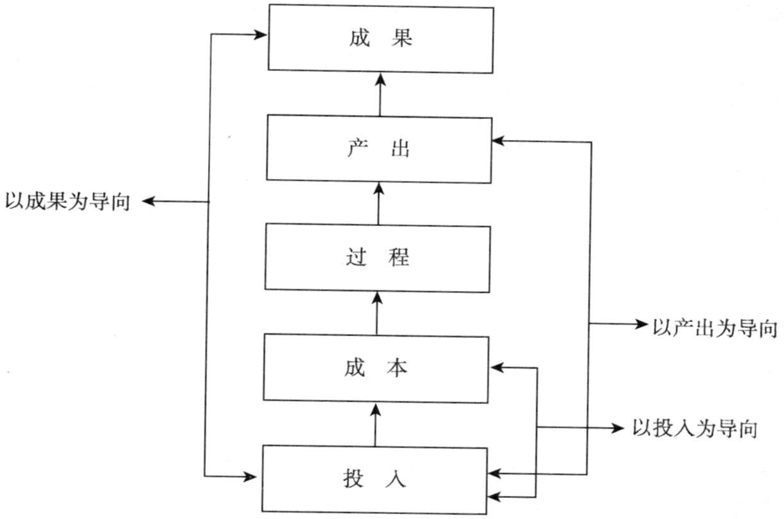

图 3－2　三种不同导向的预算管理模式

（1）以投入为导向的预算管理模式。这种预算管理模式所关注的是预算资金投入的合法性以及数量的多少，且对预算执行过程的监控也主要是着眼于投入方面，至于预算中安排的投入取得了什么结果却并不是需要特别关注的问题。这种预算管理模式的优点主要在于便于进行支出控制，确保支出不会超过预先设定的支出限额。同时，由于无须考虑预算绩效问题，以投入为导向的预算管理模式的预算决策分析过程也相对简单得多。但是，这种预算管理模式的缺点也是非常明显的，那就是不关注预算资金的投入取得了什么成效，产出和成果情况如何，是否实现了政策目标。这种预算模式的工作导向，会引导各个公共部门把工作的重点放在争夺预算拨款上，而不是用于如何用好预算资金，实现资金投入的效果上，从而导致公共机构和人员膨胀、

① 彭健著：《政府预算理论演进与制度创新》，中国财政经济出版社 2006 年版，第 242 页。

预算支出浪费和低效率等问题。

（2）以产出和成果为导向的两种预算管理模式。和以投入为导向的预算管理模式不同，以产出和成果为导向的预算管理模式主要关注预算资金使用的“产出”和“成果”。所谓“产出”，是从产品和服务的角度描述公共职能，反映公共部门提供了多少公共产品和公共服务，主要是用数量、时间和质量等指标来评价的；而所谓“成果”，则主要是指公共部门运用预算资金为社会所提供公共产品和公共服务对社会产生的实际影响。实施以产出和成果为导向的预算管理模式需要创造一系列的条件，其中最重要的是要明确测度预算绩效指标，并借助实际绩效与目标绩效的比较，测定各个公共部门或公共支出项目绩效的实际完成情况。为了达到这一目的，就需要建立公共部门管理会计，并为预算决策及绩效评价提供必要的会计信息。

同时，在以产出和成果为导向的预算管理模式下，对预算投入的控制也有所放松，预算执行单位有较大的权限自主管理预算中的各种投入要素，包括人力资源和货币资金。支出控制者（包括立法机关或预算管理部门）只是控制一个支出总量，而这笔总开支究竟如何在内部进行分配，则由他们自己处理。审计部门的审计重点也不简单是预算支出是否合法合规，而应将审计的重点由投入控制转向预算支出是否取得了预期绩效上来。

3. OCED 成员国的预算改革实践

OCED 成员国早期以产出和成果为导向的预算改革经历了三个阶段，即从20 世纪 50 年代的绩效预算到 20 世纪 60 年代的规划—项目—预算，再到 20 世纪 70 年代的零基预算。20 世纪 80 年代以来，这些国家又在原有改革的基础上，发起了新一轮的预算管理改革，其目的是将传统的以投入为导向的预算管理模式，转变为以产出和成果为导向的预算管理模式，改革的重点涉及以下几个方面①：

（1）建立基于产出和成果的受托责任体制。以市场化为取向的政府改革需要确立“购买论”的预算理念，即公共预算是为了购买公共产品和公共服务。这就存在着政府“拨款”（投入）与“效果”（产出和成果）的对比问题，将预算管理的重点从投入转向产出与成果，在预算管理上变传统的“过程管理”为“结果管理”。为了提高公共预算绩效，需要设计各种合约安排，

① 彭健著：《政府预算理论演进与制度创新》，中国财政经济出版社 2006 年版，第 243 页。

以明确公共部门预算效果的受托责任。而建立基于产出和成果的受托责任体制，则要求开发出良好的绩效指标与绩效导向方法。一项绩效指标必须具有以下特点：一是明确，即表达精确而不含糊；二是相关，即该项指标应适用于评价，而不是仅仅因为容易得到；三是经济，即可以通过合理的成本获得所需要的数据或信息；四是充分，即该项绩效指标本身或与其他指标结合，可以为绩效评价提供充足的信息；五是易于监督，即绩效指标应能够较为容易地实施监督。同时，为实施基于绩效的资源配置和激励措施，需要有良好的资源配置系统和人员绩效系统来与绩效指标相配合，否则，绩效指标的开发、计量与评价就难以发挥应有的作用。

（2）实施多年的预算规划。传统的预算理念是强调预算的“年度性”，这适应了立法机关对预算进行控制的要求。但是，年度预算将关注的问题放在过短的时间内，限制政府对未来更为长远的考虑，容易导致政府忽略潜在的财政风险。此外，政府承诺的可信度，也与财政政策的可持续性密切相关。因此，可通过实施多年的预算规划，来关注财政政策的可持续性问题。当前，OCED 成员国都已采用 3 ~5 年甚至更长时间的多年期预算框架，以弥补年度预算的不足。

（3）增加预算的透明度。OECD 成员国在改革的过程中，普遍认识到提高透明度是改善预算管理的关键之一，并在提高透明度方面做出了很多努力。这些努力，很多还是通过立法的形式来确定的。

（4）采取自上而下的预算编制程序。其主要内容包括：一是在预算编制的起始阶段即由较高级别的（核心）部门建立和公布总量预算限额、部门预算限额，各支出部门与单位则在给定的限额内，将预算资源在各项预算规划间进行配置；二是根据总量预算限额考虑部门预算限额，然后，根据部门预算限额考虑预算规划配置。在预算编制过程中，对这两类问题分别进行考虑，将有助于硬化预算约束。

（5）放松对预算投入的控制。在将预算管理的重点从投入转向预算的产出和成果后，由于管理者侧重于对预算效果负责，而不是对预算投入负责，传统的投入控制被大为放松，这就使得管理者在预算资源的使用管理方面有了更大的自主权和灵活性。具体做法有：一是将原来非常详细的分项排列式拨款项目进行合并；二是取消对各财政年度之间资金转移的限制，允许各部门或单位可以将本年度没有使用的资金结转到下一年度使用；三是引入净拨款是另一种赋予支出单位灵活管理的制度安排，其目的是对那些有收费项目的单位提供激励。

（6）引入权责发生制会计基础。权责发生制在公共预算中的应用，是以产出和成果为导向的预算管理改革的重要组成部分。传统的公共预算编制和预算会计核算一般以收付实现制（现金制）为基础，这种会计制度对公共资源投入的控制能力较强，而对公共预算的产出管理功能较弱，不能适应以产出和结果为导向的预算管理改革的需要。这主要表现在：一是收付实现制所反映的现金收付与收入、费用没有对应关系，因而难以正确计算公共部门产出的成本耗费；二是收付实现制可以通过提前或推迟支付现金来操纵年度的开支；三是收付实现制不将资本性项目的购买成本在其使用年限内进行分摊，同时还忽略了将资本投资于实物资产的机会成本。所以，收付实现制不能正确反映使用资本的年度成本，无法充分体现预算绩效与预算成本之间的关系，而预算绩效与预算成本的关系是绩效导向管理模式的基础。

4. 国外预算改革实践的启示

OECD 成员国的预算改革实践证明，从预算管理改革的思路上来看，确立以产出和结果为导向的预算管理理念是必要的。但是，我们也必须看到，这些国家以产出和成果为导向的预算改革，是在预算投入控制管理模式较为成熟、预算监督机制较为完善，且公共部门“遵从规则的文化”较为健全的基础上进行的。同时，这些国家的预算技术也较为先进，有能力顺利实施以产出和成果为导向的预算管理。而从我国预算改革与管理的实际来看，一方面，我国仍处于加强预算控制的初级阶段，公共预算还尚未形成“遵从规则”的文化，再加上预算透明度不高，预算约束力不强，违反预算合规性的现象普遍存在；另一方面，公共财政体系还正处于建设的过程中，政府管理理念、管理方式也有待进一步转变，法制建设、技术支撑条件及组织实施能力有待进一步加强。在这种情况下，如果超越我国自身的发展阶段，盲目效仿 OECD 成员国现阶段的改革模式，以控制产出和成果为中心，而放松对预算投入结构、规模的控制，不但不能有效控制预算绩效，而且还可能会使大量的预算资金因疏于有效控制而造成浪费。从我国的国情出发，我国预算管理改革的路径不能是放松预算投入控制，空谈预算产出和成果控制，而必须是在加强预算投入控制的基础上，借鉴国外以产出和成果为导向的预算管理经验，引入绩效管理因素，进而提高公共支出特别是公共支出项目的绩效。

从长期的角度来看，我国的预算改革必须从政治与技术两个层面上不断深化改革，具体包括以下几点：一是健全与完善预算立法，从法律上强化公共预算的约束力，提高公共预算的透明度；二是不断更新预算理念，借鉴“购买论”的理念，强化公共部门的受托责任，将传统的“公仆意识”具体化，让公共部门在执行公共预算的过程中，不只是单纯注重预算资金的安全，还要有效，这个“有效”要落实到预算投入的产出和结果以及最终效果上来；三是从技术层面，应该努力引入绩效管理因素，构建公共支出绩效评价体系，不断提高预算决策分析的质量，进而既提高预算编制的质量，又为预算执行和预算监督提供科学的依据，将以产出和结果为导向的预算管理模式贯穿于预算决策的全过程。

彭健的理论研究认为，构建预算支出绩效评价体系的关键在于①：一是建立能够与政府活动的目标、战略和职能保持直接联系，能够全面反映政府部门运行重要方面的产出和成果衡量指标体系，这主要包括投入衡量指标，用来反映政府部门使用资源数量的可计量指标；产出指标，用来反映政府活动提供的公共产品和服务数量的可计量指标；成果指标，用来反映社会公众从政府部门活动中获益的可计量指标；效率衡量指标，是以单位成本、单位时间或其他单位比率表示的有关政府活动生产率的可计量指标。二是建立较为健全的产出与成果的报告和审计制度。在预算报告中定期反映政府产出与成果方面的信息，并由外部审计机构对政府预算产出与成果进行审计，以保证政府产出与成果信息的真实性。三是改革现行的政府预算会计制度。要实行以产出和成果为导向的预算管理，就必须正确、全面、及时地登记、计量和报告政府的产出与成果信息，以权责发生制为基础的政府预算会计制度才能满足这一要求。

5. 实行绩效预算需要研究的问题

美国总统预算办公室（OMB）关于绩效预算的定义是②：“绩效预算是这样一种预算，它阐述请求拨款是为了达到什么目标，为实现这些目标而拟订的计划需要花多少钱，以及用哪些量化的数据衡量在实施每项计划的过程中取得的成绩和完成的工作量情况。”这个定义告诉我们，绩效预算是一种以产

① 彭健著：《政府预算理论演进与制度创新》，中国财政经济出版社2006年版，第12页。

② 邓毅著：《绩效预算制度研究》，湖北人民出版社2009年版，第47页。

出与结果为导向的预算。它不但将资源的配置与其绩效联系在一起，而且还是一种具有计划和评价功能的预算系统。绩效预算对产出与结果的关注体现在预算管理的各个环节：在预算编制环节，就应根据基本支出与项目支出的需要，科学设置相应的评价指标体系，并据此说明预算资金的使用要达到什么目标，实现什么效果；在预算执行环节，要求对预算资金的使用进行控制和监督；在预算执行结果的评价环节，应建立对产出和结果负责的激励与约束机制，既让相关部门及其责任人对产出和结果负责，也为公共部门的绩效管理提出改进意见。

从我国公共财政改革的实际出发，逐步实行绩效预算，既需要解决好观念、制度、机制、技术和管理方面的问题，又需要着重做好以下几项工作①：

（1）建立合理的公共支出项目分类体系。由于公共支出项目面广、量大、类多、繁杂，不可能所有的支出项目都适用统一的绩效评价方法，因而应当对公共支出项目重新进行合理的分类，以满足对不同种类支出项目进行绩效评价的要求。

（2）建立反映部门效能和支出绩效的科学的评价指标体系。在衡量公共部门绩效以及公共支出绩效时，既要考虑部门及支出的经济效益和社会效益，又要考虑短期效应和长期效应、直接效益和间接效益。公共支出内容的复杂性、对象的多层次性、效益的多样性，决定了应当建立统一性指标与专业性指标相结合，基本指标、专用指标与评议指标相结合，定性与定量相结合的多层次的绩效评价指标体系，以客观公正地评价公共部门及支出的绩效。

（3）建立科学的绩效评价标准及计量方法体系。绩效评价标准是公共部门及公共支出绩效评价的基本尺度，要建立规模庞大的基础资料数据库，以大量的有效样本为基础，测算出评价指标的标准样本，按照科学的计量方法，对绩效结果进行科学合理、客观公正的衡量和评价，为评价各类支出项目的投入水平与支出效益及同类项目之间的比较分析提供技术支撑。

当然，以绩效预算为目标，建立公共预算绩效评价体系必然是一个长期的过程，而就当前来说，更应该立足于我国国情，在借鉴国外成功经验的基础上，从现行部门预算的结构入手，在预算编制、执行与监督的全过程中，以“项目支出预算”为突破口，以建立公共部门管理会计为手段，将以投入

---

① 王祺扬：“试论构建公共部门绩效预算制度”，《财政研究》，2007 年第 1 期。

控制为导向的“过程管理”与以产出和结果控制为导向的“结果管理”结合起来，进而通过项目支出预算的绩效管理带动公共支出的绩效管理，再带动整个公共部门的绩效管理。这里，作者认为桑贾伊·普拉丹以发展中国家的公共支出分析为研究对象，提出的关于公共支出分析的基本方法很有针对性。桑贾伊·普拉丹认为①：“有意义的公共支出分析可以首先在某些具体项目的层次上进行（例如基础教育、公共保健、治疗性服务、公路干线建设、农业研究、化肥补贴）。这种分析通常可以获得相对翔实的资料，并且有助于对项目之间的支出配置进行评价。”

二、定量分析方法在公共部门收支管理中的应用

公共部门收支管理涉及的内容很广，定量分析方法也很多。从公共部门管理会计的特点出发，主要是为收支管理加工与提供涉及资金方面的相关信息，所以，可用的定量分析方法也很多。下面将简要介绍一些常用的或有代表性的定量分析方法。

（一）公共收入与支出测算的基本方法

公共收入与支出的科学测算，对于预算的编制，特别是预算的平衡是必不可少的。因为若是将公共收入预测过高，在执行阶段势必会产生很大的缺口，甚至会导致入不敷出的现象发生。这时为了让支出不超过收入，就必须压缩开支。相反，若是将收入预测过低，也可能出现不能最大限度发挥资金效率的问题。对于公共收入与支出的测算，财政部门的责任尤为重要。所以，下面主要从财政部门的角度来介绍公共收入与支出测算的基本方法。

对于财政部门来讲，进行公共收入与支出的测算，通常分为初步测算与具体测算两步。

---

① 桑贾伊·普拉丹著：《公共支出分析的基本方法》，中国财政经济出版社 2000 年版，第 7 页。

（1）初步测算。初步测算也称匡算。它是指在上年末，由财政部门根据本年度预算执行情况和下一年度国民经济初步安排情况以及下年度的变化因素，初步测算下一年度收支情况。匡算是采用“算大账”的办法，确定下一年度的各项预算收支的数额。其步骤主要包括：一是对上年度国民经济各部门的财务活动和各项生产建设事业的收支情况与发展趋势，作出全面预计和分析；二是根据相关部门提供的关于生产、流通、运输、文教卫生、科学教育等有关经济指标和事业指标，结合有关财务指标、预算定额和开支标准，并借鉴相关方法进行测算；三是充分估计各种有利和不利因素对预算收支的影响。

（2）具体测算。具体测算是在匡算的基础上，根据有关的经济指标和预算定额分别对各部门、各单位，以及各项预算收支逐项进行具体测算，以求得更为准确的预算指标数额。具体计算方法是，根据国民经济计划中的具体指标和各项事业发展计划进行逐项预算，然后再由财政部门对预算收支总量进行对比分析和平衡，并报政府原则审定之后，即进入编制预算草案阶段。

根据多年的实践总结，当前各级财政部门进行公共预算收支的测算，常用的方法主要有以下几种：

1. 基数法

基数法是财政部门测算收支指标常用的方法之一。它是以报告年度预算收支或预计执行数为基础，分析影响计划年度预算收支的各种有利因素和不利因素，并预测这些因素对预算收支的影响程度，从而测算出计划年度预算收支数额的一种方法。其计算公式为：

$$\text{计划年度某项预算收入或支出数额} = \text{某项预算收入或支出的上年数} \pm \text{计划年度各种增减因素对预算收支的影响}$$

这里需要说明的是，尽管在公共预算的实践中，我们大力提倡所谓“零基预算”，但从实务的角度来看，一级财政的收支或对某个部门的收支，这个“基数”客观上是存在的，实践中的操作往往是某个特定的“项目预算”可以是“零基”的，但就一级财政或一个部门预算来讲，无论是“收”还是“支”，却基本上还是“有基”的。

2. 系数法

采用系数法测算收支，就是利用预算收支同经济指标之间的比较关系（系数），来测算计划年度预算收支的一种方法。测算中通常采用的方法有两种：一种是以两项指标的绝对额计算系数，另一种是以两项指标的增长速度计算系数。若是根据绝对额计算系数，公式如下：

系数 = 同期预算收入（或支出）的绝对值 ÷ 同期有关经济指标的绝对值

预算收入（或支出）= 有关经济指标的计划数 × 系数

若是根据增长速度计算系数，公式如下：

系数 = 同期预算收入（或支出）的增长速度 ÷ 同期有关经济指标的计划增长速度

$$\frac{\text{计划年度预算收入}}{\text{（或支出）的增长速度}}=\frac{\text{有关经济指标的}}{\text{计划增长速度}}\times\text{系数}$$

$$\frac{\text{预算收入}}{\text{（或支出）}}=\frac{\text{报告年度预算收入}}{\text{（或支出）}}\times\frac{[1+\text{计划年度预算收入}}{\text{（或支出）的增长速度}]}$$

3. 比例法

比例法是指财政部门根据财政统计资料，计算出某项预算收支占总收入或总支出的比例，并据以由单项收支测算总收支，或以总收支测算单项收支的一种方法。这是利用局部占全部的比例关系，根据其中一项已知数值，计算局部或全部数值的一种方法。

利用单项预算收支测算预算收支总额的公式为：

$$\frac{\text{单项预算收入或支出占预}}{\text{算收入或支出总额的比例}}=\frac{\text{一定时期某项预算收入或支出数}}{\text{一定时期预算收入或支出总额}}$$

$$\frac{\text{计划年度预算}}{\text{收入或支出总额}}=\frac{\text{计划年度某项预算收入或支出数}}{\text{某项预算收入或支出占预算收入或支出总额的比例}}$$

利用预算收支总数测算单项预算收支的公式：

$$\frac{\text{单项预算收入或支出占}}{\text{预算或支出总额的比例}}=\frac{\text{一定时期某项预算收入或支出数}}{\text{一定时期预算收入或支出总额}}$$

$$\frac{\text{计划年度某项}}{\text{预算收入或支出数}}=\frac{\text{计划年度预算}}{\text{收入或支出总额}}\times\frac{\text{某项预算收入或支出占}}{\text{预算收入或支出总额的比例}}$$

4. 定额法

定额法是利用各项定额和有关经济指标，来测算计划年度某项预算收入和支出数的一种方法。预算定额是财政部门根据实证分析所规定的预算收入和预算支出的数量标准。各项定额与相关指标相乘，即为计划年度的预算收支数。如利用某些特定单位的收入标准，结合预算计划期内的业务活动量或某产品的产量，就可测量出某部门所能组织的该项收入。又如利用预算计划期内某部门或事业单位的人员编制数及每个月平均工资标准，即可测算出该项预算支出数。这种办法一般适用于文教、卫生、行政以及新开办的事业单位的支出测算。其计算公式为：

预算收入或支出计划数 = 定额 × 有关计划指标数

5. 综合法

综合法是在报告年度预算收入（或支出）基数的基础上，既使用系数法计算经济和事业增长的因素，又考虑各种影响地方财政收支的因素，综合分析测算，因此又称为系数法加因素法。其计算公式为：

计划年度预算收入（或支出）= 报告年度预算收入（或支出）基数 × 收（支）增长速度 ± 计划年度预算各种增减因素

以上这些方法，都是当前编制预算比较通用的方法。随着数学在我国经济研究领域应用的不断深入，经济计量分析方法也日益成为各级财政测算预算收支、加强预算管理的一种有潜力的方法。经济计量分析方法在预算管理工作中的应用，不仅使预算收支能够完全通过电子计算机进行分析，提高了预算收支分析的科学性和准确性，同时也使预算工作的参谋与决策能力大大提高。目前，我国各级财政部门进行的预算管理改革的重要内容之一，就是运用计量经济学方法建立预算收支预测模型，以加强预算管理的科学性和准确性。

（二）评价过程中的定量分析方法[①]

评价是定量分析中的一项重要基础工作，是对各种可行的备选方案，从社会、政治、经济、技术等方面予以综合考察，权衡利弊得失，给出评价结果，为管理提供科学依据的过程。

1. 评价指标数量化方法

常用的评价指标数量化的方法有很多种类，如排队打分法、体操计分法、专家评分法、两两比较法、连环比率法、综合评价法等。这里主要介绍其中的两种方法：即专家打分法与两两比较法。

（1）专家打分法。所谓专家打分法，是一种根据专家经验与主观感觉来评分的方法。例如，某个项目有五个方案，请15位不同方面的专家，根据各自的感受，分良好、可以、较差三类来评价，并将各自的评价结果记录在表3－1中。对于各个得分 F_j，可以通过下式将其转化为百分制得分 B_j（最高分

① 谭跃进主编：《定量分析方法》，中国人民大学出版社2003年版，第126页。

为100分）、十分制得分（最高分为10分）或五分制得分（最高分为5分）。

$$B_j = \frac{F_j}{F_{max}}$$

然后，还可将得分 F_j 作归一化处理：

$$f_j = \frac{F_j}{\sum F_j}$$

上式中，f_j 称为得分系数，其值大小可作为某方案好坏的数量标准（见表3－2）。

表3－1　　评价者对不同方案好坏的感受情况

评价者＼方案		Ⅰ	Ⅱ	Ⅲ	Ⅳ	Ⅴ
1		较差	可以	较差	可以	良好
2		良好	较差	较差	较差	可以
3		可以	较差	良好	可以	较差
4		可以	可以	良好	可以	可以
5		较差	较差	可以	可以	可以
6		可以	可以	良好	可以	可以
7		较差	较差	可以	良好	可以
8		可以	可以	可以	可以	良好
9		良好	可以	良好	良好	良好
10		较差	可以	可以	良好	良好
11		可以	可以	较差	良好	可以
12		可以	良好	良好	良好	良好
13		良好	可以	良好	良好	良好
14		良好	可以	可以	良好	良好
15		可以	可以	可以	良好	良好
列合计	良好（a）	4	1	6	8	8
	可以（b）	7	10	6	6	6
	较差（c）	4	4	3	1	1
总分（S＝3a＋2b＋c）		30	27	33	36	37
平均得分（F＝S/15）		2.0	1.8	2.2	2.4	2.47

注：总分计算中，良好为3分，可以为2分，较差为1分。

表 3－2　　不同得分制下的得分表

方案	Ⅰ	Ⅱ	Ⅲ	Ⅳ	Ⅴ	合计
得分（F_j）	20	1.8	2.2	2.53	2.47	11
百分制得分（B_j）	79.1	71.1	86.9	100	97.6	
十分制得分	7.91	7.11	8.69	10	9.76	
五分制得分	3.955	3.555	4.345	5	4.88	
得分系数（f_j）	0.182	0.164	0.2	0.23	0.224	1.00

（2）两两比较法。所谓两两比较法，是将方案两两比较打分，然后对每一方案的得分求和，并进行百分化等处理，得分较高的方案就是最优方案。打分时可以采用 0～1 分打分法、0～4 分打分法或多比例打分法等，原理基本相同。这里仅以 0～1 分打分法为例，介绍这种方法的具体应用。设有 n 种方案，我们可以排成一个 $n\times n$ 方阵，第 i 种方案的得分 a_{ij}分为三种情况：一是方案 i 优于方案 j 时，$a_{ij}=1$；二是方案 i 劣于方案 j 时，$a_{ij}=0$；三是方案 i 与方案 j 相当时，a_{ij}不得分（即空白）。本例有五个方案，从表 3－3 可以看出，方案Ⅳ得分最高，为最优方案。

表 3－3　　0～1 分打分法实例

方案 i ＼ 方案 j	Ⅰ	Ⅱ	Ⅲ	Ⅳ	Ⅴ	得分（F）
Ⅰ	—	1	1	0	1	3
Ⅱ	0	—	1	0	1	2
Ⅲ	0	0	—	0	1	1
Ⅳ	1	1	1	—	1	4
Ⅴ	0	0	0	0	—	0
合　　计						10

需要注意的是，按上述规则打分时，通常有一个方案的得分为 0。为了避免这种情况，可以规定 $a_{ii}=1$。于是，对应于表 3－3，可以得到表 3－4，进一步还可以进行各种归一化处理。

表 3－4　　对表 3－3 的修正

方案 j / 方案 i	Ⅰ	Ⅱ	Ⅲ	Ⅳ	Ⅴ	得分（F）
Ⅰ	1	1	1	0	1	4
Ⅱ	0	1	1	0	1	3
Ⅲ	0	0	1	0	1	2
Ⅳ	1	1	1	1	1	5
Ⅴ	0	0	0	0	1	1
合　计						15

2. 加权平均法

加权平均法是将评价指标进行综合的一种基本方法，应用较为广泛。一般先将各个评价指标数量化，得到各可行方案的所有评价指标统一的无量纲的得分以后，再通过指标的综合，就可以得到每一方案的综合评价值，再根据综合评价值的高低排出方案的优劣顺序。

设方案 A_i 的指标因素 F_j 的得分（或得分系数 f_j）为 a_{ij}，将 a_{ij} 排列成评价矩阵，如表 3－5 所示。

表 3－5　　方案评价矩阵

指标因素 F_j		F_1	F_2	…	F_n	综合评价值 ϕ_i
权重 w_j		w_1	w_2	…	w_n	
方案 A_i	A_1	a_{11}	a_{12}	…	a_{1n}	
	A_2	a_{21}	a_{22}	…	a_{2n}	
	…	…	…	…	…	
	A_n	a_{n1}	a_{n2}	…	a_{nn}	

按照加法规则，方案 A_i 的综合评价值 ϕ_i 按如下公式计算：

$$\phi_i = \sum_{j=1}^{n} w_j a_{ij}, i = 1, 2, \cdots, m$$

式中，w_j 为权重系数，满足如下关系式：

$$0 \leqslant w_j \leqslant 1, \quad \sum_{j=1}^{n} w_j = 1$$

例如，设有3个方案，5项指标，数据如表3-6所示，各个方案的综合评价值按上式计算如下：

$$\phi_1 = 0.4 \times 7 + 0.3 \times 6 + 0.15 \times 9 + 0.1 \times 10 + 0.05 \times 2 = 7.05$$

$$\phi_2 = 0.4 \times 8 + 0.3 \times 6 + 0.15 \times 4 + 0.1 \times 2 + 0.05 \times 8 = 6.20$$

$$\phi_3 = 0.4 \times 4 + 0.3 \times 9 + 0.15 \times 5 + 0.1 \times 10 + 0.05 \times 6 = 6.35$$

表3-6　　三个方案的综合评价

指标因素 F_j		F_1	F_2	F_3	F_4	F_5	综合评价值 ϕ_i
权重 w_j		0.4	0.3	0.15	0.1	0.05	
方案 A_i	A_1	7	6	9	10	2	7.05
	A_2	8	6	4	2	8	6.20
	A_3	4	9	5	10	6	6.35

显然，因为 $\phi_1 > \phi_3 > \phi_2$，所以，方案 A_1 最优，A_3 次之。在实际应用中，有两点需要注意：一是列指标时应考虑周全，避免遗漏；二是对于各项指标因素分配的权重要适当。

（三）非确定性决策方法

所谓非确定性决策，是当我们无法获得对于未来自然状态发生概率的估计时，或者说我们是在对未来情况完全不确定的条件下进行决策。通常，对于这类决策，可应用矩阵模型来分析问题，求解问题，作为选择最佳方案的依据，所以，非确定性决策方法有时也称之为矩阵决策方法。如表3-7所示，矩阵行上的各元素 y_j 表示可能发生的状态，属于不可控因素；矩阵列上的各元素 x_i 表示决策者可能采取的策略方案，属于可控因素；矩阵中对应上述行和列上的各元素 V_{ij} 表示在各种不同状态下，采取不同决策的结果。下面，我们以公共植保项目决策为例来介绍矩阵决策方法的应用①。

① 陈杰林：《植物保护经济学》，贵州科技出版社1991年版，第390页。

在植物保护中，经常可能遇到一些不确定的因素，如天气、防治效果、产品价格等。每一种不确定因素又存在着若干不以人的主观意志为转移的客观可能状态。各种状态发生可能性大小的数量指标，或者是反映状态发生的相对概率，叫做状态发生概率。这些概率往往需要凭借个人经验来判断、推测各种事件发生的可能性，也称主观概率。任何状态的概率P（A）（表示状态A的概率）都在0与1之间，且某一不确定因素的所有状态的概率之和必须等于1。如天气变化这个不确定因素对病虫害来说，有合适与不合适两种自然状态，这两种自然状态概率的和等于1。在公共植保项目的决策中，如果不确定因素有两种以上的自然状态，这些自然状态出现的概率无法加以预测，但各方案在不同自然状态下的效益可测，或为已知，对待这类问题，由于决策者的决策标准和对待风险所持有的态度不同，可以采用各种相应的决策分析方法。

1. 悲观决策标准

悲观决策标准，或称保守决策标准，是按最大的最小效益决策。这种决策方法，也即小中取大收益或大中取小亏损标准。该方法始于瓦尔德（Wald），故又称作瓦尔德准则。其主要特点是对现实行动的选择持悲观态度，这种心理是从最坏处着眼，将各行动遭遇最坏状态的概率视为1，而认为其他状态都不可能出现。因此，它的做法是找出各个方案中的最小收益值或最大亏损值，然后进行大小的比较，从中选出最大收益值或最小亏损值对应的方案。

表3－7　　决策矩阵模型

V_{ij} \ y_j / x_i	y_1	y_2	y_3	…	y_n
x_1	V_{11}	V_{12}	V_{13}	…	V_{1n}
x_2	V_{21}	V_{22}	V_{23}	…	V_{2n}
x_3	V_{31}	V_{32}	V_{33}	…	V_{3n}
⋮	⋮	⋮	⋮		⋮
x_m	V_{m1}	V_{m2}	V_{m3}	…	V_{mn}

例如，某地在论证某一公共植保项目时，有三种方案可供选择，即生物防治 B_1、以生物防治为主的综合防治 B_2 和化学防治 B_3，各个方案进行成本收益分析后的净收益在三种自然条件（干旱 A_1、正常 A_2 和雨水偏多 A_3）下各不相同，如表 3 - 8 所示。在这三种自然状态 A_1、A_2、A_3 下，三个行动方案 B_1、B_2、B_3 的最小收益分别为 80、90、95。显然，按照小中取大的决策标准，最佳方案为 B_3。

表 3 - 8　　某公共植保项目在三种自然状态下的收益矩阵

收益值 \ 状态 / 方案	A_1	A_2	A_3
B_1	80	115	120
B_2	90	135	130
B_3	100	110	95

2. 乐观决策标准

乐观决策标准，或称冒险决策标准，是按最大的最大收益决策。这种决策方法，也即大中取大收益标准和小中取小亏损标准。它是由赫威斯（Hurwicz）创立的准则，故又称作赫威斯准则。赫威斯准则与瓦尔德准则相反，它是从最好处着眼，也就是将各行动方案遇到的最有利状态的概率看做 1，认为其他状态皆不会出现。因此，它的做法是先找出各方案的最大收益或最小亏损，然后从中选择较大收益或较小亏损的方案。

如表 3 - 8 所示，在 A_1、A_2、A_3 三种自然状态下，B_1、B_2、B_3 三个行动方案的最大收益分别为 120、135、110。显然，按照大中取大的决策标准，最佳方案为 B_2。

3. 折中标准

这个准则是赫威斯在乐观决策标准的基础上改进而提出的，所以又称为赫威斯乐观系数准则。可以这么说，瓦尔德准则与赫威斯准则考虑的是最有利的和最不利的情形。于是，赫威斯进一步想到，如果让这两种状态的概率不是 0 与 1 这两个极端值，而是介于 0 与 1 之间的其他数值，那么就可减少过于悲观或过于乐观造成的失误。赫威斯把最有利状态的概率设为 α，称之为乐观系数，而最不利的状态概率便为 $1-\alpha$，以此为权数求最大收益值（或最小亏损值）与最小收益值（或最大亏损值）的加权平均数，该平均数称作折中损益值，从各方案的折中值中选取最大者（或最小者）对应的方案即可。

根据表 3－8，假定 $\alpha=0.6$，则按照赫威斯乐观系数准则，其计算结果如表 3－9 所示。从表中可以看出，方案 B_2 的折中值最大，故为最佳方案。显然，α 的取值是人为设定的，并不一定客观。因此，各方案的折中值大小也不一定符合实际，但这已经减缓了过于乐观或过于悲观的片面性。

表 3－9　　某公共植保项目三种方案折中收益值比较

状态 收益值 方案	最大收益值	最小收益值	折中收益值
B_1	120	80	0.6×120＋（1－0.6）×80＝104
B_2	135	90	0.6×135＋（1－0.6）×90＝117
B_3	110	95	0.6×110＋（1－0.6）×95＝104

与此相似，还有一种办法，即假设各种自然状态发生的可能性相同，也就是说各种自然状态的概率相等，即当有 n 种自然状态时，各状态概率皆假定为 1/n。这种决策准则由拉普拉斯（Laplase）提出，故又称作拉普拉斯准则。其决策标准为，先求得每一行动方案的“平均收益值”，然后，从中选择最大的平均收益值对应的方案。还是以表 3－8 为例，其计算结果如表 3－10 所示。从表中可以看出，方案 B_2 的平均收益值最大，故为最佳方案。

表 3－10　　某公共植保项目三种方案平均收益值比较

状态 收益值 方案	A_1	A_2	A_3	平均收益值
B_1	80	115	120	1/3×（80＋115＋120）＝105
B_2	90	135	130	1/3×（90＋135＋130）＝118
B_3	100	110	95	1/3×（100＋110＋95）＝102

4. 后悔值标准

后悔值标准最初为萨凡奇（Savage）所用，故也称做萨凡奇准则。萨凡奇准则在思路上有些类似于瓦尔德准则，不过它是借助后悔值（或称机会亏损值）作出决策的，而且效果也优于瓦尔德准则。所谓后悔值，是假设在某一确定的自然状态下，必然有一对应的行动方案，其收益最大。但由于决策者没有采取这个方案，实际得到的收益比最佳收益小，因此感到后悔。两者之差叫做后悔值。这种方法的特点，是要选择出一种虽不能保证取得最大收益，但也不会导致大量损失的决策方案。它以各个行动方案产生最大后悔值的自然状态必然出现为前提，也即假设各个行动方案产生最大后悔值的自然状态发生的概率为1，而其他状态的概率为0。基本做法是先从每种自然状态下找出各个方案的最大收益值，然后计算各方案的后悔值，再从中选出最小后悔值对应的那个方案。仍以表3－8为例，计算结果如表3－11所示，从表中可以看出，方案 B_2 为最佳方案。

表3－11　　某公共植保项目三种方案后悔值比较

状态／后悔值／方案	A_1	A_2	A_3	最大后悔值
B_1	20	20	10	max｛20，20，10｝＝20
B_2	10	0	0	max｛10，0，0｝＝10
B_3	0	25	35	max｛0，25，35｝＝35

（四）层次分析法[①]

层次分析法（Analytical Hierachy Process，AHP）是美国匹兹堡大学教授萨泰（A. L. Saaty）于20世纪70年代提出的一种将定性分析与定量分析相结合的系统分析方法。在进行系统分析时，我们经常会碰到这样一类情况，即有些问题难以甚至根本不可能建立数学模型进行定量分析，也可能由于时间紧迫，对有些问题还来不及进行过细的定量分析，只需作出初步

① 谭跃进主编：《定量分析方法》，中国人民大学出版社2002年版，第16页。

的选择和大致的判断就行了。这时应用 AHP 进行分析，就可以简便而迅速地解决问题。

应用 AHP 分析问题的思路是，首先，把要解决的问题分层系列化，即根据问题的性质和要达到的目标，将问题分解为不同的组成因素，按照因素之间的相互影响和隶属关系将其分层聚类组合，形成一个递阶的、有序的结构模型。然后，对模型中每一层次因素的相对重要性，依据人们对客观现实的判断给予定量表示，再利用数学方法确定每一层次全部因素相对重要性次序的权值。最后，通过综合计算各层因素相对重要性的权值，得到最低层（方案层）相对于最高层（总目标）的相对重要性次序的组合权值，以此作为评价和选择方案的依据。AHP 将人们的思维过程和主观判断数学化，将复杂问题分解为多个组成因素，并将这些因素按支配关系进行进一步的分解，按目标层、准则层、指标层排列起来，形成一个多目标、多层次的模型，形成有序的递阶层次结构。通过两两比较的方式确定层次中诸因素的相对重要性，然后综合评价确定诸因素相对重要性的总顺序。层次分析法体现了人们决策思维的基本特征：分解、判断与综合，它不仅简化了系统分析与计算工作，而且有助于决策者保持其思维过程的决策原则的一致性，对于那些难以全部量化处理的复杂的社会公共管理问题，能得到比较满意的决策结果。

由于应用 AHP 涉及较为复杂的数学计算，下面仅结合一个实例来介绍它的应用。某公共部门拟将一笔资金用于“三农”领域的项目，总目标是希望促进农民增收、农业发展、农村繁荣。可供选择的方案有：直接给农民发放补贴（P_1）；建设农村基础设施（P_2）；开展农民培训（P_3）；建设农村文化设施（P_4）；补贴农民购买农机（P_5）。衡量这些方案（措施）可以从三个方面着眼：是否调动了农民的生产积极性（C_1）；是否提高了农业技术水平（C_2）；是否改善了农民的物质文化生活（C_3）。现在要对上述五种方案进行优劣性评价，或者说按优劣顺序把这五种方案排列起来，以便决策者从中选择一种方案付诸实施。

用 AHP 分析问题大体要经过以下五个步骤，包括建立层次结构模型、构造判断矩阵、层次单排序、层次总排序、一致性检验。下面，我们将结合上述实例，简要介绍一下具体的分析工作。

1. 建立层次结构模型

运用 AHP 进行系统分析，首先要将所包括的因素分组，每一组作为一个层次，按照最高层、若干有关的中间层和最低层的形式排列起来。对于本例来说，层次结构模型如图 3－3 所示。

图中，最高层表示解决问题的目的，即应用 AHP 所要达到的目标；中间层表示采用某种措施和政策来实现预定目标所涉及的中间环节，一般又分为策略层、约束层、准则层等；最低层表示解决问题的措施或政策（即方案）。同时，图中用连线标明上一层次因素与下一层次因素之间的联系。如果某个因素与下一层次所有因素均有联系，那么称这个因素与下一层次存在完全层次关系。有时存在不完全层次关系，即某个因素只与下一层次的部分因素有联系。层次之间可以建立子层次。子层次从属于主层次的某个因素，它的因素与下一层次的因素有联系，但不形成独立层次，层次结构模型往往用结构模型图表示。

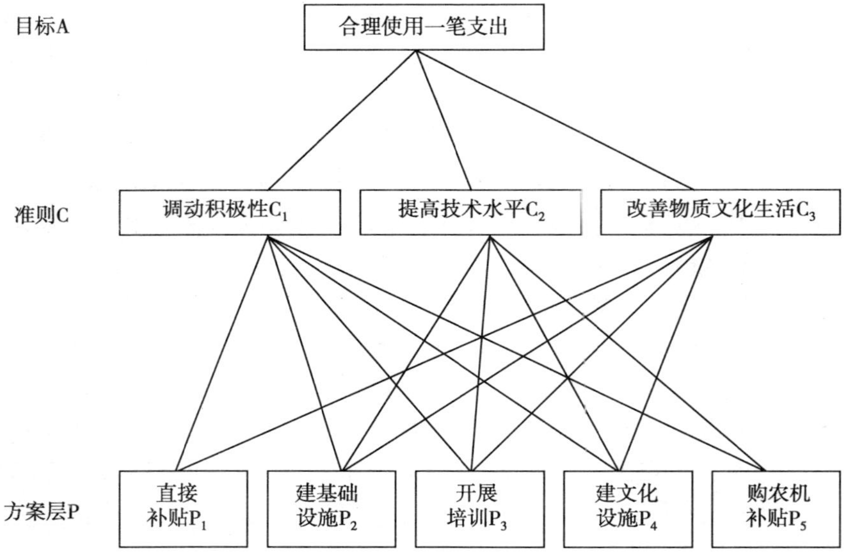

图 3－3　合理使用一笔支出的层次结构模型

2. 构造判断矩阵

任何系统分析都以一定的信息为基础。AHP 的信息基础主要是人们对每一层次中各因素的相对重要性给出的判断，这些判断用数值表示出来，写成矩阵形式，即判断矩阵。判断矩阵是 AHP 工作的出发点，构造判断矩阵是 AHP 的关键一步。

判断矩阵表示针对上一层次某因素而言，本层次与之有关的各因素之间的相对重要性。假定 A 层次中因素 A_k 与下一层次中因素 B_1，B_2，……，B_n 有联系，则我们构造的判断矩阵如表 3－12 所示。

表 3－12　　判断矩阵

A_k	B_1	B_2	…	B_n
B_1	b_{11}	b_{12}	…	b_{1n}
B_2	b_{21}	b_{22}	…	b_{2n}
…	…	…	…	…
B_n	b_{1n}	b_{2n}	…	b_{nn}

表 3－12 中，b_{ij}是对于 A_k 而言，B_i 对 B_j 的相对重要性的数值表示，通常 b_{ij}取值为 1，2，3，……，9 及它们的倒数，其含义为：

$b_{ij}=1$，表示 B_i 与 B_j 一样重要；

$b_{ij}=3$，表示 B_i 比 B_j 重要一点（稍微重要）；

$b_{ij}=5$，表示 B_i 比 B_j 重要（明显重要）；

$b_{ij}=7$，表示 B_i 比 B_j 重要得多（强烈重要）；

$b_{ij}=9$，表示 B_i 比 B_j 极端重要（绝对重要）。

它们之间的数 2、4、6、8 及各数的倒数具有相应的类似意义。

采用 1～9 的比例标度的依据是：一是心理学的实验表明，大多数人对不同事物在相同属性上差别的分辨能力在 5～9 级之间，采用 1～9 的标度反映了大多数人的判断能力；二是大量的社会调查表明，1～9 的比例标度早已为人们所熟悉和采用；三是科学考察和实践表明，1～9 的比例标度已完全能区分引起人们感觉差别的事物的各种属性。

对于 n 阶判断矩阵，仅需对 n（n－1）/2 个矩阵元素给出数值。任何判断矩阵都应满足：

$$b_{ij}=1,\ b_{ij}=\frac{1}{b_{ij}},\ i、j=1,2,\cdots\cdots,n$$

从本例来说，根据各因素的重要性比较构造判断矩阵并进行计算，所得判断矩阵及相应计算结果用表列出。其中：

（1）判断矩阵 A—C（相对于总目标而言，各准则之间的相对重要性比较），见表 3－13。

表 3－13

A	C_1	C_2	C_3	W
C_1	1	1/5	1/3	0. 1042
C_2	5	1	3	0. 6372
C_3	3	1/3	1	0. 2583

（2）判断矩阵 C_1—P（相对于调动农民积极性准则而言，各方案之间的相对重要性比较），见表 3－14。

表 3－14

C_1	P_1	P_2	P_3	P_4	P_5	W
P_1	1	3	5	4	7	0. 491
P_2	1/3	1	3	2	5	0. 232
P_3	1/5	1/3	1	1/2	3	0. 092
P_4	1/4	1/2	2	1	3	0. 138
P_5	1/7	1/5	1/3	1/3	1	0. 046

（3）判断矩阵 C_2—P（相对于提高农业生产技术水平准则而言，各方案之间的相对重要性比较），见表 3－15。

表 3－15

C_2	P_2	P_3	P_4	P_5	W
P_2	1	1/7	1/3	1/3	0. 055
P_3	7	1	5	3	0. 564
P_4	3	1/5	1	1/3	0. 118
P_5	5	1/3	3	1	0. 263

（4）判断矩阵 C_3-P（相对于改善农民物质文化生活准则而言，各方案之间的相对重要性比较），见表 3－16。

表 3－16

C_3	P_1	P_2	P_3	P_4	W
P_1	1	1	3	3	0. 406
P_2	1	1	3	3	0. 406
P_3	1/3	1/3	1	1	0. 094
P_4	1/3	1/3	1	1	0. 094

3. 层次单排序

所谓层次单排序，是指根据判断矩阵计算对于上一层次某一因素而言，本层次与之有联系因素的重要性次序的权值。它是针对本层次的所有因素，相对于上一层次而言的重要性进行排序的基础。

层次单排序可以归结为计算判断矩阵的特征根和特征向量问题，即对判断矩阵 B，计算满足下式的特征根与特征向量。

$$BW=\lambda_{max}W$$

式中，λ_{max} 为 B 的最大特征根；W 为对应于 λ_{max} 的正规化特征向量；W 的分量 W_i 即是相应因素单排序的权值。关于判断矩阵的最大特征根 λ_{max} 及其对应的特征向量 W 的计算方法问题，这里就不再介绍了，请读者参阅谭跃进主编的《定量分析方法》一书或其他相关著作。

为了检验矩阵的一致性，需要计算它的一致性指标 CI，公式如下：

$$CI=\frac{\lambda_{max}-n}{n-1}$$

显然，当判断矩阵完全一致时，CI＝0。$\lambda_{max}-n$ 越大，CI 越大，矩阵的一致性越差。为了检验判断矩阵是否具有满意的一致性，需要将 CI 与平均随机一致性指标 RI 进行比较。对于 1～9 阶矩阵，RI 分别如表 3－17 所示。

表 3-17　　1~9 阶矩阵的平均随机一致性指标

阶数	1	2	3	4	5	6	7	8	9
RI	0.00	0.00	0.58	0.90	1.12	1.24	1.32	1.41	1.45

对于 1 阶、2 阶矩阵，RI 只是形式上的，按照我们对判断矩阵所下的定义，1 阶、2 阶矩阵总是完全一致的。当阶数大于 2 时，判断矩阵的一致性指标 CI 与同阶平均随机一致性的指标 RI 之比称为判断矩阵的随机一致性比例，记为 CR。当 CR（=CI/RI）<0.10 时，判断矩阵具有满意的一致性，否则就需要对判断矩阵进行调整。

本例层次 C（准则层）的排序参见表 3-19。

4. 层次总排序

利用同一层次中所有层次单排序的结果，就可以计算出对于上一层次而言，本层次所有因素重要性的权值，这就是层次总排序。层次总排序需要从上到下逐层顺序进行，对于处于最高层下的第二层，其层次单排序即为总排序。假定上一层次所有因素 A_1，A_2，……，A_m 的总排序已完成，得到的权值分别为 a_1，a_2……，a_m，与 a_i 对应的本层次因素 B_1，B_2，……，B_n 单排序的结果为：

$$b_1^i、b_2^i、\cdots\cdots b_n^i$$

这里，若 B_j 与 A_i 无关，则 $b_j^i=0$。层次总排序如表 3-18 所示。显然

$$\sum_{j=1}^{n}\sum_{i=1}^{m} a_i b_j^i = 1$$

即层次总排序仍然是归一化正规向量。

表 3-18　　层次总排序

层次	A_1	A_2	…	A_m	B 层次的总排序
	a_1	a_2	…	a_m	
B_1	b_1^1		…		
B_2	b_2^1		…		
…	…		…		
B_n	b_n^1		…		

对本例而言，层次总排序的计算结果如表 3 - 19 所示。

表 3 - 19　　　　层次总排序计算结果

层次 C / 层次 P	C_1	C_2	C_3	层次 P 总排序权值	方案排序
	0.104	0.637	0.258		
P_1	0.491	0	0.406	0.157	4
P_2	0.232	0.055	0.406	0.164	3
P_3	0.092	0.564	0.094	0.393	1
P_4	0.138	0.118	0.094	0.113	5
P_5	0.046	0.263	0	0.172	2

5. 一致性检验

为评价层次总排序计算结果的一致性如何，需要计算与单排序类似的检验指标。

CI 为层次总排序一致性指标；RI 为层次总排序平均随机一致性指标；CR 为层次总排序随机一致性比例。它们的表达式分别为：

$$CI = \sum_{i=1}^{m} a_i CI_i$$

式中，CI_i 为与 a_i 对应的 B 层次中判断矩阵的一致性指标。

$$RI = \sum_{i=1}^{m} a_i RI_i$$

式中，RI_i 为与 a_i 对应的 B 层次中判断矩阵的平均随机一致性指标。

$$CR = \frac{CI}{RI}$$

同样，当 $CR \leqslant 0.10$ 时，我们认为层次总排序的计算结果具有满意的一致性。

就本例而言，判断矩阵 A - C（相对于总目标而言，各准则之间的相对重要性比较）的各相关参数：$\lambda_{max} = 3.0385$，$CI = 0.0193$，$RI = 0.58$，$CR = 0.033 < 0.10$。判断矩阵 $C_1 - P$（相对于调动农民积极性准则而言，各方案之间的相对重要性比较）的各相关参数：$\lambda_{max} = 5.126$，$CI = 0.032$，$RI = 1.12$，$CR = 0.028 < 0.10$。判断矩阵 $C_2 - P$（相对于提高农业生产技术水平准则而

言，各方案之间的相对重要性）的各相关参数：$\lambda_{max}=4.117$，CI = 0.039，RI = 0.90，CR = 0.043 < 0.10。判断矩阵 C_3-P（相对于改善农民生产生活状况准则而言，各方案之间的相对重要性比较）的各相关参数：$\lambda_{max}=4$，CI = 0，RI = 0。层次总排序一致性检验的相关指标：CI = 0.028，RI = 0.9231，CR = 0.0305 < 0.10。

计算结果表明，为合理使用这笔涉农资金，对于所提出的五个方案的优先顺序为：一是开展农民培训（P_3），权值为0.393；二是补贴农民购买农机（P_5），权值为0.172；三是建设农村基础设施（P_2），权值为0.164；四是直接给农民发放补贴（P_1），权值为0.157；五是建设农村文化设施（P_4），权值为0.113。决策者可根据上述排序结果进行决策。需要注意的是，不同的人对不同方案的判断是不相同的。所以，应当请那些对所处理问题有专门研究的人来作出判断，因为他们对所处理的问题和周围的环境了解得比较多，能得到比较合理的判断和正确的排序结果。

三、会计信息在公共部门收支管理中的作用

（一）会计信息与事项会计

为了实现公共部门收支管理的目标，必须建立服务于公共部门管理的信息服务系统，其中，最为重要的就是会计信息系统。与私人部门（企业）相比，公共部门收支管理的目标往往是多元的，既有经济效益方面的目标，更有社会与生态效益方面的目标；既有效率方面的目标，更有公平方面的目标。公共部门的利益相关者涉及整个社会，包括不同阶层、不同利益、不同身份的全体社会成员。所以，公共部门收支管理所要求的会计信息系统，较之企业而言，将更为复杂，且政策性强，对和谐社会建设有着直接影响。

1. 会计信息的作用

对任何组织来说，会计信息都是一种重要的资源。从管理会计的角度讲，其信息范围较为广泛，既包括以货币作为计量单位编制的财务报表所包含的

信息，也包括财务报表附注、审计报告（审计意见书）或其他财务报告所包含的货币及非货币信息，还包括那些与财务收支直接相关的其他信息。从公共部门收支管理的角度讲，通过公共收支活动，为社会所提供公共产品或公共服务，会计信息必然是直接或间接与资金相联系的。例如，政府给种粮农民的粮食直补，这些资金是否真正到达农民的手中，则可通过信息公开的方式来显示。湖北省实施的“财政与编制政务公开”信息系统，就是在这一方面所做的实践探索。实践表明，公共部门的会计信息是含金量很高的信息，它不但表明公共部门正在做些什么，同时还表明这些做法是否真正到位。如果某项公共支出项目并没有到达真正的用户，则通过信息系统，完全可以用非常低的成本来加强监督。所以，可以说公共部门的会计信息系统，不但在内部控制的全过程很有必要，而且对实施社会监督、促进政务公开都是很有必要的。这种必要性表明：它能够直接告诉服务对象，公共部门的某项公共产品或公共服务的内容是什么，什么时候提供，其数量与质量如何，以及是否真正到位等。

理论与实践表明，信息是影响人们改变对于决策方案的期待或者评价的重要因素。也就是说，信息影响决策，它对于管理的特定意义，就在于它对决策所产生的影响。在现代社会中，无论是私人产品的生产活动，还是公共产品的生产活动，其管理活动都日趋复杂。特别是对公共部门而言，由于公共收支活动涉及面广，其管理更需要有广泛的会计信息支持。公共部门管理会计所提供的相关信息，对于公共收支管理（特别是公共支出项目决策）的各个步骤都不可或缺。社会公众如何评价公共部门的绩效呢？最为直接的方法就是从公共部门为社会提供的公共产品或公共服务的绩效入手来评价，而要评价这些公共产品或公共服务的生产，必然也要与私人产品生产一样，要以绩效为目标，以相关产品或服务（即项目或作业）为对象建立责任中心与成本中心，并借鉴企业全面质量管理理念，实施 P（计划）D（实施）C（检查）A（处理）管理循环。显然，运用 PDCA 管理循环理念来提高公共产品或公共服务的绩效水平，在实施该循环的各个环节都离不开管理会计信息。

2. 对会计信息的要求

以公共收支预算为主的公共收支管理决策，对会计信息的要求，可以从信息的三个要素，即时间、内容与形式来讨论。

（1）从时间方面来说，公共部门拟作出某项公共产品或公共服务是否提供或如何提供的决策时，时间问题就是一个不可忽视的重要因素。信息的时间性包括两点，即及时性和适时性。及时性意味着在需要的时候拥有，因为只有及时得到合适的信息，才能作出正确的决定。适时性意味着拥有最新的信息。在当今信息社会，过时的信息常常意味着价值的消失。通常，公共部门特定的收支管理活动，往往都是与特定的时间紧密相连的。只有在进行某项公共收支决策时，及时且适时得到与之相关的会计信息，才是最有价值的信息。

（2）从内容方面来说，通常被认为是信息最为重要的特征。内容特征包括：准确性，即没有错误；相关性，即信息与管理对象是有关系的；完备性，即信息包含了管理所需要的东西。也只有所得到准确、相关与完备的会计信息，才能促进公共部门进行科学的收支管理。

（3）从形式方面来说，这也是一个不可忽视的问题。它通常包括细节化程度与表现形式两个方面。所谓信息的细节化程度，是指信息的详细程度必须与使用者的要求相适应，因为管理的不同环节对信息细节化程度的要求是不同的，其实这也是一个针对性的问题。所谓信息的表现形式，是指如何用最合适的形式来表达的问题，如口头叙述或文字叙述、图表或文字、打印等。在公共部门收支管理决策的实践中，适当的信息表现形式对提高决策水平不可忽视。特别是对于那些公共支出项目决策，如何有效地听取公共产品或公共服务的广大消费者的意见，更与信息表达形式密切相关。面向社会公众，采取适当的信息表达形式，对提高公共预算依法、科学与民主决策水平是一个不容忽视的现实问题。

3. 事项会计①

传统会计信息系统以编制财务报表为主要目的，它所提供的用货币表现出来的价值信息并非对所有使用者都适用，而且报表的数据经过汇总和处理可能会产生错误或扭曲，也就不能保证对所有用户都“管用”。因此，美国会计学家索特（Sorter）1966 年提出了“事项会计”观点。根据“事项会计”理念提供会计信息，对促进公共部门收支管理，提高公共部门收支管理（特别是公共支出项目决策）水平有较大的实际意义。所谓“事项”，是指对一项活动特征的可观察结果。这项活动的特征，能够被直接观察到，并对信息使

① 毛洪涛著：《业绩管理会计研究》，西南财经大学出版社 2007 年版，第 204 页。

用者具有经济含义。按照约翰逊的说法，事项是指某种活动（action）或某种经常性或偶然性事件（event）的发生状况，它们能用一个或多个特征来描述。由于信息使用者的不同和同一信息使用者选择的角度不同，对同一事项，会取得不同的观察结果，也就会赋予其不同的意义和描述。事项会计的主要观点包括以下几点：

（1）会计目标。事项会计认为，会计目标是为信息用户提供相关经济事项信息，其功能独立于用户的决策程序而发挥作用。用户自己决定自己使用什么样的决策模型，利用哪些经济事项信息，如何将信息输入并进行决策，会计不应取而代之。

（2）会计计量。一般而言，事项的全部特征是无法计量的，但会计应描述或计量与用户决策相关的主要特征，利用这些信息，用户可以观察事项发生的状况，以此能够预测未来相关事项发生的性质和可能性。事项会计认为，历史成本计量不论是报告过去的事项，还是估计未来的事项都是相关的特征。事项会计对经济事项的计量尺度、计量属性不是单一的，而是多角度、全方位的；既有定量的，又有定性的；既包括确定环境下的事项信息描述与计量，又包括不确定环境下的事项信息描述与计量。因此，事项会计是对价值会计计量与统计描述的融合。显然，事项会计的这些思想，对公共部门管理会计信息系统的建立是很有启发的。

（3）会计处理标准。事项会计的处理标准主要有以下三个方面：一是事项会计强调会计对经济活动尽可能以直接观察方式进行反映，因此，被认为是观察性的事项处理方法；二是事项会计允许数据的汇总，但不是越多越好，越综合越好，而是满足需要为好；三是减少价值判断，以第一手材料为好。

总之，根据事项会计的要求，会计的目标在于提供与各种可能的经济决策模型相关的经济事项信息，而把经济事项本身的信息运用到决策模型中是信息使用者自己的事情。也就是说，在一定的会计技术下，汇总得越少越好，信息使用者应根据自己的需要来决定汇总的程度、权重和评价，把事项信息运用到决策中去，而与会计人员无关。事项会计认为，会计数据的收集和评价标准都应由使用者自己决定，原因在于：一是只有使用者才能把最有用的数据转化到决策模型中去；二是会计人员的加工往往产生方法上的错误，使信息出现偏差，导致使用者决策失误。因此，以“事项”为数据处理的起点，更符合管理会计信息应服务与服从于管理决策的要求。

（二）会计是一个信息系统

张瑞君与蒋砚章主编的《会计信息系统》一书认为[①]："会计信息系统是一个面向价值信息的信息系统，是从对其组织中的价值运动进行反映和监督的角度提出信息需求的信息系统，即利用信息技术对会计信息进行采集、存储和处理，完成会计核算任务，并能提供为进行会计管理、分析、决策使用的辅助信息的系统。在信息社会，会计工作中常规的可以程序化的任务将由会计信息系统处理，同时会计信息系统还将辅助会计人员完成其他管理与决策任务。"会计作为一个信息系统，无论是私人部门（企业）还是公共部门，都是通过运用以货币计量信息为主的综合信息，解决一个组织如何实现自身目标、提高管理绩效的问题。

会计的主要职能是把一个组织机构的经济数据，变为对这个机构的相关决策方面有用的经济信息，它主要是处理过去、现在和预期的经济业务产生的数据，提供以财务（包括成本）信息为主的经济信息，把这些信息传递给使用者，使他们可以根据这些信息作出较佳的判断和决策，进而使决策者在多种备选方案的选择中减少不确定性。通常，会计信息系统具有整个管理信息系统的全部特征，往往是一个组织管理信息系统的重要组成部分。私人部门（企业）与公共部门的各项决策，都离不开会计信息系统的决策支持。显然，理解会计信息系统的含义，将有助于我们认识会计信息系统在公共部门收支管理中的地位和作用。

就公共部门而言，直接或间接与成本或费用相关的公共部门收支管理，无一不与会计信息相关。然而，由于现行公共部门的会计基础是采用现金收付制，所以，单纯由财务报表所提供的会计信息，难于满足公共部门收支管理的各种需要。因此，随着公共部门经济与管理活动深度与广度的不断扩大，复杂性与重要性也在不断提高，故有必要建立起支持公共部门收支管理决策的会计信息系统。

1. 公共部门会计信息的使用者

我们要提高公共部门的会计信息质量，首先需要了解谁是公共部门会计信息的使用者，才能从使用者的需求出发，提供使用者需要的、有利于使用

---

① 张瑞君、蒋砚章主编：《会计信息系统》，中国人民大学出版社 2006 年版，第 20 页。

者作出正确决策的会计信息。根据委托代理理论，公共部门是一个“信托机构”，其主要职责是为社会提供公共产品或公共服务。这就是说，公共部门会计信息的潜在使用者应包括公共部门活动所涉及的所有利益相关者。结合我国的实际，公共部门会计信息的使用者主要包括以下几类：一是各级政府及公共部门本身，属于内部使用者，实际上是公共收支活动的管理者，制定经济决策和加强公共部门管理都需要获得真实、完整、准确、及时的会计信息。二是各级人民代表大会及其常务委员会。作为我国的立法机关，负责审批预算草案和预算执行报告，并监督公共部门对公共资源的管理和使用，需要借助公共部门财务报告提供的财务信息来评估政府受托责任的履行情况、对公共资源的管理与使用情况、预算执行的合规性以及公共部门绩效等。三是各级审计部门。主要负责监督、审查公共资源的筹集、管理和使用，因此需要公共部门的会计信息。四是广大纳税人（社会公众）。纳税人作为公共资金的提供者，有权利了解公共资金的使用情况，缴纳的税款是否合法、合理、高效地使用，同时也有权对公共受托责任的履行进行评估。五是投资者和债权人。他们需要借助公共部门的会计信息，作出是否对政府债券等进行投资或借款给政府的决策。

此外，公共采购将涉及供应商；公共部门各种项目的招标与实施，将涉及项目管理者；就是公共部门的广大工作人员，其履职与待遇也直接或间接与会计信息相关。因此，有关的供应商与项目管理者都是公共部门会计信息的使用者。这也说明，公共部门会计信息的使用者，其范围十分广泛，涉及所有公共部门活动的利益相关者，而公共部门职能和行为的社会性又导致利益相关者几乎囊括了整个社会的个体与群体。

2. 公共部门会计信息使用者的需求分析

在确定会计信息使用者的基础上，需要进一步明确各使用者的信息需求，使他们能通过分析相关的会计信息，对某项特定的公共收支活动进行评价，并作为表达自身意愿的依据。而公共部门的会计信息，绝不只是仅供自身使用，综合考虑社会各界的意愿，又是公共部门进行科学合理的收支管理所必不可少的。

（1）公共部门对会计信息的需求。公共部门必须考虑社会各界对公共部门会计信息的需求，充分提高公共部门收支管理的透明度。同时，从依法理财的角度来看，公共部门加强自身管理的需要，也使得它对会计信息提出全面性、系统性与完整性的要求，以满足公共部门收支管理的需要。由此可见，立法机构、审计机关和政府部门自身作为主要使用者，应站在全面综合的立场上，关注公共部门职能与目标的完成情况，对收支预算的信息需求需要涵盖所有利益相关者的基本关注。公共部门运行的目标是在使用和消耗公共资源的基础上，完成其对社会及社会成员的各项职责，寻求资源和责任的平衡。从公共资源与公共责任长期平衡的要求出发，必然要求关注其每期的收入与支出的实际情况，关注公共政策与公共部门的行为对财务状况的影响，关注公共部门未来的持续服务能力。此外，从最大限度履行好公共职能的角度出发，还应关注公共部门收支活动的合法、合规、经济、有效，并为保证公共部门行为的合法、合规、经济、高效的内控系统提供必要的信息支持。

（2）其他利益相关者对会计信息的需求。公共部门的收支管理活动涉及的其他利益相关者对会计信息的需求各有侧重。纳税人关注其为公共部门提供的资金是否被投入到合适的规定用途而不被滥用。公共部门外债持有者关注其财务状况是否能保证自身的债权能否按时得到偿付，他们将决定未来是否继续持有或购入公共债券。公共服务的接受者关注公共部门的绩效、服务成本和服务成果，他们将决定未来是否还可以继续使用公共服务，或者是寻找其他的替代品。供应商、项目管理者及其他相关人员关注公共部门的财务状况和内控系统是否能保障他们的经济利益，以决定是否继续保持与公共部门的交换或合作关系。立法机关和审计机关则主要关注公共部门的活动是否符合预算，以及公共支出项目的经济性、效率性、有效性和公平性。

可见，除了公共部门之外，公共部门收支管理活动的其他利益相关者，会寻求与之受影响方面的会计信息，以支持各自的相关决策。这就导致了他们对会计信息的需求各有侧重，有的关注公共资金的合法性，有的关注公共产品或公共服务的成本和质量，有的关注公共部门的财务状况和风险，有的关注公共部门的现金支付能力，等等。

3. 公共部门会计信息的质量特征

无论是私人部门（企业），还是公共部门，对会计信息的质量要求是相同的，它们都应具有以下几个方面的特征：

（1）可理解性。公共部门会计信息的可理解性，是指会计信息的使用者能够理解会计信息的含义，能够通过对特定会计信息的解读，进而为自已履行特定职能服务。由于公共部门会计信息的使用者较企业更广泛，所以，注意从时间、形式与内容上提高公共部门会计信息的可理解性就显得更为重要。

（2）可靠性。公共部门会计信息的可靠性，是指会计信息应能够真实公允地反映公共部门相应“事项”的经济实质，并注意尽可能保持会计信息的全面性、系统性和完整性。

（3）相关性。公共部门会计信息的相关性，是指所提供的会计信息与所需要满足的目的之间存在相应的逻辑关系。通常，相关性包括重要性和及时性。如果信息的重要程度不足以影响使用者作出相应的评价，或者是在需要的时候得不到相应的信息，则相关性也就失去了意义。

（4）一致性。公共部门会计信息的一致性，是指对所有相似的交易和事项，都应使用相同的会计基础和会计准则。如果有变化，则需要对变化作出明确的说明。

（5）可比性。公共部门会计信息的可比性，是指在公共部门内部，对那些相似的“事项”，都应使用相同或相似的会计原则和报告方法，为这些“事项”之间进行比较，提供客观合理的基础。

（三）会计是一个决策支持系统

从控制论的角度来看，管理是一个控制网络，会计是该网络的决策支持系统。公共管理可被视为是一个投入产出的资源转换系统，它将信息流、资金流、物流、人力资源流等转换为对社会大众有价值的公共产品或公共服务，进而满足广大消费者对公共产品或公共服务的需要，并在这个过程中创造价值和实现社会福利的最大化。这个系统的模型如图 3－4 所示①。

会计学作为管理学的一个重要分支，以其货币计量、综合性、真实性等特征提供了关于经济资源的流动（流量、流向、流速等）、分配和配置的有关信息。可以说，会计学是在资源稀缺的前提下产生和发展起来的。会计信息的终极目标就是稀缺资源的有效配置，不同的会计信息揭示出不同的经济行为，从而影响到市场上各行为主体对稀缺资源的选择。根据著名经济学家哈耶克的观点，资源的任何配置都是特定决策的结果，而人们作出的任何决策

① 林钟高、章铁生著：《公司治理与公司会计》，经济管理出版社 2003 年版，第 32 页。

都是基于给定的信息。这就是说，资源配置的好坏取决于决策者所掌握的信息的完全性和真实性。所以，管理活动中所面临的根本问题与其说是资源配置问题，还不如说是如何最好地利用分散在整个社会的不同渠道的信息。如果说，一个决策者不了解本部门的财务情况、工作绩效与现金流量的数量、时间和不确定性等情况，那么资源的最优配置就无从谈起。反之，如果解决社会资源配置问题所必需的全部信息都集中于决策者和决策机构，那么最优资源配置问题便归结为具有众多变量和约束条件的最优规划。

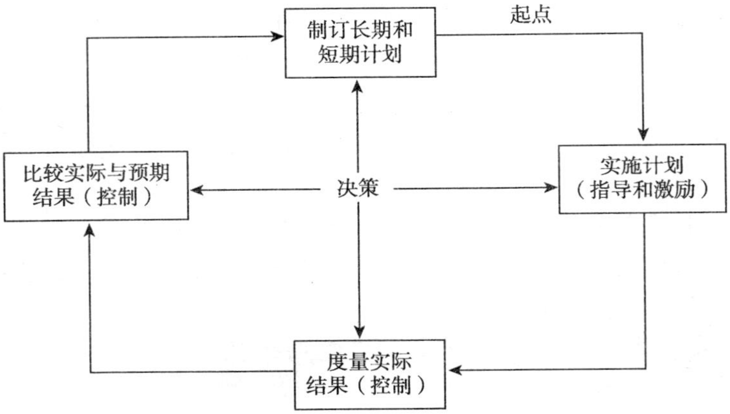

图3－4　管理模型：一个投入产出系统

从公共部门的角度来看，管理会计作为收支管理决策的支持系统，必须能够及时提供足以支持收支管理决策所需要的信息。从实践的角度来看，会计信息作为公共部门收支管理决策的支持系统，对它的基本要求包括：

1. 反映公共部门收入与支出预算的信息

公共部门收支预算（简称部门预算）是由部门编制上报的，体现了某个部门根据其职能获得与使用公共资源的计划和安排。其中，预算收入是资金来源的计划，预算支出是资金用途的计划。在公共部门编制收支预算的过程中，只有掌握了足够的会计信息，才能对资金来源与资金使用作出计划。特别是在编制支出预算时，如果缺乏必要的会计信息，是很难科学合理地分配公共资源的。公共部门预算按法定程序通过后，会计信息系统所提供的会计信息，应对公共部门活动的情况进行及时跟踪与反馈，以便使用者能利用这些会计信息，将实际的收支情况与预期的收支计划进行对比，帮助使用者了解公共部门预算的执行效果，评价公共支出特别是公共支出项目的绩效，同时也有助于公共部门改进绩效和提高预算执行的透明度。

2. 反映公共产品或公共服务成本效益的信息

与企业不同，公共部门的出发点不是盈利，而是为社会为公民提供一定水平的公共产品和服务，使用者关注的是公共部门如何获得资源以及如何使用。会计信息应该明确反映当期公共资源从何而来，又用于何处。因此，需要提供以下相关信息：一是反映当期公共资源流入和流出的信息，帮助使用者了解公共资金的来源和使用情况。公共部门活动的特征决定了公共服务的结果并不反映在收入中，因而需要传统会计指标之外的绩效信息，来帮助使用者评价公共支出绩效的“4E”状况。然而，在很多情况下，由于公共支出目标很难进行定量描述，于是，对“4E”的评价，很大程度上还需要根据财务报告以外的财务或非财务信息甚至非货币化信息来实现。二是需要提供成本与成果、成果与努力以及成本对比等方面的财务信息，帮助使用者评价公共部门所提供的公共产品或公共服务的“4E”情况。

3. 反映公共部门财务状况的信息

除了关心公共部门当期收支、资金获取和使用活动外，使用者还关心当期活动对财务状况所产生的影响，以及截至财务年度末所有过去的公共部门活动造成的财务状况，以便能够合理预测公共部门未来的财务状况和持续提供服务的能力。公共部门当期的收支活动由动态、流量信息反映，而形成的财务状况则由静态、时点信息反映。财务状况的重要方面之一是公共部门所拥有和控制的资源，这些资源代表公共部门未来的服务潜力。因此，资源的保全状况、资源的质量以及资源分布的结构对评价公共部门持续提供服务的能力很有帮助。从总量上看，如果资源总额比上期有所增加，表示公共部门未来服务潜力提高，反之则可能意味着公民未来可享受的服务面临缩减。因此，一是需要提供反映公共部门资产变化状况方面的年度信息，帮助使用者预测公共部门未来的服务潜力。财务状况的另一重要方面是公共部门所承担的义务和对资源使用的承诺。一方面，公共部门可能承担由法律或合同约定必须以资源流出来完成的义务；另一方面，公共部门还可能承担大量其职能要求或派生的义务，如对环境的保护、对社会保障的投入等。使用者不但要关心契约规定的公共部门显性义务，同样也要关心其承担的各种隐性义务，它们代表了未来公共部门资源的流出方向和金额。二是需要提供反映公共部门负债状况方面的信息，帮助使用者预测政府由于承担的义务或对资源使用的承诺而在未来导致资源流出的程度。

4. 反映公共部门内部控制和财务管理的信息

如前所述，公共部门不同于企业的重要特征在于其缺乏制约力量。公共部门拥有的强制力使其无须过多依赖于资本市场就能通过税费等得到其所需的资金，同时缺乏建立在剩余索取权上的所有者监督控制体系，这些都造成公共部门运行环境中留有比企业更大的管理或控制真空。所以，公共部门建立与健全完整的内部控制和财务管理系统的要求比企业更迫切。建立与健全完整的内部控制和财务管理系统应该保证交易的合规性、记录的真实性，资产得到保全，业绩得到反映，防止舞弊、浪费和资金挪用、权力滥用现象的发生。由于会计具有反映和监督的职能，因此公共部门内控系统中通常使用预算会计和基金会计等方式对资金的流入和流出、来源和使用进行充分记录和追踪，以确保专款专用，防止资金违反使用限制而被挪用和滥用。使用者，尤其是外部使用者缺少其他更好的控制手段和监督方法，有效的内控和财务管理系统在很大程度上是他们为保证公共资源被合法、合理、有效使用而唯一所能依赖的。因此，需要提供描述公共部门的内部控制和财务管理系统，帮助使用者了解公共部门的内控及财务管理系统是否健全有效。

公共部门管理会计
Management Accounting for Public Sectors

第四章
公共部门成本分析与运行成本控制

一、关于公共部门成本的相关问题

（一）公共部门成本概述

1. 公共部门费用与支出概念

从公共部门财务会计的角度来看，财务报表要素应反映公共管理活动的收入与费用要素，以及反映公共管理活动结果的资产、负债和净资产要素。其中，费用表现为公共部门为维持自身运转或向社会提供公共产品或公共服务而产生的耗费，必然体现为资产减少或负债增加。之所以采用“费用”而非“支出”作为会计要素，是由于采用经济资源为计量重点，而非采用现金为计量重点。支出以现金的流出为标准，而费用则不仅包括现金的耗费，还包括非现金资产的耗费以及负债的承担。与此同时，与成本与费用（或支出）相联系的一个概念，就是经常性支出与资本性支出。经常性支出形成当期耗费，并不带来未来公共部门服务潜能的提高，应确认为费用要素；而资本性支出形成未来服务潜能，应确认为资产要素。一般而言，现代政府有两大经济责任：一是以非市场方式向社会提供公共产品或公共服务；二是通过转移支付对收入和财富进行再分配。这些责任主要是通过交易来完成的。支出交易又可以从经济和功能两个方面进行分类。从公共支出分类的意义上讲，某个项目的成本可以简单地理解为是该项目的支出或该项目的费用。

《国际会计准则》把费用定义为①：会计期间内经济利益的减少，其形式表现为因资产的流出、资产耗费或是发生负债而引起的净资产/权益减少，但不包括与权益参与者的分配有关的净资产/权益减少。《国际公共部门会计准则》中费用的概念，除包括经济利益的减少外，还强调服务潜能的减少。《国际公共部门会计准则》与《国际会计准则》都鼓励报告主体在财务业绩表或附注中列报按性质或功能分类的费用，但公共部门主体强调对费用的细分，

① 财政部会计司：《政府会计研究报告》，东北财经大学出版社 2005 年版，第 30 页。

要有助于评价特定项目或活动的成本和成本补偿情况。

2. 公共部门成本概念及其内涵

公共部门的成本是指公共部门在进行公共管理和提供公共产品或公共服务过程中的各种费用和开支的总和，以及由其所引发的现今和未来一段时间内的间接性负担。就企业会计而言，我国传统的企业财务会计的成本概念是，为生产一定产品所发生的各种耗费的货币表现；现代西方财务会计的成本概念是，为获取某项资产或达到某种目的，而导致的以货币测定的价值牺牲；而现代企业管理会计的成本概念则是，在经营中可以对象化的、以货币表现的为达到一定目的而应当或可能发生的各种经济资源的价值牺牲或代价。若是比照企业管理会计中关于成本概念的描述，公共部门成本可以理解为：在提供公共产品或公共服务的过程中，可以对象化的、以货币表现的为达到一定目的而应当发生或可能发生的各种经济资源的价值牺牲或代价。这种“价值牺牲或代价”，应当既包括当期的“价值牺牲或代价”，也包括未来的“价值牺牲或代价”；既包括直接的“价值牺牲或代价”，也包括间接的“价值牺牲或代价”。

由于公共部门与私人部门（企业）财务报告的目标不完全相同，所以，两者对成本的认识也不完全相同。《国际公共部门会计准则》和《国际会计准则》都要求提供财务状况、业绩和现金流量等方面的信息。但《国际会计准则》还突出了公共部门会计中的预算控制及法律、法规和合同对主体约束这两个鲜明的特征，要求公共部门提供以下信息：一是表明资源的获得和使用是否与法定预算相一致；二是表明资源的获得与使用是否与法律和合同要求相一致，包括是否遵守由立法机构或权威确定的财务限制条款。与此同时，《国际公共部门会计准则》强调公共部门要提供对评价主体在服务成本、效率和成果等业绩方面的有用信息。这说明公共部门与企业的业绩评价方式是不一致的，公共部门强调服务的成本、效率和效果，而企业强调利润。

通常，由于公共部门财务会计遵循公认会计中的历史成本原则，记录的是历史成本，并向外部使用者提供财务报表或报告。所以，当我们站在管理会计的角度对公共部门的成本进行分析时，单纯从财务会计那里得到的成本信息是不完全的，因为它往往是过去的“价值牺牲或代价”，而不包括未来的“价值牺牲或代价”及间接的“价值牺牲或代价”。与此同时，传统的公共部门管理使用的是费用或支出概念，这不利于对公共部门的工作成果进行评价和管理。因为费用就是一种消耗，与工作成果的联系不够密切，不利于开展管理工作。相比之下，公共部门成本的概念有着深刻的内涵。

（1）公共部门成本强调与工作成果的密切联系。成本是投入，成果是产出。社会之所以把成本投入公共部门，绝不仅仅是为了消费而消费，而是为获得预期结果，也就是要向社会提供公共服务和公共产品，且还要取得最好的结果。用经济学术语来说，就是要用最少的投入获得最大的产出。假如成果小，成本大，那是得不偿失；即使成果大，成本也大，以大代价换大成绩，也还是要注意改善的。总之，我们必须把有限的公共部门成本花在能够取得最大效益的活动上。

（2）公共部门成本的构成是多重的、复杂的。公共部门的活动多元化，相应的结果多种多样，成本核算方法也有多种，其成本构成很复杂，既有直接成本，也有间接成本；既有显性成本，也有隐性成本；既有有效成本，也有无效成本等，而相关的成本概念更是不胜枚举。

（3）公共部门成本的承担者是社会公众。公共部门成本的概念表明，社会公众是公共部门成本的承担者或主体，这笔钱是他们用于行政管理方面的钱，是他们为获取公共服务而支出的成本。在人民群众和行政执行者的关系上，这个概念表明，社会公众是公共部门成本的“出资人”、“委托人”，是“老板”；公共部门及其工作人员是行政成本的具体使用者，是接受民众委托、代为处理行政事务的“代理人”。因此，公共部门及其工作人员的工作表现和业绩，最终不是自我认定和评价，而要由社会公众来认可和评价，这有助于从根本上理顺社会公众和公共部门的关系。

（4）公共部门成本概念强调现代科学管理方法的运用。以往我们也在强调降低行政费用，但是降低的标准是什么，基础是什么，缺乏科学依据。而公共部门成本概念的提出，预示着我国公共部门的管理将告别传统，踏上现代化管理的道路。公共部门成本概念强调与结果的密切联系；强调竞争和选择；讲究经济逻辑；强调运用目标管理和量化管理方法等。

（二）公共部门成本的构成

公共部门的主要任务是提供公共产品和公共服务，且不以营利为目的。所以，公共部门成本的构成有其自身特点。从狭义上讲，公共部门的成本，主要就是公共部门的直接支出。从广义上讲，公共部门的成本不仅应当包括公共部门的直接支出，还应包括公共部门决策及其行为所引起的社会经济资源的全部耗费。

当前正在进行的部门预算制度改革，规定公共部门的预算由基本支出预算与项目支出预算两大部分组成。所谓基本支出预算，是行政事业单位为保障其机构正常运转、完成日常工作任务所必需的开支，其内容包括人员经费和日常公用经费两部分。所谓项目支出预算，是行政事业单位为完成特定的行政工作任务或事业发展目标，在基本支出预算之外编制的年度项目支出计划，是部门支出的重要组成部分。所以，从理论与实践相结合的角度来看，公共部门成本构成的具体内容，可分为基于机构与编制的运行成本（或称组织成本）和基于公共产品或公共服务的项目成本两大类。

1. 基于机构与编制的运行成本

基于机构与编制的运行成本，也就是指由机构与编制所决定的成本。从狭义的角度讲，基于机构与编制的运行成本主要取决于公共部门的数量、公共部门内设机构的数量、公共部门工作人员的数量、公共部门人均工资性收入水平以及人均日常公用经费定额的大小。按照收付实现制会计基础，基于机构与编制的运行成本，对于新设部门来说，除人员经费和日常公用经费外，还应包括固定资产投资（如办公场所、办公设备）。若是采用权责发生制会计基础，公共部门基于机构与编制的运行成本还应包括固定资产折旧，这样就可以将那些占有过多资产的公共部门的成本直接反映到部门预算上来。从广义的角度讲，机构与编制的确定是建立在一定的政治经济体制基础上的，这里包含着体制成本，也就是由于部门之间或部门内设机构之间的职能重叠现象，所造成的成本高、效率低等不良现象，其中所表现出来的人力、物力和财力耗费，实质上都直接或间接与机构和编制的设置有关。因此，科学合理的机构与编制设置，不但能够直接降低运行成本，而且还会提高工作效率，进而降低社会成本。从财政的角度来看，部门预算是一个部门一本预算，只要是设了“庙”，就要运行，进而要有“和尚”，要有开支，这些开支直接表现为与机构和编制紧密相关的基本运行成本。通常，这类成本在年度预算中表现为部门预算中的人员经费和日常公用经费。

（1）人员经费。基于机构与编制的人员经费，是指公共部门中的人工成本，在政府预算支出“目”级科目中体现为“人员支出”和“对个人和家庭的补助支出”两部分；在支出经济分类科目中体现为“工资福利支出”和

“对个人和家庭的补助”两部分。根据财政部《中央部门预算编制指南》的规定，为了定额计算的规范和方便，可将公共支出经济分类中的一些“目”级科目归并为基本工资、津贴及奖金、社会保障缴费、离退休费、助学金、医疗费、住房补助和其他人员补助经费等八个项目。

对于一级政府或一级财政来说，当部门结构确定后，公共部门的人员经费主要取决于两大要素：一是公共部门机构所属的人员数量，二是人员的工资水平。首先，从公共部门的人员数量来看，我国公共部门中机构庞大和人员过多的问题仍然很严重，这直接增加了公共部门的开支和消耗，增加了公共部门的运行成本。其次，从公共部门工作人员的工资水平来看，我国公共部门工作人员待遇相对来说还是比较低的。所以，若想控制公共部门的运行成本，关键是推进公共部门机构改革，真正优化结构，精兵简政，从总体上降低人员经费，并在提高公务员的思想政治素质与业务工作水平的同时，适当提高公务员的平均工资性收入水平，进而通过加强工作质量与效率的考核，全面提高公共部门的绩效管理水平。

（2）日常公用经费。公共部门的日常公用经费，是指公共部门维持正常运转除去人员经费以外其他费用的总和。公共部门的日常公用经费，属于非项目支出，在政府支出经济分类科目中体现为“商品和服务支出”和“其他资本性支出”；在政府预算支出“目”级科目中体现为“公用支出”。根据财政部《中央部门预算编制指南》的规定，为了定额计算的规范和方便，对“目”级科目中的一些项目进行了归并，将支出经济分类科目中的多个“目”级科目归并为办公及印刷费、水电费、差旅费、交通费、专用材料及一般购置费和其他费用等六个项目。

如第一章所述，从理论上讲，公共部门是一个“信托机构”，需要履行好受托人职责，其中包括用最少的成本办好尽可能多的事。然而，由公共部门提供的相当多的公共产品或公共服务所产生的效益，往往不能像企业那样，直接以货币的形式进行计量和分析，因而对公共部门的运行成本进行分析和管理，就成为衡量乃至提高公共部门资源配置效率的重要途径。在我国，公共部门的运行成本是很高的，像比较突出的“公车私用”、“公款吃喝”和“文山会海”问题等，都是导致运行成本居高不下的重要原因。除此以外，还有办事环节多、行政程序复杂的问题。由于我国公共部门的管理体制是适应传统计划经济而建立起来的，虽然已经过若干次体制改革，各级公共部门的工作审批程序已简化了许多，但与社会主义市场经济发展的要求相比，仍然显得过于繁杂，这不仅使公共部门的运行成本增加，也使社会成本上升。所以，从我国的实际出发，高度重视并切实研究解决公共部门运行成本居高不下这个老大难问题，已成为社会各界都较为关注的问题。因此，从公共部门管理会计的角度加强对运行成本的控制与管理，既是公共部门自身的需要，也是作为“信托机构”履行好受托责任的基本要求。

2. 基于公共产品或公共服务的项目成本

项目的概念很多，从公共部门项目支出预算的角度来讲，公共支出项目基本上都是基于为社会提供公共产品或公共服务的项目。任何一个公共支出项目，其内涵就是一项为社会提供公共产品或公共服务的计划。这个计划以所要解决的问题为目标，从客观实际出发作出有效的资源配置，并努力运用成本收益分析方法，对计划的实施作出具体的安排。所谓项目成本，是指在项目形成与实施的全过程中，所耗费的各种费用的总和。这些成本既包括实施某个项目所需要的直接支出，也就是项目实施过程中所直接耗费的人力、物力和财力，还应包括立项或政策论证过程、设计过程与其他准备过程中所消耗的前期费用。必要时，还需要考虑该项目的机会成本与间接成本（包括付诸实施后可能产生的某些负面影响）。

最后，需要强调的是，现代公共管理理论与实践告诉我们，从传统的以“过程导向”为主的责任制向以“结果导向”为主的责任制转变，已成为提高公共部门管理绩效的必然。从管理会计的角度来讲，无论是基于机构与编制的运行成本，还是基于公共产品或公共服务的项目成本，并不意味着所有的成本都是必要与有效的。事实上，公共部门的成本总是与工作效果相关联的，因而其成本有些是必要的，而有些不是必要的。公共部门的必要成本是指公共部门为满足社会需要所支付的、在公共部门绩效实现过程中转移到新价值中去的成本。所谓新价值，是指公共部门提供的、满足社会需要的公共产品或公共服务所包含的价值。必要成本是实现公共部门绩效的前提，所以必要成本也叫有效成本。与必要成本或有效成本相对应，那些与提供公共产品或公共服务没有什么关系的支出，则属于不必要成本或无效成本。当前，一些公共部门往往管了许多不该管或管不了又管不好的事，耗费在这些无效行政行为上的成本，以及由于体制原因或人为因素而伴生的解决各部门间摩擦和矛盾的协调成本，机构臃肿、人员膨胀、文山会海等现象导致的不必要开支都属于无效成本，无效成本对公共部门的正常活动并非必需；公共部门直接进行资源配置、参与市场竞争而出现的设租和寻租，以公共权力换取部门甚至个人私利的腐败现象等，都是一种无法取得绩效回报的无效成本。

（三）公共部门收支管理决策中的相关成本概念

在传统的财务会计核算中，通常只有一种相对固定的成本概念：对于企业来说就是产品成本，它主要是为确定企业的财务状况和经营成果所用，因而称之为财务成本；对于公共部门来说就是预算支出，它主要是现行收付实现制会计基础所要求的。但是，管理会计的职能与财务会计不完全相同，它着重为管理部门的预测、决策、控制和绩效评价等职能服务。由于各种管理职能的特点不同，因而履行这些职能所需的成本信息也不同，这样就需要根据各种管理职能的要求来核算和提供各种用途的成本信息，从而促进成本概念的多样化。然而，由于公共部门管理会计的研究尚未引起人们的足够重视，所以对公共部门管理决策中相关成本概念的阐述还没有一个较为明确的说法，这里仅根据作者的理解，立足于服务公共部门的预测、决策、控制和绩效评价等管理职能，借鉴企业管理会计中的有关概念，对与之相关的成本概念作一粗浅的讨论。

1. 平均成本、差别成本与边际成本

决策成本按其差异性可分为平均成本、差别成本与边际成本。平均成本是指平均每单位产出的成本。它反映的是成本的一般水平或平均水平，可以用来进行简单的绩效评价。当公共部门所提供的公共产品或公共服务的价值或效用高于其平均成本时，就可以说公共部门是有绩效的。差别成本或称差量成本，有广义与狭义之分。广义的差别成本，是指在进行公共支出项目决策时，两个或两个以上的备选方案之间预期成本的差别。狭义的差别成本是指两个或两个以上的备选方案之间由于业务量增减变化而形成的预期成本差异。差量成本可分为增量成本与减量成本。与差别成本或差量成本相对应的概念就是差别收益或者说差量收益。在公共支出项目决策时，差别成本是一个十分有用的成本概念。边际成本，从本质上说是一个数学概念。在经济学中，边际成本表示增加生产一个单位产出所需付出的额外成本。譬如说，某个公共部门提供10件公共产品的总成本是200万元人民币，如果提供11件公共产品的总成本为215万元人民币，那么前10件公共产品的平均成本为20万

元，第11件公共产品的边际成本为15万元。一般情况下，人们只注重平均产品成本的计算，而很少关注边际成本，其实公共部门也可以使用边际成本来进行管理。某些可以定量分析的公共产品，究竟在生产规模多大的情况下，才能使其边际成本趋于零，从而使公共部门成本最小，这是公共部门工作中应该注意的问题。

2. 实际成本与机会成本

决策成本还可以分为实际成本与机会成本。某个部门或某个项目的实际成本，就是该部门或该项目的实际支出。从公共部门的角度来看，其实际成本是该部门预算中基本支出与项目支出的总和。其中，基本支出中的人员经费基本上是不可控的，而基本支出中的日常公用经费与项目经费则是可以控制的。这些支出大部分都具有弹性，可通过一定的技术手段来减少一些不必要的支出，以提高资金的使用效率，进而提高公共支出绩效。根据公共部门的实际成本，进行成本收益分析，是公共部门绩效评价的重要内容。加强对实际成本的研究，不仅有利于公共部门自身的经营与管理，而且有利于公共部门的廉政建设和对社会经济资源的节约利用。

机会成本并非某种现实的成本支出，它是指在若干备选方案中，选定某一方案而放弃另一方案所丧失的潜在利益，它是因决定选择某个行动方案而付出的一种代价。一般情况下，决策者总是在至少两个以上的可行方案中选择最优方案而放弃次优方案。因此，被放弃的次优方案的预期收益，就应成为被选取的某个方案的全部成本的一部分，即应将已淘汰的次优方案可能获得的收益，作为已选定的最优方案的机会成本。所以说，机会成本是一种择机代价。机会成本总是针对具体方案而言的，如果一项资产只能用来完成一项职能，既不能用于其他方面，也不能作为废品出售，则该项资产就没有机会成本。公共部门的机会成本是指公共部门把一定资源用于生产某种公共产品或开展某项公共服务，而放弃生产另一种公共产品或开展另一项公共服务的价值和好处，即舍弃另外一种决策所能带来的收益。只要有决策，就客观地存在机会成本，因为任何决策，都是在不同的方案中博弈选优的。公共部门在决策时，要重视机会成本，把有限的资源用于最有利的地方，在各种机会中选最优的，这有利于提高公共部门决策的科学性。比如，在资源有限的情况下，政府部门是优先选择解决环保问题，还是优先解决就业问题，抑或是对两者的投入进行有效协调，使开支的效果最好？类似问题都需要公共部门运用机会成本的理论进行认真的思考和评估。

机会成本还有一种表现形式，称之为假计成本。这种成本既不是部门或项目的实际支出，也不必记账，只是使用某种经济资源的代价。这种代价，在进行方案的选择时必须加以认真考虑。例如，公共部门在提供物质形态的公共产品时，可以选择不同的方案，各个方案所需要的资金数量、资金来源和投入时点可能不同。为了保证评价的口径一致，正确地进行决策，公共部门为此所需要的资金不论其来源如何，都必须把利息作为机会成本进行假计。财政资金是不要利息的，但与企业经营决策时需要将权益资本成本作为假计成本予以考虑一样，在对某些公共产品进行决策时，也需要将财政资金的时间价值考虑进去，这也是机会成本和货币资金的时间价值观念在公共支出项目决策中的具体应用。

3. 可控（避免、延缓）成本与不可控（避免、延缓）成本

决策成本按其可控性、可避免性和可延缓性，可分为可控成本与不可控成本、可避免成本与不可避免成本、可延缓成本与不可延缓成本。

（1）可控成本与不可控成本。这是按成本的发生能否为管理当局（或责任中心）所控制来划分的成本，如一些公共产品，其材料成本对政府采购部门来说是可控制的，而对生产部门来说则是不可控制的。又如人员经费，对部门来说是不可控制的，而办公经费对部门来说，则是可控制的。当然，可控制成本与不可控制成本都是相对的，而不是绝对的。一项成本，对于一个部门来说是可控的，而对于另一个部门来说却是不可控制的。但对于公共部门整体来说，所有的成本都是可以控制的，这就需要明确各个部门的权力与责任。

（2）可避免成本与不可避免成本。这是按决策方案变动时，某项支出是否可避免来划分的。可避免成本是指管理团队（或责任中心）的某项决策可以改变其发生数额的成本。也就是说，如果决定采用某个特定的方案，与其相联系的某项支出必然发生，不可避免；反之，如果不采用该项方案，则与此相联系的某项支出就不会发生。成本的发生及其数额与决策行为密切相关，这样的成本就属于可避免成本。而与之相对应，不可避免成本是指管理团队（或责任中心）的某项决策，不会改变某项支出发生数额的成本。也就是说，该项成本的发生与特定的决策方案无关，其发生与否不取决于有关政策方案的取舍，如约束性固定成本就属于不可避免成本。根据前述的差别成本概念

可以看出，某个决策方案的取舍主要考虑可避免成本。因为只有可避免成本才构成差别成本，不可避免成本并不是差别成本的组成部分。

（3）可延缓成本与不可延缓成本。这是按某项决策方案的成本是否可以递延到以后期间发生来划分的。可延缓成本，是指在资源稀缺的约束条件下，对已经选定的某个方案如果推迟执行，不至于对公共部门绩效产生重要影响，那么，与此方案相关的成本就称为可延缓成本。例如，公共部门的办公条件，原打算在计划年度予以改善，但考虑到资金比较紧张，经过讨论决定将此项目推迟到下个年度实施，因为此项成本并不对部门的工作绩效产生重要影响，所以属于可延缓成本。与此相对应，不可延缓成本，是指即使受到资源稀缺的约束，对于已经选定的某方案的实施也必须立即执行，不得推迟，否则将对公共政策产生重大影响。例如，很多与民生相关的项目（如最低生活保障），一旦启动就不能半途停止，否则会对社会和谐与稳定造成重大影响。

总之，在公共部门管理决策中，当受到资源稀缺的约束，对于已经选定的某个方案不能同时付诸实施时，作为管理会计人员，应该区分轻重缓急，研究哪些方案可延缓执行，哪些方案不可延缓执行，然后依次排队，为决策层依据法定程序进行决策提供参考。

4. 间接成本、社会成本与体制成本

从公共部门整体而言，为社会提供公共产品或公共服务所必须耗费的必要成本是直接成本。但是，有些成本客观存在，却与提供公共产品或公共服务没有必然的联系，属于间接成本的范畴，可将其称之为社会成本与体制成本。

所谓社会成本，是指公共部门的某项政策或某个项目所造成的社会、经济以及生态等方面的损失和负担。这种社会成本的行为主体是公共部门，但行为后果却由社会来承担，影响面广且影响周期长，直接增加了社会公众的支出，并对经济社会的未来发展产生直接和间接的影响。因此，为使这种社会代价得到控制和合理的补偿，就必须对公共部门社会成本的发生予以合理的计量、分析和有效控制，以达到用最少的社会代价获得最大的社会效益的目的。美国哈佛大学行政管理学院的核心教材《财政管理学》一书中所谈及的“政府的‘隐蔽性’成本”就属于社会成本。该书指出①，某些政府活动，虽然表面上支出不多，但对资源配置的影响很大。例如，颁布管制条例本身并不需要多高的费用，但执行这些管制条例，往往会增加较高的社会成本。有人从理论上建议，应就政府管制而引起的经济成本，每年编制一份管制预算，供社会公众监督。尽管编制这种预算在实践中并不可行，然而，树立这种成本理念，对科学合理地制定公共政策却十分必要。

所谓体制成本，是指公共部门工作过程中由于体制自身的缺陷而造成的超量成本，即这部分成本不能创造出相应的社会收益，导致资源不必要的损耗。基于机构与编制的运行成本中的那部分无效成本就是体制成本的重要体现之一。因为公共部门的机构与编制设置是建立在一定的经济与政治体制基础上的，那些职能重复交叉的机构设置（既包括部门与部门之间的职能重叠，也包括部门内设机构的职能重叠），以及冗员配置等，不但不能带来任何绩效，反而会产生摩擦成本等无效成本，造成社会资源的浪费。这里所说的摩擦成本，是指由于各公共部门之间的职能不清，或职能交叉甚至冲突而产生的失误，以及为了缩小实际的政策效果与原来政策目标间的差距而在政策施行中额外付出的代价。公共部门为了维护政策原则的权威性和一致性，必须在政策实施过程中作出再一次的协调和统筹，以纠正以往政策运行中的偏差。除此之外，公共部门还有些成本是难以度量的非货币形态的渗透性支出，它包括公共决策失误所造成的多方面的损失。这些损失，大多直接或间接与传统体制的不顺或摩擦相关。

5. 相关成本、无关成本与责任成本

管理会计中的成本概念是为不同的决策目标服务的，这些成本概念，最终可归结到“相关成本”、“无关成本”与“责任成本”这个框架中来。所谓相关成本是指与决策方案相关联的成本，它是决策关注的焦点。其基本特征，一是未来的成本。因为决策总是面向未来，与之相关的成本也只能是未来将发生的成本，而不是也不可能是已经发生的历史成本。因此，沉落成本（即过去的成本支出）不是相关成本。二是有差别的未来成本。即使是未来成本，只有可供选择的不同方案之间预期的成本额上存在差别的成本，才是与决策有关的相关成本。也就是说，没有差别的未来成本也不是相关成本。三是可

① 曾繁正等编译：《财政管理学》，红旗出版社 1998 年版，第 6 页。

以控制的成本。管理决策过程关注的是那些可以控制的成本，比如一个部门的人员经费，对本部门来说是不可控的，即没有必要考虑，但对于政府或机构与编制管理部门来说，又是可控成本，这方面成本的高低直接与他们的管理决策成效密切相关。所谓无关成本，与相关成本相对应，是指与制定决策不相关的成本，因而决策时可不予考虑。例如固定成本、不可控成本等就是无关成本，这些成本对不同的决策来说都是不可避免的。所谓责任成本是一种以责任中心（如以某个项目为责任中心）为对象计算的成本。它是考核评价各责任中心绩效与职责履行情况的一个重要依据。责任成本的计算原则是谁负责谁承担，即不管用于何种公共产品或公共服务，只要是由该责任中心负责提供的，就由该责任中心承担责任。责任成本大部分是可控成本，因为只有责任中心能控的成本，才能作为考核评价其绩效的依据。如果以不可控成本来衡量各责任中心的管理绩效，就会产生许多不合理的情况，从而挫伤各责任中心的积极性。责任成本是责任会计的一个重要内容，从公共部门的实际出发，以公共支出项目为对象建立责任中心，是提高公共支出乃至公共部门绩效的一个有效切入点。

二、公共部门成本的影响因素及需要解决的问题

（一）公共部门成本的影响因素

公共部门成本的增加或减少受多种因素的影响。要全面认识公共部门成本，寻找公共部门成本的变化规律，为公共部门成本的控制提供依据，就必须对公共部门成本的影响因素进行分析。公共部门成本的影响因素可以从宏观和微观两个方面来分析：

1. 宏观影响因素

（1）公共部门的工作目标。公共部门的工作目标是公共部门在一定时期内必须达到或期望达到的目标，是公共部门各项工作或活动的出发点与落脚

点。公共部门的工作目标在公共部门的具体工作中总是表现为一系列的工作计划和决策，成为工作执行和监督的标准和依据。正因为如此，作为衡量公共部门开展活动过程中资源耗费情况的重要指标——成本，必然与公共部门的工作目标高度相关。公共部门的工作目标实际上就是职能定位问题，而其又是设置机构和配置人员的前提和基础，直接与公共部门的成本高低密切相关。

（2）公共部门的工作方式。公共部门的工作方式是指公共部门在基本管理思想的指导下，为了履行其职能、实现其工作目标和开展一系列工作，对管理客体——社会活动的各个领域施加定向影响的条理化、系统化、程式化的手段、措施、方法等的总称。概括说来，公共部门最基本的工作方式有行政手段、法律手段、经济手段、说服教育手段等。显然，公共部门工作方式是公共部门工作职能的载体和表现形式，是公共部门履行职能的手段及其程序过程，又是实现工作目标的基本途径，进而影响公共部门成本的高低。公共部门的工作方式必须与当前经济与社会发展阶段相适应。例如，在市场经济环境下过多地使用传统的行政手段而不去寻求经济手段与法律手段，在信息社会里依然使用传统的信息传递方式，尽管消耗大量的人力物力，依然收不到好的效果，阻碍经济与社会的发展。因为主要用行政手段管理经济的方式和传统信息传递方式已不适应现代市场经济和信息社会发展的要求。

（3）公共部门的工作环境。公共部门的工作环境是指各种直接或间接作用和影响公共部门活动的客观因素的总和。它对公共部门所进行的一切活动产生重要影响，是公共部门赖以存在和发展不可或缺的条件。外部环境一方面通过制约公共部门的工作目标来影响成本，另一方面又直接影响具体活动的成本。外部环境对工作目标的制约表现为公共部门职能的确定、机构的设置、系统运行的机制和方式等必须与工作环境相适应；外部环境对具体活动成本的影响则表现在实现同一工作目标，不同的外部环境所需的资源耗费量不同。

2. 微观影响因素

（1）公共部门的规模。公共部门的规模表示的是公共部门的数量特征，主要应该包括：公共部门的支出规模、所设机构及公务人员的数量等。

①公共部门的支出规模。公共部门的支出规模一般可用公共支出占国民

生产总值的比例，或者采用人员经费等占公共支出的比例来衡量。公共部门的支出越多，成本就越高；相反，成本就越低。就公共部门的支出而言，既要考虑公共部门支出的成本收益情况，又要考虑公共部门支出所产生收益的机会成本。成本收益比较方面：假定公共部门财政支出的边际收益大于边际成本，则公共部门财政支出可以进一步扩大；反之，则缩减公共部门支出；两者相等，就意味着财政规模达到最佳水平。机会成本比较方面：如果和私人部门相比，公共支出的机会成本高于其收益时，就应减少公共支出，反之则应增加，如果相等的话就达到了均衡。

②公共部门的机构数量。公共部门的机构数量越多，所需要的经费支出就越多，公共部门组织之间的控制、协调成本也必然越高。从实践中看，我国公共部门的机构设置，由于多方面的原因，分工过细、权力过大、机构臃肿、人员过多等问题，尚不同程度存在。这种状况还容易滋生官僚主义，助长不正之风，进而又增加了公共部门的成本。

③公务人员数量。公共部门要保持一定规模和质量的人力资源。反映公共部门人员的数量状况可使用官民比例指标。在考察公共部门人员规模的合理性方面，应根据公共部门的公共行为范围、效率原则和经济发展可能提供的对公共部门机构的财力支持等因素综合判断。人员过少不能保证工作质量，而人员过多必然会增加人员经费和公用经费，导致管理效率降低。

（2）公共部门的运行机制与管理效率。公共部门的运行机制，主要是指公共部门的工作制度与工作程序；公共部门的管理效率，是指公共部门从事其职能活动所取得的劳动成果、社会效果同所消耗的人力、物力、财力和时间的比例关系。公共部门的管理效率反映其管理自身所控制资源的能力，包括机构设置、人力资源管理、财务管理等方面。公共部门的管理效率越高，公共部门的成本就越低。反之，公共部门的管理效率越低，公共部门的成本就会越高。显然，与运行机制密切相关的公共部门的纵向层次和横向幅度以及管理规则等，都直接或间接地影响着公共部门的管理效率，从而影响到公共部门的总成本。在一个纵向层次过多的公共部门组织结构中，层次越多，管理成本也就越高。

（3）公务人员的勤政与廉政水平。公务人员的勤政水平对公共部门提高效率与降低成本的作用是显而易见的。但廉政水平对公共部门效率与成本的影响却相对隐性一些。实际上，无论是公共部门腐败还是其工作人员腐败，也无论是这种腐败侵犯到何种利益，都将会加大公共部门的成本。当公共部门及其工作人员廉洁奉公的时候，社会为之付出的成本就会少得多，反之就会多一些。因腐败导致的成本不仅包括工作人员通过以权谋私获得的利益，而且还包括为了防治腐败所花费的成本。

（二）公共部门成本管理需要解决的问题

从我国公共部门成本绩效评价的实践来看，与世界平均水平相比，我国公共部门的显性与隐性成本都较高，且成本管理工作也相对薄弱。尽管这些问题随着财政改革的深入逐步有所改善，但根本改变这种状况，还需要进一步深化改革，创新体制与机制，进而从根本上解决这些问题。

1. 显性成本总量偏高

我国公共部门成本的总量偏高，从总成本具体构成要素来看，基于机构与编制的运行成本较大。在我国公共部门总成本中，工作人员工资成本占较大份额。在一些地方的部门预算中，人员经费占大头的“吃饭财政”现象尚未根本改变。至于体现为维持运行的其他行政成本，如行政办公用品费、差旅费、通讯费、办文办会费等，数额也较大。公款招待费和公务用车费在我国公共部门成本中也占有较高的比例。这样，在总支出中，由于基于机构与编制的运行成本所占的比重过大，能服务社会的资源比重自然就小了。

2. 隐性成本实质上也较高

前面提到，公共部门总成本中既包括便于计算或量化的显性成本，如人员经费与公用经费支出，也包括难于计算或量化的隐性成本，如社会成本与体制成本等。我国公共部门的隐性成本也是比较高的，具体表现在以下几个方面：

（1）公共部门决策不当所造成的成本。我国公共部门盲目决策的现象并不少见，致使很多项目建成后无法正常运行，有的亏损严重，造成较大浪费。在公共部门直接投资的项目中，“跑项目”的成本也是不可忽视的现实问题。如果再加上政策不连贯、规划不科学、部门不协调等所导致的成本问题，更是需要认真研究。

（2）公共部门效率不高所造成的成本。我国公共部门效率较低，文山会海等现象造成的成本中，少量成本直接体现在公共部门支出上，例如文山会海的经费支出等，多数成本转嫁给公共部门的服务对象，如行政审批程序复杂，让公民徒劳往返；问题的久拖不决，使企业丧失机会等，甚至低效率还为一些工作人员的“寻租”行为提供机会，加大了社会成本。

(3) 公共部门工作人员贪污腐败行为所造成的损失。这类损失表现为收入减少与支出增加两个方面：一方面会使公共收入减少，如贪污腐败行为给偷税漏税或不按规定交费造成可乘之机，进而导致税收或费收的损失；另一方面，贪污腐败行为又会增加额外支出，进而既增加公共部门的显性成本（如公共采购中的多余支付、化公为私的额外支出等），同时，又会带来大量隐性成本，表现为转嫁给社会的大量社会成本或间接损失（如“豆腐渣工程”对人民生命财产造成的损失，工作人员腐败对公共部门形象的损害等）。

3. 成本管理还不够规范

我国公共部门的成本管理不够规范，表现在资金来源与资金运用两个方面：一是从公共部门的资金来源方面看，我国公共部门的费收管理仍处于不断规范的过程中。有资料表明，在实行部门预算改革前，预算内、预算外和制度外三部分大约各占总成本的1/3①。这就说明，制度外成本比重过大，说明公共部门的资金来源缺乏制度化渠道，这必然会助长公共部门的不规范支出。一是从公共部门的资金运用方面看，我国公共部门的资金运用，其约束主要体现为“对过程负责”，而不是“对结果负责”。支出预算编制的科学性、完整性与合理性的问题仍然突出，实施“零基”预算任重道远，特别是日常公用经费与项目支出的边界模糊，直接影响日常公用经费定额的准确性与合理性，进而又影响项目支出预算的科学编制。从公共支出项目成本管理的角度看，无论是在立项阶段，还是在实施阶段，或者说是在实施以后，都缺乏严格的绩效评价与责任追究。造成这些问题的原因很多，解决这些问题也需要采取综合措施，但通过公共部门管理会计，提供必要的与公共部门成本相关的各种收入与支出信息，应该是加强公共部门成本管理不可忽视的现实问题。

---

① 刘尚希主持的“国家计委发展规划研究项目——财政部课题组”：《中国公共财政管理体制研究》，2000年第4期。

三、公共部门运行成本控制

（一）公共部门运行成本控制概述

根据财政部确定的现行部门预算的基本框架，一般预算支出包括基本支出与项目支出两部分。其中，基本支出预算是部门预算的重要组成部分，是公共部门为保障其机构正常运转，完成日常工作任务而编制的年度基本支出计划，也是保障公共部门正常运转的运行成本。基本支出预算按资金用途分为人员经费和日常公用经费两部分。从公共管理的角度看，在编制基本支出预算时，既应合理界定需要公共支出保障的公共部门的范围，更应明确这些由公共支出保障的公共部门维持正常运转，完成日常工作任务所必须耗费的运行成本。特别是对基于机构与编制的运行成本负有主要责任的相关部门（如机构与编制管理部门和财政部门等）来说，不仅要了解这类成本的实际水平，更应了解这类成本是否代表或接近一种有效率的管理水平，通过制定科学合理的定额标准体系，进而有效地对这类成本实施控制。

成本控制的基本点是研究目标成本或称标准成本，并据此对实际成本进行控制。以成本的发生为基点，公共部门基于机构与编制的运行成本控制可分为事前控制、事中控制和事后控制。运行成本的事前控制，主要是确定相关定额标准（即标准成本）：一是指机构与编制部门对公共部门的机构设置及人员编制应事前统筹考虑，从有利于提高效率与降低成本的角度，确定机构数量与人员编制数量，进而确定适度的财政供养系数（相当于目标人工成本）；二是财政部门合理确定日常公用经费定额标准，也就是在特定的基本支出与项目支出边界上，公共部门日常运行的目标成本。确定目标成本的目的是实施成本的前馈控制。运行成本的事中控制，主要是根据标准成本进行相关分析，即在成本的形成过程中，随时与目标值进行对比，发现问题采取措施，予以纠正，以保证目标成本的实现，它是成本的过程控制。这里，人员经费的过程控制，就是按照《公务员法》的要求，严格把好“入门关”，并逐步建立起干部能上能下，人员能进能出的机制。日常公用经费的过程控制，就是对部门实行总量包干，部门内部实行分类管理，细化到相关项目，并及时分析与控制差别成本。运行成本的事后控制，主要是分析考核，为跟踪决策服务，即在成本形成之后，把日常发生的差异及其原因汇总起来进行分析研究，探索成本升降的原因，明确相关责任，为下一个年度目标成本的确定提出意见，以不断降低成本，提高效率，它是成本的后馈控制。以下借鉴企业成本控制的理念，就标准成本与成本控制的相关概念作一简要介绍，这对科学合理地确定财政供养系数与日常公用经费定额标准是很有必要的。

1. 标准成本的分类

在企业管理会计中，标准成本法是为了克服实际成本法的缺陷，尤其是不能提供有助于成本控制的确切信息的缺点而研究出来的一种会计信息系统和成本控制系统。标准成本是通过精确的调查、分析与技术测定而制定的，可以作为控制成本开支、评价实际成本、衡量工作效率的依据和尺度的一种目标成本。在标准成本中，基本上排除了不应该发生的“浪费”，因此，被认为是一种必要成本，是经过努力可以达到的成本。

（1）理想标准成本与正常标准成本。在制定标准成本时，根据所要求达到的效率的不同，所采取的标准有理想标准与正常标准。理想标准成本是指公共部门在最佳的机构与编制设置及运行状态下可以达到的成本水平。这种标准是公共部门基本成本中的理想目标，往往很难成为现实，即使暂时出现也不可能持久。它的主要用途是提供一个完美无缺的目标，揭示实际成本下降的潜力。正常标准成本是指在既定的机构与编制设置的基础上，公共部门正常运行条件下应该达到的成本水平。这种成本往往反映了过去一个时期实际成本的下限平均值，有较大的横向可比性，是一种可以在较长时间采用的标准成本。从具体数量上看，正常标准成本应大于理想标准成本而又小于历史平均水平，实施以后实际成本更多的可能是逆差而不是顺差，是要经过努力才能达到的一种标准，因而正常标准成本有利于调动公务人员的积极性。

（2）现行标准成本和基本标准成本。按标准成本的适用期间不同可分为现行标准成本和基本标准成本。现行标准成本是指根据其适用期间应该发生的公共部门成本的开支标准、公共部门工作效率和现行管理水平等预计的标准成本，并且在这些决定因素变化时，按照改变了的情况对标准成本加以修订。这种标准成本可以作为评价实际成本的依据。基本标准成本是指一经制定，只要公共部门有关成本支出的基本情况并无重大变化，就不予变动的一种标准成本。这里所谓的基本条件包括人员的增减、公共部门所提供公共物品数量和质量上的变化等。只有当这些条件发生变化时，基本标准成本才需要修订。用基本标准成本与各期实际成本进行对比，可以反映出成本变动的趋势。由于基本标准成本不按各期的实际情况进行修订，所以不宜用来直接评价工作效率和成本控制的有效性。

2. 用标准成本进行运行成本控制的实施步骤

（1）从外部控制来说，也就是财政部门在组织部门预算的编制时，必须通过定编、定员、定额等措施，从外部控制公共部门的运行成本。其中，特别重要的是通过制定科学合理的日常公用经费定额标准（包括或与工作、或与人员、或与实物相联系的日常公用经费定额标准），实施对公共部门日常公用经费的总量控制。

（2）从内部控制来说，也就是各个公共部门在细化部门预算的过程中，还需要从本部门的实际出发，对重点项目再制定标准成本，作为内部成本控制的依据。

（3）按同一口径，分项目计算公共部门相关成本的实际值。

（4）测算公共部门运行成本中相应项目的实际成本与标准成本的差异。

（5）分析成本差异产生的原因，并编制成本控制报告。

3. 标准成本差异分析

（1）标准成本差异的概念。标准成本法的主要特征就在于对成本差异的揭示，管理人员可以对标准成本的差异进行分析，找出原因并采取改进措施。标准成本差异是指实际成本与标准成本之间的差额。因为标准成本是一种目标成本或者说是期望达到的成本，因为种种原因，公共部门的实际成本往往会与目标成本不符，产生一定的差异，这种成本差异是反映实际成本与预定目标差异程度的有用信息。

（2）标准成本差异分析对成本控制的作用。标准成本差异分为不利差异和有利差异。如果实际成本超过标准成本，这种差异称为不利差异；如果实际成本低于标准成本，这种差异称为有利差异。成本差异是公共部门成本控制活动中重要的管理信息，它从成本上及时反映了公共部门在运行过程中取得了哪些成绩（有利差异）和存在哪些问题（不利差异），有利于公共部门了解其运行效益如何，以提高成本控制能力。因此，成本差异的核算和分析是成本控制的中心环节，利用它可以实现有效的成本控制。

（3）标准成本差异分析的通用模式。公共部门的运行成本体现为基本支出预算支出，它们又与数量和价格两个因素相关，所以相应的成本差异分析同样需要从数量和价格两个方面来进行分析。

设 Q 表示标准数量，P 表示标准价格，Q + ΔQ 表示实际数量，P + ΔP 表示实际价格，则

$$\text{实际成本} = (Q + \Delta Q) \times (P + \Delta P)$$

$$\text{标准成本} = Q \times P$$

$$\begin{aligned}\text{标准成本差异} &= \text{实际成本} - \text{标准成本} \\ &= (Q + \Delta Q) \times (P + \Delta P) - Q \times P\end{aligned}$$

公共管理部门应该充分关注标准成本差异，有效实施成本控制，提高公共资源利用效率，更好、更有效地为社会大众服务。

（二）适度财政供养系数的确定

我国公共部门成本的现状表明，相当比例的公共支出是用于所谓“养人”，人员经费在各级部门预算支出中的比例较大，很多地方的财政称之为“吃饭财政”指的就是这种情况。因此，研究公共部门基于机构与编制的运行成本，首当其冲要研究人工成本（即人员经费）问题。但这个问题，不可能就某个部门进行讨论，因为对一个部门来说，人员经费几乎是不可控成本。只有对一级政府或一级财政来说，讨论这个问题才有意义。也就是说，在一级政府各个部门的基本支出预算中，人员经费的总量多少，对政府来说是可控成本，需要有标准成本或目标成本为成本控制提供依据。

1. 适度财政供养系数的内涵①

现代西方公共支出理论告诉我们，公共部门的存在是有理由的，但其规模大小却需要适度限制。规模适度，也就是公共支出随公共收入的增长而适当增长，且公共支出结构随着不同阶段的要求而发生变化，其中，经常性支出随着 GDP 的上升而适当上升。但是，公共部门本身却不存在保持规模适度的机制，恰恰相反，它还存在扩大支出的内在动力，一旦公共部门的规模超过适度性限制，其结果往往是导致效率损失，甚至经济衰退。所以，任何一

① 李含琳等著：《中国西部财政供养人口适度比例研究》，人民出版社 2003 年版，第 2 页。

个国家，其公共部门的规模应该而且必须控制在一个与其经济社会发展相适应的水平上。

通常，公共部门的规模大小表现为财政供养系数的大小。所谓财政供养系数，也称为财政供养人口比例或财政供养率，是指由财政供养的人口占总人口的比重，这是反映行政机构效率、衡量财政负担状况的重要指标之一。通常，财政供养人员指的是通过财政资金支付个人收入和办公经费的人员。按照我国现行的机构与编制管理规定，财政供养人员包括公务员、参照公务员管理的事业单位人员以及全额拨款的其他公益性事业单位人员。传统的机构与编制管理所说的差额拨款的事业单位或自收自支的事业单位，按照事业单位改革的要求，应逐步实施通过“以钱养事”的方式购买公共服务。

理论与实践都表明，财政供养系数应随着经济发展水平的提高而增大，在不同的经济发展阶段，财政供养系数是不同的。经济发展水平越高，其财政供养系数相对较高；而经济发展水平较低，其财政供养系数应相对较低。这里必然存在着一个“适度比例”的问题。如果高于或低于这个适度比例，都将影响公共部门的运行效率。这就是适度财政供养系数问题。这个问题的实质是适度的财政供养系数，其内涵：一是财政供养系数必须控制在某个数值以内，其增长速度应远低于财政收入和 GDP 的增长速度，并相对稳定在一定的水平；二是人员经费支出占总支出的比例必须控制在相应的比例之内，其增长速度必须低于财政收入和 GDP 的增长速度。我国目前之所以需要大量裁减财政供养人员，并不是因为我国经济发展水平低了，而是由于财政供养人员超过了与现行经济发展水平相适应的适度规模。

从我国的实际情况来看，在一个较长的时期内，行政机构和行政管理人员的数量增长明显快于同期财政收入和 GDP 的增长速度。尽管近几年来，由于我国经济的持续快速发展，财政收入也大幅度增长，中央财政又加大了对地方财政特别是对缓解县乡财政困难的支持力度，但随着刚性支出压力的不断增大，很多地方并没有根本解决财政困难问题，其中的一个重要原因就是财政供养系数过高。要从根本上消除财政的“吃饭”和“赤字”特征，就要对适度财政供养系数进行科学测定，进而运用这个目标值或标准值来实施成本控制，逐步将过高的财政供养系数控制在一个合理的水平上。

2. 决定和影响财政供养人员规模的主要因素

第三章我们介绍了影响公共支出规模的主要因素，事实上这些因素也直接或间接影响着财政供养人员规模。这里仅简要介绍其中的两点：

（1）经济增长水平。一方面，经济愈发展，经济“蛋糕”就越大，在一定的财税体制下，财政“蛋糕”也必然增大，进而为包括行政事业支出在内的财政支出增长提供了可能。另一方面，随着经济增长，市场失灵和外部效应也促使公共部门扩张其职能，积极采取各种干预措施，直接参加相关社会经济活动，从而要求适当增加行政事业人员。事实上，随着市场取向改革的不断深化，正在扩张的市场与市场中有关的当事人之间的关系会更加复杂，这就对“游戏规则”产生了新的需求。于是，不断健全司法与行政制度，就需要相应增加机构与编制，进而促使财政供养人员的规模扩大。

（2）政府职能和机构设置。与政府职能密切相关的机构与编制设置，直接决定着财政供养人员的规模。历史经验与教训表明，财政供养人员的规模不断攀升，与政府职能和机构设置具有密切关系。当前我国的情况是，一方面，随着市场经济体制改革和政府职能转变的要求，计划经济体制条件下的一部分机构有的被合并，有的被撤销，这些措施为降低行政事业费奠定了一定的基础；另一方面，伴随着经济发展出现的一系列社会经济问题，诸如资源环境保护、国土规划、技术监督、信息管理等，都给政府职能增添了新的内容，从而催生着新的管理机构，这些必然要反映到增加编制与财政支出上来。

3. 适度财政供养系数的分析与比较

李含琳等在“中国西部财政供养人口适度比例研究”课题中，采用行政事业费额来代替财政供养人员规模的方法，即把财政支出中主要用于财政供养人员的项目（即行政管理费和文教卫生事业费）加总起来，用以代表财政供养人员的规模。行政管理费和文教卫生事业费可以统一称为行政事业费，主要是因为这部分费用是随着财政供养人员的规模变动而变动的，而这些支出也主要由财政供养人员所花费。该研究报告采取经济增长水平、财政收支水平、政府职能和机构设置、政策性增支因素、物价因素、城市化水平、行政事业单位财务管理水平等七项，运用多元线性回归的方法得出甘肃省财政供养人员的计量模型。

在一定的财政总支出中，用于纯消耗性的人员费用以及与人员密切相关的公用经费越多，用于为社会提供公共产品或公共服务的项目支出就越少。所以，适度财政供养系数对优化公共支出结构，提高支出绩效很有现实意义。

然而，正如前所述，由于影响财政供养系数的因素很多，所以，到底财政供养系数多大为适度，也是一个很难回答的问题。

李含琳等的实证分析与定量研究为我们提供了有益的借鉴①。在他们的课题研究中，选择 GDP（X_1）、财政收入（X_2）、财政支出（X_3）、物价指数（X_4）和城市化水平（X_5）等五个变量，根据多元线性回归的最小二乘法及检验计算方法，以甘肃省 1953～1999 年的行政事业费支出为例，来分析与解释因变量行政事业费支出。其回归方程为：

$$Y = -33\,048.6 + 58.3234X_1 + 0.254746X_3 + 296.275X_4$$

式中，Y 为行政事业费支出，单位为万元；X_1 为 GDP，单位为亿元；X_3 为财政支出，单位为万元；X_4 为物价指数，并将 1952 年确定为 100。

李含琳等还提出了静态经验系数和动态经验系数的概念。对于满足以下两个条件：一是财政赤字占 GDP 的 3% 以内；二是财政赤字占财政总支出的 15%，其各年份行政事业费支出占 GDP 的比重称为行政事业费支出的“静态经验系数”。而“动态经验系数”，则是指在满足以上“静态经验系数”所要求的两个条件的各年份，GDP 每增加 1 个单位，行政事业费支出对应增长的原 GDP 的倍数。根据甘肃省 1953～1999 年的有关基础数据计算分析得到，行政事业费支出的“动态经验系数”为 0.05～0.06，即每当 GDP 增长 1% 时，行政事业费支出就相应增长原 GDP 的 0.05%～0.06%。

另外，还可以通过简单的比较分析，来认识自身的适度财政供养系数。这种方法对一个地方或一个部门很有用。这就是说，通过比较条件较为类似的地方或部门，用财政供养系数控制较好的地方或部门的数据作为自身的控制目标。当然，从我国当前财政供养系数较高的实际出发，实现适度财政供养系数的目标还很艰巨，需要在加快政府职能转变的基础上，科学合理地设置机构与确定编制，并加快提高机构编制管理的法制化水平。

对于在机构与编制已经确定的情况下，如何鼓励各个部门或单位尽可能节约编制则是一个很现实的问题。在实际工作中，有一种可称为“减人不减公用经费”的做法，有利于建立激励与约束机制。即根据部门预算的规定，基本支出由人员经费与公用经费两部分组成。其中，人员经费是在编制控制的基础上，按照实际人头计算；但与人员挂钩的公用经费，当实际人数少于

---

① 李含琳等著：《中国西部财政供养人口适度比例研究》，人民出版社 2003 年版，第 11 页。

编制数时，则可以与编制挂钩计算，这样既节约了人员工资，又可以提高部门或单位节约编制的积极性。

（三）日常公用经费定额标准的确定

根据财政部确定的现行部门预算的基本框架，一般预算支出包括基本支出与项目支出两部分。其中，基本支出预算是部门预算的主要组成部分，是公共部门为保障其机构正常运转、完成日常工作任务而编制的年度基本支出计划，也是保障公共部门正常运转的运行成本，按其用途分为人员经费和日常公用经费两部分。按照公共财政理念，在编制基本支出预算时，要合理界定需要公共财政保障的公共部门的范围，以及各部门或单位维持正常运转、完成日常工作任务所需基本支出的范围；要坚持公平、效率与和谐，按照科学、规范与可行的程序，逐步建立和完善定员与实物费用相结合的定额标准体系，合理核定各部门或单位的基本支出预算；同时，还要遵循管理创新的原则，为基本支出预算管理提供有效的制度保障。从公共部门管理的角度看，加强基本支出预算管理，必须注意运行成本控制，提高基本支出效率，并与加强项目支出绩效管理相结合，为开展公共部门绩效预算，提高公共部门管理绩效，奠定良好的基础。

1. 关于进一步规范部门预算的现实思考

当前，按照财政部的统一部署，全国财政系统正在推进以部门预算、国库集中收付、政府采购和收支两条线为主要内容的预算管理制度“四项改革”。经过近几年的实践，应该说这四项改革已取得了初步成效。但是，根据作者的实践体会，至少从地方财政来说，进一步规范部门预算还需要从以下四个方面不断深化改革。

（1）保证预算编制的时间与及时下达预算是规范部门预算的必要前提。所谓“有充足的时间编制预算”，是指预算编制的时间必须充足，不能太短，以确保预算编制质量。预算是一项政策性很强的工作，“以政行财”与“以财行政”是财政的基本属性。“财”为“政”服务，“政”也需要“财”来保障。公共利益至上是公共财政的基本取向，以最大限度公共需要，是财政预算工作的主要目标和工作重心。无论是组织部门预算编制工作的财政部门，还是参与部门预算编制工作的相关公共部门，甚至社会上的有关方面也都关注这项工作。预算编制工作必须经过“二上二下”的程序，部分社会公益项目还必须征求公众意见、接受公众评议。所以，如果没有充足的时间来进行这项工作的话，将很难保证部门预算的编制质量，也就谈不上什么规范或不规范，更谈不上什么科学理财、民主理财与依法理财了。

所谓“及时下达预算”，是指预算编制与审定过程是由《预算法》规定的，按照法定程序规定的时间报送完整的部门预算，并经同级人民代表大会审查批准后，及时下达年度预算。这是最基本的要求。如果连预算下达时间都不能保证，哪还谈得上什么规范呢？事实上，地方各级人民代表大会往往是在一季度召开，过去，相当一部分县市，向人代会报送的预算报告是很粗的一个收支盘子，而较为细致一点的部门预算，是在随后的人大常委会上进行审议，等到财政部门给各个部门下达预算时，一年的时间几乎过去了一半，这样的部门预算再规范也规范不到哪里去。

（2）部门预算的内容完整是规范部门预算的基本要求。这里所说的“内容完整”，是从部门预算的完整性来说的。首先，要求部门预算的收支计划必须根据综合预算的要求，全面完整地反映本部门的收支活动情况，不能有的收支反映，有的收支不反映。例如，部门预算收入不仅要编列财政拨款收入，而且还要编列预算外收入、事业收入、事业单位经营收入和其他收入（如利息、固定资产处置收入等）。与此同时，还要求各个部门的支出预算都必须按照统一规定的“两类三块”的支出结构来编制，“两类”是指基本支出预算与项目支出预算；“三块”是指人员经费、日常公用经费和项目经费。这“三块”经费当中，在一定的人员编制与工资性收入（包括工资与津补贴）政策下，人员经费对各个公共部门来说是固定成本与不可控成本，而日常公用经费与项目经费是可控成本。

（3）合理制定日常公用经费定额是规范部门预算的关键环节。在基本预算中，“人员经费”通常是相对固定的，从公共部门自身来说，基本上属于不可控的固定成本，这样剩下来的就只有“日常公用经费”和“项目经费”。而根据基本支出预算与项目支出预算的定义，由于“日常工作任务”与“特定工作任务”之间并无严格的界限，所以“日常公用经费”与“项目经费”两者之间，也就没有严格的界限。但是，从规范的角度讲，在某一级的部门预算编制过程中，又不能不对这两者之间作必要的区分，而这个任务只有通过合理制定日常公用经费定额来实现。所以说，合理制定日常公用经费定额的关键，并不在于定额的高低，而在于与日常公用经费相对应的工作任务的确定，进而为确定“特定任务”、编制项目支出预算打下基础。从现实的情况来看，大多数财政部门在制定日常公用经费定额时，往往将注意力集中在定额本身，而对与定额所规定的支出相对应的“日常工作任务”的划分重视不够，进而与完成“特定工作任务”的项目支出相互混淆。这种情况必然影响公平、效率与和谐，自然谈不上规范了。

更有甚者是，由于主客观方面的原因，有的地方财政部门，不但未仔细区分与“定额”相对应的日常工作任务，而且还将日常公用经费的定额标准定得很低，明眼人一看就知道这是一个“聋子的耳朵”。于是，在预算执行中，为了保证部门的正常运转，必然会拆东墙补西墙，或挤占挪用那些有明确用途的项目经费，至使项目支出预算改弦易辙；或继续搞“三乱”（即乱收费、乱摊派、乱罚款），破坏经济社会环境，与部门预算的初衷背道而驰。因此，如果说“预算时间及时充足”这个必要前提与“预算内容完整”这个基本要求，相对来说还好做到的话，那么，比较难做到的就是“合理制定定额”这个关键环节了。这个环节不做好，不但难于很好地控制日常运行成本，而且还将影响公共支出项目决策与项目成本的控制。

（4）实施项目绩效评价是规范部门预算的核心内容。所谓项目绩效评价，是指公共支出项目决策时，必然按照项目绩效评价的要求对项目进行全面分析，进而确定该项目“该不该上”、“什么时候上”、“采取何种方式上”、“用多少资金上”、“上后达到什么效果”等问题。按照绩效预算的要求，规范的部门预算必须坚持结果为导向，以项目成本为衡量标准，以绩效评价为核心，将分配财政资源与提高部门绩效有机地结合起来。然而，从公共部门的特点出发，加强公共部门绩效管理，提高公共支出绩效，创造条件试行绩效预算管理制度，其切入点在于实施项目支出的绩效评价。这也是深化预算管理制度改革，探索公共部门绩效管理的努力目标。

2. 正确认识日常公用经费，对规范部门预算编制与执行，控制公共部门运行成本有着重要的现实意义

在规范部门预算的实践过程中，无论是组织并指导部门预算编制工作的财政部门，还是负责本部门预算编制工作的其他公共部门，在对日常公用经费的认识问题上，都不同程度地存在着一些误区。澄清这些误区，对我们正确理解、编制与执行基本支出预算，控制公共部门运行成本，提高公共部门绩效都很有现实意义。

（1）将财力相对不足与合理制定日常公用经费定额对立起来。持这种观点的人认为，雄厚的财力保障，才是合理制定日常公用经费定额的基础和前提。这种认识，特别是在编制县乡级部门预算时反映得更为突出，相当一部分县乡财政部门的同志认为，由于本级财力不足，日常公用经费定额标准就必然不高，进而部门预算就很难实现规范目标。在县乡级公共部门之间，流传着一种形象的说法："县乡级的财力水平比不上省市级，所以，县乡级部门预算的规范程度怎么也比不上省市级。"

（2）将日常公用经费与项目经费对立起来。持这种观点的人认为，日常公用经费标准低了，必然会挤占挪用项目经费，项目经费与日常公用经费似乎属于不同的会计科目，规范的部门预算必须是"井水不犯河水"。所以，凡是公共部门履行其职能的支出，统统都应列为日常公用经费，并将预算编实编足，予以保障，否则，就不算规范的部门预算。

（3）将财政部门与其他部门对立起来。持这种观点的人，涉及财政部门与其他部门。财政部门往往较多地从财力方面考虑问题，而较少从保障其他公共部门的支出需要方面考虑问题，强调财力困难，因而日常公用经费的定额标准不可能太高，只能是量入为出，保证财政平衡；而其他公共部门，往往是较多地考虑自身的工作需要，强调日常公用经费的定额标准不能定得太低，否则，就不能保障工作需要，进而会影响工作。显然，两者之间各持己见，相互对立。对于财政部门来说，应将保障公共部门的正常运转作为自己应尽的职责，千方百计通过规范部门预算予以保证。而对于其他公共部门来说，则应在确定"特定工作任务"时，本着量力而行的原则，尽可能用有限的支出，办最需要办的项目。

上述问题，如果说有其必然性的话，就是公共支出的供求矛盾总是客观存在的，公共预算永远不会出现钱多了用不出去的时候。正确认识这些问题，最为核心的一点，就是应正确认识日常公用经费与项目经费之间的关系。借鉴财政部《中央部门预算编制指南》中关于"基本支出预算"与"项目支出预算"的定义，可以比较一下这两个概念的内涵："基本支出预算"是公共部门支出预算的组成部分，是公共部门为保障其机构正常运转、完成日常工作任务而编制的年度基本支出计划，按其性质分为人员经费和日常公用经费；"项目支出预算"是公共部门支出预算的组成部分，是公共部门为完成其特定的行政工作任务或事业发展目标，在基本支出预算之外编制的年度项目支出计划，包括基本建设、有关事业发展专项计划、专项业务费、大型修缮、大型购置、大型会议等项目支出。

从上述定义可以看出，因为“日常工作任务”与“特定的行政工作任务或事业发展目标”这两者之间没有严格的分界线，所以“基本支出”与“项目支出”两者之间也没有严格的分界线，进而只是说“项目支出预算”是“在基本支出预算之外编制的年度支出计划”。这表明，对于一个部门来说，除资本性支出（包括现行支出经济分类中的“基本建设支出”与“其他资本性支出”两类）只能是项目支出外，在“商品和服务支出”这一类的支出款项中，并没有严格规定哪些支出一定属于“日常公用经费”或哪些支出一定属于“项目经费”。就是组织实施有些项目，在整个项目成本中，有一部分也可能是属于组织实施该项目部门自身的“商品和服务支出”，而这些支出在部门的财务会计中与日常公用经费的支出必然做在了一起。

在掌握了基本支出预算与项目支出预算的内涵之后，再来看合理制定日常公用经费定额的问题就迎刃而解了。其中的核心问题，就是从实际出发，合理界定“日常工作任务”的范围。从理论上讲，每一个公共部门的“日常工作任务”都是不同的，所以每个部门的日常公用经费也应该不同，进而就应该是一个部门一个定额。然而，做到一个部门一个定额，不但成本太高，甚至还是不可能的。所以，为了预算编制与预算管理工作的需要，完全可以从不同部门运行的差别成本中找出相同或基本相同的成本项目，进而据此制定日常公用经费的定额标准。也正是由于寻找相同成本项目的方法不同，制定日常公用经费定额标准的方法才会有前述“有差别定额制定方法”、“无差别定额制定方法”和“有差别与无差别相结合的定额制定方法”几种方式。

显然，一旦制定了较为合理的日常公用经费定额，公共部门完成相应的“日常工作任务”就有了经费保障，至于在基本支出之外编制的项目支出这一方面，就是有多少钱办多少事了。这样，财政部门将保障公共部门的正常运转作为公共支出的第一支出，千方百计地想部门之所想，急部门之所急，办部门之所需；而公共部门则在项目支出的问题上，理解财政部门的困难，树立量力而行、先急后缓、勤俭办一切事业的思想。于是，财政部门与其他公共部门之间的关系也就相对和谐了。

3. 合理制定日常公用经费定额的基本原则与方法

财政部在《中央本级基本支出预算管理办法》中明确规定，定员、资产和定额是测算和编制中央部门基本支出预算的重要依据。所谓“定员”，是指国家机构编制主管部门根据公共部门的性质、职能、业务范围和工作任务所下达的人员配置标准。所谓“资产”，是指公共部门占有、使用的，依法确认国家所有的公共财产。包括国家调拨的资产、用国家财政性资金形成的资产、按照国家规定组织收入形成的资产，以单位名义接受捐赠形成和其他依法确认为国家所有的资产等，其表现形式为办公用房、车辆、专用设备等固定资产。所谓“定额”，是指财政部门根据公共部门机构正常运转和日常工作任务的合理需要，结合财政的可能，对基本支出的各项内容所规定的指标额度。通常，对于人员经费而言，在机构编制及国家有关工资与津补贴政策确定的基础上，无论是对机构与编制主管部门，还是对其他公共部门来说，基本上是不可控成本，或者说是固定成本。从管理会计的角度讲，科学合理地制定日常公共经费定额，才是控制公共部门运行成本的关键。

（1）合理制定日常公用经费定额的基本原则。根据作者的实际体会，合理制定日常公共经费定额，应从财力实际出发，在坚持量力而行或量入为出的基础上，坚持公平、效率与和谐三项基本原则。所谓公平，是指任何一项定额标准，对各个部门来说，均应一视同仁，不能搞双重或多重标准。公平原则与和谐原则是相辅相成的，相对公平的定额，就会促进和谐；而实现和谐目标，又必须要求公平。所谓效率，是反映所获得的工作成果与工作过程中的资源消耗之间的对比关系，一般通过投入与产出的比例关系来衡量。其含义是在既定的投入水平下使产出水平最大化，或者说，在既定的产出水平下使投入水平最小化。对于某个公共部门来说，日常公用经费定额的效率性，意味着除去人员经费这个相对固定的成本之外，可以用最小的成本保障公共部门的正常运转，完成公共部门的日常工作。所谓和谐，是指制定日常公用经费需要尽可能减少矛盾，增进理解。由于公共部门与私人部门（企业）不同，从主观上讲，经济人现象的客观存在，公共部门必然有追求自身预算最大化的倾向；从客观上讲，公共部门的运行成本，的确存在诸多不确定性，很难像企业那样，能够比较准确地确定。特别是部门之间的差别，既客观存在，又没有严格的区分标准，面对这种复杂情况，如何在坚持公平与效率原则的同时，最大限度地增加和谐，确实是制定日常公用经费定额需要认真研究的问题。比如说，甲乙两个公共部门，由于他们的职能不同，部门的运行成本肯定是不同的。但是，如果人为简单地确定甲部门的标准是多少，乙部门的标准是多少，那么或者可能牺牲公平，或者可能牺牲效率，或者可能牺牲和谐。因此，在坚持公平与效率原则的同时，注意采取科学合理的方法制定好日常公用经费定额，对协调公共部门之间的关系不可忽视。

（2）合理制定日常公用经费定额的基本方法。日常公用经费定额，也就是日常公用经费的控制标准或目标。坚持公平、效率与和谐三原则，科学合理地制定日常公用经费定额，对于既保证公共部门的正常运转，又切实降低成本，提高效率，防止盲目攀比现象发生都很重要。通常，可从实际出发，依据国家有关的方针、政策，财力状况，社会物价水平及部门的业务性质、工作量、人员、资产等数据制定定额标准。根据日常公用经费的特点，可将政府支出经济分类中的“商品和服务支出”与“其他资本性支出”两大“类”级科目中，属于基本支出的若干“款”级科目进行适当分类归并，形成若干个定额项目，进而分项目确定各自的费用标准。具体定额项目包括：办公及印刷费、水电费、邮电费、取暖费、物业管理费、交通费、差旅费、日常维修费、会议费、专用材料费、一般购置费（包括一般办公设备购置费、一般专用设备购置费、一般交通工具购置费、一般装备购置费等）、福利费和其他公用经费等。按照这些定额项目的参照对象，可将其分为实物公用费用定额与人员公用费用定额两类。

①实物公用费用定额与人员公用费用定额。所谓实物公用费用定额，简称实物费用定额，是按照与实物资产挂钩，来确定相关费用的一种定额。目前，很多地方试行实物费用定额的范围主要是行政机关用房（包括办公用房、特殊业务用房、附属设施用房）费用和机动车辆（含小车、客车、货车）费用两项。其中，行政机关用房费用定额包括：水电费、取暖费和物业管理费（含房屋日常养护维修、给排水设备运行维护、供电设备管理维护、专栏运行维护、空调系统运行维护、环境卫生管理、绿化管理、传达、保安、秩序管理及其他）等三项内容。机动车辆费用定额包括：燃料费、保险费、维修保养费（含维护保养费、配件和修理费）和其他费用（含养路费、过路过桥费、停车费、行车公里补助、行车安全奖励费及其他）等四项内容。每一项的具体费用定额，则根据实物测算用量及当前价格来确定。当前，由于各单位所占有的实物资产情况不均衡，苦乐不均的现象比较严重，如何坚持公平与效率原则，制定好实物费用定额是一个非常现实的问题。这里，最为关键的问题是，应逐步创造条件，让机关用房与用车的配置也应该有相应的定额标准，

为鼓励少占用物资资产，实物费用定额应该按照实物定额数量而不是实际占有数量来确定费用。从当前各地预算管理现实来看，车辆实物费用定额相对成熟，而办公用房实物费用定额一时还难以实施，需要逐步创造条件。所谓人员公用费用定额，就是日常公用经费定额中往往与人员挂钩的相关定额项目。考虑到不与基本支出中的人员经费相混淆，所以不要简称为“人员费用定额”。如前述将日常公用经费的相关项目归并后的6个项目（即办公及印刷费、差旅费、交通费、专用材料、一般购置费与其他费用），就可以以人员作为测算对象来制定相应的定额标准。

②单项定额与综合定额。所谓单项定额，是指按照支出经济分类科目中“商品和服务支出”这一类中的有关“款”级科目，或将其中的一些项目归并为若干项目，再对这些项目一个一个地制定定额标准。相关单项定额标准的总和，就构成相应的综合定额（如日常公用费用综合定额或基本支出综合定额）。从理论上讲，单项定额标准可以通过理论分析、实证分析或理论分析与实证分析相结合的方法来确定。但是，从实际情况来看，由于存在相当多的公共部门，而这些公共部门财务会计的项目归类不尽规范，根据现在决算报表中的数据进行实证分析，往往出现很大的人为差异，很难作出正确的实证分析。所以，作者认为可以通过理论分析的方式来测算单项定额标准，这种标准实际可以理解为是该项支出的标准成本（或目标成本）。而将理论分析测算的相关单项定额标准加总，就得到相应的理论综合定额，它也可以理解为是相应的标准综合成本（或目标综合成本），如日常公用经费标准综合成本（或日常公用经费目标综合成本）、基本公用经费标准综合成本（或基本公用经费目标综合成本）。而通过实证分析测算综合定额比较合适，也就是相应项目综合后的实际平均成本。将理论综合定额与实证综合定额比较，就可以制定出供实际运用的综合定额。

③“有差别”与“无差别”日常公用经费定额。对于日常公用经费定额，无论是单项定额，还是综合定额；无论是实物公用费用定额，还是人员公用费用定额，都可以从实际出发，采取“有差别”或“无差别”两种方式来制定。

所谓有差别定额制定方法，是指在确定完成“日常工作任务”所需要的成本支付时，将单项或综合定额标准采取分类分档的确定方法。在实际工作中，一种情况是根据部门所承担的职能不同，将部门分为若干类型，在核准各类部门工作量、占用的资产和相关历史数据的基础上，以资产或人作为测算对象，确定各类部门各定额项目的单项或综合基准定额，并在确定单项或综合基准定额标准的基础上，再确定相应部门的分档单项或综合定额标准。另一种情况是，为了防止部门之间的盲目攀比与避免矛盾，不将部门进行分类，而是将与人员或资产相关的项目，按职级分为若干档次，通过必要的测算，确定单项或综合基准定额，并在确定单项或综合基准定额的基础上，再确定相应职级的分档单项或综合定额标准。当然，还有一种情况，就是可以采用部门分类与人员分职级相结合的方法制定相应的定额标准。

所谓无差别定额制定方法，是指在确定完成“日常工作任务”所需要的成本支付时，既不把部门分类，也不将定额标准分档，而是在确定“日常工作任务共同点”的基础上，采取无差别对待的办法予以确定。这里所说的“共同点”，是指尽管部门的职能有强有弱，任务有多有少，成本有高有低，但每个部门都要“开门”却都是共同的。基于这个“共同点”，我们可以将保“开门”运转的支出作为确定日常公用经费定额的依据，而将有差别的其他工作任务都作为“特定工作任务”，并通过相关项目支出来反映。

此外，对于单项定额来说还有一种方法，就是采取有差别与无差别相结合的方法来制定相应的标准。这种方法是从实际出发，本着坚持公平、效率与和谐三原则，对那些容易分类分档的项目，则采取分类分档的办法来制定单项定额标准，如差旅费就容易根据公务的行政级别来分档（因为不同级别的公务人员，其报销标准本来就不同）；而对那些不易分类分档或者说可能造成矛盾的项目则采取不分类分档的方法来制定单项定额标准。显然，采取有差别与无差别相结合的方法制定单项定额，综合定额必然就有差别了。

例如，××县 2008 年县直部门预算，是按照 2 类、12 项制定日常公用经费单项定额标准的。其中，以人作为测算对象的，对办公费、邮电费、差旅费、会议费等 4 项采取“有差别”的方法（按机构编制分为“公检法”、“四大家”、乡镇及一级单位和二级单位四类，按人员职级分为县级、科级和一般人员等三档）制定单项定额标准；对水电费、一般维修（护）费、工会会费、培训费、一般业务招待费、专用材料费、其他费用等 7 项采取“无差别”的方法制定单项定额标准。以资产作为测算对象的，主要是交通费——机动车费用，采用“无差别”办法制定统一的小车定额标准，在折算成人均标准时，则体现了“有差别”的编制办法，即由于单位性质、人员级别差异，单位小车编制数不同，折算出的人均机动车费用会有差别。“无差别”单项定额和

“有差别”单项定额中“无差别”部分，汇总形成“无差别”人年均综合定额为12 790元。采取“有差别”的方法分别测算县直各单位日常公用经费定额，最高的“四大家”为人年均3 033元，较低的县直二级单位——城管局为人年均20元。县直单位综合定额有所差别，最高的“四大家”为人年均15 823元，城管局为人年均12 810元。

（四）公共部门运行成本的内部控制

1. 借鉴现代企业关于内部控制的理念

根据控制论的说法，所谓控制，是指特定主体为实现其既定目标，以信息沟通为基础，采取一定方式，对影响其目标实现的可控因素所实施的程序与方法等。控制包括内部控制与外部控制两个方面。内部控制强调控制主体隶属单位或部门内部，强调实施的控制限于特定范围之内。内部控制的控制措施和信息沟通以及所要实现的目标尽管有时也适用于外部，但在具体操作和内涵界定上不尽相同。从主要意义上讲，区分内部控制与外部控制的主要标准是控制主体，只要控制主体隶属于某个单位或部门，这种控制就是内部控制。

美国会计师协会审计程序委员会下属的内部控制专门委员会于1949年发表了《内部控制、协调系统诸要素及其对管理部门和注册会计师的重要性》的专题报告，对企业内部控制首次作出了较为权威的定义[①]：“内部控制是企业所制定的旨在保护资产、保证会计资料可靠性和准确性、提高经营效率，推动管理部门所制定的各项政策得以贯彻执行的组织计划和相互配套的各种方法及措施。”根据这一定义，企业内部控制有四个目标，进而可以将这四个目标一分为二，前两个目标的控制是内部会计控制，后两个目标的控制是内部管理控制。所谓内部会计控制，由组织计划、与保护资产和保证财务资料可靠性有关的程序构成。会计控制旨在保证：经济业务的执行符合管理部门的一般授权或特殊的要求；经济业务的记录必须有利于按照一般公认会计原则或其他有关标准编制财务报表，以落实资产责任；只有在得到管理部门批准的情况下，才能清查资产；按照适当的间隔期限、将资产的账面记录与实物资产进行对比，一经发现差异，应采取相应的补救措施。所谓内部管理控制，包括但不限于组织计划以及与管理部门授权办理经济业务的决策过程有

① 张宜霞、舒惠好著：《内部控制国际比较研究》，中国财政经济出版社2006年版，第5页。

关的程序及其记录。这种授权活动是管理的职责，它直接与管理部门执行该组织的经营目标有关，是对经济业务进行会计控制的起点。

借鉴企业内部控制的经验，从公共部门的实际出发，将内部环境、风险评估、控制活动、信息沟通与监督检查“五个要素”落到实处，加强对公共部门运行成本特别是日常公用经费的控制很有现实意义。当财政部门按照一定的日常公用经费定额，将日常公用经费计算到每一个公共部门，并按照《预算法》所规定的程序经人大批准以后，作为公共部门，其内部如何进行这部分经费的控制，既要保证部门的正常运转，又要最大限度地降低成本，提高绩效，这是每一个公共部门面临的共同问题。当然，正如程惠霞所言[①]，公共部门的成本控制和管理在借鉴企业与市场化工具的同时，还必须看到其局限性，“其效用的发挥受到公共部门目标多元化、模糊化及政治干预预算等多种因素的约束，需要公共部门树立长远价值和整体观念等条件的匹配”。

2. 公共部门人员经费的内部控制

如前所述，公共部门基本支出预算中的人员经费，表现为人工成本，在支出的经济分类科目中体现为“工资福利支出”和“对个人和家庭的补助”两部分。由于涉及行政事业单位人员经费的各项支出，国家都有严格的政策规定，任何公共部门和个人都不能违背统一的政策规定。所以，人工成本控制的关键在于机构与编制控制。而机构与编制，对于某一个部门来说，尽管从“经济人假设”出发，各个部门都有提高级别、扩大编制、实现职能扩张的欲望，但这些都须取决于上级（即外部）的决策，而内部则往往表现为不可控的特点，所以，控制人工成本的责任在于机构与编制控制部门。当前，在机构与编制法制不够健全的情况下，机构与编制控制部门实质上就是控制人员经费的责任中心。

从现实的情况出发，由于众所周知的原因，机构与编制膨胀的现象严重存在，财政供养系数居高不下，“精减—膨胀—再精减—再膨胀”这种循环客观存在，如何从内部控制的角度加强机构与编制控制，进而控制财政供养系数，降低人工成本，是一个值得研究的现实课题。从内部管理控制的角度看，必须提高机构与编制管理的法制水平，通过必要的法律或法规，从制度层面规范各类公共部门，从总量与结构层面上加强机构与编制管理。从内部会计

① 程惠霞编著：《公共部门管理学》，北京大学出版社2009年版，第280页。

控制的角度看，必须保证会计信息的真实记录，不作假账，以便接受相关部门的监督。与此同时，从当前的实际出发，还应联系各地的实际情况，制定一些激励与约束措施，鼓励各个公共部门能主动控制人员编制。例如，有的地方在实施总编制控制的基础上，或采取鼓励日常公用经费这一块“吃空饷”，也就是减员不减人员公用经费的做法；或采取允许在总编制内，对诸如司机等岗位通过市场机制实行聘用制的办法招聘人员等措施，都是行之有效的促进公共部门降低人工成本的办法。

3. 公共部门日常公用经费的内部会计控制

企业内部会计控制由组织计划以及与保护资产和保证财务资料可靠性有关的程序和记录构成。而从公共部门的实际出发，内部会计控制的重点，应放在资金收支及其资产与会计记录的可靠性上，并通过内部审计将相关制度落到实处。分析公共部门日常公用经费支出的现状可以看出：一方面，在公共部门的收支活动中，收支两条线改革并未彻底到位，“坐收坐支”现象仍然存在。另一方面，在公共部门财务会计科目中，“商品和服务支出”类科目下的若干款级科目，往往不区分哪些支出是来源于日常公用经费预算，哪些支出是来源于项目支出预算，所以从管理会计的角度看，无论是实施日常公用经费控制，还是实施项目成本控制，都需要从相关科目中分清用于完成“日常工作任务”与完成某项“特定工作任务”的支出额度。再一方面，就是各项收入与支出的客观记录，不作假账，不张冠李戴，严格按相关科目的要求编制财务报表，为会计管理提供真实完整的会计信息。由于我国公共部门的会计基础是现金收付实现制，所以货币资金控制更应成为内部会计控制的重点。显然，货币资金是公共部门资产的重要组成部分，持有货币资金是公共部门运行的基本条件。同时，货币资金又是流动性最强、控制风险最高的资产，大多数贪污、诈骗、挪用公款等违法乱纪行为都与货币资金有关，因此，必须加强对公共部门货币资金的管理与控制，建立健全货币资金的内部控制制度，确保公共管理活动的正常开展。对货币资金实行内部会计控制的目标包括收支的合法性、核算的正确性、运行的安全性和使用的有效性。根据公共部门当前正在进行的预算管理制度改革，对货币资金的内部会计控制应注意以下几点：

（1）从货币资金的收入来讲，必须严格按照深化“收支两条线”管理制度改革的要求，在规范行政事业性收费项目与标准的同时，清理账户，严控票据，强调脱钩，统筹支出，建立非税收入收支分离制度（包括国库集中收支管理）与综合预算制度，并要求财务会计人员严格执行。

（2）从货币资金的支出来讲，必须按照部门预算及其政府采购预算的年度支出计划，严格实行国库集中支付，对从预算分配到资金拨付、资金使用、银行清算，直至资金到达商品供应商与劳务提供者账户的全过程，实施会计内部控制。

（3）从会计核算的角度讲，货币资金的内部会计控制，不可能脱离相关凭证与记录，所以，在实际的会计核算工作中，必须严格凭证与记录的管理，需要从管理会计的角度，在“商品和服务支出”这一大类支出的相关款级科目中，核算来自日常公用经费与来自项目经费的比重。从长远来看，做好这项工作，对于科学制定日常公用经费定额标准，进而对于合理确定相关项目支出是很有现实意义的。

4. 公共部门日常公用经费的内部管理控制

从企业的角度看，管理控制包括但不限于组织的计划以及与管理部门授权办理经济业务的决策过程有关的程序和记录。这种授权活动是管理部门的职责，它直接与管理部门执行该组织的经营目标有关，是对经济业务进行会计控制的起点。管理控制的方法和程序通常只与财务记录发生间接的关系，包括统计分析、财务分析、经营报告、雇员培训计划和质量控制等。就控制日常运行成本而言，公共部门的管理控制与私人部门（企业）类似，通常不受会计公认原则的约束，完全可以从实际出发采取必要的管理措施。作者曾在某个部门工作期间，在对日常公用经费进行内部管理控制上作过一些探索，现介绍如下：

（1）对日常公用经费实行分类管理。当财政部门通过部门预算将日常公用经费，经过定额计算到部门以后，对公共部门内部来说，不可能也不必要再量化到部门的内设处室（或科室），但从有利于成本控制的角度出发，需要进行分类管理。我们将部门预算中的日常公用经费又进一步细分为基本公共经费、特定公用经费与被动公用经费三类，并实行不同的成本控制方式。

所谓基本公用经费，是指保障部门内部各个处室开门办公、邮电通讯、市内交通所需要的支出。基本公用经费实行定额包干制，由部门财务管理机构，按人均定额标准核定到各处室，以代金券的形式包干使用，超支不补，结余部分可用于与业务工作相关的开支。基本公用经费支出，由部门内各处室主要负责人签字后，到财务管理机构缴纳代金券报销。某部门基本公用经费支出项目及定额明细表如表 4－1 所示。

表 4－1　　　　某部门基本公用经费支出项目及定额明细表

200×年×月×日　　　金额单位：元/年·人

类别	名　称	数量	单位	单价	金额	备注
	基本公用经费合计				1 930.64	
一、	办公费				456.28	
	1. 办公用品				317.88	
1	订书机（小）	0.3	个	11.80	3.54	
43	……					
	2. 报刊费				78.40	
44	报纸费	0.2	份	252.00	50.40	
45	杂志费	0.2	份	140.00	28.00	
	3. 其他费用		人	60.00	60.00	
二、	邮电费				834.36	
46	1. 一般邮政费				87.00	
47	平信	50	封	0.80	40.00	
49	……					
50	2. 办公电话费		人		747.36	
51	市话费	1 584	次	0.24	380.16	6 次×0.24×264 天
53	……					
三、	市内交通费		人		640.00	
65	交通费	160	公里/年	4	640.00	每人每天·次 4 元公交车费，每年 160 天·次，共计 640 元

所谓特定公用经费，是根据各处室的职能，为完成日常工作中的特定任务，在基本公用经费支出预算之外所需要的经费支出。特定公用经费实行计划报账制。部门内部各处室按年初批复的特定公用经费预算，从严、从紧控制使用，若有结余，经领导审批后可用于特定公用经费中的其他科目。特定公用经费支出由各处室主要负责人审核签字，部门财务管理机构根据预算复核、报销。为加强对特定公用经费的成本控制，预算时实行实物单位与货币单位相结合的预算方式。某部门特定公用经费支出预算表如表 4－2 所示。其

中，对个人的报销标准按规定执行。

表4－2　　　　某部门特定公用经费支出表

填报单位：×××处　　　　200×年×月×日

项　　目	开支内容及经费计算依据	单位	申报数	审核数
一、去北京汇报	每年计划向××部进行××工作汇报8次、××和×××项目情况汇报5次、××专项检查情况汇报2次，每次汇报4人参加，每次在京活动3天，共计180人·次·天	人·次·天	180	100
二、参加专业会议、培训及考察	1. 根据××部安排每年参加全国××工作会（2次3人4天=24人·次·天）、全国××检查工作布置会（1次2人4天=8人·次·天） 2. 参加××培训（1次2人7天=14人·次·天） 以上两项共计46人·次·天	人·次·天	46	40
三、下基层调研	为全面了解我省××工作情况，将对市县××工作进行调研（1人5次1 500公里=7 500车·公里）、××项目检查（20人2次400公里=16 000车·公里） 以上共计23 500车	车·公里	23 500	15 000
四、召开专业会议及培训	1. 根据××部安排，每年将召开全省××项目评估会和××项目检查汇审会各1次，参会人员30人，会期3天（2次30人3天=180人·天） 2. 每年××项目测算，共5人参加，工作30天（5人30天=150人·天） 以上两项共计330人·天	人·天	330	300

续表

项　　目	开支内容及经费计算依据	单位	申报数	审核数
五、一般性业务招待费	1. 省内：机关食堂自助餐招待，平均每天3人，全年按40天计算共计3人40餐=120人·餐	人·餐	120	120
	2. 省外：接待外省来人20人次，每人次3天，20人3天=60人·天	人·天	60	50
六、办公设备运行辅助费	1. 计算机5台，年耗材80元/台×5台=400元 2. 打印机2台，耗材及维护费300元/台×2台=600元；复印机1台，耗材及维护费600元 以上共计1 600元	元	1 600	1 600
七、特定邮电通讯业务费	与××部、周边省（市）及市州、县（市、区）电话联系及接传资料，需电话费2 000元	元	2 000	2 000
八、已列入部门预算项目对应支出	1. ××项目检查，××专项设备购置费3 000元（已列政府采购计划） 2. ××项目评估，专家评审费500元×3名=1 500元 以上共计4 500元	元	4 500	4 500
九、其他支出	订购《××××》（特种专业资料）全年800元	元	800	800

所谓被动公用经费，是指部门工作和公务活动中将要发生，但主动权却不在部门的相关科目的支出。如上级临时安排的各种会议，国内外出差及接待等。被动公用经费实行及时报批制，也就是当需要发生相应的支出时，及时按以下程序办理：一是由部门内部的相关处室及时书面报分管领导审批；二是由部门财务管理机构根据分管领导的批示，按照各项支出标准核定支出控制数；三是因特殊情况超过支出标准的，还需要报部门分管财务的领导审批后，方能据实报销。

（2）采用非货币单位与货币单位相结合的预算管理模式。从财务会计的角度看，采用货币单位是天经地义的。然而，从内部管理控制的角度看，却需要打破这一清规戒律，实行货币单位与非货币单位相结合的方式。这里，我们从上述特定公用经费中的去京汇报工作一项来看这一做法之作用。在我国的现行国情下，基层单位向上级汇报争取上级的政策与资金支持是客观存在的现象，也就是说，各省级部门按对口关系上北京汇报工作是必不可少的。为了控制这一成本，我们采取了“人·次·天”这一特别单位来做预算。对甲、乙两处来说，若从职能需要出发，要求甲处平均每个月需要上北京汇报1次，而乙处却只需要平均每个季度上北京汇报1次。每次上北京汇报工作，可按2人控制。考虑到火车已实行夕发朝至的实际情况，一般在北京只需要住一个晚上。这样甲处上北京汇报工作的年度预算为24人·次·天，而乙处则为8人·次·天。至于每人·次·天的平均成本，则按火车票价格、飞机费价格、指定宾馆价格计算，其中坐火车的次数应不低于70%控制，也就是说坐飞机的次数应按不高于30%控制。这样可测算出每人·次·天的平均价格为1 480元，进而可得出甲、乙两处上北京汇报工作这一项特定工作，以货币为单位的预算额度。在预算执行中，若发现甲处超支较大，则运用非货币单位很容易分析其中的原因。首先，分析平均单位“人·次·天”的成本：即将该项支出的总金额除以总“人·次·天”数，得到平均单位“人·次·天”的成本，与我们测算的标准成本相比较，看是否超标，若超标，则进一步分析是坐飞机的次数多了，还是住宾馆的价格高了。其次，分析总“次”数、平均“人”数与平均“天”数情况：即将总“人·次·天”数除以总“次”数，得出总“人·天”数；再用总“人·天”数除以平均“天”数，得到平均每次实际去的人数，可与每次去的标准人数（2人）进行比较；或将总“人·天”数除以平均每次的“人”数，得出平均每次实际住的“天”数，可与每次住的标准天数（1天）进行比较。显然，采用非货币单位与货币单位相结合的方式，十分有利于进行内部管理的成本控制。

（3）采用财务报表与管理报表相结合的成本核算管理。显然，要将上述三类公用经费的内部管理控制落实到位，单靠传统的财务报表是不够的，必须以各个处室为成本中心，及时记录相应的信息，以便为加强成本的内部管理控制服务。

第五章 公共支出项目及其绩效评价

一、公共支出项目概述

（一）公共支出项目的概念和特征

1. 项目的一般概念

关于项目的概念很多，了解并掌握这些概念，对于正确认识和科学管理公共支出项目是很有必要的。下面将根据相关文献资料①，介绍从不同角度对项目所给出的定义：

（1）美国项目管理协会（PMI）给出的定义：项目是为了完成某一独特的产品、服务或任务所作的一次性努力。

（2）质量管理专家朱兰给出的定义：一个项目就是一个计划要解决的问题。该定义告诉我们，项目管理要在计划的基础上进行，目的是要解决问题。

（3）《成功的项目管理》一书的作者杰克·吉多认为：项目就是以一套独特而又相互关联的任务为前提，有效地利用资源，为实现一个独特的目标所作出的努力。

（4）联合国工业发展组织（UNIDO）对项目的表述（主要是对工业项目）是：一个项目是对一项投资的一个提案，该提案是用来创建、扩建或是发展某些工厂企业，以便在一定周期内增加货物的生产或社会的服务。

（5）世界银行（WB）对项目的定义（按发放贷款的用途解释）是：项目一般是指同一性质的投资，包括同一部门内一系列有关或相同投资，或不同部门的一系列相关投资；还可以包括向中间金融机构发放贷款。世界银行关于项目的概念可以理解为贷款（投资）项目，而贷款可以用于工业、农业、商业及其他领域。

（6）国际标准化组织（ISO）从项目管理过程的角度对项目下的定义是：项目是由一系列具有开始和结束日期、相互协调和控制的活动组成，通过实

① 蒋景楠主编：《项目管理》，东北理工大学出版社 2006 年版，第 1 页。

施活动而达到满足时间、费用和资源等约束条件和实现项目目标的独特过程。

显然，从上述定义可以看出，项目与日常工作（或日常运作）不完全相同。美国作者昆廷·弗莱明在其著作中介绍了关于组织的“项目”与组织“日常运作”两者之间的区别[①]：“项目是为了完成某项独特的产品和服务而做的一次性努力，并且有明确的交付成果；只有完成了所有的交付成果，项目才算结束。因此，项目管理不能因为会计周期的划分而被割裂；项目有它自己的开始和结束，是独立于会计周期的。”“相反，日常运作是持续的工作，它没有所谓的‘结束’，只是从一个会计年度到下一个会计年度这样周而复始地进行。”“项目与日常运作的不同之处在于：当项目达到了最初设立的那个明确目标之后，项目就终止了；然而，日常运作却要重新设立一组新的目标，并持续进行。”

根据上述项目概念，我们可以作如下归纳：一是每个项目都包含一个特定的目标；二是根据其目标，每个项目都必须有始有终；三是每个项目都必须有一定的步骤和方法来确保项目的完成。根据上述项目的特征，我们可得出如下推论：一是项目虽然有一个特定的目标，但它仍是整个计划的一部分。二是项目有其特定目标，不能设立无目标的项目或是重复项目；三是任何一个项目，即便是重复或延续某个项目，也都会由于时间、成本、人员、配套系统等方面的原因而与以前的项目有所不同。

和“项目”有关的“管理”，指的是项目在计划和执行阶段的管理，包括以下一些方面：确定目标（明确该项目的结果是什么）；确定该项目中的一些参数（在该项目中应考虑哪些因素）；确定和项目总成本有关的个体成本；明确项目团队及其负责人，在项目实施的全过程进行管理与控制；将整个项目期间分成不同的时间段，明确不同时间段的进度和成本，以便控制和监督项目的进度。

2. 项目的一般特征

尽管项目的定义很多，但他们之间也有一定的联系性，仍可以概括出项目的一般特征。参照蒋景楠主编的《项目管理》一书的概括，这些特征主要为[②]：

---

① 昆廷·弗莱明、乔尔·科佩尔蒙著：《挣值项目管理》，电子工业出版社2007年版，第12页。

② 蒋景楠主编：《项目管理》，东北理工大学出版社2006年版，第2页。

（1）目标性：是指任何一个项目都必须有一个明确的目标，且项目目标可以度量与验证。项目的一切工作都是以目标为导向的，项目计划和一系列实施活动都是围绕目标而展开的。通常，明确项目目标，常需与项目范围、进度计划以及项目质量和成本等因素联系起来。例如，在多长时间内，花多少费用完成什么工作或任务。

（2）约束性：是指每一个项目都在一定程度上受到客观条件和资源的约束。项目需要运用各种资源来执行任务，项目的资源制约通常包括：人、财、物、时间、技术、信息等。这些限制条件和项目所处环境的其他一些约束因素，共同构成了项目的制约性。

（3）时间性：是指一个项目都有具体的时间要求。项目有明确的开始点和结束点，应在限定的期限内完成。在特定的时间内，项目是一次性的工作任务，其组织形式也往往是临时与开放的。项目从零开始，有具体的时限、费用、性能和质量等方面的要求。

（4）不确定性：是指一个项目在执行过程中，其成本与时间等因素往往包含着一定的不确定性。

（5）服务性：是指每一个项目都有其特定的客户。为客户提供及时良好的服务，是项目质量的应有之义。

3. 公共支出项目的定义与特征

公共支出项目既具有项目的一般特征，又有其自身的特点。其中，最主要的特点是公共支出项目使用的是公共财政资金，是以为社会提供公共产品或公共服务为出发点的。若公共支出项目的支出是属于固定资产投资，习惯上也称为政府投资项目。这就是说，公共支出项目比政府投资项目的范围更为宽泛。所有使用财政资金的项目都属于公共支出项目。

（1）公共支出项目的定义。政府投资项目是最为典型的一类公共支出项目。政府投资项目最直接的译名在美国使用“government project”，类似的叫法在日本与我国香港使用的是“public project”。1999 年，财政部牵头编写的《政府投资项目标底审查实务》一书①，将“政府投资项目”称之为“为了适应和推动国民经济或区域经济的发展，为了满足社会的文化、生活需要，以

① 转引自钱维等著：《政府投资体制的制度创新·项目法人招标制》，中国财政经济出版社 2006 年版，第 35 页。

及出于政治、国防等因素的考虑，由政府通过财政投资，发行国债或地方债券，利用外国政府赠款以及国家财政担保的国内外金融组织的贷款等方式或合资兴建的固定资产投资项目”。2004 年，《国务院关于投资体制改革的决定》（国发［2004］20 号）认为，“政府投资”的范围是“关系国家安全和市场不能有效配置资源的经济和社会领域，包括加强公益性和公共基础设施建设，保护和改善生态环境，促进欠发达地区的经济和社会发展，推进科技进步和高新技术产业化”。

从预算管理的角度看，财政部关于《中央本级项目支出预算管理办法》（财预［2007］38 号）规定，项目支出预算包括基本建设、有关事业发展专项计划、专项业务费、大型修缮、大型购置、大型会议等项目支出。从静态意义上讲，公共支出项目与其他项目一样，是一个单独的预算安排，并可以单独考量的事项。这个事项的“独立性”体现为可以单独核算成本、单独评价效果、单独计算支出。编制部门预算时，应将是否可以“单独评价效果”作为立项的基本条件，并按照“独立支出事件”的要求，将公共部门的项目支出与经常性支出区分开来。从动态意义上讲，项目不应只理解为是一个“点”，而应理解为是一条“线”，是一个过程。于是，我们可以结合前述国际标准化组织从项目管理的角度对项目的定义，将公共支出项目的定义表述为：公共支出项目是公共部门为完成需要单列支出并单独考核的事项，通过项目支出预算配置一定的公共资金（或公共资源），按照一定的时间与质量要求，并在相关约束条件下实现项目目标的特定过程。

（2）公共支出项目的特征。公共支出项目除具有项目的一般特征外，其最主要的特点是公共性，即项目目标是提供公共产品或公共服务；项目的业主是公共部门；项目资金是公共资金。

首先，就项目目标而言，公共支出项目体现了政府及相关公共部门的公共政策，体现为为社会提供一定的公共产品或公共服务，如天然林保护项目、堤防治理项目、特定的审计项目等。这些项目的目标，既来源于公共政策目标，又是公共政策目标的具体化。公共支出项目与企业投资项目两者之间的根本差别，在于收益主体不同，前者是社会公众，而后者则是投资者本身。

其次，就项目的业主而言，提供公共产品或公共服务的主体是政府及其公共部门，而不是企业或社会其他人员。当然，公共产品或公共服务的提供者（或称安排者），与具体生产者不能混为一谈，后者可以是企业或其他社会人员，但就提供或安排来说，只能是公共部门。当前，根据现行的公共预算模式，从预算层次上讲，公共支出项目的业主包括两个层次：即一级预算单位与二级预算单位。其中，一级预算单位，是指部门预算编制主体的那些单位，如一级政府的相关组成部门；二级预算单位，是指那些由一级预算单位管理的单位，其预算包含在一级预算单位的“部门预算”之中。

再次，就项目资金而言，公共支出项目的资金来源于纳税人，即主要是依靠税收手段强制性地参与国民经济分配的结果，也可以说是纳税人购买公共产品或公共服务的成本。

除此之外，公共支出项目的“时间性”需要说明两点：一是由于公共支出项目的不同，项目的时间跨度也不完全相同，有的项目可能需要持续一个时期，各年度的实际支出可能与预算支出不一致，但每年该项目的支出预算，则必须体现在本会计年度的项目预算之中。所以，对有些会计年度来讲，有些项目属于持续性项目（或俗称结转项目）。二是有些项目属于经常性专项业务，这一点似乎与前述项目定义中所说的“一次性努力”有点不同，但每个会计年度的这类“事项”，也同样是可以单独预算、单独考核的。

（3）公共支出项目属于社会项目。社会项目是指有计划的、有组织的、持续的、以改善社会环境条件为目标的活动①。显然，公共支出项目属于社会项目，其目标是改善社会问题或回应社会需要，主要的方式就是通过提供公共产品或公共服务来满足社会需要。社会项目有责任为社会作出贡献，且这些贡献是可以评估的。明确公共支出项目是社会项目的重要性在于，在项目绩效评价时，应注意应用社会研究方法，而不是商业研究方法。商业项目的评价主要偏向于经济效益和生产率，而不是改善社会公共问题。而社会项目的绩效评价则重点体现为对改善社会公共问题所作出的贡献。

---

① 彼得·罗西等著：《项目评估方法与技术》，华夏出版社2002年版，第16页。

（二）公共支出项目的类别与属性

1. 公共支出项目的类别

从我国现行行政管理体制与财政管理模式出发，地方财政往往参照财政部关于中央部门预算的有关规定，从实际出发，将公共支出项目按部门预算编报的要求分为四类：政府已研究确定的项目、经常性专项业务费项目、跨年度支出项目和其他项目。

（1）政府已研究确定的项目，是指政府已研究确定需由财政预算资金重点保障安排的支出项目。此类项目包括：一是党委政府文件已明确规定，需由本级财政预算安排的项目（以相关文件为依据）；二是党委政府领导明确批示需由财政安排、保障，且经政府主要领导或分管财政的领导同意的项目（以批示件为依据）。

（2）经常性专项业务费项目，是指公共部门为维持其正常运转而发生的大型设施、设备、大型专用网络运行费和为完成特定工作任务而持续发生的支出项目。此类项目主要是指大型设施、设备、网络或电子系统的运行维护费；“两会”经费；人大立法、监督经费；执法部门办案经费；公安、安全特殊支出及常规性的专项检查；监管、监测、审批、审查经费。在确定这类项目时，还必须同时注意这些项目往往还有一定的时间要求，比如说是已经或将要连续开支10年（含10年）以上的事项。

（3）跨年度支出项目，是指除以前年度延续的政府已研究确定的项目和经常性专项业务费项目之外，经财政部门批准并已确定分年度预算，需在本年继续安排预算的项目和当年新增的需在本年度及以后年度继续安排预算的支出项目。

（4）其他项目，是指除上述三类项目之外，公共部门为完成其职责需安排的支出项目。

2. 公共支出项目的属性

（1）按照公共支出项目的“时间性”特征，可将项目分为新增项目和延续项目两类。所谓新增项目，是指本年度新增的需列入预算的项目；所谓延续项目，是指以前年度已批准，并已确定分年度预算，需在本年度及以后年度预算中继续安排的项目。延续项目必须明确项目的起止年限，未经财政部门批准，部门不得自行变更项目名称和内容。

（2）按照公共支出功能分类，并结合公共支出项目的具体内容，可将公共支出项目的支出分别归类到相关的功能支出科目。我国收支分类改革后设置的政府支出功能分类，根据预算细化和财政支出统计分析的需要，采用了按职能设置、按活动设置、分行业设置、按资金用途设置四种不同的办法，将支出功能进行了类、款、项三级分类。其中，主要功能支出的“类”级科目包括一般公共服务（分设 32 款）、外交（分设 8 款）、国防（分设 3 款）、公共安全（分设 11 款）、教育（分设 10 款）、科学技术（分设 9 款）、文化体育与传媒（分设 6 款）、社会保障和就业（分设 17 款）、社会保险基金支出（分设 6 款）、医疗卫生（分设 10 款）、环境保护（分设 10 款）、城乡社区事务（分设 12 款）、农林水事务（分设 7 款）、交通运输（分设 4 款）、工业商业金融等事务（分设 19 款）、其他支出（分设 5 款）、转移性支出（分设 8 款）。

（3）按照公共支出的经济性质和具体用途，并结合安排公共支出项目的实际情况，可将项目支出分别列入“商品和服务支出”和“资本性支出”。其中，资本性支出在最新的政府收支分类科目中又具体分为“基本建设支出”与“其他资本性支出”两类。所以，公共支出项目按经济性质又可分为商品和服务支出项目、基本建设支出项目与其他资本性支出项目三类。注意公共支出项目这些不同的属性，对公共支出项目管理来说很有现实意义。这是因为在进行公共支出项目管理时，这三类项目是不完全相同的，资本性公共支出项目与商品和服务类公共支出项目相比，往往需要建立更为严密的控制机制。

二、公共支出项目绩效评价

在市场经济条件下，公共支出项目的主要任务是为社会提供公共产品或公共服务。为了加强公共支出项目的绩效管理，实现公共支出项目管理从“关注过程”、“对过程负责”，向“关注结果”、“对结果负责”的转变，必须注重公共支出项目的绩效评价。

（一）绩效概述

1. 绩效概念

从目前可以查到的文献看，对于什么是绩效，目前还没有一个较为一致的表述。卓越在其主编的《公共部门绩效评估》一书中对“绩效”一词进行过词义上的描述①。从英语的角度看，“绩效”一词的英文是“performance”，如“绩效预算”的英文则为“performance budgeting”。绩效（performance）在英文中的原意有“履行”、“执行”、“表现”、“行为”、“完成”，并引申为“作为”、“成就”、“成果”、“业绩”等含义。从汉语的角度看，在《现代汉语词典》中，“绩效”表示“成绩”、“成效”。“成绩”是指“工作或学习的收获”，强调对工作或学习结果的主观评价。“成效”是指“功效或效果”，强调工作或学习所造成的客观后果及影响。“绩效”则是上述两者的综合。OCED 在其 1994 年的报告《Performance Measurement Evaluation》中认为②，绩效是实施一项活动所获得的相对于目标的有效性，它不仅包括从事该项活动的效率、经济性和有效性，还包括活动实施主体对预定活动过程的遵从以及该项活动的公众满意程度。

《财政支出绩效评价研究》一书认为，“所谓绩效是效益、效率和效果的统称，包括行为过程和行为结果两个方面”③。马国贤在其著作《政府绩效管理》一书中认为，“绩效是指可以用量化的指标来描述和测量的，已经实现的事业目标或事业效果。事业目标和事业效果都属于产出，但它们的内容有时是有区别的。④”其中，事业目标是做事或财政支出所要达到的直接目的。如建造一座桥梁，或提供某一具体的服务。而事业效果即某项事业的社会效果，则是指其产生的经济或社会影响。上海财经大学课题组在《公共支出评价》一书中，分别引用了普雷姆詹德与亚洲开发银行的 Salvatore Schiavo - Campo 的相关观点⑤：普雷姆詹德在《公共支出管理》一书中，对绩效的定义是，绩效包含了效率、产品与服务质量及数量、机构所

---

① 卓越主编：《公共部门绩效评估》，中国人民大学出版社 2004 年版，第 2 页。
② 转引自上海财经大学课题组：《公共支出评价》，经济科学出版社 2006 年版，第 13 页。
③ 朱志刚主编：《财政支出绩效评价研究》，中国财政经济出版社 2003 年版，第 23 页。
④ 马国贤著：《政府绩效管理》，复旦大学出版社 2006 年版，第 131 页。
⑤ 转引自上海财经大学课题组：《公共支出评价》，经济科学出版社 2006 年版，第 13 页。

作的贡献与质量，包括了节约、效益和效率。亚洲开发银行的 Salvatore Schiavo - Campo 在《强化政府支出管理“绩效”》一文中对绩效的论述是，绩效是一个相对的概念，它可以用努力和结果这样的字眼进行定义。实际上，这个论述在说明，完全忽视绩效的主观努力是错误的，他认为主观方面是外部效果的重要决定因素，因此，绩效实质上不仅包含外部效果，也包含内在的努力程度，它往往可以通过投入、过程、产出和结果来描述。毛洪涛认为，“业绩，也称效绩、绩效、成效等，反映的是人们从事某一活动所获得的成绩或成果。[①]”显然，绩效可理解为是一项工作或一个单位，其工作成绩与效果的全面、系统的反映。这里，“反映”的内涵，既包括直接成果的反映，也包括间接成果的反映；既包括客观上的评价效果，也包括主观上的评价效果。

总而言之，绩效的内涵很丰富，是一个包括投入与产出、成果与成效、过程与努力、专家评价与社会反响等多方面内容在内的相对综合的概念。这里，投入是用来提供服务的资源，相应的标准应是“经济”；产出是服务本身，相应的标准应是“效率”；而成果体现为所要达到的目的，其相应的标准表现为成效或称有效；过程体现为获得投入、提供产出、取得成果的方法，主观努力往往体现在过程之中；专家评价与社会反响有时可能是一致的，有时也可能存在差异，而公共支出项目绩效的最终标准，则应体现在群众与实践的检验上。在实践中评价公共支出项目的绩效，有些成果可以定量描述，有些成果只能定性描述，或者是有些定性的成果通过量化的方式来描述。但是，无论以何种方式描述，在评价项目绩效时，都有必要弄清“精确”与“定量”两者之间的联系与区别[②]。遵循“精确”与“定量”理念评价项目绩效，都要求绩效指标不能模棱两可，但是，指标要求精确并不一定等于定量。首先，定性的方法可以通过调查、系统的反馈以及其他评价用户看法的方式转换成定量的方法。虽然统计问题很难对付，但原则上讲这种可能是存在的（比如，某个教育支出项目，可以部分地通过测量父母对他们子女所在学校表示“完全满意”的百分比来定量地分析）。其次，正如制定法律法规时要求的那样，人们可以通过使用清晰的语言来获得相当精确度的表述。然而，某个

① 毛洪涛著：《业绩管理会计研究》，西南财经大学出版社 2007 年版，第 32 页。

② 亚洲开发银行编著：《政府支出管理》，人民出版社 2001 年版，第 387 页。

指标不一定是一个数量，而可能是一个可以说明的责任，它可以通过对评价项目明确而具体的指标来衡量。

2. 企业绩效理念的发展进程

绩效评价活动是从企业开始，逐步引入公共部门的。纵观企业绩效理念的发展进程，随着经济体制与市场供求关系的不断变迁，大体经历了“效率型绩效”、“效益型绩效”、“有效与高效并重型绩效”三个阶段[①]。

（1）效率型绩效。20 世纪 50 年代前，管理会计得到了一定程度的发展，这个时期的管理会计还只是处于局部性、执行性的管理会计阶段，只注重狭义的内部管理，它所强调的是通过加强企业的内部管理，把事情做“好”。这个“好”的标准是对投入产出的评价，也就是传统的“效率”标准。效率讲求投入与产出的比率关系，力求以最少的投入获得最大的产出，它具有明显的速度、经济等数量特征。美国著名制度经济学家康芒斯认为，“效率是使用价值的出量对劳动工时的入量的比例。[②]”从这个定义可以看出，“效率”指单位内部的输出值与输入值的比，并不要求外界的认可。所谓“外界认可”，从企业的投入产出来讲，就是市场检验；从公共部门的投入产出来讲，就是社会效果。只注重“使用价值”的创造，而不注重“价值”的实现，是企业在“卖方市场”下的“效率型绩效”理念，因为短缺的物质供给，“使用价值”必然会转变为“价值”。

（2）效益型绩效。20 世纪 60 年代以后，传统执行性管理会计向决策性管理会计转变，这一时期管理会计追求的绩效是“效益”，它强调的是首先把事情做“对”，然后再把“对”的事情做“好”。效益与效率是两个不同的概念。“效益”在《辞海》中指的是“效果和收益”，是综合目标或是“价值”的实现。经济效率一般可以在企业内部体现，其高低主要是执行中的问题；而经济效益一般不能直接在企业内部体现，而必须通过企业同外界的联系（市场）才能体现，其好坏主要取决于经营决策的正确与否。一般来说，提高效率是提高效益的基础，企业提高效率所取得的成果最终将在企业的经济效益中得到体现。否则，经济效益的提高也就成为无源之水、无本之木。但是，两者也可能出现矛盾和脱节。因此，在市场经济条件下，效率只能接受市场

---

① 毛洪涛著：《业绩管理会计研究》，西南财经大学出版社 2007 年版，第 32 页。

② 康芒斯著：《制度经济学（上册）》，商务印书馆 1997 年版，第 417 页。

的检验才能转化为效益，否则，不仅不是效益，而且还是损失。因此，“效益型绩效”是“买方市场”下的必然产物，是综合性的绩效管理概念，它强调企业以及个人的绩效必须得到社会（或市场）的认可，否则是一种资源的极大浪费。

（3）有效与高效并重型绩效。20 世纪 80 年代以后，管理会计又有了新的发展，企业追求的目标是既要有效，又要高效。所谓有效，是指要使客户满意和高兴；所谓高效，是指要以最低的成本实现有效目标。换言之，“有效”指的是要“做正确的事情”，“高效”指的是要“正确地做事情”。绩效可以从这两方面定义：一方面是以结果（做正确的事情）为导向定义绩效；一方面是以行为（正确地做事情）为导向定义绩效。

毛洪涛认为[①]，“以结果为导向定义业绩，是指在特定的时间内由特定的工作职能或活动产生的产出记录。它考虑了企业内部利益相关者的需求，并且将企业内不同个体的努力与企业战略目标及实施战略的要求联系起来。以结果为导向定义业绩的局限性在于，代表业绩的结果的形成并不完全与被评价者的努力程度呈正比例关系，它要受到一些不确定因素的影响。同时，注重结果的评价，会导致对如何取得业绩的过程重视不足”。“以行为为导向的业绩是指与企业目标有关的，可以按照个体的能力（即贡献程度）进行测量的行动或行为。这一定义强调了执行者在实现企业目标过程中的行为，而不是行为的结果。以行为为导向定义业绩也存在局限性，一方面，业绩范围难以界定；另一方面，将业绩定义为行为，可能会产生对执行行为要求的误导。”按照“有效与高效并重型绩效”理念，绩效不只是讲求高效性（即追求效率），而且要讲究有效性（即追求效益），但必须结合市场的变化来做到高效性和有效性的统一，既要强调行为，也要强调结果，更要强调适应性，即在变化的市场环境下保持有效和高效。

3. 企业绩效理念发展对公共支出项目绩效的启示

从实践中分析可以看出，机械地把企业绩效评价的方法引用到公共支出项目是不正确且不适当的。这是因为，竞争市场上的企业，其行为的价值很容易用买方愿意支付的价格来衡量；企业的社会净效用可以用其在给定期间所获得的利润来大致测定，也就是利润“底线”。而公共支出项目所提供的产

---

① 毛洪涛著：《业绩管理会计研究》，西南财经大学出版社 2007 年版，第 34 页。

品是公共产品，不具有竞争性与排他性，存在着不可分割性与外部效应，这时，净效用或利润“底线”就不易确定。与此同时，如果把公共支出项目绩效局限于预算拨款或者对规章制度的严格遵守，也有可能导致随着时间流逝而浪费公共资源。所以，我们说公共支出项目绩效评价相对企业绩效评价要复杂得多。然而，认真解读与借鉴企业绩效的概念及其发展进程，特别是全面理解“有效与高效并重型绩效”理念，对我们正确理解和把握公共支出项目绩效也是很有好处的。

（1）公共部门组织实施公共支出项目必须耗费成本，讲效率是天经地义的事，但若只单纯树立“效率型绩效”理念，虽然也注重加强公共部门内部的管理，努力将“想当然”的事做好，然而，却会自觉不自觉地忽视“先把事情做‘对’，再把‘对’的事情做好”，这也体现为公共部门科学决策与民主决策机制的缺失。比如说，我国有些地方领导搞的“形象工程”，可能就工程本身来说符合效率标准，但却不一定是社会需要与公民满意的工程，所以这个有效率的工程不一定是一个有绩效的工程。从理论上讲，效率本源是一个经济上的概念。经济学意义上的效率注重节约成本，追求低投入、高产出。而绩效不仅是一个经济范畴的概念，还具有伦理、政治范畴的内涵。德国行政学家汉斯·班贝格认为，“节约开支是首要任务而非所谓提高效能，成本核算和绩效指标体系将会导致忽略外部经济、社会环境的影响。成本核算是一项内部合理化而不是项目或社会合理化的技术”①。事实上，理论与实践都表明，公共部门不同于私人部门（企业），若只是以效率为取向，公平就难免落空，或者最多也只能是兼顾公平。而在绩效的框架里，公平优先是公共部门提供公共产品与公共服务最基本的价值取向。促进基本公共服务均等化，已成为世界各国制定公共政策的共同目标。

（2）公共部门组织实施公共支出项目树立“效益型绩效”概念，为社会提供公共产品或公共服务，不仅要求数量指标，而且更应重视质量品位，要求公共部门提升服务水平，保证服务质量，首先应该在“对”字上做文章，即把“对”的事情办好。所以，“效益型绩效”理念要求公共部门，既要注

① 汉斯·班贝格：“德国的行政现代化：新瓶装旧酒”，《西方国家行政改革述评》，国家行政学院出版社 1998 年版，第 136 页。

重公共管理的内部机制，更要关注公共部门与社会和公民的关系，要以社会、公民的满意评价作为最终标准。显然，公共产品或公共服务的“质量”与使用公共产品或享受公共服务的“顾客”是紧密相连的，公民的满意度就是质量高低的重要指标。其中，“质量”的应有之义还包括差错率、合格率、优秀率、服务便利程度、反应速度等具体指标。新公共管理在很大程度上就表现为追求服务质量的运动，在这场运动中，全面质量管理、持续性质量改进、质量周期、质量控制等企业管理的核心内容被引进公共部门。如作为新公共管理运动旗手的英国政府，其内阁办公室就有一份文件，专门对公共绩效的质量概念作出过这样的界定：“通过调动所有人员的潜力，以最低的成本满足确认的顾客要求。[①]”上述要求蕴含着一个基本理念——“顾客取向”或“顾客至上”，这也是始于西方的新公共管理运动不同于传统行政管理的重要标志之一。

（3）公共部门组织实施公共支出项目是政府行为，而不是市场行为。虽然公共支出项目绩效不可能像企业生产经营绩效那样，需要让“使用价值”通过市场的检验转换成“价值”，并最终体现在为企业股东创造价值。但是，对公共支出项目投入产出的评价，必须关注社会效果，即首先是把事情做“对”，然后才是把“对”的事情做“好”。也就是说，公共部门作为人民的“公仆机关”，或者说是广大纳税人的“代理人”来说，不仅要从行为或过程的角度，更要从结果的角度来定义公共支出项目的绩效。鉴于公共决策的特殊性，从行为或过程的角度看公共支出项目绩效，除去项目内部管理过程的具体要求之外，很重要的外部评价往往体现为该项目的决策过程是否体现了社会公众的偏好与利益，特别是某个项目立项时是否是社会公众最为迫切需要的事项。那些经过民主决策程序的公共支出项目决策，一般会得到社会的认可与支持；而那些未经过民主决策程序的公共支出项目，即使决策者本人的动机很好，但也很可能得不到社会公众的理解。从结果的角度看公共支出项目绩效，即应是效率与效益（有效）的统一，尽可能用最少的钱将好事办好，实事办实，即让某个项目能够惠及更多的人，并让更多的人得到更大的实惠。

---

① Cabinel Office (1996), Measuring Quality Improvements – Main Report, p7.

（二）公共支出项目绩效评价的标准与特点

1. 公共支出项目绩效的“4E”标准

理论界对于公共支出绩效评价的认识，按其深刻程度，大约可以划分为三个阶段①：一是19世纪开始的传统的财务合规性评价，主要目的是检查财政支出执行有无错弊，使用过程是否合规等。这个阶段的绩效评价，主要是通过预算控制手段而不是依靠其他独立的标准来进行的。运行良好的预算过程，必然会产生正确的结果。至于财政支出是否导致公共支出规模持续膨胀，甚至导致了预算失衡，或者运行是否经济与合理，则不在评价考虑之列。二是20世纪30年代以后开始的经济性和效率性评价。这个阶段，除要对财政支出的财务合规性进行评价外，评价机构更加注重对被审机构是否经济有效地管理和利用其资源，即财政支出效率如何、导致支出效率不高或低效益运行的原因等方面的评价。三是20世纪80年代以来的经济性、效率性和有效性并重的评价，即“3E”评价。这一阶段，财政支出绩效评价的侧重点除考核支出的经济和效率状况，即是否实现了投入产出比的最大化外，突出了支出的效果评价，即公共支出的预期结果或效益是否达到，支出对于社会、经济的影响如何，是否有利于可持续发展，是否考虑了可能以较低成本达到预期效果的其他可供选择的办法等。例如，早在20世纪80年代初，英国效率小组就建议在财务管理新方案的改革中设立“经济性”（Economic）、“效率性”（Efficiency）、“有效性”（Effectiveness）的“3E”标准。后来，英国审计委员会将“3E”标准纳入了审计框架，并运用于政府管理的实践。除此之外，进入20世纪90年代以来，在“3E”标准逐渐成为了公共部门绩效评价的主要内容的同时，公平、质量、环境、就业和公众满意度被提到了重要地位，出现了传统绩效评价时期所不具有的评价内容和评价理念。例如，除“3E”标准外，“公平性”（Equity）也日益成为绩效评价的内容之一。迄今为止，国内外的主流学术观点都主张对公共支出项目绩效遵循“四维度量”，即“4E”标准体系②。“4E”标准实际上是一种包含不同价值观点的标准体系，能够充分反映公共部门的多元目标。用这种多元价值的标准体系来取代传统

---

① 朱志刚主编：《财政支出绩效评价研究》，中国财政经济出版社2003年版，第27页。

② 卓越主编：《公共部门绩效评估》，中国人民大学出版社2004年版，第247页。

模式下的单一财务和预算指标，能够更好地体现“管理的责任’，使“被授权的管理者根据既定的绩效标准完成既定的任务”①。为了充分反映公共部门的多元化和复杂性，有人甚至建议增加更多的“E”，如公正、卓越、企业家精神、专业技术等。

（1）经济性（Economic）。所谓经济性，是指输入成本的降低程度。它关心的是项目的“投入”，如何使项目的“投入”实现最经济的利用。换句话说，经济性要求的是以尽可能低的投入或成本，提供与维持既定数量和质量的公共产品或公共服务。经济指标并不关心与成本无关的服务质量问题。在实践中，它通常主要是通过降低投入成本，而获得项目资金的节约来进行度量的。在评价一个项目的绩效时，首要的一个问题便是某个项目完成后，与项目预算费用相比，是超支了，还是节约了，这是经济指标需要回答的问题。

（2）效率性（Efficiency）。所谓效率性，是反映一个项目的产出与投入之间的对比关系。严格意义上的效率，是用投入与产出的比例关系来衡量的。其含义是在既定的投入水平下使产出水平最大化，或者说，在既定的产出水平下使投入最小化。项目支出预算的高效率，意味着用最小的投入达到既定的目标，或者投入既定而产出最大化。常用的效率测定概念是劳动生产率及单位成本。效率可以分为两种类型：一类是生产效率（productive efficiency），是指生产或提供服务的平均成本；另一类是配置效率（allocation efficiency），是指某个项目所提供的产品或服务是否能够满足利益关系人的不同偏好。也就是公共部门通过公共支出项目，所提供的公共产品或公共服务，其预算配置比例是否符合社会公众的偏好顺序，能否实现帕累托改进，即项目的资源配置能否给最大多数人带来最大的利益。

（3）有效性（Effectiveness）。所谓有效性，是指公共部门通过公共支出项目所提供的公共产品或公共服务，在多大程度上满足了社会公众的愿望，达到了项目既定的目标。有效性指标包括产出的数量、质量、期望得到的社会效果、公众的满意度等。有效性指标一般涉及产出与效果之间的关系。在项目支出预算方面，它是指项目支出的结果在多大程度上达到社会、经济、政治等各方面的预期目标。由于公共支出项目涉及政治、经济、社会、文化、

① Issac – Henry , Kester , Chris Painter and Chris Barns (eds.) (1997) Msnsgement in the Public Sector Challenge and Change (second edition), London : Thomson Business Press , p83.

科技等多个领域，所以，它们的有效性也必须从不同领域的多个方面分别得以体现。一般而言，以效率作为衡量指标，特别适用于那些可以量化或货币化的公共产品或公共服务项目。而对于那些难于量化的公共服务项目，有效性便成为衡量公共服务的一个重要指标。有效性关心的问题在于：情况是否得到改善。这就是说，有效性通常是指公共服务“标的”（targeting）的实现程度，或表现为公共服务对于“标的”的影响，如福利状况的改变程度，使用者的满意程度，政策目标的实现程度等。有效性可以分为两类：一类是现状的改变程度，如饮水安全项目可用水质的净化程度来衡量；另一类是行为的改变幅度，如公共防疫项目则可用某类疾病的发病率改善情况来衡量。

（4）公平性（Equity）。所谓公平性，是指公共支出项目所提供的公共产品或公共服务，是否体现了社会公平与正义。“公平性”作为绩效的重要指标之一，它所关注的主要问题在于“接受服务的团体或个人是否都受到公平的待遇，需要特别照顾的弱势群体是否能够享受到更多的服务”[①]。然而，由于公平是针对接受服务的团体或个人所质疑的公正性而言的，它通常无法在市场机制中加以界定，因而公平性指标是难以衡量的。尽管“有效性”在一定程度上也包含着“公平性”，但由于对“有效性”的反映体现为多种指标，所以，遵循公共支出项目应重点围绕公共服务均等化目标，在项目绩效评价时将“公平性”独立出来是有必要的。在实践中，尽管公平性难于量化，但作为公共支出项目决策，将公平性理念贯穿于项目决策的全过程则是十分必要的。特别是在项目取舍或不同项目方案的比较时，必须将公平性指标作为重要依据，以便对“上什么项目”或“先上什么项目、后上什么项目”，作出判断。

2. “4E”之间的相互关系

从理论与实践相结合的角度看，研究和认识“4E”之间的关系，对项目绩效评价中确立评价目标、对特定项目的支出绩效作出正确评价至关重要[②]。一般而言，公共支出项目的经济性表现为项目成本的节约，效率性表现为项目实施的进度，有效性表现为项目效果的社会反映，公平性则表现为项目选择的优先程度。

---

① 卓越主编：《公共部门绩效评估》，中国人民出版社 2004 年版，第 32 页。

② 朱志刚主编：《财政支出绩效评价研究》，中国财政经济出版社 2003 年版，第 29 页。

从项目支出预算执行的角度看，在公共支出项目资金管理过程中，项目组织实施部门有时因对项目支出绩效的模糊认识，而影响项目的综合效果。这些认识常见的有：或忽视项目的最终目标或效果，而单纯追求支出的经济与节约；或不顾项目的效果，片面追求效率而造成浪费；或为了追求所谓的"效果"而不顾资源情况，最终影响综合效果；还有可能项目本身的经济性、效率性不错，但却存在公平性方面的问题，所以，并不能产生所希望的社会效果。要不要考虑公平性，以及如何考虑公平性，特别是在公共支出项目决策过程中，如何进行"雪中送炭项目"与"锦上添花项目"之间的取舍，就是一个很现实的问题。因此，科学客观地进行公共支出项目绩效评价，就需要从经济性、效率性、有效性与公平性四者之间的相互联系中进行综合考察、分析，进而立足公共利益，作出客观公正的评价。公共支出项目绩效评价"4E"之间的相互关系，公平性则主要体现为，通过对不同项目之间的比较评价，判断某个项目是否是当前最需要安排的项目支出，而就项目实施自身而言，则主要体现为评价其他"3E"之间的相互关系。

有些公共支出项目，看起来项目支出虽然经济节约，但效果却不一定好。如有的学校设计与建造标准低，不能防震，缺乏必要的功能，这种影响项目质量的做法不是公共支出项目绩效所追求的目标。经济性应是在保证质量前提下的节约，而不是损害质量前提下的节约。有些公共支出项目（如建造一条高速公路或一个广场），看起来项目进度快，成本控制也比较好，质量也不错，但是，或者是由于这条高速公路一开始的可行性研究做得不够好，实际建成后车流量小，与设计时所预计的车流量相差甚远，或者是由于这个广场的设计与建造方案脱离实际，建成后根本无人来这里休闲，仅仅是一个形象工程而已，每年还要花费高额的维护费用，所以，对这些看起来有效率的项目，其有效性却大打折扣。

与此同时，在实践中，公共支出项目的经济性与效率性发生矛盾的情况也时有发生，那些脱离实际盲目赶时间进度的项目，有时就会耗费额外的成本。所以，最理想的公共支出项目绩效评价结果，应该是在突出项目的公平与质量的基础上，尽可能用最少的项目支出，最佳的实施方式，最快的项目进度，实现预期的效果。

这里，还需要指出的是，尽管上面强调了"4E"之间的相互关系，但这并不意味着"4E"之间存在着某个相对固定的状态，而是说在公共支出项目绩效评价工作中，需要评价人员在思想上树立统筹“4E”标准的理念，并将这种理念体现为评价体系的设计上。这就是说，为了科学合理地开展公共支出项目绩效评价，按照统筹“4E”的理念，选择相关评价指标，并尽可能对每一状态进行适当的量化处理，进而达到综合评价的目的。

3. 公共支出项目绩效目标及其特点

从公共支出项目绩效评价的实践出发，项目绩效目标与项目绩效指标是两个既有联系，却又不完全相同的概念。注意两者之间的联系与区别，并认识项目绩效目标的特点，对深入开展项目绩效评价是有帮助的。通常，项目绩效指标主要是指通过什么来测定绩效，如前述关于项目绩效的“4E”标准，就是对特定的项目而言，其绩效可以从这四个方面或其中的某几个方面来评价。而项目绩效目标，则是指在编制项目预算时（即项目立项时），根据“4E”标准的要求所事先设定的计划数。项目绩效目标既可以是实物量，也可以是相对比例。例如，某个饮水安全项目，项目绩效指标既应有解决多少人的安全饮水问题，又要有解决安全饮水的单位成本问题。这里，“人数”多少就是实物量指标，而单位成本就是相对比例指标。而准备在多长的时间内投入多少资金，希望解决多少人的饮水安全问题，则是这个项目的绩效目标。

由于公共支出项目提供的是公共产品或公共服务，它不只是一个简单的技术问题，不同项目所提供的公共产品或公共服务有不同的标准，即使是同一公共产品或公共服务，还涉及政治、文化和社会等诸多因素，其“价格”也不易确定。有的研究者认为①，公共部门绩效目标包括服务质量和结果两方面。“质量”是指公共服务是如何提供的，例如提供公共服务是否及时准确、是否让顾客感到方便以及提供服务时的态度等；“结果”是公共服务供给后所产生的社会效果，例如某个公共支出项目实施后，社会环境和人们的需要是否得到了发展与改进、发展与改进的程度、社会公众满意的程度等。纵观公共支出项目绩效评价的实践，公共支出项目绩效目标往往体现为综合性、复杂性、难于测量性等特点。

（1）综合性。由于公共支出项目绩效的“4E”标准，其本身就是一个综合的指标体系，进而使得项目绩效目标也不是单一的，而是多目标的有机结合。特别是对较大项目而言，需要考虑的目标更多，有主要的，也有次要的；

① 卓越主编：《公共部门绩效评估》，中国人民大学出版社2004年版，第181页。

有近期的，也有远期的；有相互补充的，也有相互对立的；还有些目标是可以直接定量的，有些则是需要通过相应的考核方法将定性目标转换为定量目标，等等。导致项目绩效目标综合性的主要原因有：一是对有些公共支出项目而言，有时往往很难用一项指标来全面反映项目的效果，这就要求同时应用多项指标，从不同侧面反映该项目的效果；二是公共支出项目绩效目标通常包括公共产品或公共服务的量与质两个方面，有时还出现部门需求、“顾客”需求与社会需求三者之间不完全一致的现象，这也需要通过多项指标来界定。

（2）复杂性。公共支出项目不同于企业投资项目，后者的目标很具体，那就是为企业创造价值，为股东创造利润，并直接体现为企业投资回报率的高低。然而，公共支出项目则不然，项目本身的经济性与效率性，与项目的有效性与公平性就不一定是一回事。公共支出项目的绩效目标不仅要关注项目本身的成本大小与效率高低，更要关注项目所提供公共产品或公共服务的社会效果；不仅要注意项目支出的经济效益，而且更要注意项目支出的社会效益与生态效益。因此，公共支出项目绩效目标决定了它要同时考虑许多公共政策目标，这些相互关联且并非完全一致的目标，必然决定着公共支出项目绩效目标的复杂性。正如英国学者拉图和斯图尔特在分析绩效评价目标障碍时所指出的那样，“最终的产出超出了组织自身的界限，只能通过公众舆论来判断社会生活的质量。[①]”

（3）不易测量性。由公共支出项目提供的公共产品或公共服务，与私人产品不同的显著特点之一就是“公共性”与“外部性”，这些产品或服务不管是有形的，还是无形的，其“价格”是难于确定。因此，这类项目的绩效目标就难于定量描述，进而就不易测量。即使千方百计设计出一些量化指标，最多也只能是考核评价项目自身相关方面的绩效。至于项目实施后的社会效果如何，不同群体、不同角度、不同时期的评价结论都可能不一样，有时甚至还会出现截然不同的评价结论。与此同时，实行不同的评价标准，采取不同的评价方法，也可能出现不同的评价结果。就是运用同一种评价标准和方法，对同一项目的评价，其评价结果也会因评价者等因素的不同而很难重复。

---

① 卓越主编：《公共部门绩效评估》，中国人民大学出版社2004年版，第181页。

（三）公共支出项目绩效评价的作用与基本步骤

1. 公共支出项目绩效评价的作用

理论与实践表明，做好公共支出项目绩效评价工作，既是提高公共支出决策（特别是公共支出项目决策）质量与水平的基础，也是推进公共部门绩效管理的基础。财政部《财政预算支出绩效评价管理暂行办法》明确要求："部门预算支出绩效评价包括基本支出绩效评价和项目支出绩效评价。部门预算支出绩效评价应当以项目支出为重点，重点评价一定金额以上、与本部门职能密切相关、具有明显社会影响和经济影响的项目。有条件的地方可以对部门整体支出进行评价。"鉴于基本支出预算的特点是"保障机构正常运转"与"完成日常工作任务"，所以，对基本支出预算的绩效评价，需要结合公共部门的履职情况一起来进行考评。脱离公共部门的履职情况，基本支出预算的绩效就无从谈起。所以，从基本支出与项目支出预算各自的特点出发，公共支出绩效评价的重点应当是项目绩效。从一定意义上讲，当前我国公共部门正在探索的绩效预算与绩效评价工作，应该将公共支出项目绩效评价作为突破口。财政部在"项目实施的管理"中就明确指出①："对年度预算安排的项目要实行绩效考评"，"应当将绩效评价结果作为以后年度加强项目管理及安排项目支出预算的重要依据"。

（1）公共支出项目绩效评价是公共支出决策的基础。从我国现行行政管理体制与财政管理方式出发，《财政支出绩效评价研究》一书提出②："财政支出绩效评价从评价对象上，可划分为财政支出项目绩效评价、单位财政支出绩效评价、部门财政支出绩效评价和财政支出综合绩效评价。四者是一个层层递进、逐级包容的关系，单位负责项目的支出管理，部门负责单位的支出管理并对项目支出管理有最终的管理权，而综合评价是对一级政府或一定区域的财政支出绩效进行综合评价。对这四个层次主体的绩效评价体现了一个从微观到宏观、从具体到全面的过程。项目绩效评价是指对财政支出项目的投资绩效进行综合评价，是四个层次中最为基础性的评价，不仅仅是预算

① 财政部预算司编著：《中央部门预算编制指南（2008年）》，中国财政经济出版社2007年版，第87页。

② 朱志刚主编：《财政支出绩效评价研究》，中国财政经济出版社2003年版，第11页。

执行结果与预算计划目标之间的对比，还要依据国民经济发展状况、地区和产业发展政策以及国家各项法律、制度，对投资项目决策的科学程度以及实施过程中的正误程度进行严格评价。一般包括支出项目立项决策的效果评价、技术效率或技术可行性评价、支出项目的经济性和有效性评价以及支出项目的社会影响的效果评价。”这就是说，从公共支出项目决策这个意义上讲，如果没有科学合理可行的项目绩效评价，就谈不上依法理财、科学理财与民主理财。在公共支出项目的传统管理中，那种“项目安排时‘拍脑袋’，项目实施时‘拍胸脯’，项目问责时‘拍屁股’”的“三拍”教训，可以说是屡见不鲜，究其原因就是缺乏科学的项目绩效评价，或者是项目绩效评价“走过场”。

桑贾伊·普拉丹在进行公共支出的职能构成分析时明确指出[①]：“公共支出的职能构成包括部门间和部门内的资源配置，例如教育、卫生、交通、国防。从最高的总量层次着手，公共支出分析应告诉我们在一个给定的支出总量条件下，这一总额应如何分配到各个不同的部门（即部门间配置）才能使社会福利最大化。”“如果不具体地分析部门内各项支出的配置，就很难分析部门之间的支出配置问题。”在公共支出决策的实际工作中，公共支出结构决策与公共支出项目决策也并不是绝对的先后关系，特别是对那些轻重缓急程度相当的项目，到底确定实施哪些项目，很可能出现项目决策在先，从而最后决定着与此相关的公共支出结构的现象。正如桑贾伊·普拉丹所说的那样[②]，“在这种情况下，作为一组部门内或部门之间的支出，利益相对单一化的项目就成了支出分析的有用单元”。

对公共支出的结构与总量决策而言，也直接或间接受到项目绩效评价结果的影响。那些社会经济效益特别大的项目，科学的绩效评价信息也会直接或间接影响着“政策导向型”决策过程，进而影响公共支出的结构与总量决策的最终结果。理论研究与实践经验都表明，公共支出项目绩效评价是公共支出决策过程最基础性的工作，其质量与水平直接关系到公共支出总量、结构和项目“三个层次”决策的质量与水平。

（2）公共支出项目绩效评价是公共支出绩效评价的关键环节。公共部门

① 桑贾伊·普拉丹著：《公共支出分析的基本方法》，中国财政经济出版社2000年版，第11页。
② 同上。

为社会提供公共产品或公共服务，其成本就表现为公共部门的预算支出。根据现行的部门预算，某个公共部门的预算支出包括基本支出与项目支出两大部分。其中，基本支出中的人员经费，又取决于规定的编制数与个人收入政策，这部分成本基本上是不可控的；而可控成本只能是基本支出中的日常公用经费和项目支出。日常公用经费是维持部门日常运行的基本保障，它主要取决于科学合理的定额制定及其所涉及的业务量范围。如本书第四章所述，对公共部门而言，日常公用经费的控制，主要是边界确定问题，即哪些日常工作的开展，其成本已在日常公用经费之列，而哪些工作的开展，其成本应列为特定项目。换句话说，提高日常经费的使用效果也直接或间接与是否应该列为项目支出相关。因此，可以说公共支出项目的绩效评价是公共支出绩效评价的关键环节。对于那些为社会提供公共产品或公共服务较多的部门而言，其项目支出所占的比重更大，这方面的重要性就更为迫切了。

（3）公共支出项目的绩效评价结果为公共部门的绩效管理提供重要依据。所谓绩效管理①，国外有学者认为是“利用绩效信息协助设定统一的绩效目标，进行资源配置与优先顺序的安排，以告知管理者维持或改变既定目标计划，并报告成功符合目标的过程”；国内有学者认为，绩效管理是围绕绩效提高目标，界定组织目标，确定绩效目标，监测和反馈组织绩效状况，并对实现结果进行系统评价的过程。这些定义虽然表达方式不同，但有一点是相同的，那就是以公共支出（特别是公共支出项目）为主要内容的绩效评价，是公共部门绩效管理的关键内容，是公共部门绩效管理大系统中事关全局的子系统。在英国，20 世纪 80 年代初，绩效评价常常被单独使用。随着 80 年代后期绩效管理的诞生和推行，绩效评价逐渐被纳入绩效管理的框架，并“被视为绩效管理概念中的中心因素”。很显然，任何公共部门的预算支出，是其履行职责所必需的成本，而公共支出项目绩效评价所提供的有关信息（特别是关于成本—绩效分析的信息），不但成为公共支出绩效评价的重要内容，也为公共部门的绩效管理提供重要依据。

公共部门绩效管理是新公共管理理论在公共部门管理中的应用。在实践上，公共部门推行绩效管理应适当放松传统管理所严格设定的行政规制，实行以绩效评价为核心的绩效目标控制，实现以工作绩效为基础的责任制取代

① 卓越主编：《公共部门绩效评估》，中国人民大学出版社 2004 年版，第 9 页。

传统行政管理中以过程规则为基础的责任制。英国公共部门进行绩效评价①，就要求公共支出管理要研究解决传统公共支出管理中“关注投入而不计成本的矛盾”。“‘关注投入’体现在开支方面的繁琐规章和严格的审批制度，‘不计成本’则表现为忽视对单位成本的科学测定。”而“以绩效为基础的责任制”，其基础就是公共支出项目绩效评价，并按公共部门管理会计的要求，以项目为载体建立成本中心或责任中心。

2. 公共支出项目绩效评价应贯穿于项目管理的全过程

如前所述，公共支出项目绩效评价是指运用科学、规范的绩效评价方法，按照公共支出项目绩效的“4E”标准，对具有特定内容的公共支出项目的成本、业务量与绩效，进行科学、客观、公正的衡量比较和综合评判。所以，公共支出项目绩效评价应贯穿于项目管理的全过程，包括项目选择过程的事前评价、项目实施过程的事中评价、项目验收及后期运作过程的事后评价。

（1）公共支出项目绩效的事前评价，主要是指公共部门在编制项目支出预算的过程中，对拟将列入部门项目支出预算的那些项目，根据经济社会发展和项目绩效评价的要求，进行相关分析与判断，并在整合相关项目的基础上，将项目绩效目标与和谐社会建设目标相比较，进而遵循社会福利最大化原则将项目进行轻重缓急排序，建立起动态管理的项目库，为公共支出项目抉择提供依据。例如，2008 年 5 月，广东省政府出台推进产业转移和劳动力转移“双转移”战略，将安排专项资金 400 亿元，其中，75 亿元用于建设产业转移园。这 75 亿元的分配就是按“要件准入、专家评审、政府批准”的竞争性评审立项分配的。在评价指标体系设计上，主要是促进地方形成科学发展思路、制定有效可行发展措施、提高财政资金使用效益等方面，制定了 6 个一级指标、21 个二级指标和 62 个三级指标，采用“对判断因素加权”和“对专家意见加权”相结合的评分方式，同时进行现场答辩等，促进公共支出资金分配的公平与有效。

在公共支出项目的决策阶段，应特别注意认真研究下述三个问题：一是将有限的财政资金优先安排哪些公共产品或公共服务，更有利于促进社会公平与增进社会和谐；二是选择何种方式来提供拟定的公共产品或公共服务，更有利于降低成本与提高效率；三是提供某项公共产品或公共服务所需的投

① 卓越主编：《公共部门绩效评估》，中国人民大学出版社 2004 年版，第 247 页。

入（成本），与希望实现的业务量（产出）及目标绩效之间的依存关系如何。彼得·罗西等人在其著作中认为[①]，对某事物进行评估，需要知道该事物可以被描述的绩效或特征的表现维度，只有这样，才能够与适当的标准进行比较。这样，项目评估就逐步涉及了下述五个项目维度的一个或几个方面，包括项目的需求、项目的设计、项目的实施、项目的影响或结果、项目的效率（成本—收益）。在某些情况下，社会项目的评估也许会涉及所有的五个方面，这样的评估被称为综合评估。

（2）公共支出项目绩效的事中评价，也就是在项目决策的执行（实施）阶段，紧紧围绕项目的绩效目标所开展的相关评价工作，包括对项目任务的数量、质量、进度及其对原先所设定的绩效目标的影响，并通过建立和执行有效的财务管理及其他管理制度，以提高财政资金的安全性、规范性和有效性。将项目的确定作为项目决策过程的一个环节（而不是终结），是为了对项目决策方案进行审查和反馈修正。如果由于实施项目的主客观条件发生了重大的变化，就必须对确定后的项目进行追踪决策。

（3）公共支出项目绩效的事后评价，则是指项目执行完毕后，对项目实际效果进行评价（特别是与目标效果之间的差别），主要是为相关公共部门的绩效评价提供依据，并为未来的公共支出项目决策提供经验（包括汲取教训），以不断提高公共支出决策（特别是公共支出项目决策）水平。例如新加坡近30年来着力开展财政支出后评价，以建立“高效、规范、透明和可持续”的公共财政绩效预算管理与监督体系。其绩效评价主要是通过预算完成比例、目标完成情况和资本化成本三个方面的指标来考核部门的预算执行绩效。其中，资本化成本指标主要测量部门的资源利用效果，促使各部门增收、减少运行成本、降低资本化成本。

3. 公共支出项目绩效评价的基本步骤

公共支出项目的事先、事中与事后的绩效评价，由于所处的阶段不同，其评价步骤也不完全相同，但一些基本方面的要求还是一样的，需要引起管理会计工作者的关注。美国国家公共生产力中心设定了一个七步骤的评价程序[②]，将公众参与融入这一程序当中。下面，我们就介绍这七个步骤，它可以

① 彼得·罗西等著：《项目评估方法与技术》，华夏出版社2002年版，第16页。

② 卓越主编：《公共部门绩效评估》，中国人民大学出版社2004年版，第216页。

为公共支出项目不同阶段的绩效评价提供有益的借鉴。

（1）鉴别被评价的项目。公共支出项目一般是通过正式的预算程序确定的，并受制于预算。而赋予公众在公共支出项目绩效评价的发言权，无疑代表了民主与法制的进步。此时的项目不仅要考虑到成本收益及预算方面的问题，同时还需要考虑有效性问题，即是否真正满足了公民的需求。这在很大程度上可以有效地遏制公共部门的浪费，从而保证公共预算可以用在恰当的地方。

（2）陈述目的并确定所需结果。对于特定的公共支出项目而言，立项时都会就为什么要立项的问题，有一个清楚明了的关于“立项目的”的陈述。这个陈述不但对立项阶段很重要，而且对今后的绩效评价工作也很重要。这是因为，只有在立项阶段就将项目的绩效目标与预定结果陈述清楚，才可以在后续阶段，将项目或服务的实际结果同目标进行比较。这也表明，从一定意义上讲，公共支出项目绩效评价在公共支出与公共部门绩效管理中可以作为一种特殊工具，为公共支出或公共部门的绩效管理提供信息，以保障绩效预算的持续有效进行。

（3）选择衡量标准或指标。一个好的评价体系必须采用几项指标以度量结果或业绩，这些指标常包括投入、能力、产出、结果、效率和生产力。项目评价机构需要决定每一个项目最为合适的评价指标，而不是仅仅依赖于每个项目能够收集到的资料。在指标设立的过程中，需要注意相关性问题。选择的指标应该同公共部门的具体努力存在联系，否则，作出的评价可能偏离实际的结果。一般来说，好的项目测评系统运用公民问卷以评价公民满意程度和见解。因此，充分调动公民参与的积极性，是推进公共支出项目和公共部门绩效评价发展的一个重要标志。

（4）设立绩效和结果的目标。在这个步骤里，需要确立公共支出具体的绩效和结果目标，以及实现该目标的具体条件。主要反映了公共部门提供的公共产品及公共服务的有效性和质量状况，以及达到这种有效性及质量标准的措施。

（5）监督结果。每一项绩效目标是否达到，应当根据公共部门所提供公共产品或公共服务的情况，站在使用该产品或服务的公民角度实施连续不断的监督。监督项目的结果而不是过程，则为公众和管理者提供了绩效目标是否达到的信息，进而可以系统地、周期性地在公众与管理之间提供追踪项目运作并及时采取纠正措施的机会。

（6）绩效报告。一个良好的绩效测评系统需要定期报告项目结果。绩效报告不仅是内部管理的一种工具，而且还需要公开化。绩效报告应主要介绍取得了什么成果和付出了何种代价。报告应该简明扼要，用图表传播信息，并包括基本的解释信息。信息陈述应当有助于与整个时期比较，与类似的机构比较，与同类最好的项目比较，与以前制定的目标比较。同时，绩效的陈述应注意说清楚对公民的意义，即不仅需要让公民理解在整个社区会发生什么，而且还需要让他们理解在所居住的街坊四邻都会发生什么。

（7）使用结果与绩效信息（分析与行动）。一个有效的绩效评价体系的信息被定期运用于项目计划中，以便重新评价项目的目的与目标，并调整重点。另一项信息运用是“为结果而管理”——采用结果信息连续不断地改善项目操作和结果。一个建立良好的绩效测评系统应当让公众和管理者能够发现项目或服务的长处和改善的机会，而且可以找到项目的弱点和不足之处。

（四）公共支出项目绩效评价需要注意的问题

根据前面的相关论述可知，公共支出项目绩效评价，是指遵循“4E”标准来评价项目支出的业绩与效果。它既要看“业绩”，即通过分析比较项目的“投入”与“产出”，来明确项目的绩效目标；又要看“效果”，即项目成果对经济社会发展的影响，以及社会公众对项目成果的满意程度。在实际工作中，评价公共支出项目绩效应注意下述几个问题。

1. 准确有效地描述项目绩效

显然，公共支出项目绩效评价属于现代目标管理的范畴。目标是项目绩效评价的前提与基础。正如《美国政府绩效评价体系》一书指出的那样①：“针对大多数的绩效目标，需要建立众多的绩效指标，绩效指标是用于衡量是否达到目标的参考标准。”如果一个项目没有绩效目标及反映该目标的相关指标，该项目就失去了立项的基础，也就谈不上什么绩效评价了。然而，由于公共支出项目的固有特性，准确而有效地描述公共支出项目的绩效目标，又是一件不容易的事情。正因为如此，在公共部门的支出预算中，之所以很多

① 财政部财政科学研究所《绩效预算》课题组：《美国政府绩效评价体系》，经济管理出版社 2004 年版，第 55 页。

公共部门有机会追求自身预算最大化，其中的一个重要原因，就在于往往不是准确而有效地描述项目绩效，缺乏反映项目“业绩”与“效果”的相关绩效指标，而只有进行重要性描述却难于评价的抽象目标，其结果必然会导致只是对过程负责，而不是对结果负责。这样，花钱很容易，要钱也就有了动力。相反，可以设想，如果能够将项目绩效目标作出准确而有效的描述，使得花钱不容易了，那么要钱的积极性也就会大大减小。

例如，作者在某个地方政府工作期间就有一个很有趣的体会，当时将市本级的支农资金整合成一个“专项”，并主要用于培养和壮大不同层次与不同规模的农业产业化龙头企业。为了加强对该专项资金的管理，提高使用效益，我们对使用该项资金的项目绩效目标及其指标，不是抽象地表述为促进农民增收或调整农业结构，而是要求使用该专项资金的项目，其使用方式是与所在县的财政支农资金以及组织该项目的乡镇或村组干部私人入股龙头企业的资金配套，项目绩效指标是投入农业产业化龙头企业的资金数量，项目绩效目标是“三二一工程”：即乡镇或村组干部私人入股三元钱，项目所在县财政投入二元钱，市财政则从该“专项”中投入一元钱，且市县两级财政的这三元钱的分配权（包括负盈与负亏）“一比一”地匹配给出资的个人，但保持所有权，负责监督企业的业务方向及其他重大经营事项，如只能是发展农业产业化，而不能搞与此不相关的其他投资。由于用自己的钱办自己的事，必然会既讲节约又讲效果，而不是用别人的钱办别人的事，既不讲节约又不讲效果。所以，随着项目绩效目标及其指标的有效设定，使用该项资金的部门都感到有压力，过去是有关部门纷纷找政府要求增加资金，现在是政府在目标责任制上要求这些部门按照规定的绩效目标及其指标使用资金。

实践表明，准确而有效地描述项目绩效目标及其指标，必须注意项目绩效目标及其指标的设定具有定量性和可测量性。美国政府绩效评价体系就明确规定①：“年度绩效目标是衡量取得战略规划所含长期总目标过程中所取得进步的主要方法。法案规定大多数绩效目标应以客观、可量化和可衡量的形式表达出来。绩效计划应被精确定义以便在实现目标过程中随时进行绩效评价。战略规划中的任何一个总目标均可有几个绩效目标。”

---

① 财政部财政科学研究所《绩效预算》课题组：《美国政府绩效评价体系》，经济管理出版社2004年版，第54页。

首先，准确而有效的项目绩效指标应当是定量的，而不能只满足于定性要求。哪怕是那些出自“顾客”的主观评价，难于直接定量的指标，也应尽可能设法通过适当的方法转换成定量指标。只有这样才能定量地设定考核目标，而不仅是定性的描述。定量性项目绩效目标及其指标的基本特点，不同于传统行政管理中的定性管理，而是现代目标管理的要求。其次，准确而有效的项目绩效目标及其指标应当是可测量的，也就是说，它能够应用现有的技术手段来测定，且这种测定还不因测量者的主观评价而改变。马国贤在论述政府绩效管理时认为[①]，用可测量指标来描述绩效目标，这是政府绩效管理的特点，也是难点。为此，在实施中我们应当注意以下两点：首先，绩效指标的选取必须体现行业特点，即特征值。其次，特征值指标的选取应当主要来自社会需求和“顾客”需求。为此，应当分清以下概念：一是分清单位“能做什么”与社会“需要什么”的差异；二是适度区分社会需求与“顾客”需求的异同。在设定绩效指标时，应当仔细分析“顾客”与社会需求，这样才能找到合理的度量指标。

遵照上述观点，由于不同的公共支出项目，其所提供的公共产品或公共服务的内容及其服务对象是不同的。所以，在编制项目支出预算时，也就是在决定某个项目是否立项时，就应该首先论证该项目的绩效目标及其指标是否合理明确。对项目绩效目标及其指标的描述，不能抽象地谈，一定要从项目自身的特点出发，特别是根据该项目为社会所提供的公共产品或公共服务，直接找出“顾客”是谁、社会需要是什么，以及能达到或希望达到什么水平，进而按照定量与可测的要求，准确与有效地确定反映项目绩效目标的相关指标。

需要说明的是，项目指标的个数，应随着项目的不同而不同。有的项目可能设置一个指标就行了，但有的项目则需要从实际出发，需要由多个指标来描述，形成指标体系。这些指标中，有的是可以直接量化的指标，有的则需要通过必要的考核方法将定性指标转换成定量指标。实践表明，项目绩效指标不是越多越好，而是越具体、越明确越好。特别是对于那些似是而非的指标或目标，与其说很多，还不如提出一个比较具体的可量化、可测量的指标与目标。

---

① 马国贤著：《政府绩效管理》，复旦大学出版社 2006 年版，第 133 页。

2. 科学合理地确定评价标准

公共支出项目绩效评价标准在评价体系中具有重要作用。它的客观与否决定了评价结果是否公平、公正和真实。实践表明，科学合理、简单易行的评价标准是衡量公共支出项目绩效的基本准绳，是确保评价结果客观有效的基准尺度。

一般而言，公共支出项目绩效评价标准按照可计量性分为定量标准和定性标准。这两种标准又可以根据标准的取值范围或方式不同，分为行业标准、计划标准、经验标准和历史标准四种类型。从目前世界银行、澳大利亚、英国等惯例看，多以这四种类型标准作为公共支出绩效评价的对比标准。从理论上讲，这些标准都可以作为衡量和评判的基准，但在具体操作上，由于各类标准的技术方法、统计口径、适用范围不同，而且仅采用单一标准容易导致评价结果偏向主观，所以评价实施者可以根据评价对象的不同来确定适当的评价标准。

与此同时，公共支出项目绩效评价标准的对比尺度与参照功能，还需要通过一定的载体来实现。也就是说，在公共支出项目绩效评价标准体系中，对于那些定量标准，必须让标准表现为一定的数值，这些数值既可能是具体的数字，也可能是分数、指数或序数；而对于那些定性指标，则表现为一定的评语。

3. 社会研究方法的应用

美国学者彼得·罗西等认为①，社会项目“是指有计划的、有组织的、持续的、以改善社会环境条件为目标的活动”（显然，社会项目属于公共支出项目的范畴）。社会项目评价“就是采用社会研究的程序，在一定的政治和组织环境下，系统地调查旨在改善社会环境和条件的社会干预项目的绩效”。这个定义从社会项目的特点出发，即社会项目是通过“做好”来产生社会效益，进而改善社会环境条件的实体，所以，特别强调要应用社会研究方法来评价社会项目的绩效，这个观点对公共支出项目绩效评价很有借鉴意义。

对于某个或某类公共支出项目的评价来说，一方面，评价是指对整个被评价事物绩效的描述；另一方面，评价还涉及用来说明绩效的标准和测量。

① 彼得·罗西等著：《项目评估方法与技术》，华夏出版社2002年版，第15页。

也就是说，项目评价者的中心任务是建构与项目绩效有关的、可以与一定的标准进行比较的、有效的描述。

按照美国学者彼得·罗西等的研究①："评估就是确定事物荣誉和价值的过程，对事物的评估就是这个过程下的结果……所以，评估并不只是简单地搜集和整理与决策有明确关系的资料，尽管现在仍然有评估专家这样定义评估……在任何情况下，对决策而言，搜集和分析资料（通常也是困难的）都是必须的，但这只是评估工作两个重要成分之一，如果缺失了另一部分，即对资料的综合，也就称不上什么评估了。"但作为项目评价的第一步，搜集资料是必须的，甚至是项目评价成功与否的基础。社会项目是有组织的社会行为，随着当代社会科学中的系统观察、测量、抽样、研究设计和数据分析的不断发展，对社会行为的特征进行有效的、可靠的、准确的表述是有条件与有可能的。所以，从有效和可靠的角度来看，社会研究方法为描述社会项目的绩效提供了较好的方式。不管我们所研究的社会项目属于何种类型，对项目绩效的评价研究就是运用社会研究方法，搜集项目绩效的资料，并对资料进行分析和解释。这种社会研究的理念，就是项目评价的核心观点，也是罗西等人所认为的"系统方法"的含义。

4. 注意项目的政治与组织背景

前面我们虽然说过，公共支出项目决策属于"绩效导向型"决策。但是，鉴于公共支出项目的特点，它必然离不开特定的政治与组织背景。正如美国学者彼得·罗西等所说②，社会项目天生就具有不适合做研究的环境。项目环境的特质（特别是要求评价者关注的议题），常常与书本中所说的理论方法或标准有一定的差距。所以，对评价者而言，最大的挑战就是，如何理论联系实际，应用理论上所要求的标准与程序来组织项目评价。这里，一个不容忽视的问题，就是应该关注项目的政治与组织背景。

参照彼得·罗西等学者的总结，政治因素直接或间接介入项目决策过程主要有三种形式：一是进行评价的项目和政策，都是政治决策的产物。这些项目和政策的设计与实施，都直接或间接与政治因素有关，这就使得政治问题非常重要。二是由于项目绩效评价本身也是为了满足决策的要求，所以评

---

① 彼得·罗西等著：《项目评估方法与技术》，华夏出版社2002年版，第16页。

② 同上。

价报告必然要进入决策领域。在政治过程中，项目结果的评价性证据要有足够的竞争力。三是也是最不易引起重视的就是，评价本身也具有政治因素。就评价本身的特点而言，由于公共支出项目的固有特征，使得围绕特定的项目所进行的评价，始终不可能彻底离开必要的政治性陈述。了解这些方面的情况，对做好公共支出项目绩效评价也是必要的。评价者只有洞悉系统中其他社会行动者的动机和利益、评价者的角色、完成评价的机会和障碍，以及应用评价结果的限制和可能途径（特别是在政治上敏感的评估），才能使得评价变成创造性的、战略性的和有用的活动。

理论与实践表明：公共支出项目绩效评价是一项严肃的工作，而不可能是快刀斩乱麻式的活动。在设计评价方案时，必须根据特定的项目环境进行调试，在评价实施中还要不断地修订与完善。某项评价的特定范围和形式，主要取决于评价的目的、被评价项目的性质、评价结果的作用以及评价实施的政治与组织背景。因此，评价方案要逐步围绕有关项目的问题来展开。项目相关方所提出的问题，也许非常具体、专业、缺乏弹性，并且在评价合同中规定得清清楚楚，但评价者仍然有必要与相关方进行细致的磋商，使问题更加具体。尽管围绕评价的各方都知道自己的利益和目标，但是，该利益和目标并不一定表现为评价者可以直接写入计划的、直白的方式。譬如，初始的问题也许太空泛，停留在项目的口号上，如果要评价，就要把空泛的、口号式的问题转化为具体的问题。有时候，评价的问题也会是预设的（譬如项目绩效），并不直接与项目有关。在这种情况下，评价者必须详细地理顺这些含糊不清的问题，即对评价各方究竟意味着什么，以及他们为什么关心这些问题。

公共支出项目往往体现各种政治决策，因而评估所处理的问题一般是重大的，提供的信息也与重大问题相关，常常要为决策者提供及时的、有意义的信息，这样的信息与要实现的目标具有一致性。在设计方面，一个旨在向项目经理反馈信息，并通过提高服务质量以改善项目评价，与一个旨在反馈信息给项目资助者，以便决定是否继续资助该项目的评估，会有很大的差别。不过，在任何情况下，评价工作的规划和实施都要慎重考虑其中的政治问题。与此同时，公共支出绩效评价还应当考虑项目的组织层面。在进行评价设计时，还应考虑到组织上的合作与支持、项目文件和资料的可获得性、项目服务的特征、项目与客户之间关联的性质、频率、时间间隔和范围。当然，在项目评价的过程中，由于不可预见的困难和障碍，在必需信息的类别、数量或质量方面出现调整甚至妥协，也是常见的。此外，如果项目方的利益构成和操作方式出现重大改变，那么，也要对评价的基本问题进行调整。

三、公共支出项目绩效评价的“本量效”分析

澳大利亚是世界上较早推进公共部门绩效管理的国家之一。如图5－1所示，澳大利亚将“计划评价”（Program Evaluation）作为评价公共部门项目绩效的“关键性工具”。这种方法将公共部门的绩效评价指标归纳为投入、产出（数量）、质量以及结果（最终效果）三大类指标，将评价维度归纳为四个方面：一是适宜性（appropriateness），即“规划目标或预期成果”符合政府政策优先性和公众需要的程序。二是效率性（efficiency），即效率评价要求对规划项目的投入和产出进行比较，可在项目规划的各个阶段进行。三是效果（effectiveness）或质量，其评价涉及的是取得的成果对政策目标的实现程度，这个环节通常在项目执行后期或项目完成之后进行，是评价的重点。在多数情况下，政策目标的实现并不完全归功于投入本身，因此，效果评价要求区分内外因素对成果的影响。四是成本—效益分析（cost-effectiveness analysis），即重点分析实际成果所耗费的成本，或者说是否用较少的投入获得较大的产出（“成本效益比”），这种成本效益可用货币形态的“投入”与“成果”之间的比例来反映。这里所说的成果，不能简单地看成是产出的数量，而是指实际效果。成本效益分析是绩效评价过程的重点之一，可以通过比较类似项目的成本与成果之间的差异来间接衡量（类似于实验组与控制组的试验）。

美国政府推行的“项目计划预算”（Program Planning and Budgeting System，简称PPBS），也是一种将政府目标的设计、规划与预算编制融为一体的预算模式。该模式以项目为中心，试图把政府的所有支出都纳入项目方式管理，按项目成本来确定预算。该模式的工作程序分为三个阶段：一是项目设计阶段，即由部门提出项目的名称和项目的支出计划，以及项目实施所要达

到的绩效目标；二是项目计划阶段，即运用成本效益分析方法，确定项目的排序，对于社会急需，而且成本效益评价较高的项目，财政优先安排；三是项目预算阶段，即对于那些已经通过立法机构审查，纳入当年拨款计划的项目，政府进行拨款，并进行跟踪管理。

综合国外有关公共部门绩效评价的理论与实践，并结合企业管理会计中所普遍运用的"本量利"分析方法，可将公共支出项目绩效评价中所涉及的项目投入、项目产出与项目效果三大类指标分别赋予"本、量、效"的内涵：即将"项目投入"与"项目成本"相对应，"项目产出"与"项目所涉及业务的数量"相对应，"项目的最终结果"与"项目的绩效"相对应，进而在公共部门管理会计中，对公共支出项目的绩效评价采用"本量效"分析方法。所谓公共支出项目绩效评价的"本量效"分析，是指针对某一特定的公共支出项目，对其成本（投入）、业务量（产出）及其绩效（效果）三者之间的依存关系所进行的综合分析。

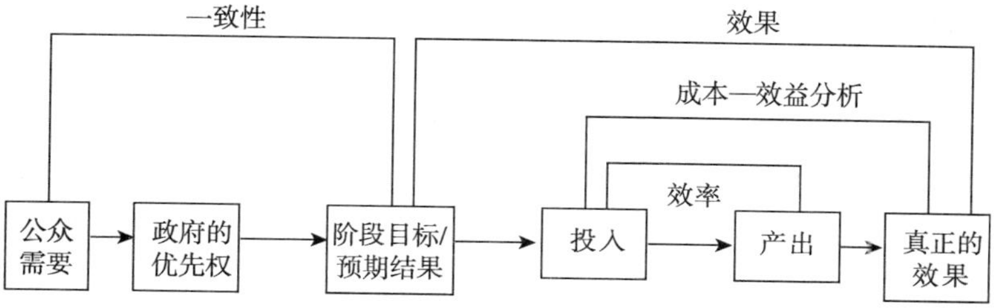

图5－1　澳大利亚项目绩效评价："计划评价"的基本框架

（一）"本量效"分析的基本内容

由于公共支出项目绩效评价自身的特殊性，"本量效"分析中所涉及的三个概念的内涵与外延都与企业管理会计中的"本量利"分析中所涉及的三个概念有很大的不同。所以，对公共支出项目的绩效评价采用"本量效"分析不能简单地照搬企业管理会计中的"本量利"分析方法，而需要从公共支出项目绩效评价的"4E"标准出发，来构造具有公共支出项目绩效评价特点的分析框架。

1. 关于成本问题

成本是与公共项目绩效评价中的经济性和效率性都密切相关的要素。在进行“本量效”分析时，与成本相关的分析应注意下面几个问题：

（1）关于成本与投入问题。成本与投入相关，但鉴于公共产品或公共服务的特点，成本又不完全等同于投入。对有些提供公共产品或公共服务的项目支出而言，公共部门在具体实施这些项目时，直接付出的并不是资金，而是由资金转化而来的人力、物力、设备等。这就要求在进行“本量效”分析时，要计算成本与投入的比率，即资金向投入的转化率。不经济性表现为获得某一公共产品或公共服务的投入高于市场价格，也就是超量投入。在实践中，公共部门的哪些管理活动应通过日常公用经费来保障，而哪些管理活动应通过项目支出来实现就是这方面最为典型的实例。

（2）关于直接成本与间接成本问题。对公共部门而言，直接用于公共服务对象的支出表现为直接成本（或称业务成本），与业务量直接相关；而公共部门运行所需要的开支则表现为间接成本（或行政成本）。进行特定项目分析或同类项目的比较分析，既要分析直接成本与业务量及其绩效的关系，也要分析总成本与业务量及其绩效的关系。否则，很难判别项目之间的优劣。

（3）关于可控成本与不可控成本问题。公共支出项目的成本，有些是可控的，有些则是不可控的。但成本的不可控性不等于成本结构的不可控性；成本的不可控性也不等于绩效的不可控性。对既定的服务对象（业务量）来说，在每个服务对象的财政投入确定后，总投入或总成本是固定的，而为了提高项目的绩效，如何科学组织与规划项目的实施，这里面成本结构是可以控制的，且不同的成本结构对项目绩效的影响很大。对这类项目进行“本量效”分析，其重点应放在不同的成本结构与绩效相互关系的分析上。

（4）关于最低成本或最低投入问题。对有些公共支出项目而言，其业务量常常难以测算，预期收益（特别是社会效益和长期效益）也难以衡量，更谈不上计算未来的“消费性收益”，这时，只能比较项目即时需要投入的直接成本，直接成本最低的方案乃是最优方案。

此外，运用“本量效”方法分析某些公共支出项目时，还可能涉及机会成本或影子价格问题、有形成本与无形成本问题，等等。

2. 关于业务量问题

所谓业务量，是指项目所涉及的业务数量或业务范围。公共支出项目业务量的大小，既与项目的成本或投入有关，也与项目的绩效有关。通常，确定项目的业务量，首先应当分析项目内容，判别某个特定的公共支出项目是否属于需要政府干预的范畴，也就是，这个项目所提供的公共产品或公共服务是不是属于公共产品的范畴，并进而分析是纯公共产品还是混合产品，将那些可以由市场提供的私人产品或服务剔除在项目业务之外。在此基础上，才好明确需要公共支出来实现的业务数量大小及其投资强度。

公共支出项目业务量的大小，不但影响成本，也影响项目的经济性、效率性、有效性和公平性。在进行“本量效”分析时，与业务量相关的分析应注意以下几个问题：

（1）对于特定的公共支出项目，可以计算相应业务量下的单位成本，包括依据直接成本与总成本来分别计算单位业务量的直接成本或单位业务量的总成本。通过对业务量与单位成本的关系分析，可以找到经济水平较优的业务量规模。将直接成本与总成本进行比较分析，可以找到降低成本、提高经济性的改进空间。

（2）从理论层面上讲，有些公共支出项目的业务量，其有效生产水平是指社会总收益与总成本之差达到最大化的水平，也就是，该项产品或服务的边际社会收益等于边际社会成本时的生产水平。对这些公共支出项目进行评价时，其业务量多大为宜，在可能的情况下，应通过边际分析，按照经济性与效率性都比较好的业务数量来安排项目投入。但是，从实际工作上讲，有些公共支出项目可以在业务量（产出）一定的前提下，寻求最低成本的方案，或者在给定成本的前提下，寻求业务量（产出）最大的方案。

（3）公共支出项目业务量的确定，还要充分考虑公平原则。英国学者朱利安·勒·格兰德等在其著作《社会问题经济学》中认为①，“公平分配一种商品的两种定义：一是按照最低标准——人人都应该至少获得的最低数量的该种商品；二是按照完全平等——即人人都应该消费同样多的商品”。该书在讨论医疗、教育等公共服务时还认为，“对公平还有第三种解释：应该提倡可及性的均等化”。根据这些思想，确定有些项目所涉及的业务量，必须首先体现公平原则，在此基础上充分发挥有限公共支出的经济性、效率性和有效性。

① 朱利安·勒·格兰德等著：《社会问题经济学》，商务印书馆2006年版，第44页。

3. 关于绩效问题

根据前面介绍的关于绩效的一般概念，公共支出项目绩效评价的核心问题是绩效目标及其指标的科学设定，这也是实现公共支出管理从“关注过程”向“关注结果”转变的关键。吕炜认为①，“公共支出绩效即公共支出的业绩和效果，可以进一步解释为公共支出活动对现实经济生活的客观影响以及为社会全体成员所带来的主观满足程度。这一概念包括主观和客观评价两个方面。一方面，政府公共支出的结果是客观的，公共支出活动对每一个社会成员都产生直接影响；另一方面，由于这种影响因人而异，其结果同时还需要主观的评价。好的公共支出绩效以相对少的代价使社会大多数成员受益，增加社会总的净福利”。就某个特定的公共支出项目而言，如果将从主观和客观两个方面对公共支出项目的绩效评价称为综合绩效 P 的话，那么，可用一个函数关系来表示：

$$P = F\ (C,\ V,\ 4E,\ X)$$

式中，P 代表项目的综合绩效；C 代表项目成本；V 代表项目的业务量或产出；4E 代表反映该项目有效性、经济性、效率性与公平性的某些具体指标或标准；X 代表组织实施该项目的公共部门所采用的工作方式与方法，包括项目立项所依据的民意程度、项目预期的合理确定、项目进度的科学安排以及适时适当的宣传形式，等等。前三项为客观评价提供依据，而后一项则往往影响主观评价，它与广大消费者对某个公共支出项目所提供的公共产品或公共服务的满意程度关系密切。F（C，V，4E，X）则表示项目的综合绩效 P 是项目成本 C、项目业务量或产出 V、项目体现“4E”的具体指标或标准、组织实施部门的工作方式与方法等变量的函数。

根据公共支出项目绩效评价的特点，实践表明：无论是从客观上评价项目绩效，还是从主观上评价项目绩效，都与项目绩效目标及其指标的科学设定以及项目主管部门的工作方式或方法密切相关。从对公共支出项目绩效的客观评价而言，项目绩效目标及其指标的设定，既应包括对所评价项目的绩效进行科学的描述，又应包括对如何度量这些绩效有明确的要求，也就是要确定度量项目绩效的标准是什么。美国学者彼得·罗西等认为②，“项目评估

---

① 吕炜著：《我们离公共财政有多远》，经济科学出版社 2005 年版，第 184 页。

② 彼得·罗西等著：《项目评估方法与技术》，华夏出版社 2002 年版，第 15 页。

者的中心任务就是建构与项目绩效有关的、可以与一定的标准进行比较的、有效的描述。对项目绩效的有效描述，就是精确地表述项目实际实现的内容。……如果在一定效度的层面上评估不能表述项目的绩效，那么，评估就是失败的。如果不能在一定效度层面上表述项目的绩效，就会扭曲项目实现的内容，否认项目成功的希望，或者过分看重项目的缺陷。清楚、准确地描述项目的绩效，在绩效意义上，就是充分说明和界定各种有意义的变量。对项目绩效进行不适当的褒奖或者不实的描述，也会使人们对项目绩效是否符合某些实际标准产生怀疑”。

然而，公共支出项目的绩效不像企业绩效那么简单。后者的目标较为单一，那就是追求利润，实现企业股东价值最大化，很容易用货币来定量评价。而前者的目标却是复合的，既有经济效益目标，更有社会效益、生态效益等目标，甚至还有政策方面的政治目标。这就是说，成本绩效分析不能简单地等同于成本收益分析。这两种分析的不同之处是表达项目结果的方法不同。在成本收益分析中，项目结果是用货币形式来表示的；在成本绩效分析中，结果是用实质性效果来表示的[①]。

在公共支出项目绩效评价实践中，遵循“4E”标准，对那些可以用货币形式来评价实施效果的项目，项目的净收益也应是绩效目标的一部分。也就是说，成本绩效分析应包括成本收益分析。事实上，公共支出绩效目标有时可以定量设定，更多的时候只能定性评价或者是带有人为因素的定量评价。公共支出项目的“本量效”分析，在项目的设计阶段，首先需要评价项目绩效目标的设定是否客观公正、科学合理和简便易行。只有将绩效目标设计得比较合理，才能在此基础上比较相关公共支出项目的效率，即比较每单位结果所消耗的资源或成本，进而根据一定成本下的效果值对项目进行客观的分类排队或比价。否则，以不合理的绩效目标为基础的绩效评价，必然会影响整个分析结果。实践表明：在只关注过程而不关注结果的传统公共支出思维方式的影响下，很多部门为了争取项目，往往是立项时片面拔高项目绩效，以促进项目立项，而一旦实施后却无人对项目的效果负责，究其原因，与在传统的项目管理过程中，对项目的绩效目标能否实现，缺乏严格的目标考核与责任追究有很大关系。与此同时，对那些实施过程较长的公共支出项目，

① 吕炜著：《我们离公共财政有多远》，经济科学出版社 2005 年版，第 273 页。

在项目实施过程中，必须依据立项时所确定的绩效目标，根据变化的情况进行跟踪评价，并采取切实可行的事中控制方式，甚至还可能是跟踪决策，以及时修正绩效目标，进而对项目的投入（成本）与产出（业务量）进行及时的调整。在项目完成后，更要针对项目绩效目标及其指标是否实现，进行事后的“本量效”分析，并将“决算”与“预算”情况进行比较，分析原因，落实责任，总结经验，汲取教训，兑现奖惩，完善机制，逐步建立起以结果为导向的公共支出责任制。

（二）“本量效”分析的应用

1. 项目设计阶段的应用

（1）在项目设计阶段，运用“本量效”分析建立“项目库”，以解决相关公共产品或公共服务项目“是否应该”安排以及“是否当期安排”的问题，也就是为哪些项目应该列为当期公共支出的决策提供依据。

理论与实践都表明：公共支出所需的资金永远是供不应求。要用有限的收入供给来满足无限的支出需求，就必须在坚持公平性的基础上，对部门申报的公共支出项目进行合理的排队。按照经济决策的要求，应该采取“效率优先规则”对公共支出项目进行“排队”，即优先安排效率高的那些项目。效率性原则在世界各国公共部门绩效考核与公共支出效果评价中都占有十分重要的地位，尤其是在公共部门绩效考核工作中，效率性原则被作为建立高效率政府的主要追求目标之一。对那些各个年度的收益都有可能量化的项目，可以运用收益/成本比率法来进行“排队”。成本与收益的比率大于1是公共支出项目决策的最低要求。显然，该比率越大，表明该项目的投资价值越大，收益/成本比率最高的项目也就是最优的项目，是应该优先安排的项目。

然而，与企业管理会计中的“本量利”分析不同，对于公共支出项目而言，不存在利润概念，而代之以“消费性收益”。由于公共支出项目主要是提供“非竞争性”与“非排他性”公共产品或公共服务的，所以“消费性收益”是从广大消费者的角度来衡量项目收益。马国贤认为①，“消费性收益指社会从政府这一公共支出项目中所获得的消费利益”。为了使各个项目的消费性收益能用统一的标准来衡量并进行比较，所以在可能的情况下，有必要将

① 马国贤著：《中国公共支出与预算政策》，上海财经大学出版社2001年版，第304页。

那些本来无法测量的收益，包括公共产品使用后产生的物质或非物质、有形或无形、直接或间接的效果都设法用统一的货币单位来衡量。

从一定意义上说，成本收益比率反映着项目的经济性与效率性。经济性是指以最低费用取得一定质量的资源。在实践中，节约通常以低成本投入而获得的资金的节约为量度。对公共支出项目而言，“节约”与“效率”是两个既有联系，又不完全相同的概念。通常意义上的节约，仅仅是指实现某一目标的最小的支出。而效率却是指在综合衡量了投资（包括直接投资与间接投资）与收益（包括直接收益与间接收益）基础上的节约。在实践中，有些最小支出的公共支出项目方案，未必就是高效率的方案。正因为如此，那些只重视财政支出的节省，而不注重财政资金使用效率的公共支出项目并不少见。与此同时，公共支出项目的绩效还必须体现在有效性方面，即某个公共支出项目在多大程度上达到了政府的政策目标，实现了公共支出项目经济绩效、社会绩效与政治绩效的有机统一。公共支出项目绩效评价的重点应放在对项目支出的有效性评价上。“本量效”分析正是试图从成本（投入）、业务量（产出）和绩效三个方面来综合评价某个项目，进而实施项目科学决策的方法之一。

（2）在项目设计阶段，运用“本量效”分析进行项目实施方式的比较，以解决相关公共产品或公共服务“如何提供”的问题，也就是为那些拟将列为当期公共支出的项目，在坚持公平与正义原则，保障既定业务量的基础上，从成本与效率相结合的角度，选择最优的提供方式。

公共支出项目是为了向社会提供公共产品或公共服务的。但是，为了提高公共支出的经济性、效率性、有效性和公平性，有必要注意公共产品或公共服务的提供（或安排）与生产两者之间的区别。美国学者 E. S. 萨瓦斯在其著作《民营化与公私部门的伙伴关系》一书中明确提出[①]：“服务提供或安排与服务生产之间的区别是明显且十分重要的。它是整个民营化概念的核心，是政府角色界定的基础。对许多集体物品来说，政府本质上是一个安排者或者提供者，是一种社会工具，用以决定什么应该通过集体去做，为谁而做，做到什么程度或什么水平，怎样付费等问题。”“当安排者和生产者合一时，

① E. S. 萨瓦斯著：《民营化与公私部门的伙伴关系》，中国人民大学出版社 2002 年版，第 68 页。

官僚制的成本就产生了，即维持和管理层级系统的成本。当安排者和生产者不同时，又产生了交易成本，即聘用和管理独立生产者的成本。两种成本的相对值决定了安排和生产功能分开是否值得。”

为了最大限度降低项目投入（成本），增加项目产出（业务量），提高项目绩效，在进行公共支出项目的“本量效”分析时，可以通过分析和比较“行政成本”（即公共产品或公共服务的安排者与生产者合二为一时，维持和管理层级系统的成本）与“交易成本”的大小，进而决定相应公共产品或公共服务提供方式的制度安排。E. S. 萨瓦斯根据提供和生产之间的区别，将公共产品或公共服务的制度安排分为四种基本类型。同时，根据安排者、生产者和消费者之间的动态关系，把这四种类型细分为10种具体形式，表5－1描述了这10种具体形式之间的概念关系①。

表5－1　　　　公共产品或公共服务提供的制度安排

生产者	安排者	
	公共部门	私人部门
公共部门	政府服务	政府出售
	政府间协议	自由市场
私人部门	合同承包	志愿服务
	特许经营	自我服务
	补助	凭单制

2. 项目实施阶段的应用

在项目实施阶段，以项目为对象建立成本中心和责任中心，通过“本量效”分析，实施成本控制，并结合项目内容（即业务量）与绩效目标的合理调控（特别是支出结构的合理调整），实现以过程为基础的责任制（即关注过程）向以结果为基础（即关注结果）的责任制的转变。很多公共支出项目，由于在项目设计阶段的一些因素是预先估计的，在实施过程中这些因素肯定

① E. S. 萨瓦斯著：《民营化与公私部门的伙伴关系》，中国人民大学出版社2002年版，第70页。

会发生不同程度的变化，这些变化会使项目立项时有关成本与业务量方面的参数也随之改变，如果按照传统的“关注过程”而“不关注结果”的理念，片面坚持“以过程为基础的责任制”，单纯强调事先确定好了的支出事项，而不是按照在实施中变化了的实际情况，按照“以结果为基础”的责任制要求，从提高项目绩效出发，对相关事项按一定的程序作出必要的调整，这样势必影响项目绩效。所以，“本量效”分析的理念也要在项目实施过程中予以体现，将项目的经济改进工作贯穿始终，并直接反映到项目的有序调整与跟踪决策上来，以最大限度提高公共支出项目的绩效。

3. 项目验收或完成阶段的应用

在项目验收或完成阶段，这时项目的投入（成本）、产出（业务量）都已明确，在这一阶段进行“本量效”分析，一方面可以比较客观地评价项目绩效（包括那些可以用货币形式来估计的项目净收益），并通过与事前“本量效”分析的结果进行比较，可以评价出该项目的实际绩效与预计绩效之间的差距，进而为评价该项目的组织实施部门的绩效提供依据。由于公共支出项目的绩效往往表现为社会效果，所以在事后的“本量效”分析中，科学地进行社会效果的测定就很重要。一般而言，对公共支出项目产出的社会效果的测定可以从以下几个方面入手：一是看项目产出是否满足了社会或公众的需求；二是看项目产出对既定目标作出了多大贡献；三是看社会对项目产出的满意程度。另一方面，公共支出项目事后的“本量效”分析，还可以针对项目的实施情况，对是否存在资源浪费情况进行必要的测定。英国公共部门实施绩效评价时曾开展过一项题为“为失误计价”的研究，这项研究成果对公共支出项目进行事后的“本量效”分析很有借鉴意义。根据英国的做法，所谓资源浪费测定，是指计算项目实施过程中各种形式的失误（如工作程序设计不当、个人工作方面的细小失误等）所带来的经济代价。直接测定项目资源的浪费情况，是从另一个角度来评价项目投入的经济性、效率性与有效性问题。这种分析的结果对提高项目绩效评价质量有着重要的作用，同时，也为当前及今后类似项目如何提高绩效提供相当有意义的参考信息。

4. 公共支出项目“本量效”关系中的敏感性分析

敏感性分析是一种“如果……会怎么样”的分析技术，在企业管理会计及其他许多领域都得到了广泛的应用。通常，对于确定的模型，这是一种最为普遍使用的定量分析方法。它要研究的问题是：当决策模型中的期望值遇到输入的重要因素的数据发生变化时，将会产生怎样的影响。它所要回答的问题是：在求得某个模型的最满意（可行）解以后，模型中的一个或几个参数允许发生多大的变化，仍能使原来求得的最满意（可行）解不变；或者当某个参数的变化已超出允许的范围，原来的最满意（可行）解已不是“最满意（可行）”解时，又如何用最简便的方法，重新求得最满意（可行）解。在企业管理会计中，因为企业利润盈亏分析模型的确定性，在“本量利”关系中，进行敏感性分析的主要目标是：研究与提供能引起目标发生质的变化，即由盈利转化为亏损时各因素的界限；各个因素的变化对利润变化影响的敏感程度；当其他因素变动时如何调整销量或单价，以保证原定的目标利润得以实现。

彼得·罗西在《项目评估方法与技术》一书中提出，在进行成本—收益或成本—绩效分析时，往往需要对成本和收益测量作出相关的假设，有些假设是显性的，而有些假设则是隐性的，且这些假设对结论有很大影响。因此，分析者应该明确说明用于分析的假设基础。“在通常情况下，分析者所做的比这还要多。根据不同的假设，他们或许对同一个项目进行各种不同的分析。例如，在我们对成本和收益进行估计的不同时期，就要考虑通货膨胀（或通货紧缩）。分析者可以进行一次研究，并假设年平均通货膨胀指数为5%，或者根据1%、5%和10%的通货膨胀率计算出不同的结果。敏感分析（能够提出重要的假设并能估计项目的结果）是良好的效率研究的核心特征。事实上，基于丰富的成本和结果信息的、正式的效率研究的重要优势在于，假设和程序是公开的和可以检验的。[①]”

对于公共支出项目而言，如果有的公共产品可以通过适当的转换，也能像一般产品那样有确定的成本收益关系，那么，就可直接针对相关因素进行敏感性分析。然而，大多数公共产品或公共服务的生产，很难像一般产品生产那样，有确定的收益模型，这时的敏感性分析，虽然不能给出准确的定量关系，但仍能通过定性与定量分析相结合的方法，多提出一些“如果……会怎么样”的问题，进而通过不同方式来解答这些问题，对提高公共支出项目绩效是很有帮助的。比如说，某个公共支出项目，按项目内容可以从成本的角度，将项目总成本分解成若干个成本子项，通过敏感性分析，可以评价哪些成本子项对项目的绩效（指最终效果）影响更大一些，哪些成本子项对项

① 彼得·罗西等著：《项目评估方法与技术》，华夏出版社2002年版，第277页。

目绩效的影响相对小一些，甚至有些成本子项几乎对项目绩效没有什么影响。再比如说，哪些提供方式对成本的影响较大，而不怎么影响绩效；公共支出项目所涉及的业务量多大为宜，也就是说某个公共支出项目，受益对象的变动对项目绩效的影响如何？从实践的角度看，分析那些绩效不高的公共支出项目，如果当初在项目设计阶段能进行一些敏感性分析，其绩效的改善可能会好得多。可以预见，在进行公共支出项目“本量效”分析过程中，通过敏感性分析，必然会为项目决策者提供更多视角的决策依据，有利于提高公共支出决策的水平。

四、应用 PART 方法进行公共支出项目绩效评价

（一）PART 方法的基本原理与主要内容

PART 方法是美国预算管理办公室（OMB）推出的一种用于预算项目绩效评价的新型方法[①]，称之为项目等级评价工具（Program Assessment Rating Tool，简称 PART）。这是一种对与众多绩效影响因素有关的项目进行评价、评级，并依据客观事实作出判断的评价方法。这种方法既可以用于项目立项阶段，为项目决策服务；也可以用于项目实施后项目绩效评价，为公共部门加强绩效管理服务。

1. PART 的基本原理

PART 运作的基本原理是通过对某一个（一类）预算项目的目标、设计、规划、管理、成效和责任进行全面评价，以确定某一个（一类）预算项目的有效性及其有效程度。PART 的本质在于：试图通过评价相关公共支出项目的

① 财政部预算司编著：《绩效预算和支出绩效考评研究》，中国财政经济出版社 2007 年版，第 116 页；财政部财政科学研究所《绩效预算》课题组编：《美国政府绩效评价体系》，经济管理出版社 2004 年版，第 300 页。

执行结果（绩效），来衡量组织与实施该项目的部门或单位在管理公共项目中应该承担的会计责任，进而为加强公共支出项目管理提供依据，以确保公共支出项目取得积极效果。

2. PART 的主要内容

PART 有四个组成部分：项目目标与设计、战略性规划、项目管理、项目效果/会计责任。项目目标与设计主要评价项目的设计与目标是否明确，是否经得起检验；战略性规划主要评价项目执行机构是否对项目的实施制定了合理的年度目标与长期目标；项目管理主要是对项目实施机构的管理水平作出评级，其考核内容包括是否存在财务疏漏、对项目管理的改善需要作出的努力；项目效果/会计责任是根据战略性规划和其他评价结果，结合项目目标对项目实施绩效进行评级。

PART 的每个组成部分都由精心设计的一系列“提问”组成，目的在于为联邦政府内部确认项目绩效等级提供一种一致性的方法。PART 的实用性或适用性在很大程度上取决于“提问”设计的合理性。一般情况下，要求所有的“提问”既能反映人们所熟知的概念，又必须与业务管理者或项目监督者所使用的项目绩效评价方法相一致。这些“提问”要求使用者通过“是/否”格式予以标注，并在答案中对所有支持答案的相关事实作简明的评述性解释。“是”表示整体绩效的潜在水平高，“否”则表示没有足够的证据，或是项目没有取得应有的绩效。当然，对“提问”的回答要实事求是，既不能作基于印象的回答，又不能作过于笼统的回答。总之，PART 对项目的绩效评价不仅满足了“考察的项目是否具有合法性”这种标准的要求，而且也满足了“全面反映该项目正在取得或已经取得的效果”的要求，通过评价能确定项目管理方法是否有效。

对每个受评项目而言，PART 的四个组成部分所包括的若干有针对性的“提问”，就是用来揭示进行评价工作的特殊信息。因此，在绩效测评过程中，要求被测定对象不仅能够提供有用的绩效数据，而且能够对项目的重要性程度作出敏感的、有价值的判断。由于影响项目绩效各因素的作用不同，所以，在绩效评价过程中，还要根据问题的重要程度进行分组，对不同的“问题组”按照其相对重要性赋予不同的权重，以突出重要影响因素在绩效决定上的意义，并根据绩效评价结果来调整未来的工作重点，以及采取相应的改革措施。

3. 关于 PART 调查表的说明

如前所述，PART 实际上是一套由四个部分组成的问卷系统：一是项目目标与设计，即项目设计是否合理，目的是否清楚；二是战略性规划，即是否为项目制定了适当的年度目标与长期目标；三是项目管理，即是否建立了包括财务监督与项目执行情况在内的各项管理制度；四是项目效果/会计责任，即根据项目战略规划部分所设计的目标及其他方面的评价来确定项目的绩效。四个部分的权重可根据具体情况而定（例如，四个部分的权重可依次为 20%、10%、20%、50%）。每组问题得分从 0 到 100 分不等，把每组问题的得分与其权重相乘，就可得出项目的综合得分。最后再把项目综合得分转换为相应等级："有效（85 ~ 100）"、"中度有效（70 ~ 84）"、"勉强有效（50 ~ 69）"和"无效（0 ~ 49）"四个等级。有时，还可能出现第五级"成效未知"，代表没有足够的资料测评项目绩效。

为了使 PART 所设计的问题与接受评价的项目之间具有更高的相关性，OMB（预算管理办公室）将法定项目和自主项目分为七种类型：联邦直接支出项目、竞争性资助项目、分类财政补贴项目、制定规章的项目、固定资产与服务采购项目、信用贷款项目以及研发项目。PART 的具体应用主要包括两个部分，即单个项目评价和跨部门的比较评价。单个项目评价是指根据单个项目类型选择 PART 的问题模型，把项目各部分的得分与其相应的权重相乘计算出总分，并据此确定项目的等级。

PART 的每一部分都设计了一系列的问题以及取得项目绩效的相关信息，每个问题有各自的权重，并可根据特定项目的相关程度调整权重值，以更准确地突出项目的关键因素（各个部分的关键问题如表 5 - 2 所示）。为了防止对总分的操纵，应在回答问题之前调整权重。"不适合"代表该问题与项目无关，这要求有适当的解释。因为一个尺度不可能放之四海而皆准，所以允许有一定的灵活性，但使用范围有限。

表 5-2　　关于 PART 调查表的说明

每一项目的关键问题	描　述
• 项目目的清楚吗？ • 项目的设计是为了解决特定的事件、问题、需求吗？ • 项目的设计对于解决特定的事件、问题、需求有重要影响吗？ • 在解决特定的事件、问题、需求时，该项目是否有独一无二的作用？ • 对于解决国家事件、问题、需求等，该项目的设计是否最理想？	这部分考察项目目的的明确性以及项目是如何设计的，也评价那些不是项目或机构可以直接控制但影响项目或机构的相关因素（如立法因素、市场因素等）。明确项目目的对于制定项目目标、确定重点和项目管理是至关重要的。证实资料来源于法律的批准、机构的战略计划、年度绩效计划和其他报告。可供选择的答案是：是、否、不适用
• 项目有一系列特定的长远绩效目标吗？这些目标以成果为导向，能从整体上体现该项目的用意吗？ • 项目有几个年度绩效目标，这些目标是为了实现长期目标吗？ • 项目相关方面的工作都支持年度目标、长期目标和项目规划吗？ • 项目能和其他具有类似目标的相关项目有效协调吗？ • 是否定期进行独立客观的、充分的评价，弥补绩效信息的不足？这些评价足以支持项目的改进并有助于评价效果吗？ • 项目预算是否与项目统一起来？是否容易取得有关信息，知道资金、政策及法律变化对项目绩效的影响？ • 项目中是否采取了有效的措施以应对战略规划的不足？	这部分集中于项目的规划、资源配置及优先安排等问题，关键是评价项目是否采用了适当的绩效衡量指标，是否设定了有限的、积极而实际的目标。如果没有恰当的衡量办法，一个项目不可能证明它取得了应有的结果。这部分还评价项目执行是否具备灵活性、是否根据绩效情况进行调整，且定期监控也是该部分的重要内容。证实资料来源于战略规划文件、机构绩效计划和报告、项目参与者提交的报告、评估计划、预算文件等。可供选择的答案是：是、否、不适用

续表

每一项目的关键问题	描　　述
• 机构是否定期收集及时、可靠的信息（包括项目关键组成人员的信息资料），并利用这些信息管理项目、提高绩效？ • 项目负责人和项目组成人员是否对成本、时间进度和绩效结果负责？ • 所有的资金是否妥善管理并用于预期目的？ • 项目执行中，是否有相应的激励机制及程序衡量和提高效率、成本效益，例如竞争机制、成本比较、IT 改进？ • 机构是否估计项目的全年运营成本并做了预算（包括所有管理成本与一般管理费用），通过资金水平的变化确定绩效变化？ • 是否使用了有效的财务管理制度？ • 是否采取有效的措施以应对管理中存在的弱点？	这部分在于能否证明项目得到有效管理，以达到项目目标。关键点是财务管理、项目进展评价、绩效资料收集和项目负责人的责任。这部分的证实资料相当广泛，主要有财务报表、审计总署（GAO）报告、IG 报告、绩效计划、预算执行资料、IT 计划和独立项目评价。可供选择的答案是：是、否、不适用
• 项目在实现其长期成果目标中是否取得了相当的进展？ • 项目是否达到每年的绩效目标？ • 每年在实现年度目标的过程中，项目的效率及效益是否得到改进？ • 与其他具有类似目的的项目相比，该项目是否表现出更好的绩效？ • 项目的独立评价是否表明该项目是有效的并取得预期成果？	这部分极其重要，它评价项目能否达到其长期目标及年度目标。一般来说，一个项目如果没有建立适当的标准及目标，就很难说明这一点。同时，还应与其他项目相比，评价该项目的长处及成效。证实资料主要是年度绩效报告、评估报告、GAO 报告、IG 报告和其他文件等近期相关资料。可供选择的答案是：是、大程度、小程度、否

（二）PART 调查表的详细内容①

1. 项目目标与设计

各类项目关于项目目标方面的共性问题如表 5－3 所示。除此之外，不同类型的项目还需要考虑一些特殊的项目目标和设计问题，如研究开发项目就需要考虑：一是社会效益问题，即项目是否有效说明公众的潜在受益；二是产业问题，项目能否对私营投资缺乏市场激励作出解释。

表 5－3　PART 项目目标与设计调查表

	问　　题	评分标准	证据资料
1	项目目的清楚吗?	“是”要求项目有一个清楚、明确的目的，且利益相关者（例如国会、管理者、公众）一致赞同项目的目的，如果项目有多个且相互冲突的目的，那么，“否”的评价会是比较合适的	经批准的法规、项目文件、报告
2	项目的设计是为了解决特定的事件、问题、需求吗?	“是”要求项目所要解决的相关重要事件、问题、需求是确实存在的，即项目的是从现状出发的。需要考虑的事项包括项目是否针对特定的市场失灵。对于研发项目，“是”要求该项目是为了特定的国家需求、科技需要等	项目所要解决的重要事件、问题、需求的相关文件，例如某个照顾没有健康保险的项目中未保险人数及收入水平
3	该项目的设计对于解决特定的事件、问题、需求有重大影响吗?	“是”要求联邦作用和项目的影响是确定的，联邦资金的增减变化对相关的其他要素有很大的影响。同时，还须考虑州政府、地方政府、私营部门、非营利部门的作用，项目影响是否广泛，项目的成效是否受其他方面的影响	投入的全部资金与取得的成效的比例，或联邦投入所带动的资金投入

① 财政部财政科学研究所《绩效预算》课题组编：《美国政府绩效评价体系》，经济管理出版社 2004 年版，第 334 页。

续表

	问　题	评分标准	证据资料
4	在解决特定的事件、问题、需求时，该项目是否有独一无二的作用？	“是”要求该项目不是多余的，没有与其他联邦活动或非联邦活动冲突，包括州政府、地方政府、私营部门、非营利部门的活动。对于信贷项目，“是”要求有市场失灵或私营部门不愿意参与的证据	用类似方式解决类似问题的项目数量和项目总支出
5	对于解决国家事件、问题、需求等，该项目的设计是否最理想？	“是”要求确实没有证据能够表明存在更有效的其他途径，需要考虑的事项是，政府是否可以通过不同的机制使用更少的资源取得相同的或更好的成果。评价时还须考虑：项目的资金水平与问题大小大致成比例，资金是否分配给过多的使用者以至于不能有效地使用和管理；项目是否得到最佳的设计，如果问题发生变化，该项目是否会变得不合理	在各种可供选择的机制中比较成本效益

2. 战略性规划

各类项目关于战略规划方面的共性问题如表 5－4 所示。除此之外，还需要考虑不同类型项目的特殊战略规划问题，如制定规章的项目，还需要考虑颁布的所有规定对于实现项目目标是否是必不可少的，是否清楚说明这些规定有助于实现项目目标。又如，固定资产与服务采购项目还需要考虑：一是能否根据绩效情况与条件变化对项目计划进行调整；二是能否对可供选择的方案进行详尽的分析，权衡成本、时间及绩效目标。

表 5-4　　PART 项目战略性规划调查表

	问　题	评分标准	证据资料
1	该项目有一系列特定的长远绩效目标，这些目标以成果为导向，能从整体上体现该项目的用意吗?	“是”要求确定有限个（2个或3个）特定的、容易理解的成果目标，这些目标直接有效地支持项目目的。该问题与第一部分的第一个问题相关。目标应着重于成果方面，当有合理的理由证明无法采用成果目标时，产出目标才符合“是”的标准。目标设定必须有确定的参考基准，有明确的时间表，能够激励项目负责人不断地提高项目绩效。项目必须至少有一个效率目标。“否”表示长期目标没有直接有效地支持项目目的，没有明确的时间表，或是使用产出目标而没有适当的理由。有时候，一个项目会有多个目标甚至是相互冲突的，这就要求有更集中的目标或通过管理及立法调整重新安排项目	在 GPRA 或其他文件中确立的长期成果目标，或由管理及预算办公室同意的、包含在 2004 年 GPRA 文件中的长期成果目标
2	该项目有有限个年度绩效目标，这些目标是为了实现长期目标吗?	“是”要求年度绩效目标是专用的、可计量的、可衡量的，更为重要的是，这些年度目标必须表明项目正在沿着第二部分第一个问题所阐述的长期目标展开。如果第二部分第一个问题的得分是“否”，这个问题想得到“是”，就必须解释其年度绩效目标如何有助于实现长期成果目标及项目目的	在 GPRA 年度绩效计划或其他文件中确立的年度目标，或由管理及预算办公室同意的、包含在 2004 年 GPRA 文件中的年度目标

续表

	问　　题	评分标准	证据资料
3	所有组成人员（受让者、间接受让者、合约者等）的工作都支持年度目标、长期目标和项目规划吗？	“是”要求项目负责人努力确保项目相关者支持项目的全部目标并衡量和报告与完成项目目标息息相关的工作绩效，例如，它要求所有的补助申请者提供有助于实现项目目标的衡量标准。如果前两个问题的得分是“否”，那么，该问题的得分只能是“否”	使项目参与者完成、衡量和报告与项目目标相关的工作绩效的程序
4	该项目能和其他具有类似目标的相关项目有效协调吗？	“是”要求该项目尽可能与具有相同目的或目标的联邦项目、州、地方及私人项目互相协调。例如，有一个负责协调工作的委员会	联合声明、计划文档、推举制度
5	是否定期进行独立客观的、充分的评价，弥补绩效信息的不足，这些评价足以支持项目的改进并有助于评价效果吗？	“是”要求有定期的、客观的、独立的评价，检查项目在实现其目的、完成其长期目标方面的进展情况；当某项绩效资料已被证明有效而不需要全面评价时，具有能够补充绩效信息不足的评价，这种情况也符合“是”的标准。为了评价是否按期实现目标，评价中应包括提高项目绩效的建议并定期进行。评价应由非利益相关者执行。没有独立评价或只有过程评价而无绩效评价的，得分是“否”	项目评价的计划表、时间表、有关评价类型及选择独立评价机构的文件
6	项目预算期是否与项目目标统一起来，容易取得有关信息，知道资金、政策及法律变化对项目绩效的影响？	“是”要求根据年度目标和长期目标所需要的财务资源水平有效地进行预算，表示预算反映了项目目标，年度预算请求是根据完成年度绩效目标和长期目标的需要估计得来的。如果预算结构与项目目标显著不同，那么，很难估计资金、政策及法律规定对项目实际绩效的影响，这种情况的评分只能是“否”；另外，预算规划没有考虑绩效及战略规划的情况评分结果也是“否”	预算结构如何反映项目目标、成本核算制度如何将预算与项目目标统一起来、预算请求如何清楚、直接地有助于实现绩效衡量目标和长期目标

续表

	问　　题	评分标准	证据资料
7	项目中是否采取了有效的措施以应对战略规划的不足?	“是”要求有一项制度可以识别和纠正战略规划中的不足。如果没有检查战略规划或没有采取措施消除已确认的缺陷，那么，评分结果就是“否”	描述战略规划中的不足得到确定和纠正

3. 项目管理

各类项目关于项目管理方面的共性问题如表 5 –5 所示。除此之外，对于不同类型的项目，还需要考虑一些特殊方面的项目管理问题。

（1）竞争性补助项目需要考虑：一是能否根据透明的标准（而不是指定用途），客观独立地检查预算分配，并按照相同程序的检查结果分配预算资金；二是能否通过公开、公平的申请程序促进新的申请人参与预算竞争；三是是否有监督制度以更充分地了解资金受让者的活动；四是能否收集受让者的年度绩效资料并向公众公开信息。

（2）按公式或分类补助项目需要考虑：一是是否有监督制度以更充分地了解资金受让者的活动；二是能否收集受让者的年度绩效资料并向公众公开信息。

（3）制定规章的项目需要考虑：一是在起草重要规定时，是否收集各相关方面的意见；二是能否准备与管理及预算办公室的经济分析指南相称的规章影响分析（Regulatory Impact Analysis，RIA），这些 RIA 分析及相关的经济资料是否得到了专家的认同；三是能否系统地检查现在的规定以确保所有规定确实是为了实现项目目标，并且是相互一致的；四是制定新规定时，是否对它们的增量社会成本和增量效益进行了比较；五是规章的变化是否使得净收益最大化；六是是否考虑新规章的附加成本尽可能给被管理单位遵循规章带来最小的负担。

（4）购买资本资产和服务性资产的项目需要考虑：一是能否详细说明可交付使用的产品所必需的质量、性能；二是能否建立适当的、可信的成本目标和进度目标；三是能否进行可靠的、最新的成本收益分析，并表明项目取得了净收益；四是是否有全面的风险管理策略，并且政府与合作者恰当地分担风险。

（5）信贷项目需要考虑：一是能否有效管理项目，确保信贷质量可靠、收付款及时、报告制度要求得到履行；二是能否符合1990年的联邦信用改革法案、加强收债法案、管理及预算办公室通知A－1、A－11和A－129的适用条款；三是该项目的风险能否得到有效的衡量。

（6）研发项目需要考虑：一是能否通过竞争的、基于优势的程序分配资金，如果不是，能否证明其分配方法是合理的、质量是有保证的；二是能否通过公开、公平的申请程序促进新的申请人参与预算竞争；三是能否详细说明适当的结束期及其他决议问题；四是如果项目包括技术开发和设备的建设与运转，那么，是否清楚地说明了可交付使用的产品所必需的质量、性能以及适当的、可信的成本目标和进度目标。

表5－5　　PART项目管理调查表

	问　题	评分标准	证据资料
1	机构是否定期收集及时、可靠的信息（包括项目关键组成人员的信息资料），并利用这些信息管理项目、提高绩效？	“是”要求机构定期收集与项目关键目标相关的高质量绩效资料，并利用这些信息调整项目优先权、重新配置资源或采取其他适宜的管理措施，另外，有一些关键活动是由其他单位进行的，这就要求考虑它们的绩效；同时，还要求机构收集基准绩效资料以设定有意义的、远大的绩效目标	机构如何使用绩效信息、根据绩效信息进行的管理活动
2	该项目负责人和项目组成人员是否对成本、时间进度、绩效结果负责？	“是”要求机构确定对关键项目结果负责的管理者并建立绩效标准，如果完成项目目标还依赖于其他组成人员，则需要这些人员也达到绩效标准。对于购买资本资产和服务性资产项目，需考虑的是，合约是否规定了最低绩效限额、绩效激励机制及其他提高责任制的机制	与项目负责人的绩效管理合约，项目绩效和人员绩效评价相统一的机制

续表

	问　　题	评分标准	证据资料
3	所有的资金是否妥善管理并用于预期目的？	“是”要求项目资金与全部规划相配套，年底有一小部分结余，并建立相应的时间表，同时要有适当的程序，用于报告实际费用、与预期支出进行比较、采取及时适宜的措施对不符合预期的情况进行调整。受补助人是否采取措施解决审计报告中提出的缺陷，这个问题也是很重要的	项目及其他相关者的定期支出报告、年末支出报告，这些报告包括国会论证拨款及项目计划中的预期目标和将这些目标与实际支出进行的比较。对于受补助者，资料主要是审计报告、已制定的检查实际支出与补助金预算差异的程序
4	项目执行中，是否有相应的激励机制及程序衡量和提高效率、成本效益，例如竞争机制、成本比较、IT改进？	“是”要求绩效计划包含效率衡量指标及目标，例如产出的单位成本、时间效率以及与项目密切相关的效率指标、生产力指标。如果有一个分层管理结构授权于一线负责人并采取竞争机制，这种情况也可以被评为“是”	效率的绩效衡量标准，能够切实提高生产力和效率的IT改进计划，证明特定项目提高效率的IT交易事项
5	机构是否估计项目的全年运营成本并做了预算（包括所有管理成本与一般管理费用），通过资金水平的变化确定绩效变化？	“是”要求预算估计包括所有直接成本、间接成本，另外，如果有一个最佳的财务管理制度能够全面地管理成本，将成本与特定的绩效衡量指标结合起来、披露出取得绩效目标的全部成本，那么，也可以被评为“是”	详细确认所有支出种类、列入所有相关的项目预算估计文件，管理费用和其他成本的分配报告
6	是否使用了有效的财务管理制度？	“是”要求经审计不存在实质性的内部控制缺陷，并有适当的程序确保按预期目的合理支出，减少错误支出率	最近的审计报告，识别、衡量不恰当支付和程序

续表

	问　　题	评分标准	证据资料
7	是否采取有效的措施以应对管理中存在的弱点？	“是”要求有一项制度可以识别和纠正各方面管理中存在的不足，并且保证该项制度的贯彻实施。如果没有检查管理活动或没有采取措施消除已确认的缺陷，那么，评分结果就是“否”	有关如何确认和纠正项目管理不足的描述，并列举变化情况

4. 项目效果

各类项目关于项目效果方面的共性问题如表 5－6 所示。除此之外，对于不同类型的项目，还需要考虑一些特殊的项目效果问题。如制定规章的项目，需要考虑是否用最低增量社会成本实现项目目标，即净收益最大。又如，固定资产和服务采购项目，还需要考虑是否在预算成本内按照时间进度表实现项目目标。

表 5－6　　PART 项目效果调查表

	问　　题	评分标准	证据资料
1	项目在实现其长期成果目标中是否取得了相当的进展？	“是”（即满分）要求项目实现第二部分第一个问题所确定的所有目标，该项目的相关机构也实现长期成果目标。如果只是实现部分显著的目标，那么，只能获得部分分数（例如大程度、小程度）。如果在实现年度目标方面被评为“是”，在实现长期目标方面没有进展，则会被评为“否”；如果没有适当的目标，第二部分的第一个问题被评为“否”，这个问题也只能是“否”	来源于机构的 GPRA 绩效报告、战略规划和其他管理目标的资料，详细说明消费者对项目绩效的满意程度、利用率的报告，项目报告的独立评价，如果没有达到目标，则还需要原因解释

续表

	问　　题	评分标准	证据资料
2	项目是否达到每年的绩效目标？	“是”（即满分）要求项目实现第二部分第二个问题所确定的所有目标，第二部分的第一个问题和第二个问题都被评为“是”，第二部分的第三个问题被评为“是”或“不适用”，该项目的相关机构也实现年度目标。如果只是实现部分显著的目标，那么，只能获得部分分数（例如大程度、小程度）。如果没有适当的目标，第二部分的第二个问题被评为“否”，这个问题也只能是“否”	来源于机构的 GPRA 绩效报告、战略规划和其他管理目标的资料，如果没有达到目标，则还需要原因解释
3	每年在实现年度目标的过程中，项目的效率及效益是否得到改进？	“是”要求项目实施中，能比往年提高效率。如果第三部分的第四个问题被评为“否”，那么，该问题一般也不符合“是”的要求	实现绩效目标以降低单位成本，实现生产目标和时间目标，实现能够真正提高生产力和效率的其他目标
4	与其他具有类似目的的项目相比，该项目是否表现出更好的绩效？	“是”要求该项目比其他联邦项目有更好的绩效，如果没有共同的绩效衡量指标，可以考虑其他相关的评价，与那些有相似目的的联邦项目或私营活动进行比较。如果没有共同的绩效指标，也不存在相似的联邦项目，合适的评分应是“不适用”	类似项目之间的评价报告及文件
5	该项目的独立评价是否表明该项目是有效的并取得预期成果？	“是”要求项目评价如第二部分第四个问题的评价表明该项目是有效的；如果该项目采取必要的措施纠正评价中指出的不足，使用者必须在第三部分的第一个问题中加以说明。相关的评价必须是对联邦项目的这一级别进行评价，而不是对一个或几个项目相关机构的评价，不能只集中在过程指标，如提供的补助数等，必须考虑到项目的影响、效果、财务管理和其他绩效	审计总署、总检察院、学术研究机构、机构合作者及职员、其他单位执行的评价

公共部门管理会计
Management Accounting for Public Sectors

第六章 公共支出项目决策过程中成本收益分析与立项评估

一、公共支出项目成本收益分析

在公共支出总量与结构基本确定的情况下，如何把有限的公共财政资金配置于最佳用途？这是公共支出项目决策所追求的目标，也是提高公共支出绩效的关键所在。在现代民主社会里，公共支出预算决策有着法定的决策程序，往往是通过民主政治特别是以投票为主要特征的政治决策来作出的，同时资源配置的经济效率又需要客观标准。成本收益分析正是试图使决策具有更大的客观性的一种技术。它是从全社会角度衡量某一政府项目或方案的成本和收益、作出公共支出项目决策的一种系统方法①。所以，在依法民主决策的过程中，为了提高决策的科学性，必须以服务于科学决策为目标，对公共支出项目进行必要的成本收益分析。

从我国当前部门预算的实际来看，公共支出项目决策阶段的工作主要包括两个方面：一是专业部门申报项目，也就是说，专业部门需要对项目的范围（涉及业务量大小）、所需资金（成本）以及预期绩效（或者称之为必要性）进行分析，向财政部门提供项目申报的相关材料。二是财政部门建立项目库，对相关项目进行评估，按照轻重缓急的原则将项目排队，并提出该项目当年上或不上，以及安排多少资金的建议，报政府审核后，按法定程序报同级人民代表大会批准。这一阶段的工作，无论是从专业部门申报项目来看，还是从财政部门评估项目来看，都需要公共部门管理会计为决策提供强有力的信息支撑。从公共支出项目的特点出发，大多数情况下，项目的“量”相对来说容易明确（或者是预先确定了的，或者是有可能的几个范围），“效”往往难以定量或难以全部定量描述。所以，从管理会计的角度讲，分析的中心应该是紧紧围绕着成本问题来进行。也就是说，公共支出项目决策过程（即立项阶段）的本量效分析，应以业务量为基础，以绩效为目标，以成本为中心的本量效分析。必要时，在成本分析的基础上，再配合相关定量分析方

① 郭庆旺、赵志耘著：《财政学》，中国人民大学出版社2002年版，第255页。

法，对不同的方案进行比较，进而为公共支出项目决策提供有效的支撑。

（一）成本收益分析的主要含义与基本步骤

1. 成本收益分析的主要含义

成本收益分析的主要含义是确定一个项目或方案所有潜在的成本和收益，并把它们转换成货币单位，进而依据决策规则（标准）进行比较，最后从全社会的角度确定该项目或方案是否可行，为项目决策者提供较为充分的决策依据。成本收益分析的一个重要特征，就是包含和估计非货币成本和收益，而这些成本和收益在私人部门的商业决策中是不予考虑的，但在公共支出项目的决策中就需要考虑。

公共支出项目成本收益分析的基本目的，是为公共支出项目决策提供有用信息，但并不代替决策本身。如果成本收益分析能为决策者提供有用的信息，则会有助于提高决策科学性。但是，如果不恰当地运用成本收益分析，也会影响正确决策的制定。一般而言，成本收益分析是一种工具，应该是根据决策的需要来运用工具，而不是用工具来束缚决策。也就是说，该工具可以为决策者提供帮助而不能用计算技术来代替决策。公共部门和私人部门的成本收益分析是不同的。一个私人部门在作出商业决策分析时只需要考虑其自身的成本和收益。然而，一个公共部门在进行成本收益分析时，必须考虑其决策对社会的影响，因为公共部门必须以公众利益作为行为准则。

成本收益分析属于应用经济学的范畴。因此，在进行成本收益分析时，应注意运用有用的经济学概念（包括机会成本、差异分析、边际分析、激励与约束等），而不能仅仅依赖于对成本和收益的一般性判断。就机会成本而言，这个概念在设计备选方案以及衡量真实成本时是很有用的。计量机会成本有两个重要指标：一个是愿意支付，指的是个人为某项收益而愿意付出多少，它是通过实证的方式来测量人们对于某种商品或服务的偏好价值；另一个是愿意接受，指的是个人为得到某项福利而愿意接受的补偿，两者都是以有市场价格为前提的①。例如，当一大笔资金已经被用于某个方面时，在这种

① 雷晓康等："美国公共政策绩效评估方法及中国的借鉴"，见《公共财政与政府改革》，上海人民出版社2008年版，第167页。

情况下，两个备选方案的差别是未来资源的使用，过去的支出已不再是机会成本。如果不应用机会成本，而将过去的支出计算在内，就可能得出不同的结论。就差异分析而言，这个概念告诉我们，分析不同的备选方案，主要是分析有差异的地方，而不需要分析所有的方面。例如，某个高速公路的计划项目有两个方案，其区别仅在某一个路段存在差异，当对这个计划进行判断时，只需要对如何处理这个有差异的路段进行分析。就边际分析而言，这个概念要求我们关注的是许多价值的相对关系，同时将各种价值相互联系起来，避免分析问题的绝对化。例如，交通安全问题是一个需要应用边际分析的典型例子，只要边际收益大于边际成本，就不能简单地采取禁止车辆通行的办法来避免交通事故，而需要研究其他方法。激励与约束，是指在进行公共支出项目决策时，需要观察和分析人们在受到特定的影响后如何行动，进而设计出能够更好地反映既定偏好的项目方案。

在公共支出项目决策过程中，成本收益分析方法适用于以下一些情况：一是如果决策者希望知道现实中可能选择的有关信息，成本收益分析将是有用的，并可将其作为影响决策者和公众的手段，但它的作用是有限的。二是当项目决策所涉及的价值较大时，运用成本收益分析是很有必要的。三是应用成本收益分析比较不同的方案时，各方案之间具有相似性。四是成本收益分析的主要对象是技术层面或操作层面的问题，而不是政策层面的问题。五是成本收益的预测和估计具有一定的精确性，成本和收益能够以货币衡量。

2. 成本收益分析的基本步骤

成本收益分析方法最早出现于美国《1936年防洪法案》，并于20世纪60年代在出现项目计划预算制度之后得到了系统的应用。此后，成本收益分析理念在许多国家的中央和地方政府以及世界银行等国际组织得到广泛应用。成本收益分析的基本步骤大体上可分为明确公共支出项目的目标、列举成本和收益、测算成本和收益、贴现成本和收益、选择决策标准、选定项目等六个方面。从上述几个步骤也可以看出成本收益分析工作的主要内容。因为在后面具体介绍三种实用的成本分析方法时，还会就具体步骤作进一步的介绍。这里，仅就各个步骤作一简要说明。

（1）明确公共支出项目的目标。在成本收益分析的过程中，最先遇到的问题是明确公共支出项目的目标。这个问题看起来似乎很容易，但实际上，要将项目的目标特别是可度量的绩效目标说清楚，却是一个比较复杂的问题。这种复杂性主要表现在以下几个方面：一是需要准确而有效地描述项目的绩效目标，并要在众多的目标之间作出选择。关于有效描述项目目标的问题，已经在相关部分作过初步讨论。在实践中，往往是抽象地描述项目绩效目标较为容易，但那些抽象的项目目标既很难进行绩效评价，也不利于进行项目的科学决策。所以，应该尽可能具体地描述项目的各个相关目标。对于目标的实现，从主观上最好是同时都实现，但客观上必然有个主次。只有分清主次，才能在不同项目或不同方案中作出取舍。二是需要考虑目标实现的时间跨度。在众多的目标中，既有现在要实现的，也有将来要实现的。目标实现的时间跨度因所要实现的目标性质的不同而差异很大，并会对成本收益分析结果带来影响。三是需要注意目标之间可能会发生冲突。公共支出项目的目标较多，有的目标是一致的，有的目标之间可能还会发生冲突。即追求一个目标时，可能牺牲另一个目标，或者至少是以另一个目标不能实现或不能完全实现为代价。就是公共支出项目绩效的“4E”标准中，有些标准（如效率与公平）也可能发生冲突。如将政府投资项目放在相对落后的地区，这种安排对统筹地区之间的发展、促进公平是有利的，但是，对经济增长的贡献可能要比安排在更发达的地区要低。当然，认识到各种目标之间的冲突，并不意味着在政府投资项目的决策过程中，只追求一个特定的目标而排除其他所有的目标，而是要统筹兼顾。

（2）列举成本和收益。在列举成本与收益项目之前，首先必须正确认识公共支出项目中成本与收益的含义。一是成本不同于支出，即使某一活动没有任何直接支出，但根据机会成本的概念，其成本也可能很大。二是收益不等于收入，可能有些公共支出项目也带来销售收入（如收费的高速公路），但公共支出项目更大的收益却是由公共产品的外部性所产生的外部收益。

（3）测算成本和收益。从理论上讲，公共支出项目的成本和收益，“等于物质数量乘以影子价格”①。但在实际工作中，能选用市场价格时，还是尽可能采用市场价格，难以选用合适的市场价格时，可采用影子价格。关于影子价格的确定问题，将在后面专门介绍。

---

① 郭庆旺、赵志耘著：《财政学》，中国人民大学出版社 2002 年版，第 258 页。

（4）贴现成本和收益。由于很多公共支出项目的成本和收益是在不同年度发生的，所以，为了比较项目整个寿命周期内的成本和收益，必须将未来的成本和收益通过贴现计算成现值。这里，关键是如何确定贴现率。美国管理及预算办公室（OMB）第 A－94 号文件建议公共政策分析的贴现率为 7%，它接近美国私有资本的平均税前回报率，可视为资本的机会成本。关于贴现率的选定问题，将在后面作详细讨论。

（5）选择决策标准。成本收益分析的最终目的是服务与服从于公共支出项目的决策。这就有一个决策标准的选择问题。尽管总的来说，公共支出项目绩效评价须遵循“4E”标准，但具体到成本与收益比较，还是应有一个具体的评价标准，特别是需要通过这个标准来客观比较分析不同的方案。在成本收益分析中，常用的标准有三种：净现值标准、收益成本比率标准和内部收益率标准。从后面的举例，可以看到这三个标准的应用。

（6）选定项目。即根据成本收益分析的结果，以及统筹考虑其他非货币性的成本收益因素，在公共支出项目绩效“4E”标准的指导下，在公共支出项目或方案中作出选择。

（二）公共支出项目成本收益的界定

1. 公共支出项目成本的界定

（1）公共支出项目成本的含义。公共支出项目成本是指项目投入（所放弃的东西）的价值。由于公共支出项目的社会性，所以，项目投入的价值是指某项目在提供公共产品或实施公共服务的过程中，全社会所耗费的各种资源的总价值。这里所说的“成本”，不同于通常意义上的“支出”，即使某项活动没有任何直接支出，但其真实成本也可能很大，因为使用任何资源，既要考虑资源本身的价格，还要考虑资源的机会成本。比如，你自己洗车，而不是到车行洗车，虽然你没有直接支付洗车的货币价格，但你的时间和劳动也是一种成本，也就是洗了车而不能做其他事的机会成本。

由于公共产品或公共服务具有明显的外部性特征，研究公共支出项目的成本，必须从全社会的角度考虑社会资源的配置情况，所以，公共支出项目的成本，除了考虑项目本身的、直接的、有形的成本外，还需要考虑项目外部的、间接的、无形的成本，即项目的外部效应所产生的成本。例如，对于一个修建水坝的公共支出项目，既要考虑由修建水坝所带来的直接的、有形的成本，还需要考虑修建水坝对本地区农民生产生活及生态环境等方面可能产生的影响，进而给社会增加的额外负担。

（2）公共支出项目的直接成本。公共支出项目的直接成本，是指项目使用的直接投入物的成本，比如该项目所投入的劳动力、资金等的成本。根据项目成本发生阶段和用途的不同，直接成本可分为项目决策成本、项目设计及其他相关准备成本、项目实施成本等三个方面的支出。

①项目决策成本。公共支出项目决策是公共部门管理决策的重要组成部分，其过程无疑需要耗费一定的人力、物力、财力，即需要耗费决策成本。从直接成本的角度讲，公共支出项目的决策成本，主要是指包括项目策划在内的决策活动本身的投入。如项目策划成本就是项目决策成本中的主要内容。对任何一个项目而言，项目策划是项目形成过程的第一阶段，这一阶段工作质量的好坏，对项目的设计与实施，以及建成后的经济效益与社会效益将产生重要影响。为了对项目进行有效的策划和科学的决策，需要进行广泛的调查研究、收集信息资料、召开相关会议、咨询专家等工作，这些工作所花费的资料费、咨询费、考察费、会议办公费以及可行性研究经费等就构成了项目的决策成本。从间接成本的角度讲，项目决策成本还应包括决策失误造成的浪费以及相应的机会成本。

在我国，一些公共项目由于盲目决策，所造成的浪费现象是非常严重的。公共部门的投资是整个社会投资的重要组成部分，目的是向社会和公众提供公共产品或公共服务。但是，由于公共投资不追求利润，所以，经济学中关于“经济人”假设的效应，往往容易让一些决策者在缺乏长期规划的情况下，或者急功近利，或者个人专权，凭个人偏好和兴趣决策，进而导致决策失误。例如，许多公共部门在引进诸如垃圾处理等生产项目时，由于盲目决策，致使项目建成投产后亏损严重乃至破产倒闭，常常是数百万元甚至上亿元投资成本无法收回，造成巨大浪费。同时，我国一些公共部门尤其是基层公共部门的政策缺乏连续性，上届政府及其相关部门形成的规划、作出的决策，很难得到下届政府及其相关部门的连续贯彻，有的甚至推倒重来，另搞一套，使整体规划不能得到很好的贯彻，部门之间疏于协调，造成重复建设或重复投资。比如，我们在城市建设中经常可以看到，刚刚修好的路面为铺电缆而挖开，完工不几天又要挖开铺设通讯线路，反反复复，造成资源浪费。尤其严重的是，一些地区或部门缺乏战略眼光，出于自身近期利益考虑，不服从整体决策，致使公共部门整体成本提高，绩效下降。因此，为了有效控制决策成本，必须实行科学决策、民主决策，以减少失误和浪费。同时要建立决策责任制，对草率拍板、个人说了算或因“寻租”行为造成重大失误和浪费者，应追究其相应的经济责任与法律责任。

②项目设计及其他相关准备成本。对于有些公共支出项目，按照公共决策程序通过可行性研究之后，就需要对项目进行设计及其他相关准备工作。例如，一个基本建设工程项目需要进行规划设计与施工设计；一个科研项目需要进行技术路线和实验方案的设计。另外，有些项目在实施之前，还需要开展询价、合作方选择、招投标、承发包等工作。显然，这些工作都是需要耗费成本的，这就是所谓项目设计及其他相关准备成本。

③项目实施成本。项目实施成本也可称之为项目执行成本，是指在项目的实施过程中，为了实现项目目标所耗费的人力、物力和财力的总和。在项目的实施成本中，有一类成本是直接用于项目建设或直接用于服务对象的开支，可称为项目业务支出，或称为直接项目成本；有一类成本是负责组织实施这个项目或这项政策的行政开支，可称为行政支出，或称为间接项目成本。在控制实施成本的实际工作中，要力求提高项目的直接成本所占的比重，降低间接项目成本所占的比重，做到以尽可能少的投入换取预期决策目标中的理想产出。例如，实施对种粮农民直接补贴这项政策，直接补助给农民的钱是实施该项政策的直接成本，而组织实施这项政策的相关部门的行政费用就是间接项目成本。对于既定的政策而言，政策的直接成本是事先确定的，而间接成本则是可控的。对于那些公共投资项目，直接与间接成本都是可控的。一般而言，由于不同公共部门的职能不同，部门预算总支出中，项目支出预算所占的比重差别很大。对那些项目支出预算所占比重较大的部门而言，在项目立项与实施过程中，进行科学合理的成本分析与控制，尽可能降低项目成本（特别是其中的决策成本与实施成本中的间接成本），对提高部门预算的绩效，加强公共部门绩效管理有着特别重要的意义。

在项目管理的实际工作中，对于相当一部分项目，其设计成本与其他相关准备成本均可并入项目实施成本之中。因此，以提供公共产品或公共服务为目标的公共支出项目，其成本可简单地分为两部分，即项目决策成本与项目实施成本。项目决策成本一般从相关项目前期费中列支，而项目支出预算中所说的项目支出，实际上都是项目决策后的实施成本。由于项目种类的不同，项目前期费占项目总成本的比例也不一样，项目实施成本一般占项目总成本的90%以上。由于项目前期费的管理有其特殊性，所以从某种意义上讲，项目成本管理实际上就是对项目实施成本的管理。

（3）公共支出项目的间接成本。公共支出项目的间接成本，是指在公共支出项目的建设与经营过程中，由于项目的外部效应所导致的成本，故也称外部成本。通常，外部成本表现为对环境的影响，以及给人们带来的不便、不舒服、不愉快或境况变差等，且很难以定量方式直接估价。例如，某公共支出项目是在两条交叉的繁忙街道上建一座立交桥，在建设期间不仅会有噪音、灰尘，还会使交通更加拥挤，给人们的出行带来不便，这些都属于该项目的间接成本或外部成本。

（4）一个公共支出项目成本举例。某城区欲在城市附近的一座小山上，为本地居民开辟一个山地公园。为了不影响生态环境，经过分析决定采用不修机动车道，而只做几条人行小道及相关设施的方案，既让居民可以登山观光与休闲娱乐，又保持这里的自然风光与生态环境基本不变。

按照这种设计，这个项目的成本主要是直接成本。除施工期间给当地居民带来不便外，其他方面并不给外界带来负面影响，也就是说，不会产生外部成本。这样，就直接成本而言，主要包括以下几个方面：

①开辟人行小道及其他设施的初始支出；

②人行小道与其他公共设施建成之后，每年还需要支付一定的管理与维护费用；

③卫生设施开支，主要是建设公共厕所的初始支出；

④卫生设施建成以后，每年还必须支付一定的管理与维护费用；

⑤假设此项目的大修周期为30年，即30年后需要进行大修，包括重新整治人行小道与更新厕所。这时，大修费用需要在下一个周期的成本分析中予以考虑。

2. 公共支出项目收益的界定

（1）公共支出项目收益的含义。对于公共支出项目而言，与其成本不等于支出类似，其收益也不等于收入。若某个公共支出项目所提供的公共产品或公共服务可以带来销售收入（如收费的高速公路），当然，这些收入是该项目收益的重要组成部分，但这绝不是全部，还有由公共支出项目的外部效应而产生的大量的外部收益。这就是说，公共支出项目是以促进社会福利最大化为目标的，其收益既包括直接收益，也包括间接收益（或称外部收益），很多情况下，往往是后者大于前者。

所谓直接收益，是指公共支出项目所导致的产出增加或生产率提高并由该项目产品的直接使用者享有的收益。比如，某一农田水利设施的建设，其直接收益就是在一定时期内获得灌溉的土地产量的净增加。所谓间接收益，也称外部收益，是指公共支出项目的非使用者所获得的额外收益。比如，农田水利设施项目可能使毗邻土地的墒情变好，因为毗邻土地虽然没有得到直接灌溉，但由于地下水位升高，这块土地也因此而收益。再如，一条高速铁路或高速公路的建设，不但会通过客运与货运的快捷便利给高速铁路或高速公路的经营者带来直接效益（即销售收入增加），而且还会促进周边地区的经济社会发展，且这种外部收益会远远大于这项交通设施所新增加的销售收入。

（2）公共支出项目收益的货币化。公共支出项目收益的货币化量化方法与成本类似，需要经过罗列因素、量化处理和价值估计等步骤。最初，所罗列的收益因素之间可能相互有联系，所以需要仔细处理那些有关联的收益，以确保不重复计算。例如，一项用于浇灌的水利工程，应该用增值的土地价值或灌溉后的农作物所增加的收入来进行估价。如果这两项都被视为收益，便会导致重复计算。倘若在这两项增值之外我们又加上对水的估价，便会产生三重计算。所以在罗列收益因素时，应反复审查，判断该收益是否独立存在，从而避免重复计算。独立的收益与所有其他的收益不同，而非独立的收益则依赖于某一项已经列出的收益，仅仅是该收益的另一种表现形式。量化收益时，不重要的收益因素可单列在一边，最好的办法是在分界线旁单列出来，以示区别。

然后，再通过估计来量化收益。在量化收益时，需要有一个时间框架和量化基础。时间框架指的是收益所发生的时间段。整个时间段一般用年来计，并逐年进行收益估计。通常而言，时间段的选择可基于历史资料、主观判断或两者兼而有之。用于估计的量化基础就是历史资料、假设或兼而有之。一般而言，估计模式采用历史模式，这种历史模式会因所考虑的备选方案的不同而有所改变。在收益量化中，越是基于历史经验或资料的估计，其准确度也就越大。对于那些缺乏历史资料的假设，其估计也往往会偏保守一些。同时，对未来收益的估计，若时间越远，就越不确定。与成本估计相比，对收益的估计更适合采用分区间的预测方法。

与估计效果相比，确定收益的价值可能更困难一些。因为公共产品或公共服务的收益，不像具有竞争性和排他性的私人产品或私人服务那样可以在市场上交换，所以就难以给它们估价。通常，公共产品和公共服务的收益包括拯救的生命、节省的时间，以及从文化活动或自然美景中所得到赏心悦目的个人感受等。从理论上讲，在可能的范围内，价值是可以从市场基础上引申出来的。

例如，节省下来的时间可根据工资率来估价。尽管在具体的分析中，所涉及的人并不能出售他们的时间，或者说，一些时间过于零星而不能交易，或者说，一些时间会同时有其他用途。但是，相对来说，使用实际工资率来确定时间的价值还是比较合理的。

又如，对拯救生命进行估价也会出现很多问题，但在使用成本收益分析时，又必须对生命进行估价。出于分析的目的，通常有两种以市场为基础的估价方法：一是根据人们从事危险性工作所要求的额外的工资来判断人的生命价值。工作的危险性增加导致的工资差异，可用来计算那些从事这些危险性工作的人的生命的市场价值。二是估计某个人一生的收入。当然，上述方法或其他方法都存在技术上的问题。但是，如果不对生命进行估价，那么，那些涉及人生命的成本收益分析将不能进行。

再如，从文化活动或自然美景中获得的美感享受，可以分为两部分来评价：一是根据市场信息可以估计出个人为这种充实感而愿意支付的货币数量。例如，人们为一段相似经历或者观赏风景而支付的价格便是一个恰当的市场基数。由于风景的不同造成房屋价格的差异、到达风景区的旅行成本、文化活动入场券的成本便是三个可作为收益分析的市场基数的例子。在具体分析中，根据不同的情况进行调整是必要的，但是，市场起点是有用的，因为这样做，可以给主观判断提供一些参考，进而避免分析的随意性。二是可以由整个社区来评价个人所增加的利益，这种收益有的研究者称之为优值商品。在此情况下，收益的价值是社区愿意为这项福利而支付的价值。一般而言，由于偏好的客观存在，评价收益要谨慎一些。这是因为很容易得到一些相差悬殊的价值判断，所以应当尽可能采用标准方法去决定相互竞争方案的价值。

计算某方案收益总额的过程基本上与成本相同。将某个时间段的各项收益价值相加，便得出该时间段收益价值的总和。对每段时间的收益总和进行折现，并将折现后的价值再相加，便得到各个时间段收益价值的净现值总和。各个时间段中的收益和成本的折现率应该相同。

（3）一个公共支出项目收益举例。我们还是以前面在分析公共支出项目成本时所举的例子，即以某城区山地公园建设为例来说明收益分析问题。这里要求的关键信息是：人们为了得到这个山地公园的使用权会愿意付多少钱？为了回答这个问题，可利用关于人们对野地的休闲需求的经济计量研究成果。因变量可以是一个抽样问卷提供的人们对于野地旅行的支付意愿。而自变量则包括旅行的长度、宿营地的拥挤程度，还有回答者的多种社会经济特征。

例如，美国的克鲁特拉与费希尔（1975 年）研究过这个问题①。根据回归结果，他们估计，一个正常的使用者会愿意一天付 10 美元，并通过进一步的研究发现，在前一年，该地区被使用了 4 600 个休闲日，这使前一年的收益为 46 000 美元。为了进一步分析未来年份中的效率，克鲁特拉与费希尔假定，对该地区的使用在一开始会每年递增 10%，同时，人们的支付意愿会每年递增 4%。当然，他们还推算出了与维持环境质量相一致的最大可能的使用者数，如果一旦达到这一数字，就不允许每年的使用人数再往上涨。这样，有了支付意愿的估计数及使用者的数量，估计该山地公园的收益就是一件简单的事了。

3. 外部成本与收益分析

公共支出项目决策过程中的成本收益分析，比较难处理的问题是外部成本与收益，也就是间接成本与收益的分析问题。由于外部成本与收益难以计量，所以在实际中，往往是通过间接的方式进入成本收益分析模型，主要有定性与定量两种方法。

（1）外部成本与收益的定性分析。在公共支出项目的成本收益分析中，难以用数量进行分析的那部分成本与收益，应尽可能明确地单列出来，其中若干最重要的内容还须作专题探讨，探讨中应力求科学公正，保持中立。具体工作中，往往是先尽可能全面地列出所有的成本与收益项目，并将能以货币形式衡量的（往往是直接成本与收益）列为一组。对于列出的不能以货币

---

① 哈维·S. 罗森著：《财政学》，中国人民大学出版社 2006 年版，第 237 页。

单位表示的因素，则可根据不同的情况分为几组，进行分组的定性分析。具体如何分组以及如何分析，则须视不同的项目而确定。

（2）外部成本与收益的定量分析。外部成本有的是有形的，即可以直接量化进模型；有的是无形的，即不能由市场价格派生，需要以间接方法估计。一是直接量化模型。如果某一项目所引起的外部成本存在投入产出市场，就可以市场价格为基础调整出边际社会成本。假定某项公共项目暂时污染了水质，人们为了提高饮水质量，而不得不花费更多的货币去购买纯净水。由于纯净水存在着市场价格，所以，可以市场价格为基础对纯净水进行计算，从而直接估算出人们多花费的货币值，作为该项目所产生的外部成本，并在成本收益分析中一并考虑。二是时间的估值。对于那些与消费者的时间耗费相关的公共项目，如某项公共工程影响了当地的交通，使人们只能绕道而行，则那些多花的时间就可纳入外部成本。三是社会收益减少的估值。成本是一种负收益，可以通过收益的减少来衡量。在公共支出项目使社会的某种收益减少的情况下，也就是说，当公共设施使原来的社会收益降低时，这种收益的降低可作为社会成本。例如，灌溉工程的修建破坏了当地的自然风光，使旅游收入下降，这时，该项目的一部分外部成本可以通过估算旅游收入的减少而得出。

（3）公共支出项目的实际效应与货币效应。在列举公共支出项目成本与收益因素特别是收益因素时，要注意的一个重要问题，就是项目的实际产出效应与货币效应之间的区别，进而避免收益的重复计算①。实际产出效应是指能导致社会福利发生变化的总物质生产可能性的变化。而货币效应则是指各种方案不涉及实际成本或收益的增加，但却涉及货币或资源在分析范围内的不同人之间的转移这种影响。例如，如果成本分析的范围中包括公共部门和选民，由选民支付给公共部门或公共部门支付给选民的钱既非成本亦非收益。资源在自然人之间的转移也是如此。

在成本收益分析过程中，有时人们在不应该考虑货币效应时对它加以考虑。从货币效应中获益的群体称其为收益，从中受到损失的则称其为成本。关键在于分析的范围，当公共政策的制定者考虑的范围不够大时，税收收入的增加可看做是一种收益。实物设施常会影响到私人商业活动的收入分配。

① 郭庆旺、赵志耘著：《财政学》，中国人民大学出版社2002年版，第258页。

例如，新建一个带游泳、垂钓和野餐的公园，可能会增加附近商业单位的生意，而损害较远地方的商业单位的利益。货币效应对于那些受其影响的商业单位来讲是真实且重要的，但并不能因此而将其直接计入到成本分析的范围中去。总而言之，“成本分析的逻辑是分析所有相关的受益人和受害人的整体情况，问题是对于公共部门和选民来说，什么是成本，什么是收益，没有这种超脱的眼光，成本分析便不是用于公共组织，而只是用于私人盈利或亏损[①]”。公共支出项目的成本收益分析，在列举收益或成本时，只考虑那些实际增加的收益与成本，而不是那些属于转移性的收益与成本。

（4）注意区分外部直接与间接效应。在计算公共项目的成本与收益时，如何区分外部直接效应和间接效应，往往是项目评估的难点。根据中外专家的经验，可以从三个方面来考虑：一是会不会导致重复计算。如果将某些因素计算在内，就会出现重复计算，则可认为这些不属于直接外部成本或收益。二是相关性大小。那些直接相关的因素应当计算，否则就不需要计算在内。三是是否增加社会总福利。如果某些因素有利于增加社会总福利，则应当计算，否则就不需要计算。与此同时，还应注意避免成本与收益的重复计算。

（三）用“本量效”分析替代价格机制

对于私人产品的供求来说，交易双方各自根据价格来作出决策，一个愿卖，一个愿买，则双方成交。然而，对于公共部门来说，它们所提供的公共产品或公共服务，由于具有非竞争性与非排他性的特点，一般使用者并不直接付费，所以就出现市场失灵的情况，也就是说，价格机制难以在公共产品或公共服务的供求中发挥作用。这时，以提供公共产品或公共服务为主要特征的公共支出项目，按照“4E”标准来作出决策时，就必须进行相应的本量效分析。

这就是说，在公共支出项目决策的实践过程中，由于市场失灵，公共部门为社会提供公共产品或公共服务，难以用价格机制来指导资源配置，但价值判断和项目选择仍要进行。这里，与企业决策相比，最为重要的变化就是

---

① B. J. 理德、约翰·W. 斯韦恩著：《公共财政管理（第二版）》，中国财政经济出版社 2001 年版，第 149 页。

如何看待所花的成本和对收益的评估。它不同于价格起决定作用的私人产品或服务的生产与消费，那时可由买卖双方决定，而公共产品和服务则必须将成本与收益分离开来，通过成本、业务量与绩效的分析来替代价格机制，并在公共支出项目决策中发挥作用。

显然，私人产品或服务的交易双方可通过评价交易的相对利益并通过设定价格来实施交易。很多方面的事情都可以归结到价格，双方的价格决定着交易是否进行。截然不同的是，公共支出项目的决策不是由双方对成本和收益的评价而得出最终的价格，而是通过对成本、业务量和绩效的评价来比较不同方案，最终按决策程序进行决策。公共部门代表集体而不是个人作出决定，作决定往往要看对集体是否有利，而不是根据买卖双方个人的自我偏好。与此同时，公共部门是由相应的代表来行使决策权，而不是像私人部门那样由承担成本和享受收益的个人来作出。这些有决策权的代表，从理论上应为集体进行价值判断而不是为他们自己，但每个决策者都有自己的偏好，却是一个不争的事实，所有这些都使对公共产品和服务的价值评价工作更加困难。

事实上，公共支出项目决策往往是在承担成本与享受收益相分离的情况下作出的。决策制定者并不是主要受益者，也不是成本的主要承担者。公共支出项目决策的制定者，同时担任了私人部门交易买卖双方来决定公共产品或公共服务的需求和供给水平。由于公共支出项目决策的条件与私人部门完全不同，所以，公共支出项目决策难以通过设定价格来作出，项目评价时还常常涉及政治与道德因素。公共支出决策是一种无法事先设定价格的决策，因为一个公共支出项目不能简单地用货币来评价。

但是，公共支出项目决策又不能不讲究成本，所以只有通过本量效分析来作出决策。相对私人部门，公共支出项目决策显得复杂一些。在项目立项阶段，通过对项目成本、业务量及预计绩效进行评价，以评价不同项目的轻重缓急，建立好项目库。然而，不同的评价者从不同的角度看，可能对同一个项目会出现不同的观点。正因为成本与收益的分离，从而鼓励人们在政治过程中，不真实地表达自己的偏好以获得收益和承担成本。在不涉及道德和政治价值的问题上，各种备选方案的成本和收益评价可像价格一样，对公共支出项目的决策者起作用。但是，客观存在的许多非货币因素将导致决策过程的复杂化。实践表明：虽然公共支出项目货币成本与绩效的评价本身不尽完善，但是，系统明确的评价还是远远优于盲目的拍板。

公共支出项目决策时，必须为决策者提供相关的成本分析，其正规性、深入性和明确性因项目而异，但基本上都要考虑下述问题：

（1）有哪些选择？

（2）各种选择的结果是什么？

（3）各种结果的本（成本）、量（业务量）和效（绩效）是什么？

（4）哪种选择具有最低的成本和最好的绩效？

以上几点，核心是成本和收益分析的明确度。不论成本和收益是否货币化，明确地围绕成本和收益，将有关的价值问题进行公开讨论，可以减少因决策的片面性而造成的失误。

从实践的角度看，与项目决策相关的政策选择，通常不外乎以下三种情况：一是开始或继续某项政策；二是增加或减少提供产品或服务的水平；三是选择达到特定目的的方式。尽管常常有争议，我们还是必须弄清各种选择的结果。在事后的分析中，人们要确定的是某项政策已造成的结果，而在事前的分析中人们是在进行预测。当然，这种预测也难免不出现误差，但应注意尽可能减少这些误差。

成本和收益都可分为两部分：即公共部门负担的成本与相关公众负担的成本；公共部门的收益和相关公众的收益。公共部门负担的成本包括实际支出和税费减少，也可分为货币费用和其他价值的减少。公共部门的收益包括收入的获得和支出的减少。公众的收益包括货币收入以及所有公众认为有价值的事物。实际表明：确定公共部门负担的成本易于确定公众负担的成本。

在评价成本和收益时，成本和收益是针对公共部门及其社会集体而言的，必须鉴别那些有足够重要性和评估价值的成本和收益。尽管这样做必然会成为一种主观判断。某些标准可能有助于对预期结果、认同的市场以及公众呼声的判断。如果某个方面符合其中的任何一个标准，就可以认为是值得评估的。对于那些可以不予以分析的方面，则往往假定它们所产生的影响很微弱，或者可以被其他相反的因素所抵消，或者二者兼而有之。下一步则是列出各项成本和收益，并计算它们的大小。

（四）常用的三种成本收益分析方法

按照美国学者B. J. 理德和约翰·W. 斯韦恩的说法[①]，成本收益分析是最难、用得最少但又讨论得最多的成本分析方法。其难度来自以货币价值来评估效果。相对于成本而言，效果是比较难估测的，因为效果发生在一个很长的时间段中，并且不同于市场定价的商品。由于耗时、技术难度和费用问题，实践中并不经常使用成本收益分析。但又因其最大程度上符合了经济决策的逻辑而被广泛讨论，经济学家认为它非常有趣。所以，B. J. 理德和约翰·W. 斯韦恩在《公共财政管理》一书中，从实用的角度介绍了比较常用的三种成本收益分析方法：即简单成本分析、成本效果分析和成本收益分析（该书的译文称为"成本效益分析"）。当然，这三种方法本身也是相互联系的，它们的经济内涵都遵循成本收益分析的基本原理：即公共支出项目的收益一定要大于成本。根据前面关于公共支出项目成本与收益的界定，成本包括支出和负债的增加以及收入和资产的减少；而收益则正好相反，指的是收入和资产的增加以及支出和负债的减少。与此同时，公共支出项目的成本与收益还应注意不同于私人部门的地方，即特别需要注重研究所谓外部性的问题。也就是说，公共部门必须对社会与公众产生的影响负责。

简单成本分析涵盖的内容最少，它仅对项目成本进行比较，而假设各个方案的收益是相同的，是显而易见的，或者是可以进行非正式判断的。简单成本分析，其成本包括项目实施本身的成本（即直接成本）和社会公众所承担的成本（即外部成本）。即：

$$\begin{matrix}\text{项目某方案}\\\text{的简单成本}\end{matrix}=\begin{matrix}\text{项目实施部门}\\\text{所承担的成本}\end{matrix}+\begin{matrix}\text{社会公众所}\\\text{承担的成本}\end{matrix}$$

成本效果分析与简单成本分析的程序以及所用到的概念均相同，只是在计算各个方案的简单成本之后，再将简单成本除以每一个方案效果的预测值，而得到每单位效果的成本。成本效果分析的计算公式是：

$$\text{单位成本}=\frac{\text{简单成本}}{\text{效果预测值}}$$

成本收益分析的程序与简单成本分析相同，只是通过预测、计算每个备

① B. J. 理德、约翰·W. 斯韦恩著：《公共财政管理（第二版）》，中国财政经济出版社2001年版，第141页。

选方案的成本和收益之后，再计算各个方案的净收益，即收益减去成本后的差额。成本收益分析不同于成本效果分析的原因在于：成本收益分析将多种收益计算在内，而且将这些收益以货币价值的形式表现。成本收益分析中的成本与简单成本相同，其比较的是净收益或净成本，即收益与成本之差。计算公式为：

净收益（或净成本）＝收益－成本

B. J. 理德和约翰·W. 斯韦恩在《公共财政管理》一书中，通过对“垃圾收集项目”的分析，说明了上述三种方法的应用及它们之间的差异：即简单成本分析的结果是两辆垃圾车的成本数值；成本效果分析的结果是两辆垃圾车产生单位效果的成本（比如，收集每吨垃圾或每一个垃圾回收站的成本）；而成本收益分析的结果则是每个方案的净收益，净收益反映了每辆垃圾车的预测收益和成本的差额，因而可对两辆垃圾车进行比较。读者通过这个实例，既可以加深对成本收益分析方法的理解，更可以体会到公共部门管理会计为项目决策提供信息支撑的必要性。与此同时，还会注意到，由于公共支出项目决策目标的多元性，一个科学合理的决策，不能仅仅只根据那些单纯技术性的数据，还需要统筹考虑各方面的因素（特别是不能忽视那些非货币因素）。当然，这里需要防止另一个倾向，即忽视技术分析的必要性。也正是因为公共支出项目决策的复杂性，更需要为决策者提供必要的技术分析，以有利于最大限度减少决策的盲目性，或促进决策者统一思想，达成共识，提高公共支出项目的绩效水平。

1. 简单成本分析方法

简单成本分析是直接将成本列出来进行分析，而不需要将成本和收益联系起来。简单成本分析主要是回答下述问题，即“每一个方案的成本是多少”。最明显的成本是支出。另外，成本还包括对公共部门的收入、资产和负债的影响以及对公众的影响。简单成本分析可用于某个财政年度的项目选择，这样做可以通过一种正规的形式来准确地确定成本。这种方法的工作步骤包括：确定备选方案、找出成本因素、将成本因素量化、对成本因素进行估价、计算总成本的货币价值、作出决策等六个步骤。

（1）确定备选方案。这一步不应该被忽略。从多个方案中选出进行比较分析的备选方案，可以说是进行成本分析不可或缺的一步。经过比较分析相关方案，选出若干个相对合理或不合理的方案，可以证明哪个合理的方案是一个较好的选择。确定备选方案需要仔细考虑，它应当是在成本分析的开始，而不是在结束时进行。

（2）找出成本因素。找出成本因素还应包括对方案进行比较，以找出方案之间的差异所在。这个步骤要求必须关注各个方案之间的具体差别。项目的直接成本是最为明显的成本，而由社会公众所承担的成本则往往比较难以确认。另外，成本的减少可以被认为是负成本。例如，在一个免费停车场的成本分析中，收入的减少被认为是正的成本，而支出的减少以及停车费收入则被看做是负的成本。当负的成本反映为直接支出的减少时，就应反映在简单成本分析中。列出成本因素的方法，一般是先根据一般想法列出有关因素，然后，再借助于专业知识对这些因素进行修正与确认。

这里，社会公众所承担的成本往往比较模糊，进而完整地反映社会公众所承担的成本因素也比较困难。当然，有些因素却是显而易见的（如道路建设项目，在道路建设期间给公众带来的不便），可通过比较各个方案之间的差异将这些明显的因素罗列出来。同时，也必须考虑其他一些相关因素，如该方案究竟对哪些人产生影响也是不可忽视的，因为这些考虑涉及项目的公平性问题。

为了比较完整地列出各个成本因素，需要特别注意畅通各种信息渠道。信息来源不仅包括方案的支持者，也应包括反对者。在具体的工作中，有时直接相关人还容易被忽略，所以，注意听取受影响的单位或部门及社会公众的建议大有好处。因为这样不仅能够确认已列出的成本因素，而且还可以发现一些新的成本因素。总而言之，全面性是这一阶段的关键，对成本因素进行广泛而全面的考虑，是对这一阶段工作的总体要求。也许一些先列出的成本因素在后来会被删掉，但这只能在全面考虑之后进行删除，且删掉的是不太重要的部分，而不是尽可能多地删掉。

与此同时，将罗列出来的成本因素进行分类也是有益的。如前所述，最常见的成本分类包括固定成本和可变成本、有形成本和无形成本、直接成本和间接成本、运作成本和一般管理费，等等。

（3）量化成本因素。在一个全面的成本项目表中，每一个成本因素必须进行量化或将那些不重要的因素不列入考虑的范围。量化包括估计和预测所涉及成本因素的相关数据。对那些因为数量小或价值低而不列入量化范围的成本因素，可以作为非量化的因素罗列出来进行直观的判断。

对成本因素进行量化的方式较多，其关键在于运用合适的方法合理地推断出较为精确的数量。对于实物设备，通过物理测量可将因素进行量化。对于那些完全表现为自主性支出的成本因素（如资本性项目），比那些需要对人的行为进行预测的因素较容易量化。对与人的行为相关的成本因素的量化，最好基于人们的历史行为进行推断。这样可避免对人的理性行为作出一些非现实的假设。如果有些因素不能被精确地量化，估计出一个范围也比看似精确的估计数值为佳。

（4）对成本因素进行估价。成本的估价依赖于它们的特性。一般而言，对成本进行估价存在着三种情况：货币成本、可货币化的非货币成本以及不可量化的非货币成本。货币成本通常是以货币形式进行计量的成本，而不能用货币计量的其他价值即是非货币成本。非货币成本仅仅作为被考虑因素而罗列出来。由于某种原因而引起某一物种的灭绝，就是一个典型的非货币成本的例子。尽管这种损失难以用货币形式估计出来，但也必须作为一个相关的考虑因素（甚至是重要因素）保留下来。

在实际工作中，评价货币化成本和可用货币计量的非货币成本的方式是不同的。货币成本是根据现行市价或交易价来估计。而评价可用货币计量的非货币成本比较棘手，其评价方式通常有三种：运用判断、询问他人或应用具有货币成本的类似物（即有价格的相似物）。其中，判断是通过主观评判来估计价值；询问他人，则是针对不同事物的特点，请有经验的专家作出评判，并根据不同专家的评判结果，选定一个合理的价值或价值范围；而应用类似物来评价，最常见的方法则是通过类比来进行推理。首先，选取成本因素的类似物，然后对类似物进行定价。在这种情况下，类似物有一个直接的价格或可以从人们的行为中推断出价格。例如，时间、生命本身和美丽的风景等因素的成本估计问题，就可以通过相关类似物来作出评判。如各种劳动力市场确定了人们的时间价格，在估计人们的时间价值时可以普遍的工资率作为价格的基础。生命的价值能从人们行为信息中推断出来，例如，对生命的危险性的差异导致不同性质工作工资率的差异。在对生命进行估价时，应尽量采用当事人对自己生命的评判来分析。观赏风景的价值可以从获得观赏风景的途径而发生的成本中推算出来。当然，许多时候，只能找到部分可用以推断的类似现象，这就需要综合运用其他方法。

显然，用于成本分析的价值判断存在不确定性，这就要求在相互竞争的备选方案中，既要始终一贯地使用同样的价值标准，又要注意防止价值分析时的片面性。尽管从一定程度上讲，不精确性是不可避免的，但为了支持某一特定方案而改变价值标准，也势必会降低结论的有效性。

与此同时，在进行成本分析时，如果成本是发生在一段时间内，折现率则是一个会产生巨大影响的极为重要的数值。因为需要通过折现率，衡量一个项目在不同时间点上的不同价值。折现率与利率密切相关，因为它们都反映了货币资金的时间价值。贷款利率 i 是计算折现因子的市场标准［折现因子 $=1/(1+i)^t$，t 为年数］。与未来价值相比，人们更加注意现期的价值。利率反映了要增加多少钱，才能使人们愿意放弃现期消费而选择将来消费。

（5）计算各成本因素的货币价值总和。计算各个方案用货币表示的总成本，是一个能以不同顺序进行的机械过程。不可用货币量化的非货币成本要单列出来。通过货币计量，可计算出每个方案的总货币成本，从而有利于进行方案之间的比较。这项工作需要认真仔细，否则很容易让计算出现差错。

这里需要强调的是，必须重视成本所发生的时期问题。相同的一笔支出，若发生的时期不同，其现值是有差别的，甚至是有很大的差别。在实际工作中，对这一类问题可以这么处理：首先，计算每一个时期每个成本因素的货币价值。对于某个成本因素都应按不同时期来分别计算。某一个时期的所有成本因素都必须进行计算。同一时期的成本因素可不用考虑顺序，进而算出各个时期所有成本因素的货币价值。其次，将每一时期的所有成本因素的货币价值加总，得出该时期的货币成本总量。再次，如果合适的话，将每一时期的货币成本进行折现。最后，将各个时期折现后的货币成本相加便得出一个总数，即成本总额的现值。

（6）决策。以简单成本分析为基础进行决策并不总是一件很容易的事。在没有其他重要判别的情况下，可通过对两个或两个以上方案的成本判别来解决。但是，有些差别使决策变得模糊。首先，各个方案间的非货币化的成本各不相同。在选择方案时要考虑到这些成本的客观存在。其次，成本以外的其他因素也是非常重要的。对不同群体之间收入分配的影响，尤其是在穷人和富人之间的分配影响到许多人。这种考虑和评价为决策提供了部分依据。再次，各个方案的不同实证结果即使不能进行量化也要进行考虑。还有，如果两个或两个以上的方案之间的差别很小（甚至小于可能的误差），那么，仅仅靠成本本身的差别还不足以作为决策的依据。例如，如果成本估算的误差在实际成本的10%范围内，那么，两个方案的成本差异小于10%时，就不能有足够的理由认为它们存在差异。在成本差异相对较小时，其他的考虑因素相对更加重要些。最后，我们还需要强调的是，基于简单成本分析的决策不是机械性的，它并不排除对所有其他问题的考虑。特别是当选择实施某一方案还是不实施时，则更需要考虑更为广泛的问题和选择。

（7）简单成本分析举例。下面就收集垃圾项目进行简单成本分析。

①确定选择方案。两个显而易见的方案是由私人部门还是由公共部门来提供服务。

②找出成本因素。

方案1：由私人部门提供服务

通过对垃圾收集工作的分析和客户的调查，所得到的各项成本因素包括如下内容：

无公共开支

三类垃圾收集费用

第一，商业性机构

第二，居民区的路边收集

第三，居民的到户收集

有垃圾不能收集或不能及时收集

方案2：由公共部门提供服务（居民区的路边收集）

估算公共支出

选择权的损失（不能到户收集）

无垃圾不能收集或不能及时收集

需要说明的是，因选择公共部门提供服务而造成少收的垃圾收集执照费的损失，不作为货币成本包括在内。同时，也假设因此导致垃圾收集的私人部门关闭，所引起的失业成本为外部因素。

③量化各成本因素。

方案1：由私人部门提供服务

客户人数：

30个商业性机构

100个居民区路边收集点

100户居民到户收集

垃圾不能收集或不能及时收集：每月5次

方案2：由公共部门提供服务（居民区的路边收集）

公共支出预测值

选择权的损失：100户居民的到户收集

④评估各成本因素。

方案1：由私人部门提供服务

商业机构费率：每月100美元

居民区路边：每月8美元

居民区到户：每月12美元

垃圾不能收集或不能及时收集：无形

方案2：由公共部门提供服务（居民区的路边收集）

估算公共支出

选择权的丧失：难以决定其货币价值

尽管有100户居民每月因为到户收集垃圾多支付了4美元（居民到户收集和居民区路边收集的差额），但由于丧失选择权的顾客节约了4美元，所以估计选择权丧失这项因素的货币价值，在操作上是有难度的。从理论上讲，这项因素的真正成本超过了以前顾客所支付4美元的价值。

⑤计算各成本因素的货币价值之和并列出非货币因素。

方案1：由私人部门提供服务

商业性机构：12（月）×30×100＝36 000（美元）

居民区路边：12（月）×100×8＝9 600（美元）

居民到户：12（月）×100×12＝14 400（美元）

成本总计：60 000美元

垃圾不能收集或不能及时收集：一年60次的无形成本

方案2：由公共部门提供服务（居民区的路边收集）

每年公共支出的预测值：56 000美元

成本总计：56 000美元

对居民到户收集的选择权的丧失：难以决定其货币价值

⑥决策。本例中关于是让公共部门还是让私人部门提供这项服务的选择，可以简化到对这两套方案的比较：一是私人收集垃圾有较大的因垃圾不能收集或不能及时收集所导致的成本；二是公共部门收集垃圾的成本较低，但居

民丧失了到户垃圾收集的选择权，这也是一项实际的损失，因为实际上有一部分人自愿地选择了它。但是，一部分居民选择权丧失这一项成本却是模糊不清的。这两个方案的区别是方案1的成本多了4 000美元，但可向居民提供到户收集的选择权；而方案2则每年减少60起垃圾不能收集或不能及时收集的事故。在此情况下，每个人对这个或那个因素可能会有自己的偏好。在分析中可能的偏好包括：垃圾不能收集或不能及时收集应尽可能少、4 000美元成本差异、居民到户收集的选择权、目前状况的确定性、计划方案货币成本的不确定性以及与私人部门或公共部门提供和生产该服务相关的非货币成本的价值。上述成本分析留给了我们一个仍需要判断，但已分析得很清楚的决策。

2. 成本效果分析方法

成本效果分析是将某一选择方案的成本与结果联系起来，从而延伸了简单成本分析。这里所说的“成本效果”，指的是通过成本效果分析，得出每单位效果的成本，即每产生一单位的效果所需的平均成本。这将使我们考虑一个问题：通常所指的“效果”是指什么？

有时，成本效果分析被描述为在给定成本的条件下，如何使效果最佳，或者要达到一个给定的效果如何使成本最小化的分析。这两种情况其实都是成本效果分析在特定的附加（或限制）条件下的不同说法。在没有限制条件的情况下，对规模相同（即业务量相同）的备选方案进行成本效果分析时，若备选方案都不做某事时，它们的单位成本都是零。

成本效果分析特别适合以下情形：即对两个或两个以上相似的备选方案进行运作决策，并且它所带来的利益被认为是单一的，作出是与否的决定时，成本效果分析与简单成本分析相差无几。在政策决策时，由于对数量和价值的预测是不完全确定的，所以，单位成本的精确性可能会产生误导。为了便于计算，成本效果分析通常要求效果是单一的。当效果为多元时，我们必须明确一些关系（例如，对所有不同的效果用同等的方式评估），从而形成一个统一的用于计算每个方案的单位成本数。当存在无明确联系的多重结果时，成本效果分析就不适用了。

进行成本效果分析的过程与简单成本分析相似，但需要进行另外的计算。下面，在列出一般情况下的简单成本分析步骤的基础上，又在括号中注明了成本效果分析所需要补充进行的相关工作。

（1）确定备选方案（并确信所有方案都适合进行成本效果分析）。当双方或多方讨论两个或多个方案中哪个比较好时，可供选择的方案可能在正式分析之前就已经确定了。在这种情况下，分析通常限制在所讨论的方案范围内。若有可能，比较好的做法还是应该考虑所有方案，而不仅仅是那些已被讨论的方案。假使有可能考虑更多的选择方案，就必须进行这一步的分析工作。

从技术上说，备选方案在以下三种情况下会使成本效果分析不适用。首先，当某一方案的成本有相当大的部分不能被货币化时，运用成本效果分析来比较各种备选方案是比较困难的。在这种情况下，采用简单成本分析也许较为合适。否则，你可能会被卡在两种方法之间，不能用恰当的、一致的方式进行评价。其次，当效果的量难以预测时，应避免使用成本效果分析。这种情况下应选择使用数量或比率较为一定的区间，或使用简单成本分析法。当不能用成本效果分析某一方案时，应改为使用简单成本分析法，或剔除任何不适合进行成本效果分析的方案，或在分析备选方案时对精度进行适当的考虑。最后，当效果是多个目标，且这些目标之间缺乏相关性或不能作出相同的评价时，也应避免使用成本效果分析。单一效果是成本效果分析的一般规范，但如果能够用某种单一的尺度来衡量的话，有两种以上的效果备选方案也可以采用成本效果分析方法。当所有的效果能够同等对待，或可以用某种关系尺度进行转化，即一种效果相当于另一种效果的数量，或者可以用某种客观的尺度进行衡量时，也可以采用效果分析法。如果不能使用单一的衡量尺度，可选择的途径有：一是从成本效果分析中剔除那些无法测量的多重效果的方案，对剩余的备选方案进行成本效果分析；二是按直觉处理某些部分的效果；三是通过改用简单成本分析法或者让成本效果分析法较为一致地对待各种效果。

（2）找出成本因素（以及效果）。这里找出成本因素和简单成本分析时相同。与找出成本相比，找出某一选择方案的效果则相对简单得多。各个备选方案的效果也正是考虑这些方案所要达到的目的。

（3）量化各成本因素（以及效果）。量化各成本因素可能是成本分析最困难的方面。但难点并非总是显而易见的，明显的问题通常是那些与分析相关的部分。通过仔细的分析，会有许多看似单一实为多元的情形。例如，高速公路可以说是效果量化较为模糊的例子。显然，高速公路的作用是有利于交通工具的快速行驶。但不同的交通工具所运载的对象不同，既有物的运输，又有人的运输，而且不同的车辆，其载重（包括载物或载人）又不同。所以，对高速公路成本效果的衡量标准，对人的运输可以用人公里，对物的运输可以用吨公里。这个实例说明，在任何成本效果分析中都可能存在着复杂性，若有可能忽略某些次要方面而突出主要方面，找到有典型意义的单一使用目标，这样才可能运用成本效果分析来进行相关的决策。

运用成本效果分析方法，在量化单一效果的过程中，从逻辑上讲最初会遇到两个问题，即要解决什么问题和有哪些可供选择的方案，这两个问题可以让我们思考更多的替代方案。评估某一效果的数量，若有可能，最好是采用由中立方所搜集的准确历史资料。倘若没有与所讨论主题存在某种关系的信息，那么，应当去搜集或运用一些相关的资料来进行合理的假设。取得相关资料后，必须估算方案与目标效果之间的联系。可运用假设和资料相结合的方式进行估计。

（4）成本因素的计价。成本因素可以计价，而效果却不可以。在成本效果分析中，只有根据成本来直接评价效果。

（5）计算各成本因素的货币价值之和（以及单位成本）。计算各成本因素之和，并由此计算出的单位成本数，可能需要也可能不需要折现。当成本在不同时段之间不等量分布时，需要折现成净现值。如果各方案的效果不均匀地分布于各个时期，这些数字可以类似于货币折现的方式折现。如果各方案在时间模式上相似，这种折现则是多余的。倘若不从时间因素来考察正效果，看上去就比较怪异。因此，当前效果的评价就大于将来效果的评价。出于实际操作的考虑，金融市场上的利率是最合适的折现率。

如果各个时段的成本是均衡的，那么，将各个时段的成本相加便得出整个时段的总成本。否则，各时段中的成本便要按期来计算，并折现成净现值。如果效果平均分布在各个时期，或者只发生在当期，或者各方案相似，效果也就无须进行折现。一旦成本之和以及效果都确定了，用总成本除以总效果，所得的结果便是单位效果的成本。

（6）决策。制定决策有三种不同的方式：

①对于在量化因素以外的问题，如果各个方案之间具有相似性，这时在这些方案之间作出选择时，具有最佳单位成本的方案是不言而喻的选择。如果合理估算的误差大于各方案之间的差额，那么，选中的方案可能只是略优

于其他方案。换言之，如果单位成本的差额不超过误差范围，每一种选择都可能是较好的。

②当只有一个方案可供考虑时，单位成本便成了单位产出的价格标签。例如，街道清扫的单位成本可能是每公里 10 美元，这时，可以将单位成本数与其他可能情况进行直觉的比较，包括不筹钱来实施该方案以及其他可能产生的效果。在此情况下，成本需要折现，选择就成了判断问题。

③对于在单位成本的计算中不包括某些成本效果时，决策者必须直观地将这些成本、效果和单位成本数一起考虑。实际上，这些额外因素应该在相互之间以及和单位成本数的差额之间进行权衡。这并不是说成本效果分析没有作用，而是说明有必要将其他因素，相对于单位成本一同进行权衡。这里需要注意的是，那种单纯追求数字准确性的观点也未必是完全正确的。例如，对于两个准确的单位成本数相比较时，准确的重要性就会降低。当各方案没有明显差别，或者相对于各备选方案的货币价值的差额而言，估算误差较大时，以及存在非常重要的非货币化价值时，便会发生这种情况。这就是说，成本效果分析有助于决策，但不可替代决策。因而舍弃那些无法计入单位成本中的有用信息是不合适的。

（7）成本效果分析举例。简单成本分析时所举的例子，其效果是固定不变的。这里所举的例子，涉及挑选一件或两件不同的相似设备：两辆垃圾车。在效果或成本固定的条件下，只要研究不固定的或变动的那部分因素，就足以达到进行决策的目的。

①确定备选方案。方案是载重能力相仿的两辆垃圾收集车。确定垃圾车的备选方案实际上比这里所说的要复杂得多。但为了简单起见，假设不存在什么棘手问题。具体的选择可能包括卡车载重能力以及车辆的形式等。请注意：通常，每增加一个选择特性，就需要相应地至少增加一个备选方案。这样，如果每一个现有的备选方案都增加或减少一个特性，都会使备选方案的数量发生变化。实际上，只有当方案的数量达到一定时，才值得去进行分析，进而供决策参考。

②找出成本和效果因素。找到成本和效果因素，意味着直接比较方案，并从中发现差别。假设这两辆车仅在价格和人员上不同：一辆的预期使用寿命为 3 年，另一辆为 5 年。本例中将“使用年限”作为计量效果的单位。成本和效果因素列示如下：

方案1：

成本因素：

价格

采购成本

人员要求——一位

燃料

回收残值（负成本）

效果：使用3年

方案2：

成本因素：

价格

采购成本

人员要求——两位

燃料

回收残值（负成本）

效果：使用5年

③量化各成本因素。效果已经进行了量化。每个成本因素的数量是事先给定或预测的。

方案1：

成本因素：

价格：20 000美元

采购成本：300美元

人员成本：一位周工作40小时的雇员

燃料：一年2 400加仑

回收残值：3 000美元

方案2：

成本因素：

价格：30 000美元

采购成本：300美元

人员成本：两位周工作30小时的雇员

燃料：一年2 000加仑

回收残值：2 000 美元

对其中的一些因素进行解释可能是有帮助的。由于这两个方案的采购成本是一样的，所以，在简单成本分析中，用不着考虑它。但是，当这两个方案的效果不同时，则所有的成本都必须包括在内，从而合理地决定一个成本效果比。在本例中，一个方案的每单位效果采购成本是 100 美元，而另一个则为 60 美元。为了便于计算，其他可能因素（例如维修成本）未包括在内。燃料费用之所以不同，是因为在收集垃圾时，有两位雇员的那辆卡车浪费的时间较少。其他所有的数量都是假定的价值。在大多数情况下，量化包括了价值的补偿。

④对各成本因素进行估价。对这两个方案的其余成本因素估价是很容易的，因为已有了市场价格。

方案 1：

人员：一位雇员，每周工作 40 小时：15 000 美元

燃料：每加仑 1.00 美元

方案 2：

人员：一位雇员，每周工作 30 小时：10 000 美元

燃料：每加仑 1.00 美元

⑤计算单位成本。因为两方案的时间段不均等，计算时需要折现。本例中，折现率设定为 10%（注意：折现率的选择是十分重要的）。

方案 1：

当前（未折现）成本：

价格：20 000 美元

采购成本：300 美元

第一年：

运作成本：

人员成本：15 000 美元

燃料：2 400 × 1.00 = 2 400（美元）

当前总成本：37 700 美元

未来成本（需折现）：

第二年：

运作成本：

人员成本：15 000 美元

燃料：2 400 美元

第二年合计：17 400 美元

第三年：

运作成本：17 400 美元（同第二年）

残值回收：3 000 美元（负成本）

第三年合计：14 400 美元

以 10% 的折现率折现后的方案 1 的成本合计见表 6－1。

方案 2：

当前成本：

价格：30 000 美元

采购成本：300 美元

第一年：

运作成本：

人员成本：两位每周工作 30 小时的雇员 $\times$10 000 = 20 000（美元）

燃料：2 000 $\times$ 1.00 = 2 000（美元）

当前总成本：52 300 美元

未来成本（需折现）：

第二年：

运作成本：

人员成本：20 000 美元

燃料：2 000 美元

第二年成本合计：22 000 美元

第三年、第四年的成本与第二年相同：22 000 美元

第五年：

运作成本：22 000 美元（同第二年）

残值回收：2 000 美元（负成本）

第五年合计：20 000 美元

以 10% 的折现率折现后的方案 2 的成本合计见表 6－2。

表 6－1　　方案 1 折现后的总成本

时间期	本　　金	折现因子	净现值
当前	37 700	—	37 700.00
第二年	17 400	0.9091	15 818.34
第三年	14 400	0.8264	11 900.16

净现值总计：65 418.50 美元

总净现值 ÷ 效果 = 单位成本

65 418.50 ÷ 3 年的使用期 = 21 806.17（美元/年）

单位成本 = 21 806.17 美元/年

表 6－2　　方案 2 折现后的总成本

时间期	本　　金	折现因子	净现值
当前	52 300	—	52 300.00
第二年	22 000	0.9091	20 000.20
第三年	22 000	0.8264	18 180.80
第四年	22 000	0.7513	16 528.60
第五年	20 000	0.6830	13 660.00

净现值合计：120 669.60 美元

总净现 ÷ 效果 = 单位成本

120 669.60 ÷ 5 年的使用期 = 24 133.92 美元/年

单位成本：24 133.92 美元/年

⑥决策。本例中，决策意味着选择具有最低单位成本的方案，即方案 1。请注意：方案的选择并不能从先前的相关信息和价值中直观地看出。这就是成本效果分析有用的原因，即通过成本效果分析有助于解决那些答案不十分明显的问题。

3. 成本收益分析方法

成本收益分析的相关知识已在前面作了介绍，这里结合本例再作进一步的说明。应该说，成本收益分析过程与简单成本分析和成本效果分析相类似，因为收益的处理方式和成本是一样的。这种方法的重要一点，就是需要对每一方案的效果进行货币化计量，从而延伸了成本效果分析。每个方案都要用货币形式估算出其总的效果价值，而将那些不能用货币估价的因素先放在一边。每个方案的总收益减去总成本得出成本收益差额，进而用来比较所有被分析方案的货币价值。如前所说，对于那些必须用直觉来处理非货币化的成本或效果，在实际操作上，是先将它们搁在一边，然后和最终的数值联系起来进行比较分析。

成本收益分析的最终计算结果，会产生一个简单的数字来反映各个方案成本和收益之间的关系。用该资料可以将所有讨论的方案进行分类排队。我们可以用很多方法来计算出这个数字：第一种方法是从收益中直接扣除成本，从而得到净收益或净成本数。第二种方法是计算成本收益比，这种方法得到的是一个相对数，似乎可能避免看似精确的成本与收益数字，其实包含着很多人为因素的表象。第三种方法是用设定好的计算程序来决定成本的投资回报率。最常见的是内部报酬率。这一方法存在与比率方法同样的困难，而且还有复杂的计算过程。下面，仍然以上面讨论过的垃圾收集问题为例，来介绍成本收益分析方法的应用。方案选择集中于是应该建一个统一的到户收集系统，还是建一个路边收集系统。

（1）找出成本和效果因素。

成本因素：

方案 1，到户：雇员的工作时间、燃料、宠物催泪瓦斯、责任保险。

方案 2，路边：居民所用的时间、较多的垃圾桶、较多的用于搬运垃圾桶的支架。

明显的成本因素是燃料和居民及雇员所用的时间。其他因素相对来说不是那么明显。首先，因放置在街道上更易损坏而需要更好的垃圾桶。其次，居民将会购买或制造托运垃圾的支架。再次，垃圾收集工害怕居民院中的狗，而需要借助于一些手段以阻止狗进入居民的院子，宠物催泪瓦斯便是一种解决问题的方法。最后，催泪瓦斯并非总能生效，因此，明智的做法是增加保险以赔偿受伤的垃圾收集工和狗。

效果：只考虑收益上有差别的部分，两种方案都可用来清除垃圾。

方案 1，到户：对居民来讲成本要比其他方案少，还有其他收益，包括对居民而言，不能收集或不能及时收集的垃圾较少。

方案2，路边：与其他方案相比，公共成本较小。

方案1对居民来说，其优点是：①节约了时间、垃圾桶和支架成本；②方便；③不能收集或不能及时收集的垃圾较少。而方案2（路边垃圾收集），当居民忘了把垃圾放到路边时，垃圾是不会被收走的。同时，路边的垃圾桶也会被风吹倒或被狗撞翻，其中任何一种情况都会使垃圾散在街道上。方案2唯一吸引人的就是服务提供者的成本低。请注意：若只考虑成本，显然应当选择方案2。但若考虑到居民的成本和效果，方案1就具有竞争性。一个方案的效果包括避免了另一个方案的成本。方案1的特殊收益可被列入方案2的成本中，但是它们不能在两个方案中同时计算。

（2）量化成本和效果因素。

成本：

方案1，到户：

时间：对200户居民来说，每位居民花40秒来收集垃圾，一年52周

200×40×52=416 000（秒）=115.56（小时）

燃料：增加20%，每年2 000×0.2=400（加仑）

宠物催泪瓦斯：每年12罐

责任保险：货币价值，未量化

方案2，路边：

时间：对200户居民来说，从住宅到路边的一个来回，平均要花80秒，一年52周

200×80×52=832 000（秒）=231.11（小时）

用于到户收集的垃圾桶平均每3年更新一次，路边的则是平均每5年更新一次，假定平均每户居民需要两个垃圾桶，在一个5年更新循环中，每年更换1/5的桶；400桶除以5，即每年更换80个桶。在一个3年更新的系统中，每年更换1/3的桶；400桶除以3，即每年更换133.3个桶。两者每年相差53.3个桶。

估计10%的居民使用垃圾桶支架：200×0.1=20（个）垃圾桶支架。

收益：

方案1，到户：

对居民来说，成本低。

便利因素：200 户居民 ×52 周 =10 400

较少遗忘收集垃圾，每年每户居民 1 次约 200 桶

较少的垃圾外溢：每周 10 次 ×52 周 =520 次

方案 2，路边：

对服务提供者来说，成本低。

（3）估计成本和效果值。

成本：

方案 1，到户：

人员：每小时 8.4 美元，包括职工福利、间接支付和一般费用

燃料：每加仑 1.00 美元

责任保险：2 000 美元

方案 2，路边：

居民时间：一般的工资率：6.00 美元

路边垃圾桶：本地商店中出售的一般价格：17.00 美元

效果：

方案 1，到户：

便利：每周 1.00 美元

遗忘的垃圾收集：8.00 美元（参见前例）

街上的垃圾：难以估计

方案 2，路边：无收益的估计价值

（4）计算成本和收益值。

成本：

方案 1，到户：

雇员的时间：8.40 ×115.56 =970.70（美元）

燃料：1.00 ×400 =400.00（美元）

宠物催泪瓦斯：12 罐 =50.00（美元）

责任保险：保费 2 000.00 美元

总计：3 420.70 美元

方案 2，路边：

居民时间：6.00 ×231.11 =1 386.66（美元）

垃圾桶：8.00 ×53.3 =426.40（美元）

垃圾桶支架：17.00×20=340.00（美元）

总计：2 153.06美元

收益：

方案1，到户：

对居民而言，没有路边方案的成本2 153.06美元

便利：1.00×10 400=10 400（美元）

没有遗忘的垃圾收集：8.00× 200=1 600（美元）

总计：14 153.06美元和街道上少了520次垃圾外溢事件

方案2，路边：

没有服务供应者的成本3 420.70美元

计算净收益（或净成本）：

方案1，到户：

14 153.06－3 420.70=10 732.36（美元）和街道上少了520次垃圾外溢事件

方案2，路边：

3 420.70－2 153.06=1 267.64（美元）

（5）决策。表面上看，这个决策很简单，到户收集方案在5年多的时间内的净收益大于路边收集方案，而且又少发生520次垃圾外溢事件的无形效果——在货币和清洁上都有好处。但是，请注意：有些假设可能会被人反驳。首先，两方案的最大差别在于居民的特殊利益，主要是便利因素。尽管假设看似合理，因为一半居民以前为到户收集多支付了4美元，这些并未都计入其他的成本和收益中，但有人也许会说这并不代表该情形的精确估价。这种反驳同样适用于遗忘垃圾的收集。其次，居民收集的时间可以不予考虑，因为他们不能每周出售80秒的时间，而服务提供者必须把钞票支付给员工和其他成本因素。倘若第一个和第二个论点都可以接受，那么，仅仅根据货币原因，方案2较好，尽管这种超出的好处会被方案1的无形效果抵消。

另一种分析效果的方法是使用基于商业收集到户垃圾的价值，即每百户居民每周多支付4美元，每年20 800美元，这笔钱是居民支付的，也就是，到户收集垃圾每年的市场估价。如果用这个数字代替具体的估计效果，根据货币量，到户收集垃圾是明显较好的方案。这种方法的优点在于居民的效果

价值是以市场为基础来计算的。

本例中，决策者可根据自己进行过的分析去作决定，也可以忽略这些分析，或者不同意这些分析。和第二种基于市场的收益分析相比，第一种收益分析可能被人忽视或遭人反对。总之，好的分析并不确保有好的决策。

（五）贴现率与影子价格的确定及成本收益分析的有效性

从前面的分析可知，成本收益分析是一种微观分析方法，它的基础是投入产出原理，具有通俗易懂的特点。但在具体工作中，如果说列举成本与收益因素相对来说还较为客观一些的话，那么，为了得到较为科学合理的成本收益分析结果，从定量计算的角度看，还应合理确定贴现率及影子价格；从定性的角度看，还要注意正确对待定量分析的计算结果，并充分考虑各种非货币因素，全面掌握成本收益分析的有效性问题。

1. 贴现与社会贴现率

在公共支出项目的成本收益分析中，成本和收益均是事前的估计值，实际成本的支出则是未来的事，为了能在同一基础上进行比较，这就需要进行“贴现”（也称“折现”），将分布在项目整个寿命周期内各个年度的成本与收益换算成现值。这里，需要理解“现值”、“贴现”与“贴现率”的含义。假定你现在要作出这样一个选择：是现在就想拥有 10 000 元钱，还是等到明年再拥有 11 000 元钱。如果说不管是现在拥有还是明年拥有，总额不变，都是 10 000 元钱，你就会很容易作出选择，那就是现在就拥有 10 000 元。可是，明年将拥有一笔更大的数额，这就需要你判断值不值得等一等？要作出选择，你就需要使用现值的概念，把明年的 11 000 元折算成现在的价值。如何把明年的 11 000 元折算（贴现）成现值？这就需要确定一个适当的贴现率或贴现系数。假定贴现率为 5%，贴现系数就是 1/（1 + 5%） = 0.952。用 11 000 元乘以 0.952 等于 10 472 元，这就是未来 11 000 元的现值。显然，明年获得 11 000元的现值超过现在的 10 000 元，所以，你最好还是等到明年获得11 000 元。推而广之，当贴现率为 i 时，在 t 年获得 N 元的现值（PV）由下式给定：

$$PV = \frac{N}{(1+i)^t}$$

利用这个公式，可以计算各种收支组合的现值，让它们彼此之间可以相加减并进行比较。至此，我们可以给出现值、贴现和贴现系数比较规范的定义。现值是指未来成本和收益乘以适当贴现系数的值；贴现是指未来成本和收益乘以适当贴现系数的过程；贴现系数是指用来把未来成本和收益换算成现值的系数，等于1除以1加上贴现率之和的t次方。

显然，贴现率是影响货币时间价值的重要因素之一。不同的贴现率必然会出现不同的净现值（NPV），甚至还会产生不同的决策结果。一般而言，贴现率上升，净现值呈下降趋势，且随着项目年限的不同，它们下降的幅度也不同：较低的贴现率会使决策偏向于长期支出项目，而较高的贴现率会使决策偏向于短期支出项目。同时，过高的贴现率会刺激更早消费公共资源，影响到代际平衡，也影响到资源在公共部门之间、公共部门和私人部门之间的配置。因此，选择合适的贴现率至关重要。

鉴于公共部门与私人部门的区别，公共支出项目进行成本收益分析时所采用的贴现率，应不同于私人部门所选择的贴现率。私人部门的投资是追求私人收益最大化，使用的贴现率是由金融市场决定的市场利率。而公共支出项目的实施会把现在的消费转变为未来的消费，重要的是要按照社会最期望的贴现率进行转换。因此，市场利率必须进行调整以反映社会偏好，这种站在全社会的角度选择的贴现率是社会贴现率。所谓社会贴现率，它测度现在所牺牲的消费的社会价值①。简单地说，社会贴现率是指整个社会愿意为了未来消费而放弃现在消费的利率，并往往低于市场利率（即企业所采用的贴现率）。这是因为：一是企业管理决策时一般不考虑投资给下一代人可能带来的好处，而公共支出项目决策则必须从长远的角度出发，既关心当代人的福利，也不能忽视下一代人的福利。从社会角度看，企业储蓄太少，它们往往低估消费的机会成本而高估投资的机会成本。为了改变这一状况，社会贴现率应低于市场利率。二是企业管理决策的特点决定了它们必然更重视企业自身的利益，而忽视全局利益，对成本与收益的估值较为短视，这在决策中表现为对未来收益以较高的比率进行贴现。而社会贴现率则应是充分认识到某个公共项目未来好处之后所使用的贴现率，这个贴现率肯定会低于市场利率。三是公共项目大多具有外部效应，其中的外部收益必然会使社会贴现率低于市

① 哈维·S. 罗森著：《财政学》，中国人民大学出版社2006年版，第225页。

场利率。

从理论上确定社会贴现率的思路不少，如长期公债利息率、社会机会成本率、社会时间偏好率等。但从操作层面上讲，用长期公债的平均利息率作为社会贴现率具有简单明了、易于操作的特点。这是因为政府为了满足财政支出的需要发行公债，必须支付利息。一般认为，政府发行公债的收入与税收等各种收入一样，均用于公共支出。但是，由于政府具有权威性和永续性，且有政治权力作后盾，所以公债无违约风险，到期都能还本付息，因此，其利率经常低于私人投资的借贷利率。因此，利用各种公债的平均利率作为社会贴现率是一种实用可行的办法。

2. 确定影子价格

从私人部门（企业）的角度出发，衡量某个项目的成本与收益是一件相当容易的事情。项目的收益就是企业从这一项目中所得到的收入，成本就是企业为取得这些收入的耗费，两者都可以通过市场价格进行计算。也就是说，在完全竞争的市场中，市场价格是最能够表现成本和收益的价格。

然而，公共支出项目所提供的公共产品或公共服务，大多属于非市场性质的，因而不存在价格，或者即使收费，也并不能完全反映供求的市场价值。在这种情况下，我们无法找到相应的市场价格。于是，就需要设计一种新的能反映产品实际社会价值的价格，这就是影子价格。所谓影子价格，是指公共支出项目中“产出的边际支付意愿、投入的边际成本”①。也就是说，影子价格并不是存在于市场上的真实价格，而是在市场被扭曲的情况下所建立起来的，用于反映真实社会边际成本与收益的估算价格。戴文标认为②，影子价格是针对无价可循或有价不当的商品和劳务所规定的替代价格，它应是不存在市场失灵时的帕累托最优时的均衡价格。影子价格与机会成本是两个相互联系的概念，前者是从价格即收益方面来考察的，后者则是从成本方面来考察的。如果说影子价格与市场价格的区别主要在于前者考虑了社会成本与社会收益，那么，机会成本的概念则表达了稀缺与选择两者之间的基本关系。在各种情况下，影子价格都可以用来估计公共支出项目的成本和收益。

当然，在特定的条件下，影子价格可以由市场价格来替代。比如，在一

---

① 郭庆旺、赵志耘著：《财政学》，中国人民大学出版社 2002 年版，第 262 页。

② 戴文标著：《公共经济学新论》，浙江大学出版社 2005 年版，第 148 页。

个经济运行良好、竞争充分的社会中，商品的价格同时反映了生产该商品的边际社会成本以及消费该商品的边际价值，且公共项目的投入和产出均来自于私人市场，那么，就可用市场价格对公共项目进行成本收益评估。有时，即使市场存在缺陷，市场价格偏离了边际社会成本和价值，但若偏差不十分明显，仍可采用市场价格为计算依据。这是因为在决定采用市场价格还是采用通过极其复杂的模型才能计算出来的影子价格时，本身也有一个成本收益分析问题。如果投入了大量的人力物力来计算影子价格，但实际上两者相差又不会很大，那么，采用市场价格就是合算的。因此，通常情况下，公共项目的成本收益分析基本上可以采用市场价格。一般而言，我们可以把成本与收益分析中的价格归纳为以下四种情况[①]：

（1）市场存在，可以用市场价格来确定公共支出项目的成本与收益。

（2）市场存在但极不完善，市场价格必须通过调整才能作为确定公共支出项目的成本与收益的计算依据。这种调整，也就是应用机会成本原理，采用影子价格方法来进行。

（3）市场没有给出信号表明与均衡价格相关（即对决定起关键作用的）的外部成本和收益，在这种情况下，应当由公共部门来规定其外部成本和外部收益的价格。譬如说，人的生命价值。

（4）市场不存在，因而反映外部成本和收益的价格只能通过推算来取得。在这种情况下，就产生了替代问题。例如，对于某项防洪工程来说，其价值体现为减少了洪水危害，因而比之过去，就等于增加了社会福利，这时，就可以用过去的损失来替代其收益。与此同时，该项工程也许还带来了优化环境、增加旅游收入等方面的好处，但这属于间接收益或外部收益的范围。

3. 关于成本分析的有效性问题

在公共支出项目决策的过程中实施成本收益分析，其作用可以归纳为以下三个方面[②]：一是成本收益分析提供了公共支出的正确理念。应用成本收益分析，从避免决策失误的角度，提出了公共支出项目必须进行可行性研究，通过对多方案对比和不同方案的成本收益分析，寻求一个在经济上和技术上

---

① 马国贤著：《中国公共支出与预算政策》，上海财经大学出版社2001年版，第318页。

② 同上，第299页。

最合理的决策方案，进而为公共支出项目决策提供正确的理念。二是成本收益分析提供了评估公共支出项目的合理方法。在项目申报或项目评估过程中，运用成本收益分析，有利于改变传统决策的“权力规则”，改变单纯“凭感觉，拍脑袋”的决策方式，进而根据“4E”标准来选择项目，为公共支出项目的科学决策提供信息支撑。三是通过成本收益分析，有利于实现项目支出“节约”与“效率”的有机统一。因为节约仅仅是指实现某一目标的最小支出，这一最小支出有时并不一定是高效率的方案。而效率则是指在综合衡量了投资与收益基础上的节约。

但是，也有人认为，成本收益分析并没有提供一个好的答案，而且也不是必要的。另外，批评者还认为这些分析忽略了一些重要的考虑①。这两种不同的观点事实上提出了一个成本收益分析的有效性问题。这个问题可以分为两部分，即分析结果的必要性和准确性，而这两个方面又是相互联系且互为基础的。不赞成成本收益分析的理由很简单，即成本收益分析所提供的信息并没有改变公共部门的决策。根据这种观点，可以由其他信息得出同样的决策。这种批评是否属实，则取决于分析的科学性与合理性。成本收益分析的科学性与合理性随情况不同而改变，技术上可行性的增强和决策者的开明可能使成本收益分析更倾向于合理。这样的话，简单成本分析因其通常在技术上更加可行而常常比较合适。尽管经济学家用成本收益法来看待被错误定义的长期决策问题，但他们是带着对这种分析方法技术上的局限性的正确认识来进行的。经济学家将成本收益分析看做是一种没有偏见的理性决策形式，但也要防止将成本收益分析的结果滥用，进而根据分析者的立场来臆造价值和煽动情绪。

成本收益分析有效性的关键是准确性。准确与不准确是客观性与技术局限性共同作用的结果。以一种诚实、公正的态度去找出进行成本收益分析事件的真相，对于是否准确而言是必要的，但这种态度并非总是存在的。对一些问题存有偏见的例子屡见不鲜，或是试图用成本收益分析对事实略加改变，或是完全歪曲成本收益分析的结果。从主观上解决成本收益分析准确性的一条简单可行的途径，就是不使用具有偏见的分析者。但从客观上解决影响准

① B. J. 理德、约翰·W. 斯韦恩著：《公共财政管理（第二版）》，中国财政经济出版社 2001 年版，第 146 页。

确性的技术局限性问题，却不是那么容易的。然而，只要我们认清分析结果的局限性，不过分依赖分析结果的准确性，这个问题还是可以处理的。通过考察相同领域中以往的分析和实际数字（即实际成本、效果和收益），技术上的不精确度是可以估计出来的。

事实上，任何成本收益分析形式都能被用来提供虚假的"精确结果"。整个问题的准确性依赖于对未来事件的估计在多大程度上与未来的实际情况相一致，以及假定的价值在多大程度上与实际中人们对该价值评定相接近。关键因素是计算结果用的假设。假设包括不同的成本和收益项目的数量、价值、贴现率以及任何重要的非货币化价值。通常，比较简单的成本分析在准确性方面存在的问题较少。比起效果来，成本更容易估计，在数量上较少，在时间上也较短。价值必须由分析者判断来决定。贴现率十分重要，因为它对成本收益分析的结果有重大影响。不恰当地量化非货币化价值或忽略重要的非货币化价值将会对结果产生扭曲。

与此同时，须高度重视公平、风险与不确定性问题。成本收益分析有时会忽视公平、风险与不确定性问题。公平是公共支出项目绩效"4E"要求之一。运用成本收益分析时，必须注意谁承担了项目的成本，谁在项目中获益。有的研究者关心的问题是，各种不同的方案是否在社会中平均分配成本和收益。这样做，尽管可能估计出成本和收益对分配的相对影响，但因为对平等的考虑是非货币化的，所以不能将它作为成本收益分析的一个内在部分。公平既非成本也非收益，但注意公共支出项目的"公平性"是十分必要的。这就需要将公平分析作为另一种分析，与成本收益分析同时进行。特别是当贫困者必须承担某个方案较大比例的成本时，这种分析便显得更为必要。

批评成本收益分析的人还认为，这种方法不能处理风险和不确定性。风险指的是某一事件可能发生的概率，不确定性则指的是不可推测的事件。各种形式的分析通过假定不确定事件不会发生将不确定性预先确定，而不管会不会发生如技术突破之类的有利事件，还是如灾难之类的不利事件。当不确定事件发生时，任何分析的正确性都是令人怀疑的，有可能需要重新修订。在成本分析中，风险是极易处理的。只要将事件（风险）发生的概率乘以事件（成本或效果）的价值便可估计出预测值。同时，风险、成本以及效果的预测能被调整到反映出相关资料收集的成果。在实际中可能出现这样一种情况，即很可能某项分析在总体上是对的，但在单个项目上却不完全正确。

4. 提高成本收益分析有效性的注意事项

美国学者 B. J. 理德和约翰·W. 斯韦恩在《公共财政管理》一书中的“成本分析”这章的“结论”中有一段十分精彩的话，值得我们去思考与实践：“成本分析可用于产生和组织那些有关选择的信息。它适用于一个很大的范围：从成本预测几乎没有技术难度的简单方案到那些需要应用许多专业技术来预测成本和收益关系的一系列极端复杂方案。最好的做法也许是用成本分析去为决策提供信息，而不是机械地把精确的数字结果当做某个方案的实际价值确定。如果能恰当地、公正地运用成本分析，并对其进行明智的解释，成本分析是个很好的工具。那些对成本分析期望过高的人应该记住这一点。[①]”实践表明，在公共支出项目决策的过程中，进行成本收益分析绝对比单纯凭主观决策要科学合理得多。其中，最大的好处是可以通过成本收益分析，把各种方案进行分类，进而剔除那些明显不好的方案，并指出哪些方案相对较好，可供决策者进一步研究分析。当然，鉴于成本收益分析的精确度问题，当方案之间的优劣差异相关不大时，盲目依照数字来决策也是不适宜的。成本收益分析只是为决策提供信息，而不能用那些看似精确的数字机械地代替判断。

在实际工作中，只要理解与掌握了成本收益分析的基本原理，就可以通过以下几个方面来提高成本收益分析的准确性：一是公正地选取现实的方案是有益的。这是因为分析结果有可能被方案或公式的选择而预先决定，所以只有对合适的方案进行分析，才可能提高分析的准确性。二是无论是成本收益分析者，还是使用成本收益分析结果的决策者，都应该注意所有的假设是否被清楚说明的情况。这是因为假设往往决定着结果，通过了解假设说明，可以初步判断假设本身的准确性，这也是非专业人士据此判断分析结论准确性的重要环节。三是要尽量显示出成本分析对假设变量的敏感性。一套高、中、低假设能展现出成本分析结果可能的合理范围。其中，贴现率变化范围的假设尤为有用。四是非货币化的和重要的成本和收益都应在报告中列出，

---

① B. J. 理德、约翰·W. 斯韦恩著：《公共财政管理（第二版）》，中国财政经济出版社 2001 年版，第 149 页。

让决策者判断它们的重要性。五是任何有偏见的表现都会对分析结论产生影响。因此，应当选用那些独立于争论之外的分析者。六是应当详细列出成本收益分析中的所有步骤，而不仅仅是最终结果。分析的具体细节可能比最终结果更有用。七是成本收益分析结论的使用者，应充分认识到成本收益分析并非完全准确，只有在能够获得比较准确结果的情况下，才能使用成本分析方法。实际上，这意味着使用成本收益分析方法，首先就需要准确地提供一些方案的成本、成本效果或成本收益关系的指标。

二、公共支出项目申报文本与立项评估

公共支出项目申报文本是公共支出项目管理的基础，也是项目预算安排、管理和实施绩效考评的基本依据。按照相关要求，规范填报项目文本有利于科学、有效地对项目进行管理[①]。根据现行项目支出预算管理的规定，项目申报文本由项目申报书、项目可行性报告（编写提纲）和项目评审报告三部分组成，主要由申报项目的相关部门负责填写。其中，新增项目中预算数额较大或者专业技术复杂的项目，应当填报项目的可行性报告和项目评审报告。延续项目中项目计划及项目预算没有变化的，可以不再填写项目的可行性报告和项目评审报告；延续项目中项目计划及项目预算发生较大变化的，应当重新填写项目可行性报告和项目评审报告。

而对公共支出项目申报文本的评估，主要是指负责组织实施部门预算的财政部门，对各业务部门提出的公共支出项目文本进行的评估活动。如果说由部门填报的项目申报文本主要是站在部门的立场上对项目进行申报，那么财政部门评估项目申报文本则是站在决策者的立场上对申报项目进行筛选与排队。尽管这两项工作有很多相似之处，但由于两者之间的区别，他们之间还是有些不同的。在实际工作中，由于各个业务部门都有追求部门预算最大

① 财政部预算司编著：《中央部门预算编制指南（2008年）》，中国财政经济出版社2007年版，第78页。

化的动力，所以，公共财政资金供不应求是一对永恒的矛盾。对来自各个业务部门的项目申报文本的评估，实质上就是为项目决策提供依据，尽可能地将有限的财政资金优先安排在那些最影响经济社会发展的急需项目。与此同时，财政部门在评估项目申报文本时，还需统筹考虑政策约束等问题，包括服从政策目标、领会政府意图，从公平、效率与和谐的角度来评价相关项目，并充分考虑相关项目的风险问题。

（一）项目申报文本的主要内容①

1. 项目申报书的主要内容

根据财政部预算司的规定，由相关部门填报的项目申报书的主要内容包括：

（1）项目名称：由部门简称、单位简称、项目内容三部分组成，其中项目内容应当按照规范的用语表述，如“××房屋维修”、“××会议”、“举办××活动”等。

（2）项目单位：即组织实施该项目的单位，必须填写单位全称。

（3）项目负责人：系指项目单位直接组织实施该项目的责任人。

（4）延续项目：系指以前年度已批准，并已确定分年预算，需在本年度及以后年度预算中继续安排的项目。

（5）新增项目：即本年度新增的需列入预算的项目。

（6）政府已研究确定的项目：系指政府已经研究确定需由财政预算资金重点保障安排的支出项目。

（7）经常性专项业务费用：系指相关部门为维持其正常运转，而发生的大型设施、大型设备、大型专项网络运行费和为完成特定工作任务而持续发生的支出项目。

（8）跨年度支出项目：系指政府已研究确定项目和经常性专项业务费项目之外延续的，经财政部门批准并已确定分年度预算，需在本年度继续安排预算的项目和当年新增的需在本年度及以后年度继续安排预算的支出项目。

---

① 财政部预算司编著：《中央部门预算编制指南（2008 年）》，中国财政经济出版社 2007 年版，第 78 页。

（9）其他项目：系指“前三类支出项目”之外，相关部门为完成其职责需安排的支出项目。

（10）项目总体目标和分阶段实施计划：系指项目预期达到的目标以及预期实现的社会、经济和生态效益，以及项目的分阶段实施计划，对项目总体目标应当分别从定性和定量的角度进行表述。

（11）项目组织实施条件：系指项目单位在实施项目的过程中应当具备的人员条件、资金条件、设施条件及其他相关条件。

（12）项目类别、项目属性、项目采购方式：需根据项目的具体情况，按照规定进行选择或填写。

（13）项目绩效考评情况：系指对以前年度延续项目中已实行绩效评价项目的评价结论，或拟作为绩效评价项目的绩效目标设定情况等。

（14）《项目支出预算明细表》：由项目单位根据项目的支出情况和有关规定的支出标准测算填报，需填写项目投资总额、项目明细支出预算及项目资金来源情况。《项目支出预算明细表》是审核项目支出预算的重要依据，部门在填写本表明细支出项目时要根据项目支出的具体情况填写。如“大型修缮项目”按照原材料、辅助材料、设备购置费用、人工费用等填写；“大型会议项目”按照交通费、差旅费、伙食费等填写。同时，部门要在本表“测算依据和说明”中对申报项目预算的测算依据、计算方法作出详细说明。

2. 项目可行性研究报告的主要内容

项目可行性研究报告一般由项目单位组织编制，必要时可以委托专业机构编制。项目可行性研究报告的主要内容包括基本情况、必要性与可靠性、实施条件、项目进度与计划安排、主要结论等。

（1）基本情况：包括相关单位的基本情况与项目的基本情况。单位的基本情况又包括项目单位的基本情况、可行性研究报告编制单位的基本情况、合作单位的基本情况等。项目的基本情况包括项目名称、项目类别（分为政府已确定项目、经常性专项业务项目、跨年度支出项目与其他项目四类）、项目属性（分为延续性项目与新增项目两种）、主要工作内容、预期总目标及阶段性目标情况；主要预期经济效益或社会效益指标；项目总投入情况（包括人、财、物等方面）。

（2）必要性与可靠性：这一部分的内容通常需要阐明，一是项目背景情况，包括项目受益范围分析、国家（含部门、地区）需求分析、项目单位需求分析、项目是否符合国家政策、是否属于国家政策优先支持的领域和范围；二是项目实施的必要性，包括项目实施对完成行政工作任务或促进事业发展的意义与作用等；三是项目实施的可行性，包括项目的主要工作思路与设想、项目预算的合理性及可靠性分析、项目预期社会效益与经济效益分析、与同类项目的对比分析、项目预期效益的可持久性分析等；四是项目风险与不确定性，包括项目实施存在的主要风险与不确定性分析、风险的应对措施分析等。

对于项目必要性与可靠性的分析，最为关键的就是信息资料的采集与应用。一般而言，信息资料的采集与应用应达到如下要求：一是充分性要求，即占有信息资料的广度和数量，应能满足各个方案设计、比较、选择、论证的需要，特别是那些作为可行性研究报告编制依据的相关资料更应充分与完整；二是可靠性要求，即对占有的信息资料的来源和真伪进行辨识，保证可行性研究报告准确可靠；三是时效性要求，即应对占有的信息资料发布的时间、时段进行辨识，以保证可行性研究报告特别是有关预测结论的时效性。

（3）实施条件：包括人员条件、资金条件、基础条件及其他条件。其中，人员条件主要是组织实施项目的管理与技术人员的相关情况，特别是与完成本项目相关的专业技术水平与管理能力；资金条件主要是指资金投入总额及投入计划，对财政预算资金的需求额，其他渠道资金的来源及其落实情况等；基础条件主要是指项目单位及合作单位与完成本项目相关的基础条件（特别是关键设备或设施情况，是否需要增加关键设备或设施等）。

（4）项目进度与计划安排。

（5）主要结论。

还需要特别说明的是，可行性研究报告应有一定的深度。也就是说可行性研究报告，一是应能充分反映项目可行性研究的成果，内容齐全，结论明确，数据准确，论据充分，满足决策者定方案、定项目的要求；二是对所选用主要设备的规格、参数应能满足预订货物的要求，引进技术设备的资料应能满足合同谈判的要求；三是对于重大技术方案或经济方案，应有两个以上方案的比较选择；四是对所确定的主要工程技术数据，应能满足项目初步设计的需要；五是对所构造的融资方案，应能满足银行等金融部门信贷决策的需要；六是应完整反映在可行性研究过程中出现的某些方案的重大分歧及未被采纳的理由，以供委托单位与投资方权衡利弊和决策参考。

3. 项目评审报告的主要内容

项目评审报告是由项目评审机构撰写的报告，一般可以由项目单位组织专家进行评审，也可以委托中介机构进行评审。项目评审报告的主要内容包括：

（1）项目基本情况：与可行性研究报告一样，主要包括项目名称、项目单位、项目类别、项目属性、项目起始时间、项目材料及项目法定手续的完备性。

（2）项目可行性评审：主要是指立项依据的充分性，包括项目与国家政策、行政工作任务或事业发展计划的关联性，项目立项的必要性、紧迫性等；目标设置的合理性，包括项目的总体目标、阶段性目标的合理性，目标实现的可能性，目标的可考核性等；组织实施能力与条件，包括项目单位及其合作单位的能力与条件，组织实施条件的充分性，进度安排的合理性及环境支撑条件等；预期社会经济效益，包括项目预期社会效益、经济效益、效益持续力、主要受益者等。

（3）项目预算评审：主要是指资金筹措情况，包括项目预算资金来源的情况及其可靠性等；预算支出的合理性，包括预算支出内容、额度和标准的经济合理性，依据的充分性，不合理预算所涉及的金额等。

（4）项目风险与不确定性：主要是指分析项目风险与不确定性因素，包括项目的风险与不确定性因素、项目单位对风险的认识、应对措施的有效性等。如在不合适的地质条件下建造公共设施，这就是一种技术上的风险与不确定性。

（6）项目评审的总体结论：包括评审意见，以及该项目的选择建议，即优先选择、可选择，还是慎重选择，甚至不能选择。

（二）公共支出项目立项评估的思路与程序

1. 公共支出项目立项评估的基本思路

根据现行部门预算的规定，在一个给定的总支出水平条件下，当公共部门的人员编制、工资政策以及日常公用经费定额标准确定后，基本支出预算就相对确定了，这时的公共支出结构主要取决于公共支出项目的结构。第三章我们介绍了桑贾伊·普拉丹关于公共支出分析的基本方法，这对我们进行公共支出项目立项评估是很有借鉴意义的。这里，我们结合公共支出项目的立项评估，将其主要观点作一简要介绍。桑贾伊·普拉丹认为[①]，公共支出的结构应能体现社会福利最大化的产品与服务组合的需要。原则上，这意味着现有的或规划中的支出配置要通过三个分析步骤或支出选择的标准来进行评价。前两个与效率准则相关，而第三个则与公平准则相关。作者认为，桑贾伊·普拉丹所提出的项目评估的三个分析步骤，可以作为公共支出项目立项评估的基本思路，供财政部门在项目审核时参考。

（1）项目支出范围。也就是描述项目的工作边界，包括项目的最终产品或服务以及实现该产品或服务所需要开展的各项具体工作，这涉及某个项目“该不该”上的问题。任何项目的资金都是有限度的，通过对项目支出范围的界定，确定完成项目所必不可少的工作，以及界定出那些不必要的（或无法完成的）工作，是有重要意义的。因为该做的工作不做，就实现不了项目的目标，而不必要的或做不了的工作做了，既浪费人力、物力，又耗费财力，还要白白花费时间等资源。因此，确定项目支出的范围是一件不容忽视的工作，其作用表现为：

①保证项目的可管理性。任何项目是要花成本的，对项目支出范围的定义，实际上就明确了项目的目标及其可交付的成果，可交付的成果还可进一步分为更小的、便于管理的若干组成部分。

②提高费用、时间和资源估算的准确性。项目支出的范围清楚了，也就是项目的工作边界清楚了，项目的具体工作内容也就明确了。这就为估计项目所需的费用、时间及其他资源打下了良好的基础。

③提供了项目进度测量和控制的基准。项目支出范围是项目计划的基础，显然，项目范围的确定也就为项目的进度计划和控制确定了基准。

④有助于落实责任。项目支出的范围确定后，也就确定了项目的具体工作任务，这样为进一步分配任务、明确责任打下了基础。

⑤为项目绩效评价提供依据。项目支出范围的确定，包括项目支出范围的调整或变更情况，为项目成本收益的评估，即项目绩效的评价提供了依据。

从公共支出项目来说，它是政府对存在着市场缺陷领域的干预，提供私

---

① 桑贾伊·普拉丹著：《公共支出分析的基本方法》，中国财政经济出版社2000年版，第7页。

人市场不能提供或者提供过少的公共（或准公共）产品和服务，而不应该仅仅去替代或者只是有限地改进私人市场活动。按照普拉丹的观点，这就需要我们首先鉴别项目范围所涉及的需求与供给的性质，以确定是否存在着某种特定的市场缺陷（例如公共产品、外部效应、非竞争性市场等），使得私人市场运行的结果偏离社会的需要。市场缺陷的类型将告诉我们私人提供和生产的局限性，以及政府干预——公共管制、公共提供或直接生产的必要性。因此，私人部门筹资与生产的范围以及在定价与管制方面的改革，应作为考察改革支出配置的一个重要方面进行充分评估。换句话说，评估申报项目文本，首先要解决某个项目“该不该”上的问题，即该项目是否应该由公共资金来支付成本。

（2）项目经济指标。在解决“该不该”上的问题之后，紧接着需要研究“怎么办”及“如何办好”的问题。普拉丹认为在这一步需要研究，如果存在着市场缺陷，它所产生的私人价值和社会价值之间的差异究竟有多大，各种不同的公共支出配置（包括用定价政策所给予的补贴）能在多大程度上改善这种市场缺陷？也就是需要对各种不同的公共支出配置进行社会成本收益计算，以便选择能使净社会福利最大化的配置方案。这需要拥有各种需求决定因素（例如支付意愿、价格的需求弹性、消费者的信息失灵、外部效应）以及供给决定因素（例如私人部门的规模、业绩、公共与私人部门的可替代性）等方面的信息，以便衡量公共支出配置（包括通过定价政策进行的补贴）对私人消费和供给产生的净社会影响。因此，需要确定各种不同公共支出配置所产生的结果（如果会对私人供给产生影响的话要予以扣除）以及它们的投入，并对各种不同的投入产出组合的社会价值进行比较。传统的财政理论在评价支出时用影子价格来计量投入与产出。普拉丹的这些观点，尽管是从理论上讲的，但是对实践还是有指导意义的。从理论上明确这些要求之后，我们在评估项目申报文本时，需要有意识地思考和研究这些问题，以期更好地选择项目。

（3）项目利益归宿。普拉丹认为，由于在传统的成本收益分析中，没有将分配权数考虑进去，因此需要分析各种不同的公共支出配置对贫穷阶层所产生的影响，以便使支出组合有助于实现缓解贫困的目标。这种分析有多种方法可以采用，一种常用的方法是利益归宿分析。这种分析采用某种福利指标（例如消费、收入）将个人和家庭进行排列，估计各个群体对相关服务的平均使用情况，将这些服务的公共支出作为获得利益的指数，以此来比较干预前后的福利情况。在公共支出项目绩效的“4E”标准中，公平性讲的就是与公共支出项目的利益归宿紧密相关的问题，也就是公共支出项目所提供的公共产品或公共服务，其受益对象是谁的问题。公共支出项目应以促进基本公共服务均等化为基本的目标取向。

2. 公共支出项目立项评估的基本程序

如前所述，实施公共支出项目评估的主体，实际上有两种不同的角色：即项目单位（包括由项目单位委托的专家或中介机构）与财政部门（包括由财政部门委托的专家或中介机构）。尽管两者的角度有所区别，但从项目评估的技术层面上讲，两者都必须遵循相应的程序与步骤。前者是从项目申报的角度，为了尽可能争取公共财政资金的配置，在申报项目时，需要尽可能拿出充分的理由来说明项目的必要性；而后者则是从服务项目决策的角度，对申报的项目需要分清轻重缓急，进行必要的排队，甚至是剔除。对于项目申报部门而言，根据申报项目的要求，作出必要的相关分析，填写好项目申报文本，提出可行性研究报告，并按规定时间报到财政部门就完成了项目的申报工作。而从财政部门来说，收到各个部门的项目申报文本后，仍然需要按照一定的程序和方法对项目进行必要的评估，并统筹兼顾公共支出的总量、结构等各方面的因素，进而提出项目安排的建议，报政府审定后，提交同级人民代表大会批准。一般而言，公共支出项目评估的基本程序包括①：

（1）对项目所涉及数据资料的完整性与可靠性进行审核。即项目所提供的各项指标是否真实可靠，相关数据资料是否完整，其根据是否充分。

（2）对项目的技术可行性进行评估。即该项目在技术上是否具有先进性和可行性，在工艺和施工方面来看，存在着多大的难度，当前所具备的条件是否能满足项目实施的各项要求。与此同时，对项目的技术评估，还需要注意项目的风险与不确定性问题。

（3）对项目的社会性进行评估。项目的社会性也称为利益归宿，是指该项目投入运行后，哪些人是受益者，是否有人受损。如果该项目建成后穷人获得更多利益，且具有较好的经济社会效益，则应当列为首选；如果该项目

---

① 马国贤著：《中国公共支出与预算政策》，上海财经大学出版社2001年版，第328页。

建成后，虽也有经济社会效益，但其利益归宿并不是穷人，从公平性的角度讲，应对该项目的选择持慎重态度。

（4）对项目的政治性进行评估。公共预算涉及公共资源的配置，以及如何支出公共资金的选择。它既有技术性方面的问题，也有政治性方面的问题。因为预算反映了国家和地方的优先选择，也反映了政治过程①。所以，公共支出项目不可能是纯经济的，必须注意将公共支出与本届政府的目标联系起来考虑，对于那些能较好地体现政府目标，且充分体现“4E”绩效目标的项目，应列为优先选择的项目。

（5）对项目的风险与不确定性进行评估。这里所说的风险与不确定性，包括技术上的风险与不确定性、市场上的风险与不确定性，以及经营上的风险与不确定性。在具体评估时，需要分门别类地予以分析。

（6）对项目资金的筹措方案进行评估，要防止出现“胡子”工程或“钓鱼”项目，进而影响公共资金的效率与收益。

（三）公共支出项目成本收益的不确定性分析

前面已经介绍过，成本收益分析是建立在对未来成本与收益有确切了解之上的。然而，事实上不少项目在实施过程中会有一些风险与不确定性因素，致使项目的成本与收益也具有不确定性。因此，对有些申报的项目，必要时需要进一步研究项目评估的风险与不确定性问题。这里，可借鉴第二章所讨论的非确定性决策方法，简要介绍一下期望值分析法、敏感度分析法与最大最小标准分析法在这方面的应用。

1. 期望值分析法

当项目存在风险，且分析者能够估计各种风险的概率的情况下，可以应用期望值法对项目的风险进行评估。所谓期望值也就是项目的各种可能出现的概率乘以相应的成本或收益，得出相应的成本或收益的期望值，以为决策者提供成本收益分析的依据。

例如，某一工程在年度I获得的收益可能为B_1^I、B_2^I、B_3^I、B_4^I，而出现上述四种情况的概率分别为P_1、P_2、P_3、P_4，那么，第I年度的收益期望值可以

① 爱伦·鲁宾著：《公共预算中的政治：收入与支出，借贷与平衡（第四版）》，中国人民大学出版社2001年版，中文版序言。

计算为：

$$期望值\ E(B^I) = B_1^I \times P_1 + B_2^I \times P_2 + B_3^I \times P_3 + B_4^I \times P_4$$

通过这一方法，可以求出不同概率条件下的成本或收益，为项目的成本—收益分析提供技术支撑。

2. 敏感度分析法

在分析者对于各种情况出现的概率并不确切知道的情况下，分析者可以按照最乐观、最悲观和中等水平三种情况计算出各自的净收益现值（预期值），然后考察项目的结果。由于我们不能确切地知道这三种情况各自出现的概率，因而，通常可以采用贝叶斯标准。所谓贝叶斯标准，也就是假定各种情况的出现都是1/3的概率。

假定某项目有三个可以选择的方案，每个方案最乐观、最悲观和中等水平三种情况下的净收益现值如表6－3所示。

表6－3　　三种方案下的净收益现值

方案名称	最乐观	中　　等	最悲观
方案1	200	180	120
方案2	350	200	100
方案3	180	240	150

按贝叶斯标准，相应的计算结果为：

方案1的期望值 $= (1/3 \times 200) + (1/3 \times 180) + (1/3 \times 120) = 166$

方案2的期望值 $= (1/3 \times 350) + (1/3 \times 200) + (1/3 \times 100) = 216$

方案3的期望值 $= (1/3 \times 180) + (1/3 \times 240) + (1/3 \times 150) = 190$

三个方案的比较结果，单纯从数字上看，显然方案2相对较优。

3. 最大最小标准分析法

最大最小标准分析法，是一种基于这样一种决策理念的评价方法，即决策者都会厌恶风险，所以往往是“做最坏的准备，向最好的努力”，故选择那些最坏情况下有最好结果的项目。这就是在期望值分析法的基础上，把每种方案中的最坏的结果罗列出来，然后选择其中结果最好（净收益最大或净成本最小）的那个方案。显然，如果最坏的结果都已经考虑到了，那么，决策者就无需再考虑其他可能的后果了，也就是说这是一种相当保守的决策方式。例如，在上例中，三个方案最低的净收益情况：方案1为120，方案2为100，方案3为150。就其最小值比较，方案3属于所有最小值中最大的方案，因而方案是“最小中的最大”，可优先考虑。

第七章

公共支出项目实施过程成本管理与责任会计

一、公共支出项目成本管理

（一）项目成本管理概念与方法

项目成本管理，或称费用管理，是指为了有效控制项目成本，尽可能使实际发生的成本不超过项目预算，而开展的项目资源计划、项目成本估算、项目成本预算和项目成本控制等一系列管理活动①。显然，对大多数公共支出项目而言，资金无疑是一个重要的制约因素。如果项目成本超支，不但会降低项目的经济效益和社会效益，甚至还可能使项目由于无法继续获得投资而被迫中止。所以说，在项目实施的过程中，有效地开展项目成本管理，对提高项目支出绩效有着十分重要的意义。

1. 项目成本管理的三种方法

在现代项目成本管理的过程中，比较科学、客观地反映项目成本管理规律的方法有三种，即全过程项目成本管理、全寿命周期项目成本管理和全面项目成本管理②。

（1）全过程项目成本管理。全过程项目成本管理开始于20世纪80年代中期，由我国及其他一些国家的项目成本管理理论和实际工作者提出。全过程项目成本管理，是指从整个项目活动全过程的角度去分析、确定和控制项目成本。随着全过程项目成本管理方法的不断完善，这种方法正逐步成为我国项目成本管理的主导方法。

（2）全寿命周期项目成本管理。全寿命周期成本（Life Cycle Cost，LCC）的概念起源于瑞典铁路系统。随后，美国及其他一些国家也纷纷应用这一概念。所谓全寿命周期项目成本管理，是指遵照全寿命周期成本理念来控制项目成本。这种项目成本控制方法认为，对项目成本的控制，既需要控

① 蒋景楠主编：《项目管理》，华东理工大学出版社2006年版，第174页。

② 同上。

制项目设置成本（或称生产成本），也应控制项目的使用成本。我们追求的目标既不是项目设置成本最低，也不是项目使用成本最低，而是项目寿命周期成本（即上述两种成本之和）最低。自20世纪80年代以来，以英国项目成本管理专家与实际工作者为主的一批人，在全寿命周期项目成本理论方面做了大量的研究和应用工作。全寿命周期项目成本管理方法，已经成为项目投资决策和成本控制的一种思想和技术方法。

（3）全面项目成本管理。全面成本管理是企业内部全员、全过程、全方位的综合性成本管理。其特点表现在以下四个方面：一是企业内部全员参加的成本管理；二是企业内部生产全过程的成本管理；三是市场、科技、人力资源三位一体的全方位成本管理；四是成本管理各环节的全面管理。全面项目成本管理思想是由国际全面成本管理促进会前主席 R. E. Westney 于1991年5月在美国休斯顿海湾海岸召开的学会春季研讨会上提出来的。国际全面成本管理促进会给全面项目成本管理所下的定义为："通过有效地使用专业知识和专门技术去计划和控制项目资源、成本与盈利和风险。"有文献预计，全面项目成本管理将成为21世纪项目成本管理最有效的技术和方法。

2. "三全"项目成本管理思想

在1995年罗辉主编的《成本工程》一书中，提出以成本为中心，以成本优化为目标，实施"全程"、"全员"和"全效率"的"三全"成本管理思想①。作者认为，这种思想对公共支出项目的成本管理还是有借鉴作用的。

（1）所谓"全程"，是指产品成本形成的全过程，包括"隐性"和"显性"两大过程。对于企业投资来说，"隐性"过程主要包括立项、基建阶段、产品设计阶段；"显性"过程主要是指产品生产阶段和产品销售（含售后服务）阶段。而对公共支出项目而言，发生在项目"显性"过程的成本，主要是项目的内在成本、货币成本或直接成本；而"隐性"过程，则既与项目的内在成本、直接成本、货币成本相关，又与项目的外在成本、间接成本、非货币成本相关。所以，在公共支出项目的实施阶段，牢固树立"全程"成本管理的思想，不但要注意项目的"显性"成本过程，更应注意项目的"隐性"成本过程，包括注意项目设计对项目内在与外在成本的影响和项目外在成本对项目总成本的影响。

① 罗辉主编：《成本工程》，湖北科学技术出版社1995年版，代前言。

（2）所谓“全员”，对企业成本管理而言，是指企业的全体员工，上至经理与全体经营管理人员，下至工人，都是成本的主人，都对成本负有各自不同的责任，都应结合各自的岗位职责，千方百计地做好降低成本、提高成本效率的工作。对公共支出项目而言，“全员”既包括项目组织实施部门与项目相关的全体人员，也包括与项目成本与收益相关的社会人员。由于项目成本既包括实现项目目标的设置成本，也包括让项目发挥作用的使用成本，所以，不同时期的不同人员对不同成本负有不同责任。对于项目的设置成本而言，组织实施项目的部门及其相关人员当然要负主要责任；而对于项目的使用成本而言，则是使用特定项目所提供的公共产品的社会人员应对降低该项目的使用成本负责任，爱护公共物品应成为全社会的美德。

（3）所谓“全效率”，是指全面提高成本效率。这里所说的“全面”，是既要考虑提高生产成本（或称设置成本）效率，也要考虑提高使用成本效率，但更重要的是提高寿命周期成本效率。也就是说，“全员”在“全程”，都要站在生产与使用的结合部——社会需求，尽可能用较少的钱办较多的事，还要让公共支出项目的效果经得起时间与实践的检验，努力用较低的成本维持公共产品或公共服务的可持续运行。

（二）加强公共支出项目实施过程成本管理的基本要求

财政部预算司对“项目实施的管理”提出了明确要求①，即“应当按照批复的项目支出组织项目的实施，并责成项目单位严格执行项目计划和项目支出预算”，“按照规定属于政府采购的项目，要同时编入政府采购预算，并严格按照政府采购制度的有关规定执行”。同时还应遵循项目成本管理理念，从项目预算编制到项目预算执行的全过程，都严格按照预算管理“四项制度改革”（即部门预算、国库集中收付、政府采购与收支两条线）的要求，做好各个环节的工作，将项目成本管理思想落到实处。

1. 按精细化要求编制项目支出预算，是加强项目实施过程成本管理的基础

部门预算包括基本支出预算与项目支出预算两大部分。“项目支出预算是

① 财政部预算司编著：《中央部门预算编制指南（2008 年）》，中国财政经济出版社 2007 年版，第 86 页。

基本支出预算的延伸和扩张，也可以说是不可能也不适于进行定员定额管理的项目单独编制的预算①。”从成本管理的角度看，编制项目支出预算，应按照综合预算的要求，统筹运用部门或单位预算内外的资金。对于特定的项目支出，其资金来源（包括财政拨款安排多少、预算外收入安排多少）在编制项目支出预算时都必须完整地体现出来。更为重要的是，需要明确地阐述这些项目资金用来干什么？谁来干？用何种方式干？希望达到的绩效目标是什么？也就是说，应按照精细化项目管理的要求，尽可能提供详尽的可行性论证报告，对该项目的实施目标、方向、资金来源、覆盖范围以及成本效益分析等进行清楚的表述，为加强项目实施过程的成本管理提供重要依据。

2. 在编制项目支出预算的同时，编制好项目政府采购预算，是加强项目实施过程成本管理的前提

政府采购预算是在财政资金支付活动中，为了规范政府采购资金的支付使用而编制的预算。项目支出的政府采购预算是项目支出预算的有机组成部分，在编制项目支出预算的同时，必须遵循“公开透明、公平竞争、公正和诚实信用”的原则编制该项目的政府采购预算。如果一个项目支出的资金来源有多个渠道（如包括本级财政资金、上级财政资金及社会资金等），那么，在编制包括政府采购预算在内的项目支出预算时，需要将不同来源的资金全部纳入预算的范围中，实行统一的预算管理。我国的《政府采购法》已对政府采购的范围作出了明确的规定，政府采购是指“各级国家机关、事业单位和团体组织，使用财政性资金采购依法制定的集中采购目录以内的或者采购限额标准以上的货物、工程和服务的行为”。由此，可以将特定项目政府的采购预算划分为货物类采购预算、工程类采购预算以及服务类采购预算。经批准后的包括政府采购预算在内的项目支出预算，为该项目采购活动的实施提供了标准依据。

同时，要避免项目支出预算特别是政府采购预算编制过程中的设租寻租现象，既要引入公开招标活动，规范采购资金的支付环节，约束政府采购方和供应方的买卖交易行为，又要加强内部采购项目选择环节的监督管理，防止在选择采购项目环节可能出现的设租和寻租现象。

---

① 贾康、苏明主持：《部门预算编制问题研究》，经济科学出版社 2004 年版，第 219 页。

3. 严格执行国库集中支付制度，是加强项目实施过程成本管理的重要手段

国库制度是公共预算资金运行的核心，是预算执行的关键环节。从项目收支的角度看，按照单一财政账户的要求，实施项目支出的国库集中支付是国库制度的基本要求。由于项目支出中政府采购资金的比例一般都较大，所以，建立政府采购资金的国库集中支付制度，对加强项目成本管理尤为重要。建立政府采购资金集中收付制度的总体思路是①：以公共财政理论为指导，以提高效益和防范风险为目标，以资金控制为核心，以预算管理和全程监督为手段，实行政府采购资金的财政统一集中收支管理。其运作要点可概括为“设立一个专户，实行两个分离，强化三个控制，建立四项制度”。

（1）设立一个专户。所谓“一个专户”，是指政府采购资金的收支活动，全部由设在专业银行的一个账户反映，各个项目的政府采购资金收付都要通过这一账户集中办理。在国库集中支付制度下，某个项目的政府采购支出一旦发生，采购资金由国库单一账户直接拨给商品和劳务供应商或工程承建单位。所以，项目组织实施单位必须加强政府采购预算的编制，否则，在项目支出预算执行的过程中会出现不必要的麻烦，而这些麻烦不仅影响工作效率，也会影响资金效率。

（2）实行两个分离。所谓“两个分离”，是指政府采购资金与人员经费分离以及预算编制与预算执行分离。对于项目组织实施部门来说，第一个“分离”，要求其人员经费不得挪用项目经费。项目组织实施部门的人员经费不能与项目支出中的劳务费用混为一谈。第二个“分离”，要求项目组织实施部门只负责编制政府采购预算，而政府采购预算的执行，则由专门的部门具体负责。这样做，改变了传统的做法，即项目组织实施部门上报采购计划，而财政预算部门审定计划，可实现各司其职，保证政府采购预算执行的严肃性、公开性，提高政府采购透明度，加强项目成本管理的目标。

（3）强化三个控制。所谓“三个控制”，即预算控制、资金使用控制与项目决算控制。这就是说，在政府采购预算执行中，既要严格组织实施，除特殊情况，不得变更采购项目，确须变更时，也必须按要求履行必要的审批程序；又要将纳入政府采购范围的采购项目，全部按照政府采购制度规定的

① 杨灿明、李景友主持：《政府采购问题研究》，经济科学出版社2004年版，第257页。

程序规范运作，采购资金通过国库直接支付给商品和劳务供应商，对采购资金的拨付、使用、清算全过程进行监控。

(4) 建立四项制度。所谓“四项制度”，即预算编制制度、项目审批制度、操作控制制度与项目会计核算制度。作为特定项目的组织实施部门，应该主要适应这四项制度，建立相应的项目内部管理制度，以进一步将加强项目成本管理的各种措施落到实处。

4. 建立“对过程与结果同时负责”的责任制，是加强项目实施过程成本管理的关键

理论与实践表明，由于公共支出的特点是用别人的钱办别人的事，往往不像私人组织（如企业）那样，有自觉地进行成本控制的内在动力与压力，这就需要通过建立对过程与结果同时负责的责任制，从外部对组织项目实施的部门或单位施加动力与压力，以充分强化他们的责任心，调动他们加强项目实施成本控制的积极性、能动性与创造性。从成本管理的技术层面上讲，必须通过项目责任会计，建立以项目为载体的成本中心与责任中心，进而将项目实施成本管理的各项责任落实到位。

二、公共支出项目责任会计

如前所述，现行的部门预算，对于一个部门来说，其支出分为基本支出与项目支出，前者体现为基于机构与编制的运行成本；后者中的大部分支出则体现为基于公共产品或公共服务的项目成本。而项目成本又分为决策成本与实施成本。这里借鉴企业管理会计中关于责任会计的理念，加强对项目成本中可控成本的控制。

（一）企业责任会计的基本理论与方法

现代企业管理会计经历了执行性管理会计、决策性管理会计和战略性管理会计等发展阶段。其中，比较成熟的理论与方法主要形成于执行性和决策性管理会计阶段，与之相对应的管理会计又称之为“基础性管理会计”。按照美国会计学会提出的观点，基础性管理会计的内容按管理的基本职能分为决策与计划会计和执行会计两部分，其中主要发挥管理控制功能的就是作为执行会计核心的责任会计。进入20世纪90年代以来，西方会计学者对于管理会计的认识进一步深化，有的学者就认为管理会计是高级管理人员保持对企业经济活动的控制，特别是对中层管理部门进行控制的一个重要工具。在此基础上，有学者结合企业战略管理思想和责任会计理论的发展，明确提出管理控制是管理者影响组织中的其他成员以落实组织战略的过程，而责任会计就是企业的管理控制会计系统，并且系统阐述了责任会计的控制环境与过程等问题①。

根据企业管理会计理论，责任会计是一种管理活动，属于企业内部管理控制会计，以企业内部各责任中心的生产经营活动为对象，以保证企业计划的顺利实施并不断提高总体效益的目的，主要利用价值形式，通过建立各级责任中心、实施目标管理、责任核算与报告、业绩考核与评价方法，对企业内部生产经营过程中的资金占用、资金耗费和资金运动成果进行核算和监督。建立责任会计的目的，就是为了更好地贯彻经济责任制，将企业划分为若干个不同层次的责任中心，赋予一定权限，明确各责任中心应负有的责任，对其执行的结果进行考核与评价，并与其经济利益挂钩，其实质就是贯彻责、权、利结合的原则，使各环节、各部门乃至每个职工都关心企业的生产经营。这不仅可以充分调动各级组织以及每个职工的积极性，而且可以促使内部各部门相互协调，实现企业整体生产经营活动的最优化。通过责任中心相应地实现自己的经营目标从而实现企业的总体目标。企业实施责任会计的基本步骤包括：

（1）建立各级责任中心。建立各级责任中心是责任会计中最基本最重要的步骤。它实质上是将会计工作与企业经济责任制紧密结合起来融为一体的一种企业内部管理控制方法，其特点是与企业组织结构相结合，充分发挥各责任中心的主观能动性。

（2）实施目标管理。目标管理是实行责任会计管理必须运用的重要步骤之一。在企业实行目标管理的情况下，必须将产品的目标成本（或利润）、费用预算及其他指标，根据可控原则分解落实到各责任中心，借以指导、约束

---

① 毛洪涛著：《业绩管理会计研究》，西南财经大学出版社2007年版，第169页。

各责任中心的行为。采用这一方法是为了使企业内部各责任中心的管理动态化、具体化、网络化、科学化，使职工充分发挥主观能动性，积极努力地按既定目标做好本职工作，从而提高企业的总体经济效益。

（3）责任核算与报告。为了及时行使预算控制的职能，需为各责任中心建立一套完整的记录、核算和报告制度，其指标口径应与责任核算相一致。每个责任中心在其责任核算执行过程中，严格以责任预算实施控制，及时进行预算执行情况的信息反馈，同时，对预算的执行结果定期提出报告，以供上级进行考核与评价。

（4）信息反馈控制。根据各责任中心编制的绩效报告，分析预算执行差异发生的原因，及时通过信息反馈，控制并调节他们的日常经济活动；同时还要督促他们迅速采取措施，纠正缺点，巩固成绩，不断降低成本，压缩资金占用，借以扩大利润，提高经济效益。

（5）绩效评价与考核。通过各责任中心绩效报告中的实际数与预算数对比和差异分析，来评价和考核各责任中心的工作实绩和经营成果。然后根据事先制定的一套严密周详的奖惩制度，按各责任中心完成业绩的好坏，进行奖优罚劣，奖勤罚懒，力求做到公正合理、奖罚有据，以保证经济责任制的贯彻执行。

（二）公共支出项目成本的可控性

公共支出项目的成本包括直接成本与间接成本。其中，直接成本是指项目使用的直接投入物的成本；而间接成本则是由项目所提供的公共产品或公共服务，其外部性所带来的成本。当然，这里所说的公共支出项目成本的可控性，指的是直接成本的可控性。公共支出项目的直接成本，可分为项目决策成本与项目实施成本（包括项目设计及其他准备成本）两大部分。实践表明，由于项目类型及其支出规模不同，这两类成本的可控性也不相同。

1. 项目决策成本的控制问题

公共支出项目决策成本的可控性与项目的类型和规模关系密切。例如，对于经常性专项业务费项目，一般没有项目决策成本，如果说确有一些开支的话，也往往与公共部门的日常工作分不开，一些相关事项的成本支出，如调查费用、会议费用、差旅费用等，都会从日常公用经费中列支。这就是说，在公共支出项目的决策过程中，按经济分类属于“商品和服务支出”类的项目，以及规模较小的“基本建设支出”类与“其他资本性支出”类项目，由于其决策一般不需要耗费太多的人力、物力、财力，所以其决策过程与公共部门的日常工作很难截然分开，通常都会将这些决策成本纳入公共部门的日常运行成本之中进行管理，而没有必要单独进行控制。但是，对于那些支出规模较大的“基本建设支出”类项目或“其他资本性支出”类项目，由于其决策过程较为复杂，包括可行性研究在内的投资前期的工作量较大，所以，加强这些项目的决策成本管理是有必要的。在实际工作中，完全应该将这些项目的前期费用作为单列项目，进行成本管理与控制。当然，由于决策失误是最大的失误，我们说控制决策成本，既要控制决策过程的直接成本，更应关注决策过程的间接成本，特别是要防止由于决策失误所产生的高额机会成本。

2. 项目实施成本的控制问题

从前面所阐述的项目成本概念可知，实施成本（或称项目执行成本），是指在项目的实施过程中，为了实现项目的绩效目标所耗费的人力、物力和财力的总和。在项目的实施成本中，直接用于项目建设或服务对象的支出，称为业务支出；而用于项目组织实施部门的支出，称为行政支出，两者之间的比率是用来衡量项目经济性的重要指标。显然，一个十分现实的问题，就是在公共支出项目的实施过程中，一方面应努力提高项目的业务支出在项目直接成本中的比重；另一方面应设法降低行政支出在项目直接成本中的比重。同时，还应努力提高项目业务支出的效率，尽可能用较少的投入换取预期决策目标中的理想产出。这也就是说，在项目实施成本中，行政支出与业务支出的比率越低，就越经济。20 世纪 80 年代初，英国效率小组对森林保护专项资金的使用状况进行评审后发现，专款中实际运用树木修复的每 100 英镑支出中有相应的行政支出 90 英镑，这是不经济的一个典型案例①。实质上，我国很多地方在部门预算改革之前，“吃项目”的情况是众所周知的事实。就是在当前部门预算改革推进的过程中，侵吞项目资金的现象仍然存在。这就更加说明了加强项目实施成本控制的针对性与必要性。显然，负责项目组织实施的部门是控制项目实施成本的“第一责任人”，而作为财政部门与审计部门，当然也应根据各自的职责，加强预算监督，促进项目实施成本的控制与

① 卓越主编：《公共部门绩效评估》，中国人民大学出版社 2004 年版，第 248 页。

管理。

3. 项目直接成本的可控性分析

如前所述，项目支出预算是公共部门支出预算的重要组成部分，是公共部门为完成其特定的行政工作任务或事业发展目标，在基本支出预算之外编制的年度项目支出计划，包括基本建设、有关事业发展专项计划、专项业务费、大型修缮、大型购置、大型会议等项目支出。从成本的可控性来看，基于公共产品或公共服务的项目成本，与基于机构与编制的日常运行成本不完全相同，其可控性常与项目支出中的相关内容所属的经济分类中的科目有关。

就日常运行成本而言，日常公用经费在公共支出的经济分类科目中，属于“商品和服务支出”这个“类”级科目中的内容，需要在本部门的会计报表中反映，属于可控成本的范畴。然而，对于项目成本而言，有的项目支出可能全部属于“商品和服务支出”这个“类”级科目中的内容，有的则可能只是一部分属于这个“类”级科目中的内容，有的甚至全部不属于这个“类”级科目中的内容。也就是说，项目支出的内容，从支出的经济分类来讲，可能属于“商品和服务支出”、“对企事业单位的补贴”、“转移性支出”、“基本建设支出”与“其他资本性支出”等。由于项目成本表现在不同支出的经济分类的“类”级科目上，不同的“类”级科目其可控性是完全不同的。

从组织实施项目的公共部门而言，对于项目成本中属于支出经济分类中“商品和服务支出”这一个“类”级科目中的费用，其可控性完全在本部门，因为这些支出完全由本部门使用，需要在本部门会计报表中直接反映，并往往与日常公用经费的相关开支一起，反映在某些会计科目中。如果没有管理会计所要求的相关会计信息，单从会计报表上还很难判断，同一个会计科目（如交通费、差旅费等）中的支出，多少是来自日常公用经费，多少是来自项目经费，更说不清是来自哪一个项目的经费。对于项目成本中属于支出经济分类中的资本性支出，包括“基本建设支出”与“其他资本性支出”两个“类”级科目中的费用，负责组织实施这个项目的公共部门，同样负有控制成本的责任，但包括在项目成本中的有些支出，却不直接是本部门的支出，不需要在本部门会计报表中反映。对于项目成本中属于支出经济分类中的“转移性支出”这个“类”级科目中的费用，其支出的可控性，既与安排这些支出、对这些支出负有监督管理责任的公共部门相关，更与直接使用这些支出的公共部门或单位相关。

当然，有些项目支出的全部或一部分是直接补助给相关社会人员，其成本控制的对象则主要是尽可能用少的行政支出，保证相关资金按要求补助到个人而不被挪用，并有利于接受社会监督。

（三）可控性项目成本与项目责任中心

借鉴企业责任会计的理论与实践，我们可以看出，公共支出项目预算与公共支出项目成本控制是相辅相成的。如果在公共支出项目预算中没有事先确定的明确目标，那么，在公共支出项目的组织实施过程中，就不可能作出有效的控制；如果在公共支出项目的组织实施阶段，不作出有效的控制，公共支出项目预算也不能发挥应有的作用。只有公共支出项目预算与公共支出项目成本控制的有机结合，才可能有效地加强公共支出项目的成本管理，实现公共支出项目的绩效目标，切实提高公共支出项目绩效。

企业责任会计的理论与实践告诉我们，对公共支出项目成本中那些可以控制的成本实现有效的成本控制，必须明确相应的责任部门或责任人，这就是企业管理会计中所说的责任中心。所谓项目责任中心，是指在公共部门系统中，负责组织实施某个项目，并对该项目的绩效与成本负有责任的某个特定机构或特定人员。

1. 项目责任中心的几种类型

从实际情况来看，根据项目的规模大小、复杂程度、时间跨度、实施范围、资金流量等不同情况，负责组织实施项目的责任中心（包括责任人、责任小组、责任单位或责任部门）有下述几种情况：

（1）跨部门的项目责任中心。有些公共支出项目，由于涉及的部门较多，涉及面较广，项目的时间跨度也较长，为了有利于项目的有效实施，可成立跨部门的责任中心。比如，某省正在实施的农村饮水安全项目，从部门跨度来看，涉及水利、农业、发改委、财政等部门，从时间跨度来看，大约需要五年左右的时间来完成，从项目的服务对象来看，涉及全省三分之一以上的农村人口，所以，省政府决定成立跨部门的“农村饮水安全办公室”，作为组织实施该项目的责任中心，对该项目的绩效目标与成本控制负责。

（2）由部门直接负责的项目责任中心。有些公共支出项目的内容本身就是该公共部门的主要职能，所以，该项目的责任中心当然就要由该部门直接负责。比如，组织实施“新型农村合作医疗”项目的责任中心，也必然是各级政府的卫生部门。

(3) 由部门内设机构直接负责的项目责任中心。有些内容较为单一的公共支出项目，则可以实行分权管理的方式，根据本部门内设机构的职能规定，将组织实施该项目的责任，交由某个内设机构直接负责。这时，这个内设机构就成为该项目的责任中心，对实现项目绩效目标与控制项目成本直接负责。

2. 项目责任中心的基本特征

某个项目的责任中心，就是具体负责组织实施该项目，并对该项目的绩效与成本目标负责的单位或个人。一般而言，项目责任中心具有如下特征：

(1) 项目责任中心最基本的特征就是责权利相结合。首先，必须突出一个“责”字。为了“责”的履行，必须赋予责任中心相应的“权”，然后根据“责”的履行情况，再给予相应的“利”，既要求责、权、利相结合，又要求责、权、利相对称。一方面，责任中心的权限大小要与责任大小相匹配。如果权大于责，会导致滥用权力和损害项目目标的行为发生；如果权小于责，则会使责任中心不能履行其职责，等于把难于胜任的责任推给了责任中心，从而损害责任中心的利益。另一方面，责任中心的利益大小要与责任大小相适应。如果利大于责，会侵害公共利益，造成责任中心甚至公共部门之间的攀比与冲突；如果利小于责，则会挫伤责任中心的积极性。

(2) 某个项目的责任中心，必须享有与实施该项目相适应的责任与权力。在现代管理学的原理中，责任与权力可以说是一对孪生兄弟，有什么样的决策权力，就有什么样的管理责任。所以，对某个公共部门而言，当某个项目的实施责任被授予其某个内设机构时，就必须赋予其相应的权力。这个权力，既要对项目的绩效目标负责，也要对项目的成本负责。

(3) 各责任中心的目标与部门管理的绩效目标是完全一致的。就某个公共部门而言，尽管其内设机构各自有不同的职责，甚至是实施不同的项目，但是其目标都必须与本部门所承担的公共管理目标相一致。

3. 责任成本

责任成本是与责任中心和责任会计紧密相关的几个概念。这里，责任成本是控制目标，责任中心是控制主体，而责任会计则是控制方式。其中，建立责任中心是建立责任会计制度的首要问题，如何建立责任中心，建立多少责任中心，完全取决于公共部门内部控制与考核的要求。从企业的角度看，按照责任对象的特点和责任范围的大小，责任中心可以分为成本中心、利润中心和投资中心。从公共部门的角度看，主要责任中心就是成本中心。成本中心所发生的各项成本，对成本中心来说，有些是可以控制的，即可控成本；有些则是无法控制的，即不可控成本。显然，成本中心只能对其可控成本负责。一般而言，可控成本应同时符合三个条件：一是责任中心能够通过一定的方式了解将要发生的成本；二是责任中心能够对成本进行计量；三是责任中心能够通过自己的行为对成本加以调节和控制。凡是不能同时符合上述三个条件的成本，一般为不可控成本，不应列为成本中心的责任范围之内。

当然，成本的可控性与不可控性是相对的，这与责任中心所处的管理层次的高低、管理权限的大小以及控制范围的大小有直接关系。对政府来说，几乎所有成本（包括基于机构与编制的人工成本）都是可以控制的，一般不存在不可控成本。而对于某个具体的公共部门而言，则既有各自专属的可控成本，又有各自的不可控成本。一项对于较高层的责任中心来说属于可控的成本，对于其下属的较低层次的责任中心来说，可能就是不可控成本；反过来，较低层次责任中心的可控成本，则一定是其所属的较高层次责任中心的可控成本。显然，责任成本与项目成本是既有联系又有区别的两个概念。就其区别而言，责任成本是以责任中心为对象进行归集的成本；而项目成本则是以项目为对象进行归集的成本。项目成本包括从立项到实施全过程所发生的成本，其中既包括各责任中心的可控成本，也包括各责任中心的不可控成本。就责任成本与项目成本的联系而言，两者在性质上是相同的，同为实施某个项目所发生的资源耗费。

4. 责任会计制度

责任会计制度是管理会计的重要组成部分，其目的是为了努力提高绩效管理目标，而建立的一整套行之有效的、能及时和正确地反映、评价以及考核各责任中心履行职责情况的会计制度。由于公共部门不同于企业等私人部门，例如，公共部门就没有追求利润与价格转移等问题，所以，公共部门管理会计中的责任会计制度必须从公共部门的实际出发，将其重点放在包括控制项目成本在内的成本控制上来，进而提高包括项目支出在内的公共支出绩效。借鉴企业管理会计中的责任会计制度，基于公共支出项目成本控制与管理的责任会计制度，其主要特征体现为以下几个方面①：

（1）从责任会计的核算对象来讲，它不必受预算会计科目的限制，而以项目为载体，建立责任中心，进而考核各个项目责任中心的履责情况。所以，一切与该责任中心相关的业务和事项都是责任会计所需要核算的内容。根据部门预算规定与政府收支科目的经济分类，公共支出项目主要包括资本性支出项目（包括基本建设支出项目与其他资本性支出项目）和商品和服务支出项目等，由于项目性质的不同，核算方法也随之不同，但与某个项目成本直接或间接相关的各个事项都必须纳入核算对象。

（2）从责任会计的核算条件来讲，为了让责任中心能够及时准确地开展成本控制工作，必须为之提供与项目成本直接或间接有关的全部信息，特别是要建立责任会计核算所需要的原始凭证制度，包括原始凭证的设计、填制及传递等，使之能满足责任会计核算的要求。虽然责任会计核算与财务会计核算所需数据的源头是一样的，但由于核算的目的不同，财务会计凭证不能完全满足责任会计核算的要求，这就需要根据责任会计的核算要求加以改进、补充，甚至是重新设计。同时，还需要根据责任会计核算的要求，予以及时准确地填制。

（3）从责任会计的核算程序来讲，一是确立成本控制目标，其目的是尽量将项目的实际成本控制在预算的范围内。在项目实施的全过程，应该定期地、经常性地收集项目的实际费用数据，进行计划成本和实际成本的动态比较分析，并进行动态的成本预测。如果发生偏差，则应注意分析查找原因，并针对这些原因，及时采取措施或提出纠偏建议，以实现项目成本控制的目标。二是准确地核算各责任中心的工作绩效，这是责任会计核算的重要环节，它包括原始凭证的填制、成本或费用的归集，以及相关责任中心履责情况的确认。三是评价和考核各类责任中心责任的履责情况，通过核算环节，对各责任中心的实际情况作出客观的反映。四是通过调查分析，编制责任会计报告，以期对与相关项目直接相连的责任中心的实际绩效作出全面的考核与评价。

---

① 石人瑾等主编：《管理会计》，上海三联书店 1994 年版，第 322 页。

5. 责任会计的基本原则

责任会计作为公共部门内部的控制会计，不可能与财务会计那样有统一的规范，应该结合公共部门的实际情况自行设计责任会计制度。但这决不意味着责任会计制度无章可循，恰恰相反，为了更好地发挥责任会计制度的作用，一般应遵循以下一些基本原则：

（1）责权利相结合原则：也就是需要明确各个项目相应的责任中心所应承担的责任，同时赋予它们相应的管理权力，还要根据其责任的履行情况给予适当的奖惩。责权利三者的关系是：各责任中心所承担的责任是按照公共部门绩效管理的要求，实现项目的绩效目标；赋予各责任中心相应的管理权限，是其能够顺利履行责任的前提条件；而根据各责任中心的责任履行情况给予适当的奖惩，又是调动其积极性、提高公共部门管理绩效的动力。根据这一原则，各责任中心只对其可以控制的成本负责，而不对其不可控的成本负责。

（2）总体优化原则：也就是要求各责任中心目标的实现要有助于公共部门总体目标的实现，使两者的目标保持一致。建立责任会计的目的是有效地促进各责任中心为实现公共部门目标而努力，而由于各责任中心有不同的职责，甚至存在利益上的冲突，所以在制定预算和考核标准时应防止局部利益损害公共利益的情况。

（3）公平性原则：也就是对于那些需要几个责任中心同时负责的项目，需要公平合理地处理它们之间的关系，使之相互配合，共同完成项目目标而共同努力，防止孰重孰轻的现象发生。

（4）可控性原则：也就是说各责任中心只能对其可控的成本负责，对其不可能控制的成本，不承担经济责任。在考核中，也应尽可能扣除责任中心不能控制的因素，做到责任分明、奖惩合理。

（5）重要性原则：也称例外管理原则，就是要求各责任中心对项目实施过程的情况进行分析，特别是寻找出重点差异。重点差异有两层含义：一是对实现公共部门总体目标有影响的差异，不论其数量大小，都应列为重点进行分析与控制；二是数额较大的差异，通过对这类差异进行分析与控制，能够花费较少精力解决较大的问题，达到事半功倍的效果。重点差异分析包括不利差异分析和有利差异分析，不论是不利差异还是有利差异，只要是重点差异，均应深入分析其产生的原因，并相应采取措施。

6. 责任报告

责任报告是责任会计提供信息的媒介，也是责任会计的工作成果[①]。这一点无论是对企业而言，还是对公共部门而言，都是相同的。公共部门对其负责组织实施的项目进行成本控制，需要对各个责任中心的责任目标完成情况予以报告，这首先就是责任会计的基本职责。责任报告由于主要是为项目管理部门提供信息，因此与财务报告相比，在报告对象、报告内容、报告时间等方面都有其特点，具体包括如下几个方面：

（1）从责任报告的对象来看，对某个公共部门而言，项目绩效目标完成情况，特别是与之相关的成本控制情况，最为关心的是各个责任中心以及部门负责人（特别是主要领导与分管领导）。因此，必须为每一责任中心编制一份与其业绩相关的责任报告，同时为部门负责人编制一份总的责任报告。但是，由于责任中心的划分往往具有几个层次，所以，对那些处在中、上层次的责任中心，其责任报告的编制常常是对下属责任中心的责任报告的汇总。同时，由于不同的责任中心所包含的责任内容、范围也不一样，因此应根据具体的对象确定报告的内容。

（2）从责任报告的形式来看，责任报告的形式主要有报表、数据分析和文字说明等。将责任目标、实际履行情况及产生的差异用报表予以列示，是责任报告的基本形式。但是，由于责任报告是对各个责任中心的责任履行情况所作出的专门报告，因此在揭示差异的同时，还必须对重大差异予以分析，查找其产生的原因，即是内部原因还是外部原因、是主观原因还是客观原因，并作出说明或提出改进建议，以便各责任中心和部门管理团队对此采取相应的对策。所以，责任报告的形式除报表外，还应有数据分析和文字说明等内容。

（3）从责任报告的时间来看，责任报告的编制时间应服务与服从于项目成本控制的需要，通常责任报告的编制时间，应根据项目进度情况，事先提出要求。由于各责任中心的特点不一样，所以各责任中心所定的报告期可能不尽一致。例如，最基层的责任中心，需要随时掌握和控制其责任目标的完成情况，这样就希望经常予以报告。而中上层的责任中心，则需要掌握和控制所辖的每个责任中心的责任目标完成情况，以便对整个项目的进展情况作

① 石人瑾等主编：《管理会计》，上海三联书店 1994 年版，第 327 页。

出全面了解。

（4）从责任报告的内容来看，作为对项目相应的成本目标负责的责任中心，其责任报告的内容必须包含责任目标或预算及实际执行情况和产生的差异，以便各责任中心进行自我控制，以及上层责任中心对下属责任中心的控制。除此之外，还应根据重要性原则对重大差异作进一步的定量分析和定性分析。定量分析主要确定差异的发生程度，定性分析主要是分析其产生的原因，确定其正常与否，并确定责任，以评价其工作业绩。由于各责任中心情况不一样，产生差异的情况也不一样，所以差异分析的工作量相对也较大。在责任报告的内容中，最具建设性的意见是有关缩小差异的建议。同时，还应根据变化的客观环境，以及各责任中心的可控范围，适时提出进行相关调整的建议。

三、挣值法的基本概念与主要内容①

（一）挣值项目管理概述

挣值项目管理（简称挣值法），是一种以挣值（Earned Value）为核心理念，专门用来进行项目管理的技术，它不适用于那些没有独特可交付成果的日常运作管理。美国国防部曾经以挣值为核心理念制定了“成本/进度控制系统标准”（Cost/Schedule Criteria），这套系统现已更名为“挣值管理系统”（Earn Value Management System）。挣值法为项目管理提供了叫做进度绩效指数（Schedule Performance Index）与成本绩效指数（Cost Performance Index）的测量指标，这些指标被广泛运用于不同周期、不同投资规模的各类项目中，并能可靠地反映项目的成本管理情况。

1. 挣值法的相关概念与基本指标

运用挣值理念的项目管理，就是通过将项目当前完成量与项目计划进行

① 本节内容主要参照昆廷·弗莱明、乔尔·科佩尔蒙著：《挣值项目管理》，电子工业出版社2007年版。

比较，从而测量项目绩效，并通过将项目当前完成量的预算成本与实际成本相比较，推算出项目完成时的总成本的管理过程。运用挣值法可以帮助组织项目实施的部门按照时间进度，对项目绩效进行准确的适时监控。挣值法可以提供很多在项目计划中难以发现的信息，尤其是关于进度和成本效率的数据。下面将通过举例来说明挣值法的相关概念与基本指标。

例如，某项目实施部门在对项目进行全面分析的基础上，根据该项目的可交付成果，明确了该项目的全部范围，进而制作了该项目的工作分解结构（WBS）。接下来，他们将项目范围分解成可测量的任务，给每项任务估计了相应的价值，并指定了相应的责任部门或责任人。该项目分成10个单元，并要求尽量保证各个单元对资源的需求程度基本平衡。在分解工作结构的基础上，还应准备更详细的工作计划，为所有的关键任务设计进度，通过关键路径法（CPM）制定“项目主进度表”（MPS），并通过正向反向的进度分析确保整个进度安排是可行的。根据进度安排，从开始到结束，整个项目历时18个月。最后，对项目所需的资源情况进行了估算。由于整个项目被分成了10个单元，而每个单元预计耗费150万元，因此完成整个项目预计将耗资1 500万元。“项目管理计划”以图表的形式来展示（图7－1）。该图包括了任何一个挣值基准计划所必需的三个关键部分：项目工作分解结构、项目主进度表和项目绩效展示图。图中的每个要素都有详细的信息支撑。以上这个过程通常也被称为“自下而上的计划”。该计划经过上级部门审核后，认为时间进度应控制为12个月，资金总额应控制为1 000万元，也就是说要求每个单元的成本应控制在100万元。同时，要求每3个月对项目进行一次审核。

3个月后，该项目进展情况如下：一是按照项目进度表，10个项目单元中的3个应该在第一个月内完成，但是目前只完成了其中2个，也就是说，项目进度较计划进度稍有滞后。二是根据预算，前3个月的成本投入应该是300万元，而实际上现在也刚好花了这么多钱，因此项目在投资进度上似乎控制得还不错。若是单纯看项目投资进度，可能对项目成果作出正面评价。然而，根据挣值法，还需要根据作为挣值项目管理基础的自下而上的作业计划和一个基于计划的三维测量体系，对项目的最终结果作出实时评价。在评价过程中，首先需要弄清挣值法的几个主要指标及其计算方法。

项目工作分解结构（WBS）

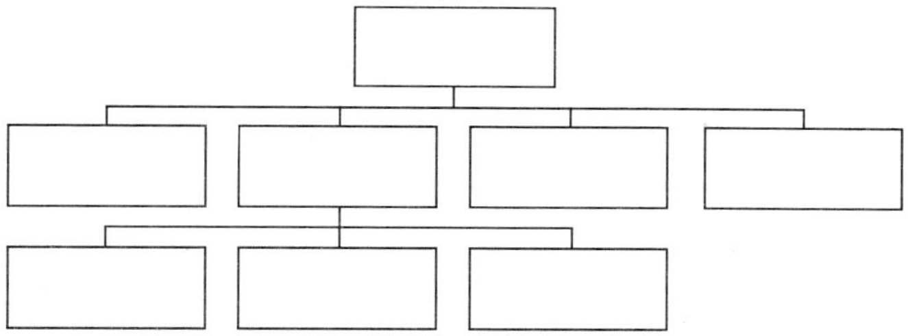

项目主进度表（MPS）

任务/事件	1~3月	4~6月	7~9月	10~12月
获得项目	△			
设计	△			
采购说明	△			
招标		△		
下订单		△		
采购原料			△	
生产计划	△			
工具设计		△		
工具组装		△		
零件组装		△		
总装配			△	
测试				△
通过QC				△
出货				△

项目绩效展示图

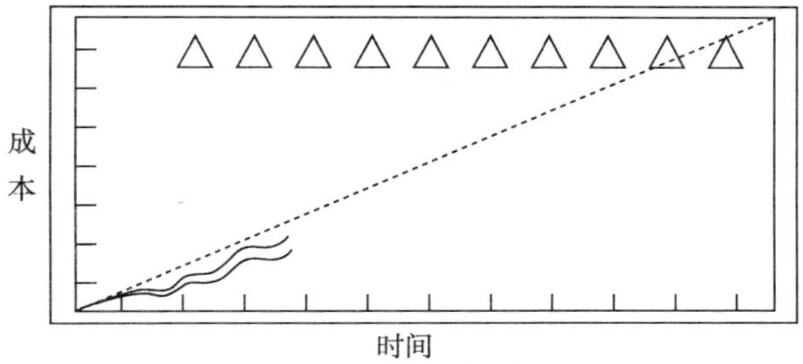

图7-1　项目管理计划

（1）项目主进度表（Master Project Schedule，MPS）。所谓主进度表通常是项目主管部门审核批准后的最概括性的进度表，它全面描述了项目的阶段划分情况，并标示出主要界面、标志（里程碑）和关键要素的全部内容。这里需要特别强调指出的是，应用挣值方法必须有一个项目主进度表作为判断基准。换句话说，如果没有项目主进度表，就不能应用挣值法。

（2）计划价值（Planned Value，PV），也称挣值项目的基准测量计划。计划价值取决于核准后的工作，以及与核准后的工作相对应的预算。计划价值以前也称为“计划工作预算成本”（Budgeted Cost for Work Scheduled，BCWS）。所有计划价值之和等于完工预算（Budget At Completion，BAC）。对该例而言，项目该时段的计划价值为300万元。完工预算也就是所有分配给某个项目的批准预算的总和，它与“绩效测量基准”（Performance Measurement Baseline，PMB）一词同义。由于管理方式的不同，BAC所代表的含义也不尽相同：有时仅包括直接工时数，有时则包括所有的直接成本，有时还包括间接成本，有时甚至包括利润。所以，特定的BAC取决于管理部门的预先规定。

（3）挣值（EV）。挣值实际上就是已完成工作量的预算成本（Budgeted Cost of Work Performed，BCWP），由实际完成的工作量及与该工作量相对应的预算决定，与实际完成工作量占计划工作量的“完成百分比”同义。对该例而言，项目该时段的挣值为200万元。

（4）实际成本（Actual Cost，AC）。即是已完成工作量的实际成本（Actual Cost of Work Performed，ACWP）。在一般管理情境中，是指某个项目支出或已经发生的，并计入账簿中的实际费用。在挣值管理中，是指基于项目的预算口径，实际支出或已发生的项目成本。由于这些成本必须与预算成本相联系，所以必须与预算保持同样的格式。实际成本有时仅包括所有的直接成本（直接工时数、直接人工成本），有时则将直接成本和间接成本两者加总，有时还将利润包括在内。在使用挣值方法时，实际成本的分类方式必须与预算成本一致。对该例子而言，项目该时段的实际耗费为300万元。

（5）成本偏差（Cost Variance，CV）。即挣值（EV）减去实际成本（AC）之差。对该例而言，项目该时段的成本偏差 = 200 − 300 = −100（万元）。

（6）进度偏差（Schedule Variance，SV）。即挣值减去计划价值之差。对该例而言，项目计划完成300万元的工作量，但实际只完成了200万元的工作量，项目该时段的进度偏差为200 - 300 = -100（万元），也就是说从进度来看，项目实际比进度落后了100万元的工作量。

挣值是一种综合性的管理方法。在项目管理中，没有任何一种技术可以像挣值方法这样，提供如此出色的成本估算。当然，如果要运用挣值方法，那么项目就必须要有一个定义得非常清楚的工作范围，并且通过运用自下而上的计划制定过程，把每一个时段的项目范围和配置的资源都整合起来。从理论上讲，挣值这个概念可被用于各种类型的项目，而且方法简单，易于操作。但从应用的实际来看，挣值方法似乎更多地出现在一些政府主导的项目（即公共支出项目）中。之所以会出现这种现象，或许是因为对于那些签订了成本补偿合同（或虽无这类合同，但公共项目追加预算也是惯例）的大型政府项目而言，测量和监控绩效的目的与一般项目是不同的。挣值项目管理的最大意义在于，它能在一个较早的时间（比如说当项目刚进行到1/5的时候），为项目可能出现的成本超支敲响警钟，从而让组织项目实施的部门能够有足够的时间来采取必要的补救措施。

2. 应用挣值项目管理实施项目的过程审核

对于某个特定的项目而言，应用挣值项目管理，有利于加强对项目进程中的量本效分析，适时对项目每一阶段的实际工作绩效进行持续的观察和测量。这些工作看起来似乎很复杂，但运用挣值项目管理方法则变得较为简单实际。它主要要求做两件事，一是评价已完成的工作量（包括可量化的实物工作量与难于量化的非实物工作量）；二是测算完成这部分工作量所代表的预算。后者也就是所谓的“挣值”。下面，我们仍通过上述例子，围绕项目的量本效分析，应用挣值方法对项目进程中三个方面的情况进行测量。

（1）计算“计划价值”（PV）。为了确定计划价值，必须先明确：一是到项目的某一时点为止，按项目进度需要完成的工作量（包括实物工作量与非实物工作量）；二是为了完成这部分工作量，所允许消耗的预算量。计划价值就直接来自这些项目主进度表（MPS）中的细节内容。在上面的例子里，主进度表中已经规划好要在前3个月中完成3个项目单元，而每个项目单元的预算成本为100万元。因此，从中可以看出项目前3个月的计划价值为300万元。

（2）计算“挣值”。为了测量挣值，需要确定以下数据：一是在同一时段内实际完成的工作量；二是根据项目进度计划，按照实际完成的工作量计算允许消耗多少资源（注意：这里不是实际消耗的资源，而是“计划中可以消耗”的资源，实际消耗的资源与挣值无关），即挣值是多少。在上面的例子中，由于只完成2个项目单元，而每个项目单元的预算是100万元，因此这里的挣值是200万元。

（3）计算在这个时段中实际消耗的成本，即对应于实际完成的工作量，实际消耗了多少资源。经查证，项目的实际成本是300万元。

在计算上述三个基本指标后，就可以开始利用这些基础数据，分析项目实施过程中有没有偏离进度表或者成本计划。若单是从项目支出来看，前3个月的成本投入应该是300万元，而现在也刚好是花了这么多钱，似乎给人以投资进度好的感觉。实际怎么样呢？运用挣值方法对该项目实施过程分析如下，从这里也可以看出挣值项目管理与传统项目成本管理之间的异同。

首先，考察进度偏差（SV）与成本偏差（CV）。在上面的例子中，这个时段项目的进度偏差与成本偏差均为－100万元。也就是说，项目在该时段只完成计划工作量的2/3。从计划的角度讲，每花1万元，只实现了2/3万元的价值。这就是说，该项目在这个时段花了300万元，却仅完成了按计划200万元就可以完成的工作，所以整整超支了100万元。如果该项目继续按照现在的“成本效率比”进行下去（也就是说花1万元却只完成2/3万元的工作），那么当整个项目完成时，实际成本将超过预算50%，即1 500万元（100除以2/3）。除此之外，还需要考虑到如果项目进度仍按照进度表在12个月内完成，则不得不投入更多的资源，并延长工作时间（因为就目前而言，项目进度也相当落后）。这样一来，整个项目的成本很可能超支更大，甚至可能超支100%。

从以上分析可以看出，通过运用挣值方法对项目实施过程的量本效分析，可以让项目主管部门及时掌握项目实施过程中的具体情况，并及时采取相应的措施，以促进项目目标的实现。

（二）传统项目成本管理与挣值项目管理的比较

1. 传统项目成本管理

为了更好地理解挣值项目管理，这里仍运用上述例子，用传统的项目成本管理方法对该项目第一时段的情况作一简要分析。图7－2是一份模拟的项目支出计划，它把 1 000 万元的项目预算按时间分配到一年的项目期中。从图中可以看出，项目需要在第一季度支出 300 万元。项目主管部门希望项目实施部门能够根据成本计划行事，确保每个季度都不要超支，并在长达 12 个月的项目周期中密切关注项目的绩效。

在传统的项目成本管理中，项目实施部门会在第一季度结束的时候向项目主管部门报告成本绩效。如图 7－2 所示，第一季度原来的成本预算是 300 万元，而实际上项目实施部门正好在第一个季度花掉了 300 万元。实际成本与计划成本相比，似乎项目成本控制得相当完美。然而，通过下面的分析，可以发现这却是一个传统的项目成本管理容易发生的错误。

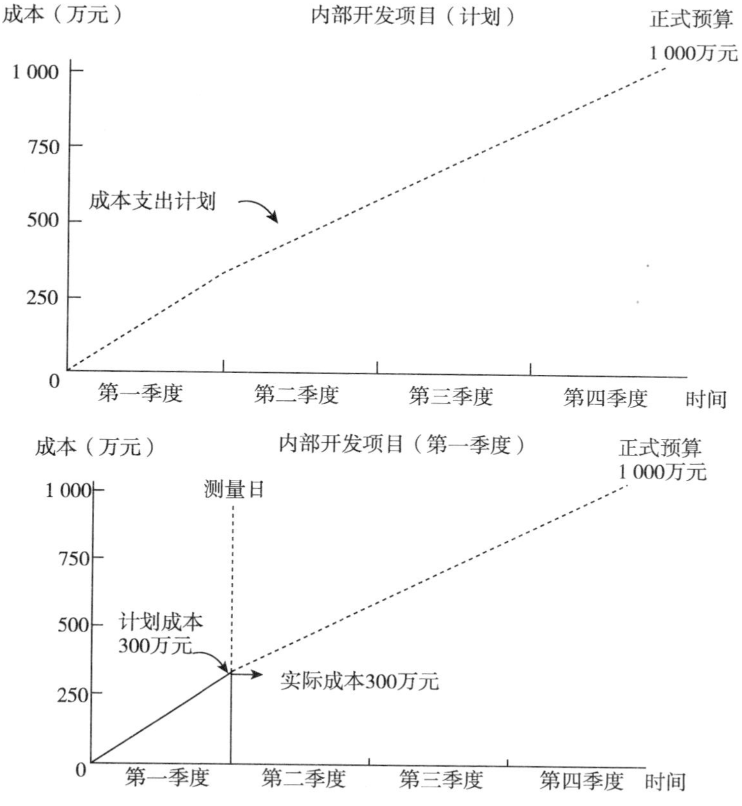

图 7－2　传统项目成本管理：预算计划与实际成本的对比

事实上，仅根据图 7－2 所示的数据，根本无法判断项目真正的成本绩效。我们不能仅仅简单地把预算与实际进行对比，还要把计划进度和实际进度也进行同样的对比。在此，需要强调，这“两组对比”必须在“同一套基准”中进行。但是，在大多数项目中，这两者之间没有一个共同的基准。比如，在成本管理的时候采用以职能为单位的方法，而在进度管理的时候采用以工作分解为单位的方法。发现其中的问题了吗？由于基准不同，成本与工作量之间根本无法匹配，也就是说花了钱，却不知道花在了什么地方，更不知道这笔钱是不是真的完成了原本想要完成的工作。显然，如果财务部门用一套自己的方法进行成本管理，而施工部门又有另一套自己的方法来管理进度，其结果必然是难以找到解决“同一套基准”的办法，这也是传统项目成本管理的弊端。

2. 挣值方法的成本管理

为了避免传统项目成本管理中出现的问题，挣值项目管理要求：在项目进度规划时，必须把工作范围与成本预算整合在同一个基准计划中。下面，我们把图 7－2 与另一张挣值绩效图（图 7－3）进行比较。该项目通过详细的自下而上的计划，估算整个项目的预算为 1 000 万元，而且在整个项目生命周期中，每一部分的绩效都可以进行测量。我们还将整个项目生命周期设置了 10 个单元，每个单元的价值为 100 万元，也就是说每完成一个单元的工作量，项目就挣到了 100 万元。

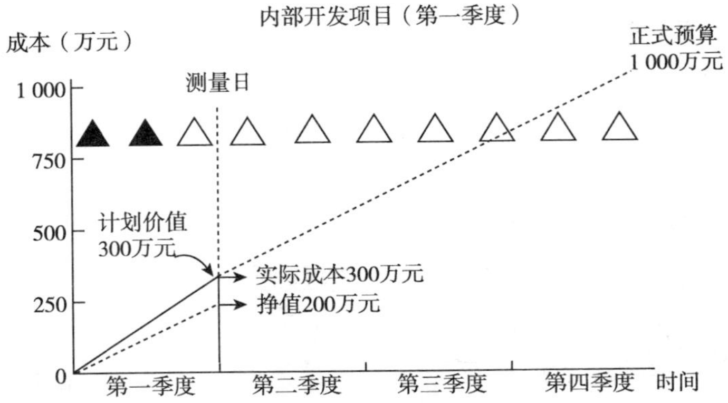

图 7－3　三维的挣值项目管理

如图 7－3 所示，在第一季度结束时，计划要完成的工作量现已用“计划价值”表示，也就是要在第一个季度中完成 3 个单元的工作，“计划价值”（PV）为 300 万元。如前所述，进行挣值分析，可以从三个维度对项目绩效进行测量。如图 7－3 所示，实际上我们只完成了 2 个单元的工作量，挣值只有 200 万元。也就是说，挣值就是根据预算中每单位工作量可以花的钱，计算出实际完成的工作量值多少钱。本例只完成了 2 个单元的工作量，每个单元的工作量的预算为 100 万元，而这一阶段实际完成了 2 个单元的工作量，所以挣值只有 200 万元。于是，我们马上可以发现，项目在第一个季度结束时，就已经落后于进度了。项目原本要完成价值 300 万元的工作，但实际上只完成了 200 万元（挣值）的工作。也就是说产生了－100 万元的进度偏差（SV）。

再通过图 7－3 还可以发现，虽然项目在第一季度内实际成本（AC）为 300 万元，但却只完成价值为 200 万元的工作，也就是说“只挣到 200 万元的工作价值”。因此，该项目在这一阶段产生了－100 万元的成本偏差（CV）。显然，当成本偏差为负的时候，就表明项目出现了成本超支。

通过数量分析，我们还可以预测完成整个项目所需的实际总成本，这样有利于及早地发现项目进度和成本中隐藏的问题，并及早发现进度落后或成本超支问题。

3. 传统成本管理与挣值项目管理的比较

从上述可知，相对于传统成本管理，挣值项目管理对于数据的处理方法和分析方法有所不同。图 7－4 揭示了这两种方法在数据处理上的不同之处，并重点解释了两种方法对于“偏差”的不同定义。

（1）从图 7－4 上半部分可以看出，仅通过计划成本与实际成本的比较，并不能真实地反映项目的成本绩效，因为这种单纯的比较，并没有涉及成本与工作量之间的对比关系，充其量只能说明本来打算花多少钱，实际花了多少钱。若只比较计划成本与实际成本的大小，会误以为整个项目的成本管理得很好。而事实上，这种方法只能用来判断：项目到目前为止所花的钱有没有超过“总的”投资额，而真正的成本绩效必须与相应的工作量对应。

（2）从图 7－4 下半部分可以看出，挣值项目管理采用了三维数据体系：按照计划应该完成的“计划价值”、实际完成的“挣值”、为完成挣值而消耗的“实际成本”。通过挣值分析，可以确认“进度偏差”与“成本偏差”。

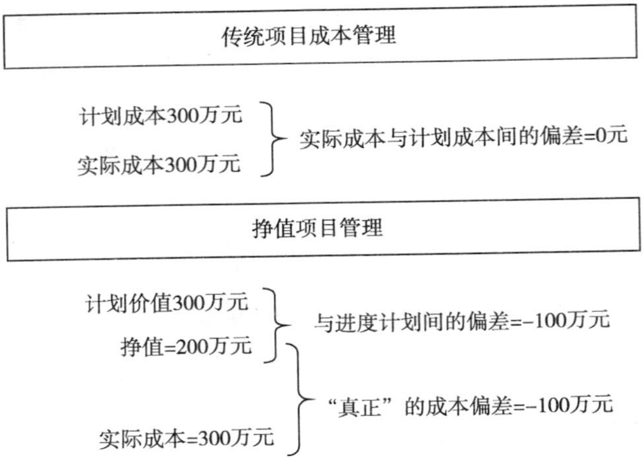

图 7－4　传统成本管理与挣值项目管理的原理对比

挣值项目管理的三维数据还可以用来预测整个项目结束时的情况。它既可以单独使用，也可以与其他技术相结合使用，而且预测结果的准确性较高。

（三）挣值的进度绩效指数与成本绩效指数及其应用

1. 进度绩效指数与成本绩效指数

挣值分析可以生成两个准确的绩效指数，即进度绩效指数（Schedule Performance Index，SPI）与成本绩效指数（Cost Performance Index，CPI）。所谓进度绩效指数，是一种基准进度效率因数，它表示已实现的挣值与计划价值之间的关系，等于挣值除以计划价值。所谓成本绩效指数，则是表示已实现的挣值与实际成本之间的关系，等于挣值除以实际成本。其中，挣值由实际已完成的工作与已批准的相应预算得出，实际成本则表示完成工作过程中支出或发生的成本。CPI 是挣值项目管理中最关键的指标。

图 7－5 上方的条形图表明，该时段的计划价值是 300 万元（或全部价值的 30%）；该图下方的条形图表明，实际成本为 300 万元（为了完成 200 万元挣值所消耗的实际成本），是总投资额的 30%。用挣值（200 万元）除以计划价值（300 万元），就得到了计划进度作业效率因素，即进度绩效指数（SPI）为 2/3（其含义是，项目计划在这段时间内完成 1 万元的工作，但实际上只完成了 2/3 万元）。用挣值（200 万元）除以实际成本（300 万元），就得到成

本绩效指数（CPI）为2/3（其含义是，项目每花去1万元，却只实现了2/3万元的价值）。通过在关键路径法中采用SPI，可以有效地估算整个项目的周期长度；CPI能有效地预测整个项目完成时，到底需要多少成本。CPI既可以独立使用，也可以与SPI一起使用，从而对整个项目完成时的成本范围进行持续的估算。SPI与CPI还可以用来将单个项目的绩效与组织内其他项目的绩效进行对比，也就是说，挣值方法还可以成为项目组合的管理工具。

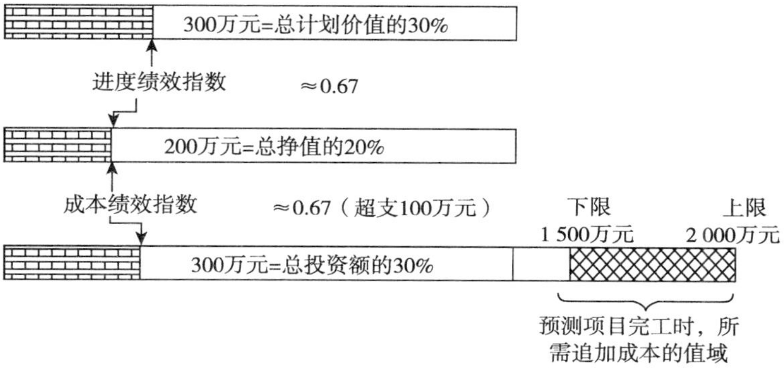

图7－5 从当前绩效推断项目的最终成本

2. 用进度绩效指数和成本绩效指数估算项目最终的成本范围

进度绩效指数（SPI）与成本绩效指数（CPI）可以对整个项目的资金需求作出相对准确的统计预测，也就是说通过项目的过程检查，能够对项目的走向和最终方向进行一次全面检查。当然，这种预测并没有考虑其他的干扰因素，它只是根据三维数据得出推断。无论是单独使用CPI，还是将CPI与SPI联合使用，都可以推出最终的结果。

一般而言，在项目进程中，要对项目完工时的总成本进行再预测，可以采用细致的自下而上的估算，对剩下的所有工作进行进度和绩效评估。这是一种相对普遍的方法，也更容易受到人们的信赖和推崇。但是，这种细致的自下而上的估算方法需要花费大量的时间，并且与项目工作本身的特征有较大的关系。相比之下，运用“挣值统计预测法”所需的时间较少，并能相对准确地估算整个项目的最终成本需求，因此可以作为前一种方法的代替。具体而言，可以通过下述两种计算方式，来估算项目总成本上下限之间的变动范围。

(1) 下限的估算公式是：将项目原来的总预算（1 000 万元）除以成本偏差 CPI（2/3），就能很快估算出完成整个项目需要 1 500 万元。这种方法通过了广泛的数据验证，成为对项目成本需求的下限估算的有效工具。

(2) 上限的估算公式是：将成本偏差 CPI（2/3）与进度偏差 SPI（2/3）相乘，再用所得的积（4/9）来估算整个项目成本需求的上限。这种方法既考虑了目前成本的超支问题，又考虑了现在进度落后的问题，从而得出了一个相对悲观的预测。通常被认为是成本估算的上限。对本例而言，挣值为 200 万元，还剩下 800 万元的原计划价值除以 CPI 与 SPI 的乘积（4/9），便得到尚未完成工作的估算成本 1 800 万元，再加上实际已发生的成本 200 万元，便得到完工预算即总成本为 2 000 万元。

通过对项目总成本下限与上限的估算，便得到项目最终总成本的一个值域，大概在 1 500 万元与 2 000 万元之间。在目前的情况下，由于 300 万元的成本只是完成了价值 200 万元的工作，因此该项目已经超支 100 万元。一般来说，这超支的 100 万元是收不回来的，它是一种沉没成本。也就是说，一旦发生，将很难弥补。我们只能在项目的后续工作中，继续采取动态的成本控制措施，来加强成本核算与控制。

四、应用挣值法实施项目成本控制[①]

项目成本控制，是指在项目实施过程中，通过项目的成本管理，尽量使项目的实际成本控制在预算或计划范围内的一项项目管理工作。在项目实施的整个过程中，应该定期地、经常性地收集项目的实际费用数据，进行预算费用和实际费用之间的动态分析，并进行费用预测。如果发现偏差，则及时

① 本节内容主要参照昆廷·弗莱明、乔尔·科佩尔蒙著：《挣值项目管理》，电子工业出版社 2007 版；蒋景楠主编：《项目管理》，华东理工大学出版社 2006 年版。

采取纠偏措施，包括经济、技术、合同、组织管理等综合措施，以实现项目的目标。项目成本控制包括：一是对引起项目成本变化的因素施加影响，以保证这种变化朝着有利于项目的方向发展。二是监督成本的实施情况，将项目实际成本和预算成本进行比较，确定是否存在偏差。三是如果存在成本偏差，应分析查找原因，针对成本发生偏差的工作采取纠正措施，必要时对项目成本的阶段性目标（按时间分段的成本预算计划）进行修正。四是对成本偏差采取纠正措施的同时，还需要与其他控制过程（如范围控制、进度控制、质量控制等）相结合，以切实搞好项目成本控制。

项目成本控制是一个系统过程，它包括成本变更控制、执行情况测量、补充计划编制等内容。在控制项目成本过程中，按时间分段的成本预算计划，可以说是项目成本控制的基准——目标成本或标准成本，可用它来测量和监督项目的实际成本。建立项目成本变更控制系统，是包括提出项目成本变更请求、批准项目成本变更请求和变更项目成本预算等一系列工作在内的全过程控制系统。

下面我们结合前述对挣值法的介绍，再来讨论该方法在项目成本控制中的应用。如前所述，挣值法是一种单一型的管理系统，能为项目管理各个层面的管理工作提供具有较高信度、效度、可靠性和时效性的数据，进而帮助管理者适时监控项目实施过程中业务量（范围）、进度和成本三大约束的进展情况，从而对项目的整个生命周期进行综合绩效管理。运用挣值法进行项目管理，能够有效地进行时间和资源的整合，促进项目实施与成本管理的协调，明确相关责任中心与相关责任成本之间的关系。挣值法实际上可看成是一种偏差分析法，是对项目进度和成本进行综合控制的一种有效方法。挣值法通过测量和计算已完成工作的预算成本、已完成工作的实际成本和计划工作的测算成本，得到有关计划实施的进度和成本偏差，达到判断项目预算和进度计划执行情况的目的。它的独特之处在于通过预算成本与实际成本的比较来测量项目进度。

（一）项目资源计划

由于任何项目都要消耗资源，所以，可以说项目成本就是项目所消耗全部资源的价格。项目投入资源的种类、数量、质量和投入时间不但对项目成本的大小起主要的决定作用，也会对项目进度产生重要影响。做好资源计划，合理安排资源，对于加强项目成本控制，避免由于资源配置不合理而造成项目工期延误与项目成本超支都有着重要意义。项目资源计划是指通过分析和识别项目的资源需求，确定项目所需资源的种类、数量、质量和投入时间，从而制定出科学、合理的项目资源供应计划的项目成本管理活动①。

1. 用 WBS 定义项目范围，明确资源计划编制的依据

WBS（即工作分解结构，Work Breakdown Structure）也称 PBS（即项目分解结构，Project Breakdown Structure），是进行项目管理的重要工具，它能帮助项目管理者进行项目范围的定义，进而为编制项目资源计划提供主要依据。工作分解结构是将项目自上而下逐级分解形成的“产品树”，是既定项目各项工作的结构图或说明。一个项目的工作分解结构，以可交付的成果为对象，列出了项目团队为实现项目目标并创造必要的可交付的成果而执行的工作分解之后，得到的一种层次结构，表明为完成该项目所要做的工作内容。工作分解结构将项目分解成较小和更便于管理的多项工作，每下降一个层次，就意味着对项目工作更详尽的说明，直到成为一个个工作包。整个分解结构，既包括对外部可交付成果的分解，也包括对内部可交付成果的分解。

WBS 的重点必须放在项目、项目的任务和为实现项目目标而完成的独特工作上。同时，也包括那些关于项目可交付成果的详细说明。在一份合格的 WBS 中，必须有下面这些关键词：项目结束项（project end item）、项目可交付成果（project deliverable）、项目任务（project task）和项目子任务（project subtask）。通过使用 WBS，项目团队把整个项目的必要任务进行了逐步细化（包括作出自制或外购重要决策），最终形成了项目的范围。实质上这一步也为确定各责任中心奠定了基础。因为 WBS 完整地定义了项目要做些什么和不用做什么，也就是说，项目就是由 WBS 里的所有元素加总构成的，如果 WBS 中没有这个元素，那么这个元素就不属于这个项目。任何一个非 WBS 中的工作都必须通过审核，才能继续执行——这事实上是一种项目范围的变更，要么被拒绝，要么被批准。

在 WBS 的最底层，项目中原本简短的任务名称被扩展成详细的描述性语言，并进而形成“WBS 词典”（WBS dictionary）。WBS 词典主要由项目工作的技术陈述组成。WBS 词典可以用来将定义好的工作任务与负责这部分工作

① 蒋景楠主编：《项目管理》，华东理工大学出版社 2006 年版，第 176 页。

的组织联系起来，形成所谓的“责任分配矩阵”（Responsibility Assignment Matrix，RAM）。WBS 词典还可以作为编制合同工作说明书（Statement of Work，SOW）的基础，帮助业主与项目经理之间进行沟通。

还需要说明的是，除了能进行项目范围的定义外，WBS 还能清晰地界定项目的外延，它还是一种非常有效的项目范围变更管理工具。对于那些新增或变更的任务或工作，也可以很容易在 WBS 中标出。只要我们在一开始的时候就用 WBS 对项目进行完整的定义，并获取所有关键职能部门的支持，我们就能够确保项目中所做的一切工作都是客户所需要的。如果客户的上层领导经常要求做一些项目定义外的工作，或者经常要对项目定义作出变更，那么 WBS 的存在就能帮助项目管理者弄清楚他们应该申请多少项目预算，或延长多少项目时间。

项目（工作）分解结构的一般形式如图 7－1 上图所示。根据项目（工作）分解结构编制项目资源计划还需要做好如下工作：

（1）项目范围计划。项目范围计划包括对项目目标、项目产出物和项目工作范围等内容的全面说明和描述以及计划安排。这些内容（包括 WBS 词典的内容）对于项目所需资源的种类、数量和质量有着重要的影响，所以项目范围计划也成为项目资源计划的依据之一。

（2）项目进度计划。项目进度计划是控制项目进程的主要文件，它规定了项目各项活动的开始和结束时间，因而也就决定了各种项目资源的投入时间、投入数量。所以，资源计划必须以进度计划为依据来制定，以使项目组织能够适时地、有计划地安排合适的资源。

（3）项目资源描述。项目资源描述是对项目所需资源的种类、数量、质量的描述和说明。具体包括：项目需要哪些种类的资源？这些资源的特性和要求是什么？项目什么时候需要这些资源等。

（4）项目资源信息。项目资源信息是指编制项目资源计划所需要的各种信息，包括可收集的已经完成的同类项目的资源需求和使用情况的历史资料，以及可供使用资源相关描述。这些描述既包括项目实施组织自身所拥有的资源，也包括整个社会能够为项目提供的各种资源。只有掌握了足够丰富的资源信息，项目管理人员才能够作出切实可行的项目资源计划，否则制定的项目资源计划可能超越了现实的条件，出现纸上谈兵的情况，影响项目进度；也可能未充分利用客观存在的现有资源，影响项目的进度与质量。

（5）组织资源的政策。组织项目资源的政策包括人力资源的组织、设备和材料的选用、获得资源的手段和方法等方面的政策，对编制项目的资源计划也很重要。

2. 项目资源计划编制的方法

编制项目资源计划的方法有很多种，其中常用的有以下几种：

（1）专家判断法。这种方法是编制项目资源计划最常用的方法。它是由项目成本管理专家根据经验去确定和编制项目资源计划的方法。专家判断法的步骤如下：

①专家和参与者的选择。专家可以是本项目组的专业技术人员，也可以是本行业的专家和教授，还可以是来自于专业技术协会、咨询公司的顾问等。选择专家时应注意：一是应具有广泛的代表性；二是应具有较高的学术造诣；三是应具有丰富的实践经验。

②问题的阐述。问题阐述是项目资源计划编制过程中的关键步骤。这一阶段要明确项目的总目标，规定各种约束条件，向每位专家提供项目资源计划编制所需的依据，如项目的工作分解结构（WBS）、进度计划、资源信息等。

③产生备选方案。在这一阶段中可以采用头脑风暴法等多种方式提出有可能解决问题的各种措施和方案。

④各方案的评价与选择。这一阶段要对上一阶段提出的各种备选方案作出评价，以确定各方案满足目标达到目的的程度，并根据事先规定的若干准则，选择一个付诸实践。

⑤选定方案的实施与管理。这一阶段要把选定的方案付诸实施，制定项目资源计划。

⑥上述方案的反复迭代。

（2）资料统计法。这种方法是使用已完成同类项目的统计数据资料，计算和确定该项目的资源计划。其中，计划指标通常可分为实物量指标、劳动量指标和价值量指标。实物量指标用来表明所需要资源的数量；劳动量指标主要用于表明项目所需人力资源的数量；价值量指标用于表示项目所需资源的货币价值。这种方法以已完成项目的统计数据资料为依据来制定本项目的资源计划，结果比较准确合理。但是，它要求已完成项目与本项目相似程度较高，而且要有详细的历史数据，所以其应用受到一定的限制。

（3）专家判断法与资料统计法的结合。在实践中，完全可供借鉴与利用的同类项目往往较少，较多的情况可能是项目分解结构中的某一部分类似，而其他部分不同。这时，可将专家判断法与资料统计法结合起来，对那些较相似的单元（或要素）采取资料统计的方式，而对无参照的单元（或要素）采取专家判断的方式来确定。

3. 项目资源计划的工具

项目资源计划的工具主要是一些方便资源统计或说明的图表，常用的有以下几种：

（1）资源计划矩阵。资源计划矩阵是项目工作分解结构（WBS）的直接产品，即根据 WBS 对项目资源进行分析、汇总（表 7－1）。资源计划矩阵能够说明完成项目中的工作所需要用到的各种资源的情况，但是不能表明资源的投入时间。

（2）资源数据表。资源数据表与资源计划矩阵不同，它不是对项目所需资源的统计说明，而是说明资源在项目周期各时间段上的数量需求情况（表 7－2）。

表 7－1　　资源计划矩阵

WBS 结果	资源需求量				备　注
	资源 1	资源 2	…	资源 n	
工作包 1 工作包 2 工作包 3 … 工作包 n					

表 7－2　　项目资源数据

需求资源种类	需求资源总量	项目进度阶段（时间）					备　注
资源 1 资源 2 资源 3 资源 4		1	2	3	…	n	

（3）资源甘特图。资源甘特图用以反映资源在各个项目阶段的被占用情况，是资源数据表更加直观的形式（表7－3）。

表7－3　项目资源甘特图

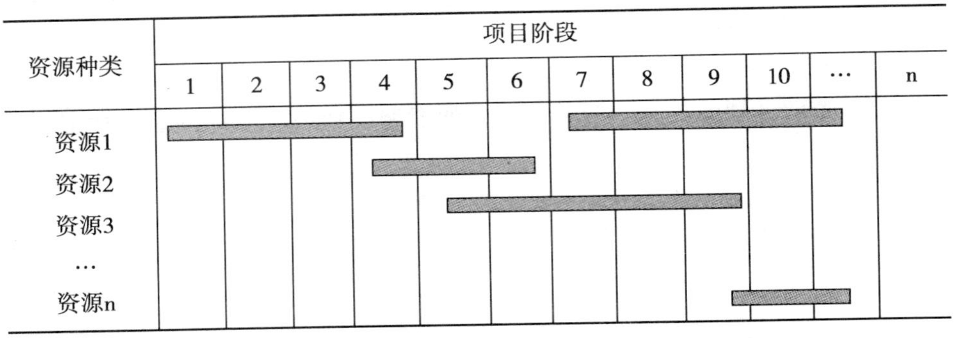

（4）资源负荷图。资源负荷图给出了在项目周期内各个阶段所需要的某种资源的数量。图7－6是某项目的人力资源负荷图，还可以按不同种类的资源画出不同的资源负荷图。

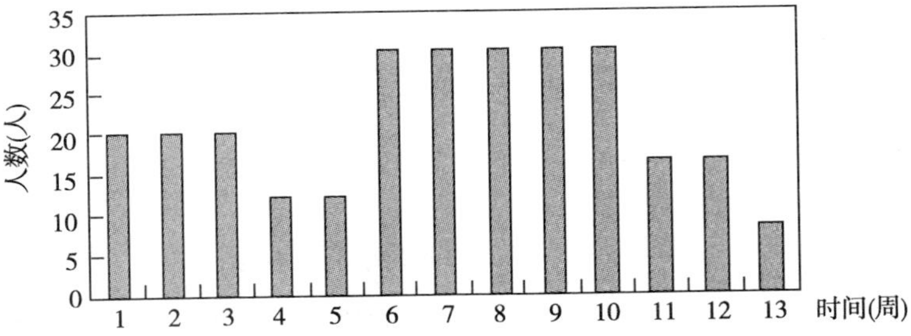

图7－6　人力资源负荷图

（二）项目成本估计

1. 项目成本估计的概念和类型

项目成本估计是根据项目资源需求计划和所需各种资源的价格信息，估计和确定项目各种活动的成本和整个项目的成本。为了有效地进行项目成本控制，成本估算的工作需要进行多次，并随着每次估算所处的时间不同、项目的进展情况不同、掌握信息的完备程度不同，估算的详细程度和精度也不同。一般来说，项目成本估算分为三种类型：即初步估计、控制估计和最终估计。这三种类型成本估计的主要特征如表7－4所示。

2. 项目成本估计的依据

项目成本估计的主要依据有以下几个方面：

（1）工作分解结构（WBS）。工作分解结构是编制资源计划的基础，也可以用于成本估计，并确保所有识别的工作已被估计。

（2）资源需求计划。资源需求计划界定了项目所需要资源的种类、数量和质量标准，是成本估计的主要依据。

（3）资源价格。为了计算各项工作的成本，必须知道项目所需各种资源的单价。如果不知道某种资源的实际价格，应该对它的价格作出估计，以确保最后的整体估计有效。

（4）活动持续时间。活动的持续时间将直接影响分配给它的资源数量，因为会影响到项目成本的估计。

（5）历史信息。同类项目的历史信息是项目执行过程中可以参考的最有价值的资料，包括项目文件、共用的项目成本估计数据库以及项目工作组的知识等。

（6）会计表格。会计表格说明了各种成本信息项的代码结构，这有利于项目成本的估计，与正确的会计科目相对应。

表7－4　　项目成本估计的种类

种类 项目	初步估算	控制估算	最终估算
进行时期	可行性研究后期	项目计划阶段，伴随着项目工作内容的精确确定而进行	项目实施阶段
主要依据	项目组的可行性研究和报告所作的估算	最新的市场价格	项目进程中一些重大工作的详细估算，及最新的估算和预测

续表

种类 项目	初步估算	控制估算	最终估算
特点	较为粗略。用流程示意图而非结构图等详细资料来表示项目设施的组成情况。当主要资源的规格已经确定时，也可进行一些较为详细的估算	比较精确。由项目团队全面负责制定。但其中的一部分可分别由财务或专业咨询部门完成	主要资源按照实际详细价格估算，投资较少又不易确定的部分采用类比或预测方法
精确程度	-25% ~75%	-10% ~25%	-5% ~10%
作用	为管理部门提供初步的经济情况，并为筹措资金提供依据，是肯定经济价值进而转入计划阶段的必要条件	能够为筹措资金提供依据，也可以用来明确责任和实施成本控制。宜与正式的风险分析同时进行	依据不同时期的项目情况为项目管理提供精确信息，是控制项目费用的工具
其他说法	棒球场估算、概念估算、可能性估算、SWAG（科学粗略解剖）估算	自上而下估算、分析估算	详细估算、WBS 估算、工程估算

3. 运用 WBS 全面详细估计项目成本

这种方法是利用 WBS 方法，先把项目任务进行分解，直到可以确认的程度，如某种材料、某种设备、某一活动单元等；然后估计每个 WBS 要素的成本，并由此确定整个项目的估计成本。采用这种方法估计项目成本必须满足以下前提条件：

（1）对项目需求作出一个完整的界定。项目需求的完整界定应包括工作说明书、规格书以及总进度表。工作说明书是指项目所需的各项工作的叙述性说明，它应确认项目必须达到的目标，如果有资金等方面的限制，也应该包括在内。规格书是对工时、设备以及材料进行估价的依据。总进度表应明确项目实施的主要阶段和分界点，其中应包括长期订货、原型试验、设计评审会以及其他任何关键的决策点。如果可能，用来指导成本估计的总进度表应含有项目开始和结束的日历时间。

（2）制定完成项目所必需的逻辑步骤。一旦项目需求被完整地界定出来，就应该制定完成项目所必需的逻辑步骤。在现代大型复杂项目中，通常使用网络图来表示。

（3）编制 WBS 表。WBS 表是项目工作分解的结果，它详细地列出了项目所包含的工作以及各项工作所需要的资源。WBS 表和网络图一道形成了费用估计的基本依据。

WBS 全面详细估计法需要进行大量的计算，工作量较大，因而估计工作需要花费一定的时间和费用。但这种方法估计的准确度较高，用这种方法作出的成本估计结果还可以用来作为项目控制的依据。最高管理层则可以用这些报表来选择和批准项目，评定项目的优劣性。

（三）项目成本预算

1. 项目成本预算的概念

项目成本预算是在项目成本估计的基础上，把整个项目估计的成本分配给项目的各个工作单元（工作包），建立目标成本或标准成本，并以此为依据来度量和控制项目成本的工作过程。这个工作过程包括根据项目成本估计向项目各个工作单元与活动分配预算定额，确定项目的总预算，以及制定项目成本控制标准和规定项目不可预见成本的划分和使用规则等。

2. 项目成本预算的依据和方法

项目成本预算的主要依据，是项目成本估计文件、项目工作分解结构（WBS）和项目进度计划。其中，工作分解结构（WBS）确定了要分配成本的项目工作组成情况；项目进度计划包括要分配成本的项目组成部分的计划开始和预期结束日期，根据这些资料可以将成本分配到发生支出的不同时间段上。项目成本估计的方法均可用于项目成本的预算，并采用自上而下与自下而上两种基本策略。在实际工作中，项目成本估计与成本预算往往是同时进行、交叉进行或反复迭代进行，而难于绝对分开的。

项目成本预算过程包括两个步骤：一是先将项目成本估算额分配到项目工作分解结构中的各个工作单元（或称工作包）上；二是将每个工作单元的预算分摊到本工作单元的不同工期，这样才能知道在每个时间点上的预算支出是多少。

分解总预算成本。这项工作是将总成本按各个成本要素（如人工、原材料、设备等）分摊到工作分解结构中的各个工作单元（工作包）中，进而得到一个成本分解结构（Cost Breakdown Structure，CBS）。图 7 – 7 是某个项目的成本分解结构，从中可以看出，每个工作单元所花费的各项成本之和为该工作单元的总预算成本（Total Budget Cost，TBC）。

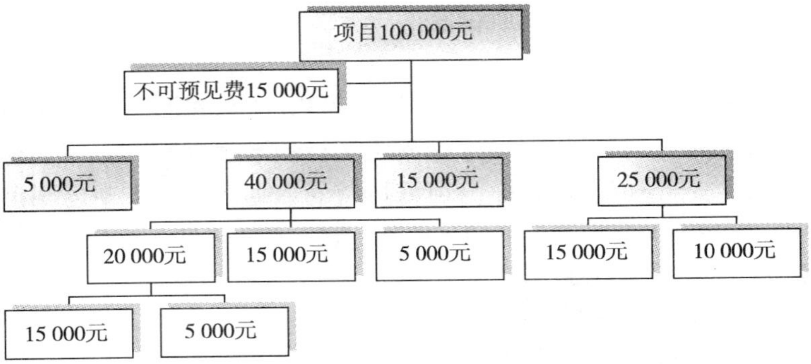

图 7 – 7　项目成本分解结构

3. 生成累计预算成本

为每个工作单元测算出总预算成本之后，则需要进一步将每个工作单元的总预算成本，按项目进度分解到工作单元的具体工期中，进而按项目进度确定各个时间段的项目预算是多少。按项目进度将估算的成本累加起来，就可求出累计预算成本（Cumulative Budget Cost，CBC），这也就是到某个时间点为止，按进度完成的预算值。累计预算成本是分析项目成本绩效的重要依据，可用图 7 – 8 来表示，图中横轴表示时间，纵轴表示成本。

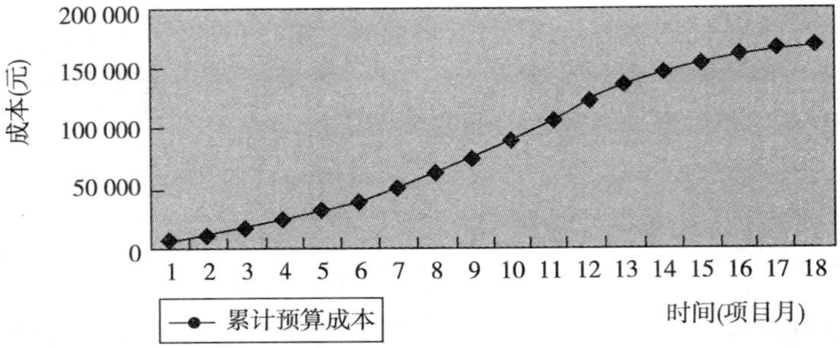

图 7 – 8　某项目累计预算成本曲线

项目成本估算与项目成本预算，是项目成本管理的两大重要内容，两者之间的联系与区别如表7－5所示。

表7－5　　成本估算与成本预算的联系与区别

项　　目	成本估算	成本预算
含义	编制一个为完成项目各项工作所需成本的近似估计	把整个项目估算的成本分配到各项活动和各部分工作上，进而确定测量项目实际执行情况的成本基准，又称为制定成本计划
依据	工作分解结构、资源要求、资源单价、活动历时估算、历史信息、账目表	工作分解结构、成本估算；项目进度计划
工具与方法	类比估算法、参数模型法、自上而下估算法、计算机工具法	类比估算法、参数模型法、自上而下估算法、计算机工具法
成果	成本估算文件、相关支持细节，成本管理计划	成本基准计划、预算管理计划

（四）运用挣值法进行项目成本控制的主要指标

前面我们介绍了挣值法，可以初步看出它在项目管理过程的独特作用。这里，我们主要针对项目成本控制，再作一简要梳理。

1. 三个基本参数

在实施项目成本控制过程中，常用到挣值法所特有的三个基本参数：

（1）计划工作量预算成本（Budgeted Cost for Work Schedule，BCWS）。计划工作量的预算成本（BCWS）是衡量项目进度和成本的基准。一般而言，除非合同发生变更，BCWS在项目实施过程中应保持不变。如果合同发生变更，BCWS也应作出相应的调整，其值等于计划工作量与预算定额的乘积。

（2）已完成工作量的预算成本（Budgeted Cost for Work Performed，BCWP）。已完成工作量的预算成本（BCWP）是指在项目实施过程中，某阶段实际完成工作量按预算定额计算出来的成本，即挣值。由于业主正是根据这个值对承包商完成的工作量进行支付，也就是承包商获得的金额，故称为挣值。挣值反映了满足质量标准的项目实际进度，其值等于已完成工作量与预算定额的乘积。

（3）已完成工作量实际成本（Actual Cost of Work Performed，ACWP）。已完成工作量的实际成本（ACWP）是指项目实施过程中某阶段实际完成的工作量所消耗的成本，反映项目执行中的实际消耗。

显然，上述三个参数是三个关于进度（时间）的函数。通过对这三个基本参数的对比，可以对项目的实际进展情况作出明确的测定和衡量，发现项目在进度和成本方面存在的问题。

2. 四个评价指标

在实施项目成本控制过程中，常用到挣值法所特有的四个评价指标：

（1）成本偏差（CV）。所谓成本偏差（CV），是指检查点上已完成工作量的预算成本（BCWP）与已完成工作量的实际成本（ACWP）之间的差额。当CV小于0时，表明此时成本超支，即实际成本超过预算成本；如果在几个不同的检查点上都出现此问题，说明项目执行效果不好。当CV大于0时，表明此时成本节约，即实际成本低于预算成本，说明项目执行效果较好。

（2）进度偏差（SV）。所谓进度偏差（SV），是指在某个检查点上已完成工作量的预算成本（BCWP）与计划工作量的预算成本（BCWS）之间的差额。当SV小于0时，表示进度延误；当SV大于0时，表示进度超前。

（3）成本绩效指数（CPI）。所谓成本绩效指数（CPI），是指已完成工作量的预算成本（BCWP）与已完成工作量的实际成本（ACWP）之比。当CPI小于1时，表示超支，即实际成本高于预算成本；当CPI大于1时，表示节支，即实际成本低于预算成本。

（4）进度绩效指数（SPI）。所谓进度绩效指数（SPI），是指项目已完成工作量的预算成本（BCWP）与计划工作量的预算成本（BCWS）之比。当SPI小于1时，表示进度延误，即实际进度比计划进度慢；当SPI大于1时，表示进度提前，即实际进度比计划进度快。

3. 运用挣值法的评价分析

挣值法评价曲线图如图7－9所示，图中横坐标表示时间，即项目的进度，纵坐标表示成本（可以实物工作量或工时表示）。图中三条曲线都是项目进度的函数。从图7－9可以看出，该项目CV小于0，SV小于0，这就说明项目运行效果不好，即成本超支，进度延误，应该分析原因，采取补救措施。

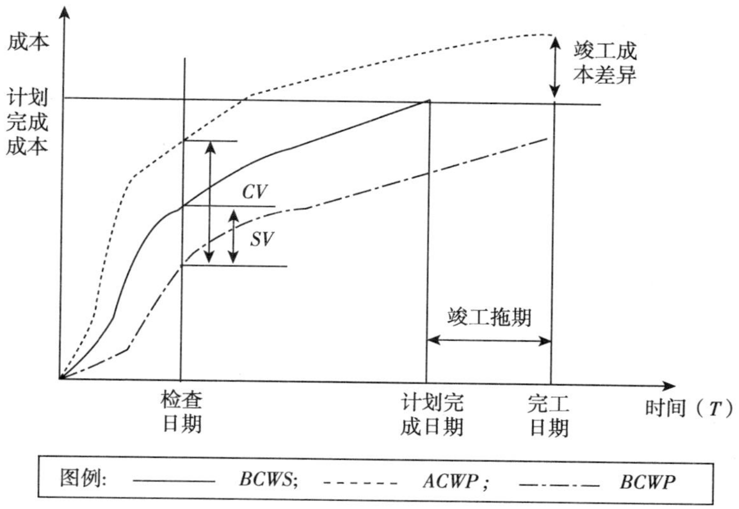

图 7-9　挣值法评价曲线图

在项目实施的过程中，挣值法是一种比较有效的评价方法。基于此方法的特定评价特性，项目组织可以根据以往的经验，找出成本超支的原因，并采取相应的措施。表 7-6 给出了挣值分析法的参数分析与应对措施。

4. 预测项目完成时的成本

预测项目完成时的成本（Cost Estimate At Completion，CEAC），是指按照项目的执行情况，来预测完成项目全部工作所需要的总成本。一般可以从三个角度去预测：一是假定项目未完成部分将按照目前的效率去进行的预测方法，那么项目完成时的成本可按下式计算：

$$项目完成时的成本=\frac{总预算成本}{成本绩效指数}$$

二是假定项目未完成部分按计划规定的效率进行的预测方法，那么项目完成时的成本可按下式计算：

项目完成时的成本 = 已完成工作的实际成本 + （总预算成本 - 挣值）

三是通过重估所有剩余工作量的成本，再作出总成本预测的方法，这时项目完成时的成本可按下式计算：

项目完成时的成本 = 已完成工作的实际成本 + 重估剩余工作量的成本

表 7－6　　　　挣值法参数分析与应对措施

序号	图　　例	参数关系	分　　析	措　　施
1	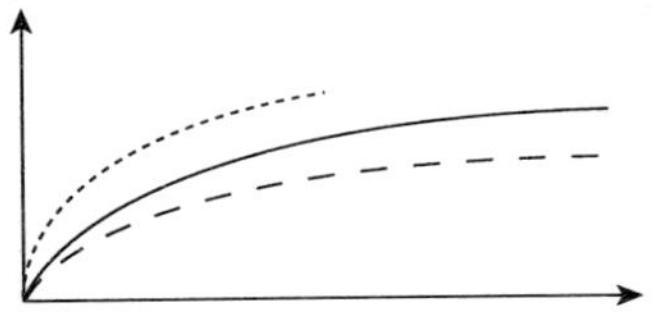	$ACWP > BCWS > BCWP$ $CV < 0$，$SV < 0$	效率低进度较慢投入超前	用高效率人员替换低效率人员
2	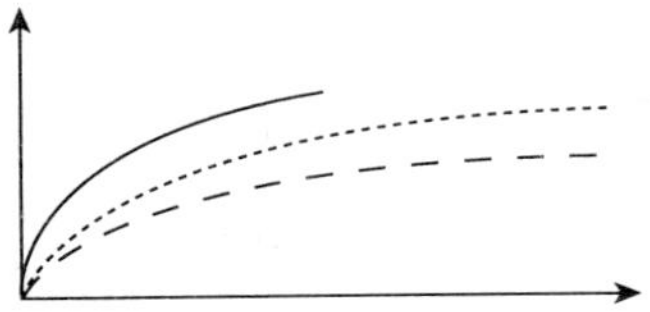	$BCWS > ACWP > BCWP$ $CV < 0$，$SV < 0$	效率较低进度慢投入延后	增加高效人员的投入
3	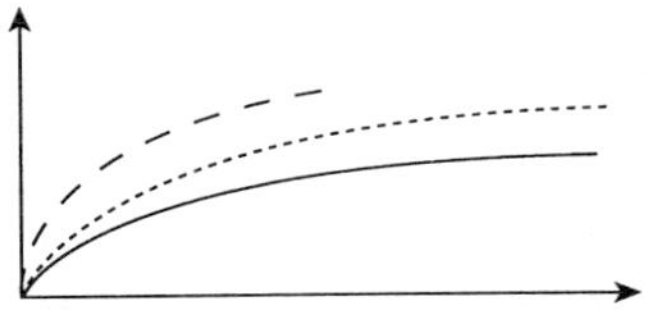	$BCWP > ACWP > BCWS$ $CV > 0$，$SV > 0$	效率较高进度快投入超前	抽出部分人员放慢进度
4	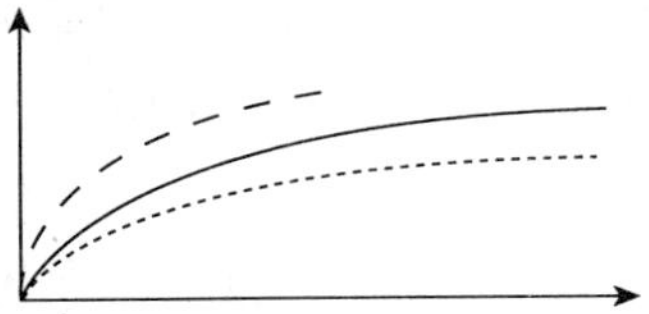	$BCWP > BCWS > ACWP$ $CV > 0$，$SV > 0$	较率高进度较快投入延后	如果偏离不大，可以维持原状
5	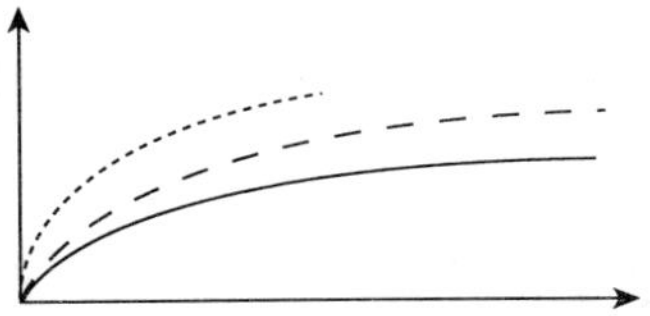	$ACWP > BCWP > BCWS$ $CV < 0$，$SV > 0$	效率较低进度较快投入超前	抽出部分人员，增加少量骨干人员
6	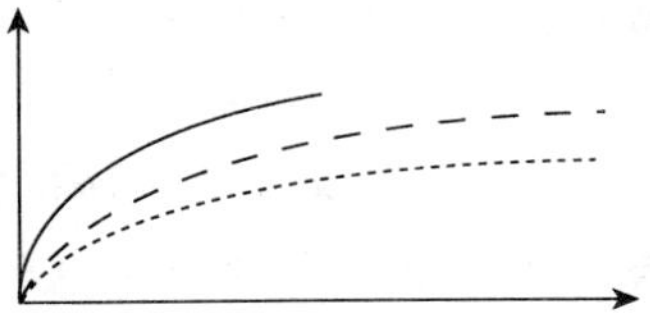	$BCWS > BCWP > ACWP$ $CV > 0$，$SV < 0$	效率较高进度较慢投入延后	迅速增加人员投入

注：——*BCWS*；- - - - *BCWP*；------ *ACWP*

五、全面认识与理解挣值法[①]

从以上介绍可以看出，挣值法为加强项目管理，特别是项目成本管理提供了一种有效工具。从公共支出项目的实际出发，全面认识与理解挣值法，加强对项目实施过程的成本管理，对提高公共支出绩效具有十分重要的现实意义。

（一）挣值法的主要特色

1. 挣值法是一种独具特色的项目管理方法

挣值法尽管只是一种单一型的管理系统，却能广泛用于所有组织的项目和生产作业管理，并能为相关项目管理工作提供具有较高信度、效度、可靠性和时效性的数据，进而帮助管理者监控相关项目的绩效表现。通过比较计划中的工作与实际完成的工作，可以准确地判断出项目进度的实际情况。更重要的是，通过比较已经实现的工作价值与实际消耗的成本，可以准确地反映项目的成本绩效。特别是通过使用挣值方法，还可以避免很多“报喜不报忧”的现象。

挣值法的实证研究表明，该方法具有广泛、持续的有效性和对绩效的可预测性。从 20 世纪 70 年代开始，美国国防部五角大楼的绩效管理工作者们就开始跟踪所有采用了 C/SCSC（Cost/Schedule Control Systems Criteria，即成本/进度控制系统标准），项目的绩效数据，挣值方法其实就是 C/SCSC 的核心部分。他们通过对那些绩效数据的分析，得出了一系列的结论，并以此预测所有政府项目的最终绩效。他们的结论表明：有时项目仅完成了 15%，但此时项目的实际绩效表现（挣值）就已经能成为管理者的风向标了，因为此时的绩效表现已经可以用来预测整个项目完成时的总成本和总时间，并具备

① 本节内容主要参照昆廷·弗莱明、乔尔·科佩尔蒙著：《挣值项目管理》，电子工业出版社 2007 年版。

相当的可靠性。挣值预测的方法并不复杂，只需将已完成的工作与计划中的工作进行比较即可。实证表明：如果项目在某一时点上成本超支，那么在其后的时间里，若不采取适当的补救措施，超支只会随着时间的推移而越来越糟。

2. 挣值法是对项目“三大约束”实施综合管理的有效工具

挣值法全面考虑了项目实施过程的三大约束，即范围、进度和成本，从而对项目和生产作业的全过程进行综合绩效的管理。首先，以项目（工作）分解结构（WBS）为基础，为相关职能部门统一思想认识、制定统一的技术规范提供了公共平台。WBS 能有效地对项目的核心工作进行定义，并逐步把项目分解成更小的工作单元，直到分解到工作任务层。在工作任务层上，每一项任务都被分配到了各自的技术工作以及所需的资源和时间。通过使用 WBS，所有的关键职能都被整合在一个计划中。而对于绩效的测量也是从最底层的工作单元开始，从而帮助项目实施部门有效地确认计划的工作是什么、已经完成的工作有哪些、实际消耗的成本是多少。正是由于以 WBS 为基础，才使得绩效测量从以职能为单位的分散测量，改进为范围、进度、成本三位一体的整体测量。图 7－10 再一次对传统成本管理方法与挣值方法作了对比。图 7－10 中左边的这幅图，反映的是传统的以职能为单位的方法。在这种方法中，不同的职能部门为了保护自己的利益，会根据自己的观点对项目需求作出不同的解释，这可能导致整个项目管理表现为各自为政。作为对比，图 7－10中右边的那幅图则采用了一种整合的管理方法，即挣值管理方法。在项目的 WBS 中，每一个工作单元的各项职能都必须互相协调。职能交叉的任务则需要在特定的管理控制点进行定义、审批、执行和汇报，通常把这种管理控制点称为“控制账目计划”（Control Account Plan，CAP）。每一个管理控制点或 CAP 都位于 WBS 的最底层。WBS 为所有项目和生产作业的整合提供了一种有效的机制。

3. 基于挣值概念的几个特别参数

（1）成本绩效指数（CPI）：该参数反映了“已完成工作的价值”和“完成这些工作所消耗的成本”之间的关系，能够帮助管理者对项目或生产作业的“真实”成本绩效进行连续监控。

实证研究表明，当项目进行到 15% 至 20% 时，累积的成本绩效效率因素（挣值与实际成本之比）就已经基本稳定下来，因此可以用来预测整个

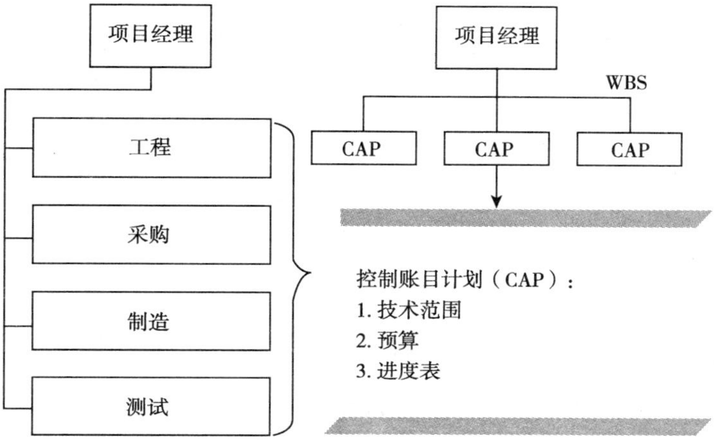

图7－10 挣值以项目范围、进度和成本的整合基准为前提

项目完成时的总成本。这个指数有时候也被称为CPI（e），其中的“e”就表示成本效率。图7－11说明CPI的使用方法：当CPI为1时，绩效表现最为完美；当CPI小于1时，则说明项目出现了成本超支。关于CPI还需要说明一下，前面的结论是通过大型项目的数据得出的。在那些大型项目中，经常需要花几个月的时间才能建立起绩效测量的基准，也就是说确定CPI的时间相对更长一些。而在大部分周期为一年甚至更短的小型项目中，要定义和制定项目绩效测量基准相对比较容易，甚至从项目一开始就可以同步测量绩效了。因此，可能当项目才进行到5%至10%的时候，CPI就基本稳定下来了。所以说，在小型项目中使用挣值法来预测总成本更加简捷与简便。当然，需要注意的是，在进行预测时，由于实时绩效数据、增量型绩效数据和累计的绩效数据所得出的预测结果是不同的，所以要根据不同的预测目标，选择合适的绩效数据。由于实时数据往往起伏很大，因此不适合进行长期性趋势预测；但是在对项目的实时结果进行连续监控时，实时数据却非常重要。简言之，我们应该用实时数据进行实时绩效的监控，用累积数据进行最终绩效的预测。

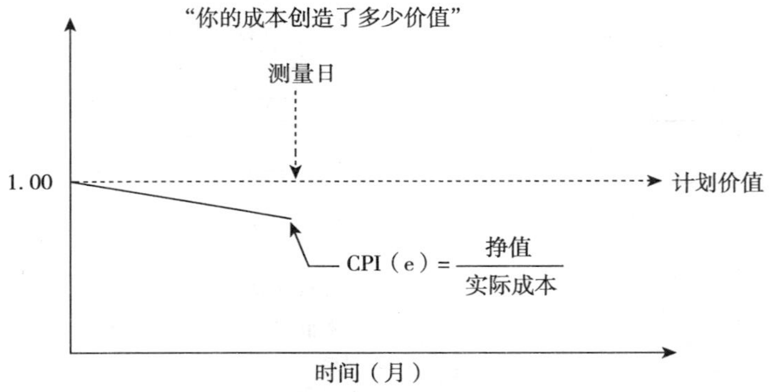

图7－11　用累计的CPI（e）反映项目绩效

（2）进度绩效指数（SPI）：该参数反映了"已完成的工作量"和"计划完成的工作量"之间的关系，能帮助管理者监督和管理进度实施情况。

特别是当我们把项目进度绩效与项目当前在关键路径上的位置相比较时，SPI就显得尤为重要。事实上，只要保证这两种方法的一致性，SPI和关键路径法（Critical Path Method，CPM）指标都能准确地评估任何项目的实际进度表现。通常，当人们发现项目进度落后于计划时，一种本能的反应就是增加计划外资源的投入，以期能够赶上进度。但是，这种做法虽能够有效加快进度，却也会导致成本的大大增加。也就是说，如果任意追赶项目的进度，虽然能提高SPI，但却会给CPI造成无法修复的冲击。因此，我们需要把SPI与其他管理技术结合起来使用，特别是关键路径法。

（3）累积成本绩效指数（CPI）：也就是根据成本绩效指数的计算公式，对项目完工时总成本的下限作出统计估算。

大量的实证数据已经证明，累积CPI会在项目的早期就进入稳定状态，因此，可以用来作为项目成本绩效的监控指标。但是，CPI的更大意义还在于，它能对任何类型项目完工时的总成本进行有效的预测。本方法是基于这样一个假设：到目前为止的累计成本绩效表现，会一直持续到项目结束。很多人认为，运用CPI来预测项目总成本是一种乐观的估算，也就是能估算整个项目完工时的总成本的最小值。

（4）通过综合使用 CPI 和 SPI，能够估算项目完工时总成本的上限。之所以将 CPI 和 SPI 两者一起来使用，是因为有时候项目会面临进度落后和成本超支的两重问题，而且这两种情况会发生交互作用，导致最终总成本的进一步增加。

（5）通过使用待完成绩效指数（To－Complete Performance Index，TCPI），能对目前的绩效水平与目标财务指标间的距离进行监控，并计算出为达到某些财务指标，还需要多少投入量；其中，目标财务指标包括已批准的整个项目的初始预算（Budget At Completion，BAC），也包括项目实施部门的项目估算的总成本（Estimate At Completion，EAC）。项目已完成部分的成本被称为沉没成本，这部分成本已经是无法收回或改变的。项目实施部门只能在未完成的部分上下功夫，以改善项目完工时的总成本，减少成本超支。因此，如何更好地完成剩下的工作，从而达到特定的管理目标，这对于任何项目都是非常重要的。这里的管理目标有可能是最初设定的项目预算（完工预算，Budget At Completion，BAC），也有可能是经过实时更新，从而更具可行性的目标（完工估算，Estimate At Completion，EAC。它等于实际已发生的成本加上尚未完成工作的估算成本）。

4. 运用挣值法对项目实施过程的异常管理

在对项目实施进行异常管理（Management By Exception，MBE）的过程中，项目主管部门只需要关注挣值指标（CPI、SPI、TCPI、EAC），并处理好重大的异常，就能对项目组合或生产作业进行有效的控制。事实上，在使用挣值方法的过程中，项目主管部门并不需要时刻关注每一项任务的进程，他们只需要建立起合理的项目或生产基准计划，并着重关注那些与基准产生重大偏差的“异常”（当然，要尽量在萌芽期就发现异常并进行控制），就能对所有关键绩效进行有效的监控。

（二）运用挣值法应注意的几个问题

1. 明确项目范围是实施挣值项目管理的前提

用 WBS 定义项目范围的工作重点是明确项目边界，即弄清楚“需要做的事”与“不应该做的事”，是加强项目成本控制的前提。范围管理对任何一个项目而言都是至关重要的，弄清楚一个项目的范围甚至比在项目中使用挣值方法更为重要。挣值项目管理要求运用工作分解结构（WBS），帮助项目管理部门进行项目范围的定义。WBS 的作用，就是要定义清楚每一个项目的边界，将每一个项目与为之投入的资源整合在一起，使项目具有内在聚合力，进而为完成某项独特的工作而进行的一次性努力。WBS 看上去很像组织结构图（参见图 7－1），但事实上它与组织结构图不完全相同。WBS 表示的是项目需要完成的工作，是明确的项目交付成果。虽然 WBS 的首要作用是定义项目范围，但它也可以用来指导工作责任的分配，不过这些都必须在项目工作的定义完成之后方可进行。

2. 做好进度计划是实施挣值项目管理的基础

有专家将项目计划的过程定义为 10 个迭代性的步骤，包括：通过 WBS 定义项目范围并明确具体的任务；为每一项任务指定具体的实施负责人和组织；明确任务与任务间的接口；设立关键的项目里程碑；建立项目的主进度表；明确项目的总预算；建立细化的任务进度表；明确细化的任务预算；将任务进度表和预算与项目主进度表和总预算整合起来；建立项目档案。当然，除上述 10 个步骤外，还应该加上一个重要步骤，那就是风险管理，包括风险识别、风险评估和风险应对规划，都是项目计划过程中不可或缺的部分，也是最后获得项目成功的重要保障。根据相关标准，关于采用进度系统的标准有三条：一是为所有核定的工作做好进度安排，说明各项工作的执行顺序和工作间依赖关系，从而满足项目计划的需求；二是识别所有的产品实物、里程碑和技术作业目标，以及其他能用来测量项目进程的指标；三是至少每月一次将进度计划与实际进度绩效进行比较，并将预算计划与实际成本消耗进行比较，识别其间的差异；根据公司高管的需要、仔细分析造成差异的原因。事实上，要达到这三条标准，需要明确三条准则：一是每个挣值项目都必须有一个“项目主进度表”，全面地对项目中的主要参数作出定义。二是所有的下级进度表中的任务或里程碑设置，都必须与项目主进度表中的要求保持一致。也就是说，项目下一级进度表中所描述的所有任务和事件，都必须源于主进度表。它们之间必须存在所谓的“纵向可追溯性”，我们可以从下层细化的进度表追溯至最上层的主进度表的某一要求。三是要在相互依赖的项目任务间建立“横向”关系，即在开始下一项工作前，必须完成上一项工作；而只有在完成了下一项工作之后，才能开始进行项目可交付成果的检测。通常，将上面的过程称为

“需求关键路径法”。

3. 建立项目控制基准是实施挣值项目管理的关键

如果要在一个新的项目中使用挣值的概念，就必须先进行范围定义、进度表制定和估算及预算。实际上，这三个步骤只是基本的项目管理程序，但是对于使用挣值方法而言则更为重要。因为只有通过这三个步骤，才能建立起对项目的“基准”，并根据这个基准，在整个项目生命周期中对项目的实际绩效表现进行测量。除此以外，进行挣值管理还有一个特殊要求，为了能在项目的整个生命周期中对项目绩效进行测量，项目控制基准的制定过程必须是自下而上的。

建立项目绩效控制基准，是通过明确工作包（Work Package，WP）、控制账目（Control Account，CA）及控制账目计划（Control Account Plan，CAP）来实现的。项目管理者需要在每一个控制账目计划（CAP）中，调整工作任务、核定预算和计划起止时间三者之间的关系。这里需要特别注意明确工作包（WP）、控制账目（CA）与控制账目计划（CAP）这三个概念及其相关关系。

（1）工作包（WP），系指位于工作分解结构中，可交付成果或项目工作最底层的组成部分。它还包括为完成该部分任务所计划的项目活动和所设置的里程碑。

（2）控制账目（CA），就是位于工作分解结构中事先选定的管理点上，是一种管理控制点。在每个控制账目上，项目的范围、预算和进度要进行整合协调，进而对项目的绩效表现进行测量。

（3）控制账目计划（CAP），就是每个CA上要完成的工作计划，而且每个CAP对相应项目部分的工作、进度和分阶段成本都有可界定的说明。也就是说，每个CAP都必须包括3个离散的元素：明确的工作范围、工作的时间进度与工作的核准预算。

如图7－12所示，制定项目基准包括定义项目范围、制定工作计划与进度表和分配资源三个步骤。关于挣值项目基准的具体制定，将在下面专门介绍。

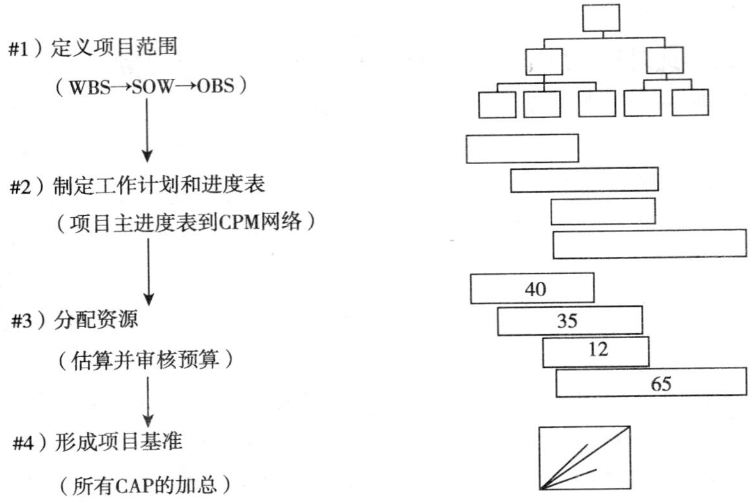

图 7－12　制定项目基准的步骤

对项目实施挣值管理，落实各责任中心的成本责任，必须通过建立挣值基准，让项目的相关责任中心在任何一个时点都能明确说出已经完成了多少计划工作，并将已完成的工作（挣值）与计划完成的工作、实际消耗的成本进行对比，从而评估项目的进度绩效与成本绩效。美国国防部《挣值管理实施指南》明确要求："在控制账目层上建立并维护分阶段的预算基准，并依此进行项目绩效的测量。用来进行绩效测量的初始预算，要么以公司内部的管理目标为依据，要么以与外部客户确定后的目标成本为依据，包括那些已经决定要做，但还没有正式定义过的工作。"

从本质上讲，一个控制账目（CA）就是一个子项目，是项目实施部门在执行挣值时需要关注的控制点。在这些点上，项目工作、时间和资源会发生整合，并形成成本绩效指数和进度绩效指数，从而告诉管理人员下一步应该采取怎样的措施。为了具备可行性，每个控制账目计划（CAP）一般都需要包含下述八个方面的内容，即八个"基本要素"：

①工作说明书（简洁的范围描述）；

②进度表（每项任务的起止时间）；

③预算（可以用资金额、小时数或单元个数表示）；

④负责人（即控制账目的负责人）；

⑤负责的部门；

⑥工作类型（重复的还是非重复的）；

⑦细分的离散工作包；

⑧测量挣值绩效的方法。

其中，第①、②和③项表示对范围、进度和成本的整合，这是因为挣值法需要的是一个整合的基准。第④项要求每个 CAP 都有专门的负责人，也就是通常所说的控制账目经理。如果没有办法满足全部的八条，至少也要满足前四条，即有范围描述、进度设计、成本预算和负责人。

由于每个 CAP 都能与相应工作的计划价值、挣值和实际成本进行测量和比较，所以，将所有单个的 CAP 加总起来，就形成了项目总的绩效测量基准。

在挣值项目管理中，建立绩效测量基准（Performance Measurement Baseline，PMB），并根据该基准测量绩效，是挣值项目管理的基本要求。我们将实际完成的工作与 PMB 进行对比，从而判断项目进度是否与计划保持一致，并且对实际的成本绩效进行分析。

绩效测量基准（PMB）对挣值管理而言非常重要，但由于它们的形式多样，所以，我们先来看看 PMB 的构成。而这里，最为关键的一点就是必须明确“项目责任中心对项目成本管理到底负多少责任”这个问题。在项目管理的实际工作中，有的项目责任中心负的成本责任比较多，有的则比较少，这会对 PMB 的构成产生直接影响。为了能对挣值绩效进行准确的监控，我们必须清楚地了解项目责任中心的责任范围。图 7－13 是一个简单项目的 PMB。

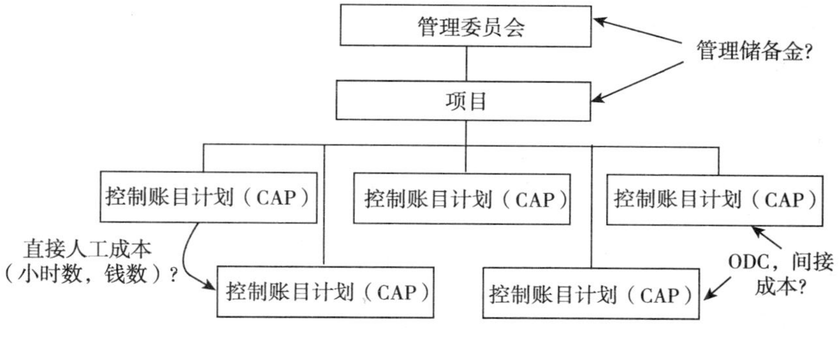

图 7－13　一个简单项目的绩效测量基准（PMB）

在完成了基于控制账目计划（CAP）的绩效测量基准（PMB）之后，我们以起止时间为横轴，建立起一条总的项目绩效曲线，如图 7－14 所示。在这幅图中，我们选择了一个周期较长的项目。项目为其前两年的工作（近期）制定了详尽的工作包，而对于第三年的远期工作，则暂时只制定规划包。

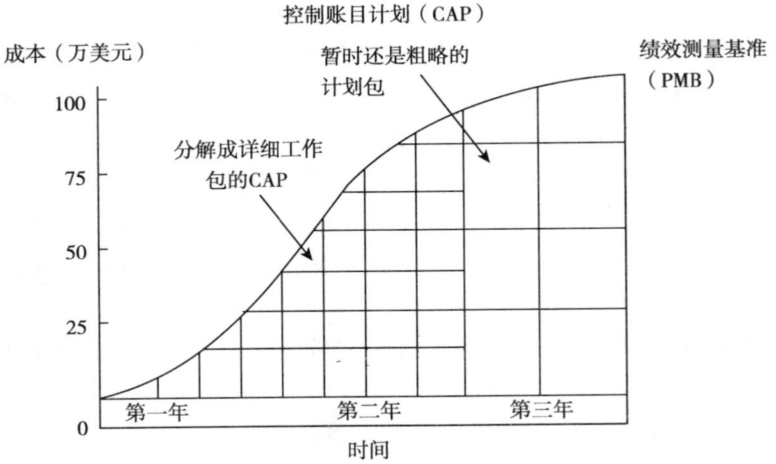

图 7－14　控制账目计划（CAP）的加总就是 PMB

（三）计划并测量挣值的方法

挣值法是在进度系统的基础上进行项目绩效测量的。换句话说，如果没有项目进度系统，就无法进行项目绩效的测量。如前所述，项目进度系统反映了项目的工作范围，并在此基础上，为所有已定义的工作设定明确的执行时间段。如果再在进度系统中加入所分配的项目资源，并确定资源计划和使用的测量方法，就形成了挣值绩效计划。在挣值项目管理的诸多工作中，挣值绩效计划、测量和一致性的实施过程，是成功进行挣值管理的三大要素。

如图 7－15 所示，《挣值项目管理》一书将挣值绩效测量方法归纳为八种。其中，“离散型”的绩效测量方法有六种，通常被优先使用。分配式的绩效测量方法，也与离散型绩效测量各方法提到的工作任务有着直接关系。

1　加权里程碑法
2　固定任务公式法（25/75；50/50；75/25；…）
3　完成百分比估算法
4　以里程碑为控制点的完成百分比估算法
（1～4 通常用于非重复性的任务）
5　等价单元法
6　挣值标准
（5～6 既可用于重复性任务，也可用于非重复性任务）
7　基于其他独立工作包（1 至 6）的分配式绩效测量法
8　投入水平（不推荐使用）

图 7－15　挣值测量方法

1. 离散型绩效测量方法

（1）加权“里程碑”法。这是一种非常有效的绩效测量方法，尤其适用于那些单个工作包中包含多个履约期（通常以几周或几个月为一个履约期）的项目。每个历时较长的工作包都会被划分成若干个可测量的“里程碑”事件（即标志性事件），这样，一个履约期中就会有一个或若干个“里程碑”，标志着这一段工作被分成了有限的几份。每个“里程碑”都被赋予了一个具体的预算值（权重），代表当该“里程碑”内的任务全部完成时，项目可以增加的价值。这样，整个工作包的预算就按照这些权重被分配到了每一个“里程碑”内。需要注意的是，一旦任务开始执行，它的权重就不能再改变了。图 7－16 的第 1 项即为加权里程碑法的图示。

虽然加权“里程碑”法常常受到人们的青睐，但事实上它在计划和管理方面的难度也是最大的。要使用这种方法，就需要负责某个工作包的责任中心负责人、进度安排人员、资源估算部门之间非常密切的合作，否则就难以为所有的工作任务设定合理的“里程碑”权重值。在一些固定总价的项目中，通过这种方法可以决定如何支付项目期间的报酬，因为它是“基于绩效付薪”的。

（2）固定（开始/结束）任务公式法。如图 7－16 第 2 项所示，这种方法是当某些工作包的历时长度为一两个测量周期时，就可以根据该工作包开始与结束时预算价值的特点，人为地赋予开始与结束时各一个权重。例如，对 25/75 来说，它通过工作包中某项特定活动的开始和结束，告诉我们工作包价值的实现情况。也就是说，如果发现该项活动开始执行了，这就说明该工作包的预算价值已经实现了 25%；如果发现该项活动全部完成了，那么工作包的全部预算就都实现了。我们还可以用原料采购这项活动来作解释：当我们已经决定好买什么，并且下了订单的时候，整个工作包的25%就完成了；当货物运到并开始作用时，整个工作包的价值就都实现了。

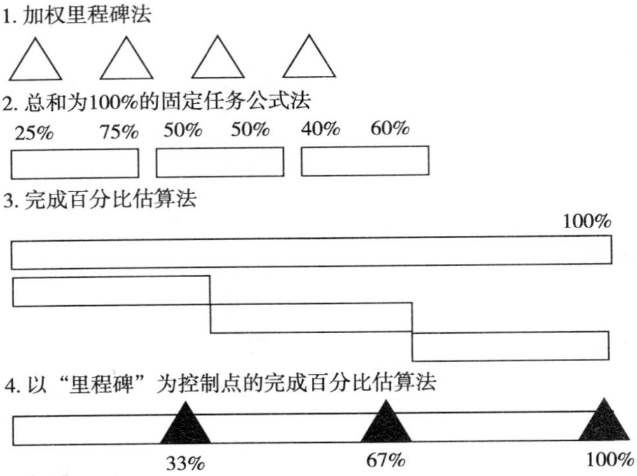

图 7－16　用项目进度表测量挣值

固定（开始/结束）任务公式法非常容易理解，但若要能很好地发挥出它的功效，则要求工作包的时间周期较短，而且设计得较为详尽。通常，如果要采用该方法，任务的时间跨度最多不能超过两个绩效测量和汇报周期（一般每周或每月需要进行绩效的测量和汇报）。此外，还需要注意的是，虽然我们只举了25/75的例子，但事实上，只要斜杠前后的两个数字加起来等于100就可以了，比如10/90、15/85、20/80……50/50……90/10等。

（3）完成百分比估算法。图7－16中的第3项很好地说明了这种方法。第3项上半部分的长条表示的是一项完整的任务，而在下半部分中，这个长条被分成了三段，表示这一整项任务被分割成了三个子任务。通过这种方法，可以在报告期内，对项目工作完成的百分比进行周期性（如月度或季度）的估算。当然，这是一种主观的估算，由每个工作包的主管负责具体实施。为了便于使用，通常采用累计方式表示每个工作包已完成的百分比。

为了防止评估者的主观臆断，使用该方法需要将工作包定义得非常明晰，而且相关责任中心还应能周期性地审核估算结果的合理性。特别应注意整合项目组与项目责任中心高层管理人员的评估意见，往往能达到“检验与平衡”状态，从而确保绩效估算的准确性，尽可能减少主观偏差。

（4）以“里程碑”为控制点的完成百分比估算法。如图 7－16 中的第 4 项所示，这种方法只需要对本工作包的现状进行评估，进而把目前的工作进程与自己的一些主观指标进行比较，从而估算出目前已完成工作的累计价值。

与加权“里程碑”法相比，项目主管部门更加鼓励采用更为客观的“里程碑”法进行绩效测量，且加权“里程碑”法只有在项目计划非常明细的时候才能使用，这样就需要花费大量的时间和精力在基准的制定工作上。而以“里程碑”为控制点的完成百分比估算法，可以把主观估算法与客观的“里程碑”结合起来，为绩效的主观估算设立了若干“关卡”，以促进绩效测量更为客观。这种方法在任何行业或任何类型的项目中都非常适用。事实上，挣值法之所以能受到广泛的接受，很大程度上是由于它在绩效测量的方便性和准确性上找到了平衡。而以“里程碑”作为主观估算控制“关卡”的这种方法，或许就是这种平衡的来源。

（5）等价单元法。在本方法中，所谓的“计划价值”更偏向于“值”的概念。也就是说，通过某种形式，所有的工作都被量化成一种单位统一的价值。只要已完成工作的价值累积达到计划的量，那么这个计划价值就达到了，而不管所完成的是一个完整的工作单元，还是一些加总后价值上等价于该工作单元的若干零散工作。本方法适用于周期较长的项目，也可以用于重复性工作的管理。

例如，假设现有一个项目，目标是建 10 幢房子，每幢房子的价值是 10 万美元。成本工程师把每一幢房子的总成本拆分成一个个细化的成本单元，并在此基础上对每幢房子的成本进行了自下而上的估算。再假设每幢房子成本的 10% 被用来挖地基，也就是说地基成本是 1 万美元/幢。如果项目进行一个月后，项目主管部门想要了解一下项目目前已经实现了多少价值。据考察，项目第一个月完成了 10 幢房子的地基工作。这样，第一个月的“挣值”就是 10 万美元，相当于一幢房子的价值。建筑业通常就是根据项目进度向建筑商支付报酬，更习惯上称为“价值进度”（schedule of value），而不叫“挣值”。但是，这种做法事实上就是将实际工作进度与实际成本联系起来，所以，从本质上讲，这就是一种挣值方法。

（6）挣值标准。本方法是通过计划标准（planned standard）制定初始预算，并开展后续的绩效测量工作。这种方法或许是最为成熟的一种，但也是对使用者和参与者要求最严的一种。如果要采用本方法，就必须先制定好任务绩效的等价单元标准（equivalent standard），也有人称之为“等价工作测量”（equivalent work measurement）。而历史成本绩效数据、时间和活动的研究、计划、分解以及时间耗损因素等素材的积累，对本方法的有效开展也非常重要。

理论上说，不同类型的活动应该采用不同类型的挣值测量方法。或许对项目主管部门而言，最好的方式就是允许各种不同的绩效测量方法并存，并由相关的控制账目计划（CAP）负责人通过集体判断的方式，选择每个工作包的绩效测量方法。相对而言，挣值标准这种方法更适用于重复性项目的绩效测量。

2. 分配式绩效测量方法

分配式的绩效测量方法也是一项受认可的挣值技术。但是，若要采用这种工具，就要求组织本身的成熟度较高。它需要组织对历史绩效记录进行保留，并能清楚地理清各职能部门或功能单元间的关系。

通常，工作包之间常常存在着各种各样的联系，比如有些工作包的绩效表现就需要依赖于另一些工作包。在这里，我们把前者（也就是绩效结果基于别的工作包的那些任务）称为“被分配”的任务，把后者（也就是成为其他工作包绩效测量基础的那些任务）称为“测量基础”。其中，“测量基础”的绩效表现可以用前述6种“离散型”绩效测量方法中的任何一种进行测量。

在“进度”绩效上我们认为，作为“被分配”的任务，它的绩效应该与作为“测量基础”的任务的绩效保持一致，这是因为他们的计划价值和挣值总保持一致。但是，在“成本绩效”方面，由于“成本绩效偏差”取决于“被分配”任务本身的实际成本，所以很可能与“测量基础”的成本绩效不同。从某种意义上讲，“被分配”任务的成本偏差反映的是“测量基础”的挣值与“被分配”任务的实际成本间的差异。

3. “投入水平”式绩效测量方法

在项目中，有一类活动被称为“投入水平”（Level of Effort，LOE）活动，它们对项目起到了必不可少的支持作用。但是，与一般活动不同，由于没有明确的交付成果，LOE活动通常比较难用通常意义上的“绩效结果”进行测量，所以我们通常用“工作时间”来测量LOE活动的绩效。LOE型的任务通常是些间接性的支持工作，如项目管理人员的工作、进度安排、预算、采购、合同管理、现场工程师、保安、厨师、清洁员、前台等。

一般来说，当这些LOE型任务服务于某个项目时，它们所产生的成本就会作为该项目的直接成本。但是，由于LOE型任务不会产生可测量的或可交付的成果，所以有人建议，应该把这些活动的成本列为单位的间接费用。LOE 工作包有一个很明显的缺陷，这就是不论基准计划中的该工作包的计划价值是多少，也不管实际完成的工作量是多少，只要工作包的结束时间一到，所有的计划价值都会“自动地”转变成本项目挣值。为了防止 LOE 失真所造成的差异，有两种处理方法：一种是对 LOE 工作进行量化，另一种是对 LOE 工作进行隔离。所谓“量化”方法，是需要估算每份 LOE 任务的价值，并用 LOE 任务的价值除以项目基准的总价值，从而把 LOE 任务进行量化。这时，我们可以尽量用完成百分比法对所有的 LOE 任务进行主观的绩效估算。所谓“隔离”方法，是指把所有的 LOE 任务都隔离在正常的绩效测量基准之外，从而防止整体绩效测量的失真。图 7－17 可以帮助我们更好地理解这个方法。

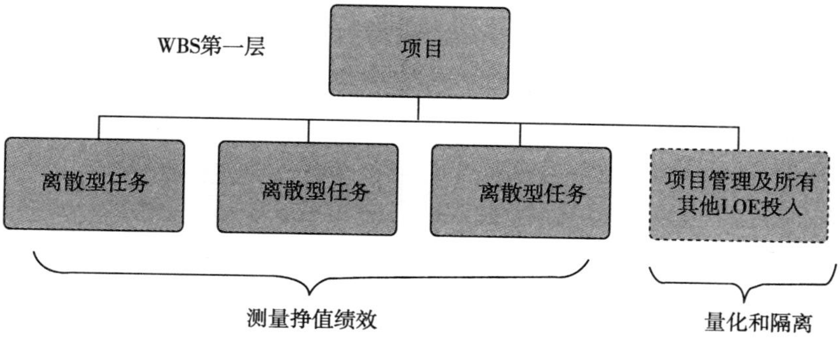

图 7－17　量化和隔离 LOE

从图 7－17 中可以看出，所有的项目都应该通过项目（工作）分解结构（WBS）对项目范围进行完整的定义。对于那些有项目可交付成果的离散型任务，可以采用离散型的挣值测量方法，而对于那些没有可交付成果的任务，可以把它们隔离成一个单元，称作“项目管理及所有其他 LOE 投入。这样，我们就不需要费力对那些 LOE 进行绩效测量。因为这些工作除了表示某一段时间已经过去了之外，其他任何意义都没有。对于绝大多数项目而言，LOE 的存在是不可避免的。如果你允许项目基准中存在 LOE，那么就必须采取一定的措施对其进行管理。首先，要弄清楚项目中到底有多少 LOE，然后，可以选择将这些 LOE 转变为离散型的绩效测量（完成百分比估算法），也可以选择将所有的 LOE 都彻底隔离在绩效测量的项目基准之外。

第八章 公共支出项目实施后绩效评价

一、公共支出项目实施后绩效评价

（一）公共支出项目实施后绩效评价概述

1. 公共支出项目实施后绩效评价的概念与分类管理

（1）公共支出项目实施后绩效评价的概念。公共支出项目实施后绩效评价是指项目执行完毕后，对项目执行情况所进行的绩效评价。从国内外开展绩效评价的情况来看，绩效评价包括对项目、计划和部门等多个层次的评价，有时需要同时进行三个层次的绩效评价，以通过多层次、多角度的绩效评价获得可以相互补充且较为全面的评价信息。由于项目支出是相关计划及部门预算的重要组成部分，所以，公共支出项目执行的效果如何，也是公共部门预算绩效评价的基础。

根据财政部的规定，部门预算支出包括基本支出与项目支出两大部分，而项目支出又包括基本建设类项目支出、行政事业类项目支出和其他类项目支出。其中，行政事业类项目又主要包括国家批准设立的有关事业发展专项计划、工程、基金项目，经常性专项业务费项目，以及大型修缮、大型购置、大型会议等项目。因而，对项目支出的实施后绩效评价实际上包括传统意义上的项目和专项计划的评价。

（2）公共支出项目实施后绩效评价的分类。根据公共支出项目实施后绩效评价主体的不同，公共支出项目实施后绩效评价可分为“自评”与“他评”两种。所谓“自评”，是指项目实施后，项目单位立足于工作总结，对项目的实施情况所进行的自我评价，作出是否可以结束项目的判断，并按照项目管理办法，提请项目委托部门进行验收。所谓“他评”，是指项目主管部门负责组织的绩效评价，即由项目委托方组织相关专家进行的绩效评价工作。显然，项目的“自评”为“他评”打下基础；而只有通过“他评”，才能保证项目实施后绩效评价的公正性。

（3）公共支出项目实施后绩效评价的组织管理。根据财政部的要求，公共支出项目实施后的绩效评价工作，实行“统一组织、分级实施”的管理方式，即财政部门统一组织管理，财政部门、项目归口部门和项目承担单位分级实施。但是，无论是“自评”还是“他评”，都必须按照公共支出项目实施后绩效评价的基本步骤，并遵循公共支出项目实施后绩效评价的基本内容来进行具体的评价工作。

2. 公共支出项目实施后绩效评价的基本内容①

（1）评价对象。公共支出项目实施后绩效评价的对象可以是一个项目，也可以是一项计划。可以将项目或计划的内容、业务活动跨越时间、资金边界等三个方面作为评价对象。项目或计划的内容主要是指项目实施的主要业务工作内容、业务工作目标和业务工作开展的进度计划等；业务活动跨越时间主要是指项目支出预算所对应的业务活动开展的起止时间；资金边界主要是指根据批复已确定的资金额度、资金投向、开支标准以及资金使用计划等内容。

（2）评价依据。公共支出项目实施后绩效评价，必须拥有能够进行比较、分析并作出判断、具有效力的相关资料，包括国家的法律、行政规章、地方性法规以及相关政策文件；与项目相关的事业发展中长期规划和年度计划；项目预算批复文件以及项目资金管理办法；项目实施管理办法以及项目申报书、可行性研究报告、立项评估报告、中后期验收报告等；项目财务执行报告、决算报告以及项目有关的其他财务会计资料；其他相关资料。

（3）评价方式。公共支出项目实施后绩效评价是一项专业性很强的工作，必须聘请相关行业的技术专家和具有相应资质的财务专家进行。根据项目或计划的特点，具体评价时，可以采取全部进行现场评价的方式，或采取现场评价和非现场评价相结合的方式。所谓现场评价，是指全部到实地对项目或计划的实施情况及其实施效果进行考察与评价的一种方式。具体评价时，有关评价专家需听取被评价部门或单位的工作汇报，并对照被评价方编制的绩效报告实地考察项目或计划的实施现场、查看项目或计划实施的原始资料信息，对项目支出业务和财务绩效目标的实现情况、财务管理状况等进行现场考核，据此提出翔实的专家评价意见。一般而言，现场评价适合于评价那些实施地点比较集中的项目或计划。而现场评价和非现场评价相结合的方式，是指对项目或计划的

① 财政部经济建设司编著：《政府公共部门绩效考评理论与实务》，中国财政经济出版社 2005 年版，第 181 页。

部分子项目实施现场评价，其他子项目实施非现场评价。具体评价时，选取有代表性的部分子项目进行现场评价，主要考查项目的实际执行情况，检查有关财务资料等。非现场评价主要以项目或计划实施方案、实施合同、项目或计划工作总结、绩效报告以及承担单位提供的其他原始资料为依据。

（4）评价方法。公共支出项目实施后绩效评价，可采取定量评价与定性评价相结合的评价方法。先由参与评价工作的相关专家，根据现场评价所掌握的实际情况（包括技术与财务等相关方面），对照评价依据进行综合评分；再由评价机构根据各专家的评分，按照事先确定的权重和计算模型，得出项目或计划的总体得分，并分别汇总各评价专家的文字评价意见，针对相关评价内容，形成文字评价意见稿；最后再提交评价小组集体讨论，以形成专家组的评价报告。

3. 公共支出项目实施后绩效评价的基本步骤

财政部经建司编著的《政府公共部门绩效考评理论与实务》一书中，将项目绩效评价的实施程序分为准备、实施、撰写并报送报告三个阶段①。这里，将结合第五章所介绍的美国国家公共生产力中心设定的七步骤评价程序，予以介绍。

（1）绩效评价准备阶段。这一阶段的主要工作包括：一是根据该项目的“立项陈述”，特别是项目的“量（业务量）、本（成本或投入）、效（绩效目标）”计划，收集项目的有关资料，深入了解项目或计划相关情况，并根据项目或计划的具体内容和特点，特别是立项时所选择的相关标准或目标，制定出项目支出绩效评价的特性指标与绩效评价方案。二是根据项目或计划的具体内容与绩效评价工作量，选聘一定数量相关专业的专家，并对专家进行必要的培训，成立具体的绩效评价小组。

（2）绩效评价实施阶段。这一阶段的主要工作包括：一是根据已收集整理好的项目或计划基本情况、绩效报告、实施方案、验收总结、相关技术规范、当年预算申请与批复资料、财务管理制度、实际支出明细等书面资料，组织专家对选取的部分项目进行现场评价或非现场评价，并根据该项目的绩效评价指标与评分标准，对各评价对象进行评价或评分，出具具体的文字评价意见。二是相关专家对在评价过程中遇到的问题进行充分讨论，进而形成

① 财政部经济建设司编著：《政府公共部门绩效考评理论与实务》，中国财政经济出版社 2005 年版，第 183 页。

统一意见，并签字确认。

（3）撰写并报送绩效评价报告阶段。这一阶段的主要工作包括：一是由相关专家根据专家的评价意见，撰写并审核绩效评价报告初稿。一般还需要将绩效评价报告初稿送项目或计划主管部门征求意见。二是将绩效评价报告初稿报委托方初审，并根据委托方提出的意见，再组织相关专家作出进一步的修改。三是征求各方意见并修改完毕后，向委托方报送绩效评价报告。

（二）公共支出项目实施后绩效评价的相关问题

1. 公共支出项目实施后绩效评价的主要内容

对实施后的公共支出项目进行绩效评价，其主要内容包括项目实施评价、项目社会效益与经济效益评价、项目影响评价与项目可持续性评价等，具体可参照财政部经济建设司提出的五个方面的内容来设计相关指标，如表 8 – 1 所示①。

表 8 – 1　　公共支出项目绩效评价指标及说明

序号	指标名称		指标说明
1	实施内容绩效	（1）实施内容完成任务量	该指标是将考核的实际工作量与项目立项计划应该完成的工作量进行对比，考核其实现程度
		（2）实施内容完成质量	该指标是根据国家、行业有关质量标准以及项目立项时的质量目标与考核的实际工程质量状况相对比，考核其实现程度
		（3）实施内容完成进度和及时性	该指标是将项目实际工作进度与立项计划进度进行对比，考核其进展程度和及时性
2	功能绩效	（1）项目用途	该指标主要是考核项目完成后实用性和功能用途的满足程度
		（2）项目配套	该指标主要是考核项目完成后配套能力与计划值的偏差程度
		（3）项目达标（产）	该指标主要是考核项目完成后，实际达标（产）能力与计划值的偏差程度

① 财政部经济建设司编著：《政府公共部门绩效考证理论与实施》，中国财政经济出版社 2005 年版，第 185 页。

续表

序号	指标名称		指标说明
3	资金管理绩效	（1）资金管理的规范性	该指标主要是考核项目经费管理制度是否健全，执行是否有效，是否符合国家及有关部门的规定，资金违纪率的大小等
		（2）资金使用的有效性	该指标主要是考评经费使用效率
		（3）配套资金筹措能力	该指标主要是考评项目单位对财政资金的配套能力、筹措能力等
4	经济效益绩效	（1）投入产出效益（成本费用效益）	该指标是考核成本费用效益的高低，投入产出比等经济合理性，并与其立项目标相比考核其实现程度
		（2）直接经济效益	该指标是考核项目实施所产生的直接经济效益，并与立项目标的直接经济效益相比较，考核其实现程度
		（3）持续经济效益（使用价值）	该指标是考核项目实施后在未来年度里持续性发挥作用产生经济效益的能力，对于一些项目可考核其建成后的使用价值，并与立项目标相比较考核其未来实现的潜力
		（4）间接经济效益	该指标是考核项目实施所产生的间接经济效益，主要是指对经济发展的拉动作用，并与立项目标的间接经济预测相比较，考核其实现程度
5	公共效益绩效	（1）社会效益	该指标是考评项目实施所产生的社会综合效益，并与立项计划社会效益目标相对比，考核其实现程度
		（2）环境效益	该指标是考评项目实施对环境所产生的积极或消极影响，并与立项计划环境效益目标相对比，考核其实现程度
		（3）扶贫减灾效益/劳动就业效益/协调发展效益等	该指标是根据不同类型经济效建设项目的特点，考核其实施后在扶贫减灾、劳动就业或协调发展等方面的效益，并与立项目标相对比，考核其实现程度
		（4）可持续性影响	该指标是考评项目实施后，对人、自然、资源等方面的可持续影响，并与立项计划可持续发展目标相对比，考核其实现程度

需要说明的是，上述五个方面的评价内容，不是说每个项目都需要从这五个方面进行评价，而应从具体项目的实际出发，选择其中的相关内容进行评价。

2. 公共支出项目实施后绩效评价指标的细化

一般而言，无论是一个项目还是一类（款、项）支出或一个部门的绩效评价，其指标体系往往都是一个“金字塔”式的结构，即指标体系由总指标、一级指标、二级指标、三级指标等构成[①]（见图 8－1）。其中，总指标位于“金字塔”的最顶层，是指标体系的最高层次，是从全局的高度对指标体系的概括；一级指标是总指标的具体化，即通过它们将总指标分解，并与之对应；二级或更下一级指标，则是为了实现上一级指标而必需的子指标层次，是对上一级指标的分解，并与之对应。在整个指标体系中，总指标统领全局，决定了各层级指标的构成；各层级指标分别是上级指标的细化，与上级指标对应，服务于总指标，并最终反映总指标。

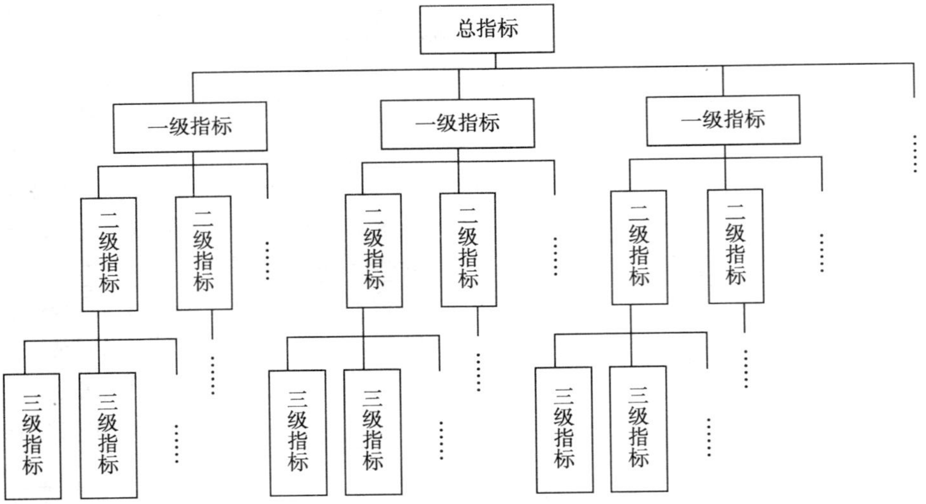

图 8－1 公共支出项目绩效评价指标体系的构成

① 财政部预算司编著：《绩效预算和支出绩效考评研究》，中国财政经济出版社 2007 年版，第 65 页。

前述关于项目绩效评价五个方面的分解指标，属于项目绩效评价指标体系中的二级指标，实际开展绩效评价时，必须结合项目特点对二级指标进行细化，制定出三级甚至四级绩效评价指标。评价机构应根据评价对象的性质，项目预算的范围、规模以及立项等具体情况，将相关指标更进一步细化成可操作性强、针对性强的下一级特性指标。

指标细化是一项专业性很强的工作，只有根据被评价项目的特性，将共性指标进行细化，才能使制定出的绩效评价指标体系科学合理并具有可操作性。指标细化的过程要及时、反复地与被评价单位及评价专家沟通，广泛征求他们对细化指标的意见，直到各方意见比较统一，得出科学合理、针对性与可操作性强的绩效评价指标体系以及相关的评分标准。

通过指标细化工作，在前述二级指标的基础上，细化后得到更多的三级指标，并且每个指标都对应项目的一项绩效目标，能全面、科学、准确地反映项目的实际绩效水平。表8－2是财政部经济建设司编著的《政府公共部门绩效考评理论与实务》一书中给出的某一项目绩效评价指标及评分标准的一个实例。

3. 公共支出项目相关绩效指标的测量与比较

我们在第五章中介绍了公共支出项目绩效的“4E”标准，但这些标准却不是抽象的。对具体的项目而言，这些标准必须通过具体的绩效评价指标来体现。对公共支出项目实施后的绩效评价来说，“量本效”分析中的“量”与“本”往往比较容易明确，而“效”则需要认真仔细的测量。只有通过测量项目的相关绩效指标，并与决策时相对应的计划值进行比较，才能判断该项目的绩效目标完成情况。这里，最为关键的工作就是进行公共支出项目绩效指标的测量。其意义在于得到由某一项目所提供的公共产品或公共服务的具体投入与产出的量化信息。一般来说，公共支出项目绩效指标的测量，应包括下述五个方面的内容①：

（1）工作量或产出量。即计算所从事工作与提供服务的数量。比如某个城市环保项目，就可以用清理了城市中多少吨生活垃圾。

（2）单位成本或效率测量。这是一种更为细致的方法，用来评价每单位产量和工作量的资金耗费。公共支出项目所提供的公共产品或公共服务受到预算的硬性约束，加强对效率测量有助于促进公共支出效率的提高。

---

① 卓越主编：《公共部门绩效评估》，中国人民大学出版社2004年版，第218页。

表 8-2　　某项目绩效评价指标及评分标准

一级指标	一级指标分值	二级指标	二级指标分值	三级指标	三级指标分值	三级指标说明	评分标准		
一、实施内容绩效	25	(一)实施内容完成任务量	10	资源信息服务系统建设情况	4	该指标主要考核资源信息服务系统建设工作与项目申报书中该项任务目标相对比的完成程度	按计划完成80%以上为3~4分	完成60%~80%为2~3分	完成60%以下为0~2分
				资源基础数据库建设情况	2	该指标主要考核资源基础数据库建设工作与项目申报书中该项任务目标相对比的完成程度	按计划完成80%以上为2分	完成60%~80%为1分	完成60%以下为0分
				资源政务管理信息系统建设情况	2	该指标主要考核资源政务管理信息系统建设工作与项目申报书中该项任务目标相对比的完成程度	按计划完成80%以上为2分	完成60%~80%为1分	完成60%以下为0分
				资源调查评价相关信息技术的研究开发与应用情况	1	该指标主要考核资源调查评价相关信息技术的研究开发与应用工作与项目申报书中该项任务目标相对比的完成程度	按计划完成80%以上为1分	完成60%~80%为0.5分	完成60%以下为0分
				资源信息化基础设施及标准建设情况	1	该指标主要考核资源信息化基础设施及标准建设工作与项目申报书中该项任务目标相对比的完成程度	按计划完成80%为1分	完成60%~80%为0.5分	完成60%以下为0分

续表

一级指标	一级指标分值	二级指标	二级指标分值	三级指标	三级指标分值	三级指标说明	评分标准		
一、实施内容绩效	25	（二）实施内容完成质量	10	资源信息服务系统建设完成质量	4	该指标主要考核建成后的资源信息服务系统的服务功能满足程度和系统稳定性	满足程度高且系统稳定为3～4分	满足程度低、系统稳定或满足程度高、系统不稳定为2～3分	满足程度低且系统不稳定为0～1分
				资源基础数据库建设完成质量	2	该指标主要考核建成后的资源基础数据库的数据完整性和系统稳定程度	数据完整且系统稳定为2分	数据不完整、系统稳定或数据完整、系统不稳定为1分	数据不完整且系统不稳定为0分
				资源政务管理信息系统建设完成质量	2	该指标主要考核建成后的资源政务管理信息系统的功能满足程度和系统稳定性	满足程度高且系统稳定为2分	满足程度低、系统稳定或满足程度高、系统不稳定为1分	满足程度低且系统不稳定为0分
				资源调查评价相关信息技术的研究开发与应用完成质量	1	该指标主要考核“资源调查评价相关信息技术的研究开发与应用”的研究水平和应用程度	研究水平高且应用程度广泛为2分	研究水平低、应用程度广泛或研究水平高、应用程度不广泛为1分	研究水平低且应用程度差为0分
				资源信息化基础设施及标准建设完成质量	1	该指标是主要考核资源信息化基础设施及标准建设工作完成后，其系统的安全程度和标准的规范水平	安全程度高且标准规范水平高为2分	安全程度高、标准规范水平低或系统安全程度低、标准规范水平高为1分	安全程度低且标准规范水平低为0分

续表

一级指标	一级指标分值	二级指标	二级指标分值	三级指标	三级指标分值	三级指标说明	评分标准		
一、实施内容绩效	25	（三）实施内容完成进度和及时性	5	资源信息服务系统建设工作进展程度和及时性	1	该指标主要考核按照项目申报书计划进度要求，资源信息服务系统建设工作完成的及时性	80%以上工作完成及时为1分	60%～80%工作完成及时为0.5分	60%以下工作完成及时为0分
				资源基础数据库建设工作进展程度和及时性	1	该指标主要考核按照项目申报书计划进度要求，资源基础数据库建设工作完成的及时性	80%以上工作完成及时为1分	60%～80%工作完成及时为0.5分	60%以下工作完成及时为0分
				资源政务管理信息系统建设工作进展和及时性	1	该指标主要考核按照项目申报书计划进度要求，资源政务管理信息系统建设工作完成的及时性	80%以上工作完成及时为1分	60%～80%工作完成及时为0.5分	60%以下工作完成及时为0分
				资源调查评价相关信息技术的研究开发与应用工作进展程度和及时性	1	该指标主要考核按照项目申报书计划进度要求，资源调查评价相关信息技术的研究开发与应用工作完成的及时性	80%以上工作完成及时为1分	60%～80%工作完成及时为0.5分	60%以下工作完成及时为0分
				资源信息化基础设施及标准建设工作进展程度和及时性	1	该指标主要考核按照项目申报书计划进度要求，资源信息化基础设施及标准建设工作完成的及时性	80%以上工作完成及时为1分	60%～80%工作完成及时为0.5分	60%以下工作完成及时为0分

续表

一级指标	一级指标分值	二级指标	二级指标分值	三级指标	三级指标分值	三级指标说明	评分标准		
二、功能绩效	15	（一）项目用途	5	资源调查评价信息化功能	2	该指标主要考核项目实施后，满足资源调查评价信息化功能的程度	程度高为2分	程度一般为1分	程度低为0分
				政务管理信息化功能	2	该指标主要考核项目实施后，满足政务管理信息化功能的程度	程度高为2分	程度一般为1分	程度低为0分
				社会服务信息化功能	1	该指标主要考核项目实施后，满足社会服务信息化功能的程度	程度高为1分	程度一般为0.5分	程度低为0分
		（二）项目配套	5	为企业提供信息服务的功能	5	该指标主要考核项目实施满足为企业提供信息服务功能的程度	程度高为4~5分	程度一般为3~4分	程度低为0~3分
		（三）项目达标（产）	5	满足资源信息化管理的程度	5	该指标主要考核按照计划要求，项目实施后满足资源信息化管理的程度	程度高为4~5分	程度一般为3~4分	程度低为0~3分
三、资金管理绩效	20	（一）资金管理的规范性	8	预算执行与预算批复的相符性	2	该指标主要考核项目实际支出与预算批复是否相符	相符为2分	基本相符为1分	不相符为0分
				实际支出调整的合理性	2	该指标主要考核项目支出调整是否必要和合理以及调整手续是否健全	无调整或调整必要合理且手续健全为2分	调整必要合理但手续不健全为1分	调整不必要为0分

续表

一级指标	一级指标分值	二级指标	二级指标分值	三级指标	三级指标分值	三级指标说明	评分标准		
三、资金管理绩效	20	(一)资金管理的规范性	8	资金管理制度的健全性	2	该指标主要考核专项资金管理制度是否健全	健全为2分	比较健全为1分	不健全为0分
				资金管理制度的有效性	2	该指标主要考核专项资金管理制度的有效执行程度	有效为2分	比较有效为1分	较差或无效为0分
		(二)资金使用的有效性	12	资金到位率	4	该指标主要考核项目资金实际到位数额与批复资金数额的比较	到位率80%以上为3~4分	到位率60%~80%为2~3分	到位率低于60%为0~2分
				资金到位及时性	4	该指标主要考核项目资金是否在规定时间内到位	及时到位为3~4分	未及时到位但不影响项目实施为2~3分	未及时到位并影响项目实施为0~2分
				资金管理与业务开展的协调一致性	4	该指标主要考核项目资金管理与业务活动是否协调一致	协调一致为3~4分	基本协调一致为2~3分	不协调不一致为0~2分
		(三)配套资金筹措能力	—	注：本项目资金全部来源于中央财政，没要求单位配套资金，因此该指标不纳入考评范围，将其分值分配到资金管理绩效其他指标中					

续表

一级指标	一级指标分值	二级指标	二级指标分值	三级指标	三级指标分值	三级指标说明	评分标准		
四、经济效益绩效	10	（一）投入产出效益（成本费用效益）	4	财政资金投入产生的综合经济效益	4	该指标主要考核财政投入资金所产生的综合经济效益	效益显著为3～4分	效益一般为2～3分	效益不大为0～2分
		（二）直接经济效益	—	注：数字主要工作是信息化建设，为资源大调查服务，当前阶段还没有直接经济效益，因此该指标不纳入考评范围，将其分值分配到其他指标中					
		（三）持续经济效益（使用价值）	3	今后将在信息服务方面所产生的经济效益	3	该指标主要考核今后通过为社会提供信息服务将会产生的经济效益	效益显著为2～3分	效益一般为1～2分	效益不大为0～1分
		（四）间接经济效益	3	为数字资源信息用户所带来的经济效益	3	该指标主要考核项目实施为数字资源信息用户所带来的经济效益	效益显著为2～3分	效益一般为1～2分	效益不大为0～1分
五、公共效益绩效	30	（一）社会效益	15	对资源高效管理的促进作用	8	该指标主要考核对资源规划和管理方面的促进作用	作用显著为6～8分	作用一般为5～6分	作用不大为0～5分
			15	资源共享效益	7	该指标主要考核通过共享资源相关信息所产生的社会效益	效益显著为6～7分	效益一般为4～6分	效益不大为0～4分

续表

一级指标	一级指标分值	二级指标	二级指标分值	三级指标	三级指标分值	三级指标说明	评分标准		
五、公共效益绩效	30	（二）环境效益	—	注：数字主要工作是信息化建设，没有环境方面的效益，因此该指标不纳入考评范围，将其分值分配到公共效益绩效其他指标中					
		（三）扶贫减灾效益/劳动就业效益/协调发展效益等	5	协调发展效应	5	该指标主要考核项目实施对促进资源合理开发利用和国民经济协调发展的促进作用	作用明显为4～5分	作用一般为3～4分	作用不大为0～3分
		（四）可持续性影响	10	促进全国规划和管理的可持续性影响	5	该指标主要考核项目实施对促进全国规划和管理的可持续性影响	影响重大为4～5分	影响一般为3～4分	影响不大为0～3分
				对合理开发、使用资源的可持续性影响	5	该指标主要考核项目实施对合理开发、使用资源的可持续性影响	影响重大为4～5分	影响一般为3～4分	影响不大为0～3分

(3) 结果测量或有效性测量。这是对目标达到与否，需要得到满足程度以及预想效果实现程度的量化。公共部门的行为并不总是有效的，因而，提高有效性测量在公共支出项目绩效评价中的比重，应当有利于促进公共部门履行其责任。

(4) 服务质量测量。这是针对管理回应客户需求与期望，以价值为基础的评价。尽管回应性能够被客观地测量，但决定这样的回应是否达到质量标准则通常是一种主观判断。主观因素的介入，要求在具体的评价过程中对这项指标进行科学的分析，以减少对公正评价的影响。

(5) 公民满意度测量。这项测量是公民对项目满意程度的主观评价，它和前面的服务质量测量一样，都需要公民的积极参与。它在公共支出绩效评价中，是一项很重要的衡量指标。

(6) 综合测量。与项目测量单纯关注于同项目直接相关的投入、产出等方面不同的是，综合测量寻求一种对于项目的全面的评价。这些评价主要有：一是附带作用测量（side-effect measures），即项目所带来的后果，有的是人所能预见的，而有的则是在人们的预料之外。该项测量就在于测量那些预想之外的附带作用。二是分配测量（distribution measures），即关注某个项目对该项目受益者以及该成本承担者所产生的差别影响。它可以用于评价某些公共支出项目所提供公共产品或公共服务是否公平，即是否存在歧视方面的问题。三是无形测量（intangible measures），即试图定性而不是定量地了解项目在各种社会层面上的反响。

需要特别强调的是，公共支出项目实施后的绩效评价，与决策过程或实施过程中的绩效评价相比，其显著特点就是要回答项目完成后，项目决策过程中所预期的相关绩效目标是否实现的问题。所以，必须将项目计划绩效指标与实际完成情况进行对比分析，并还要全面准确完整地反映在绩效评价报告之中。

4. 公共支出项目绩效指标测量的影响因素及其注意事项

在公共支出项目绩效评价中，绩效指标固然很重要，但是，由于科学描述绩效指标，使其具有可测量性有时确实是一件很困难的事，所以，准确测量有些绩效指标也并非易事。与此同时，实践表明，往往越重要的因素，也是人们可能经常出错的地方。卓越在《公共部门绩效评估》一书中指出，在进行公共支出项目绩效指标测量时，会受到下述八种限制因素的影响①：

（1）测量偏差。这种偏差，主要是由于人们对于想要测量事物的定义不准确所造成的。由于公共部门和公众对于某一项公共产品或公共服务的评判出发点存在着较多的差异，两者之间又缺少有效的协调和沟通，所以，就可能在测量中产生偏差。

（2）使用无意义的信息进行测量。科学评价公共支出项目的绩效，需要准确收集项目绩效评价所需要的相关信息，并以此作为形成绩效报告或作出评价结论的基础。然而，相关信息的可信度又会受到多方面人为因素的干扰，例如，价值取向和自利因素就可能影响公务人员对绩效信息的收集，促使他们会选择有利的信息，甚至采用“造假”手段来取得相应的绩效数据。显然，使用这些毫无意义的信息所作的测量，其结果也必定毫无意义，甚至还可能是扭曲的测量，公共支出项目绩效也不可能因此而得到提高。

（3）对“同样”概念的不同解释。在绩效评价过程中，有些绩效概念可能难于严格界定，其意义随着使用者理解的不同而会有所改变。例如，一个机构如何界定谁是本项目的顾客？不同的界定所带来的测量结果就不一样。由此可能带来其他方面的结果也会出现较大的差异。

（4）置换目标。这种情况的出现，主要的原因还是在于公共部门自身所具有的“经济人”特性在起作用。对于公共支出项目所提供的公共产品或公共服务的质量如何，其评判可以从多个角度来进行。而当公共部门对标准的选择具有较大的主动权时，它们往往会选取那些有利于自身的评价标准。

（5）转嫁成本而不是节约成本。因为公共支出项目经常单独测量，所以项目管理者可能说节约了公共资金，而实际上却是将成本转移到其他项目。这样一来，不仅成本转移了，有时还会出现对其他一些相关评价指标的影响。

（6）总体指标可能掩盖一些特别差异。如果在项目绩效评价过程中，只是将目光放在总体绩效上，而不注意各部分的情况，这样所作的绩效测量，很可能掩盖一些特别关键的信息，进而不能全面反映项目绩效状况。

---

① 卓越主编：《公共部门绩效评估》，中国人民大学出版社2004年版，第220页。

（7）忽视客观测量的有限性。由于公共支出项目绩效测量具有较大的难度，这就可能导致这样一种局面的出现，即只要确定了一个测量标准，那么公共部门管理者便会盲目地相信这个指标所反映出来的结果。其实，每项测量仍然存在有限性。应该看到，绩效测量对我们的帮助也只能达到一定的程度，如绩效测量可能会低估创新项目，而高估常规项目，或者对项目及其变化环境的非预想效果重视不够。

（8）不能回答“怎样”与“为什么”的问题。在项目绩效评价过程中，当单独使用绩效测量时，可能是无用的，甚至还可能起反作用。因为项目合理化的理论可能被误导，而且应该被替换，重要项目成果可能不被人们所理解，不良管理、资金不足或过剩以及独特的环境等，这些因素将是单独采用绩效测量所无法确认的可能结果。

对于影响公共支出项目绩效测量的这些因素，应联系实际采取相应的措施来避免或降低它们的影响：一是注意在项目立项阶段，就应根据公共支出项目绩效的“4E”标准，明确界定项目的绩效目标与相关指标，尽可能采用可定量测量或可转化为定量评价的绩效指标，进而提高项目绩效指标的可测量性；二是注意客观地研究与分析项目评价环境，特别应注意项目相关方面对项目绩效评价的态度，以及各自可能采取的对策；三是注意突出重点，兼顾一般，始终围绕项目决策时所确立的绩效目标，关注关键指标的实现情况，而不要把精力集中在那些影响较小的指标上；四是注意运用项目实施过程中绩效评价的成果，并及时吸收与项目绩效相关的利益相关者参与项目绩效评价工作；五是注意项目的社会效益评价，注重公共支出项目所提供的公共产品或公共服务的“用户”——社会公众对项目社会效益的看法；六是注意提高项目绩效评价人员的思想业务素质，努力做到客观公正地评价项目的相关绩效指标；七是注意使用多种测量项目绩效的方式方法，包括那些看起来可能不是结果，但却与结果直接或间接相关的其他变量的测量。

这里还需要强调指出的是，尽管公共支出项目的绩效评价，有时可以采取非现场的方式进行，但是，由于公共产品或公共服务使用者对特定项目的满意程度是项目绩效评价不可忽视的内容，所以对这类指标的评价必须是采取现场评价方式，即应该深入“用户”，仔细听取社会各方面的代表对项目效果的真实反映，而不能单纯听汇报或看资料。

二、公共支出项目实施后绩效评价的成本收益问题

我们在第六章中介绍了成本收益分析方法，这些方法对公共支出项目实施后的绩效评价仍然适用。由于项目实施后，其实际的业务量（或工程量）与成本均已确定，所以，此阶段的主要问题是在比较业务量（工程量）和成本的计划值与实际值的基础上，对项目实施后的效果（包括经济效益、社会效益与生态效益等）进行全面的评价。

（一）公共支出项目实施后绩效评价的成本收益分析

1. 比较成本收益分析

比较分析法是将公共支出项目的各种相关成本指标进行对照比较，从数量上确定它们之间差异的一种分析方法。这种方法的作用在于揭露差异、评价绩效，揭示不足、挖掘潜力。在实际中，进行比较的对象有以下几种：

（1）实际数与预算数或计划数相比较。该方法是通过比较项目实施后的实际数与预算数或计划数，以检查预算或计划的执行结果，确定预算或计划完成情况的好坏程度。公共支出项目（或计划）的完成情况如何，是组织实施项目（或计划）的公共部门工作质量好坏的重要标志之一。运用比较分析法，把相关项目实际完成的各项指标与预算或计划进行比较之后，就可以进一步分析原因，为加强项目管理与预算绩效管理提供信息。但在进行比较的过程中，必要时还对预算或计划本身的质量进行评价。否则，如果是由于预算或计划本身不合理，以此来评价项目或计划管理的绩效就会失去可比的客观依据。

（2）本期数与前期数相比较。对于那些经常性项目，还可以将本期数与前期数相比较。该方法是将本期成本数据与前期成本数据进行比较，以了解各项相关成本指标的动态和变化趋势，进一步挖掘潜力，改进工作。它包括与上年同期比，与历史先进水平比，与特定历史时期比等，即动态分析。运

用动态分析的方法，可以从中考察、研究公共部门成本的发展趋势，以便找出差距，从中吸取经验，改进工作。

（3）实际数与标杆数相比较。该方法是将实际数与国内外类似公共部门的先进数据相比较，或者在公共部门之间开展与先进部门的成本指标相比较。这种对比方法可以扩大视野，防止骄傲自满，在更大范围内发现与先进水平的差距，促使学人之长，补己之短，不断提高项目管理水平。

以上几种比较方法，无论采取哪种比较形式，都要注意对比指标的可比性，包括指标性质、计算口径、计价基础、时间单位等的一致性。同类公共部门之间进行对比，还要考虑客观条件基本接近，在技术上、经济上能够进行比较。

2. 相关比率成本收益分析

在公共支出项目实施后绩效评价过程中进行相关比率分析，是将反映成本收益状况或与成本收益水平相关的两个因素联系起来，通过计算比率，反映它们之间的关系，借以评价公共支出项目成本收益状况的一种分析方法。即在某一类项目中，计算相关比率，以便从比较的角度深入评价该项目的成本收益情况。例如，在某一类项目的总成本中，通过计算出各个项目行政开支与业务开支所占的比率，进而比较各个项目的经济与效率情况。

3. 成本收益趋势分析

成本收益趋势分析是对不同时期成本收益指标进行对比，以确定其增减情况和变动趋势的一种分析方法。从一定意义上讲，这种分析方法是将比较分析法和比率分析法结合起来运用的一种方法。成本收益趋势分析的计算指标包括差异数、差异率和趋势比率等。

（1）差异数：差异数 = 报告期数 − 基期数，它是将不同时期指标直接相减后的差数，可以获得明确的增减概念，并由此直观地判明成本收益指标的变动幅度。

（2）差异率：差异率 = 差异数/基期数 × 100%，它可以使人们获得相对变动的概念，并由此判明成本收益指标的变动水平或增减幅度。

（3）趋势比率：趋势比率 = 报告期数/基期数 × 100%，它是将不同时期的成本收益情况换算为同一时期的百分比，提供一项简明的趋势概念。这种方法不但可以单独地表现该项目有关成本收益指标的变动情况，而且能在一系列比率的横向联系中，显示出未来的发展趋势。对于那些经常性的项目支出，通过成本收益趋势分析，可以从公共支出项目成本收益的历史比较分析中，得出成本收益的总体变化趋势，并从中可以看出公共支出项目特定的成本收益指标是升高还是降低了。

4. 成本收益比重分析

在公共支出项目实施后绩效评价过程中进行成本收益比重分析，是指通过对相关成本或收益指标的特定比重进行分析来评价项目的绩效，又可称为结构分析。对成本收益相关指标进行比重分析，可以求得每项具体内容在数量上各有多少以及各自所占比重。例如，在项目总成本中，各子项目成本占总成本的比重；在公众满意率中，各不同阶层的人所占的比重；在项目受益人群中，不同收入群体所占的比重等。又如，通过计算分析某个项目的执行成本（即业务支出）占总成本的比重，可以判断项目资金使用的有效性。再如，通过对相关绩效指标的比重进行分析，不仅可以判断结构变化对整体的影响，而且还可以从更深层次认识和把握公共支出项目的绩效。

（二）公共支出项目实施后成本收益分析的评价标准问题

如前所述，绩效评价工作必须有相关的评价标准。对于公共支出项目实施后绩效评价而言，公共支出项目成本收益分析更应该有相应的评价标准，特别应该是定量而不只是定性的标准，否则就谈不上评价。没有可比较的定量标准，自然不能判定项目成本管理结果的好坏。成本收益分析的评价标准不同，对同一个分析对象得出的成本管理绩效的结论也可能不同。正确选择和确定成本收益分析的评价标准，对于发现问题、找出差距、分析原因和正确评价成本收益的分析对象，有着十分重要的作用。一般而言，公共支出项目实施后的成本收益分析，其评价标准主要有历史标准、同类项目的平均开支标准、预算标准和标杆数据标准等。

1. 历史标准

所谓历史标准，是指对那些经常性支出项目而言，同类项目在以前年度中某项成本指标的最低水平。历史标准不会一直保持不变，而会随着物价水平的变动而变动。如果以后年度中成本指标有了新的变化，历史标准将会随着新的情况而被新的指标所代替，直到重新产生新的标准。根据历史标准，可以判断组织实施相关项目的公共部门，其现时的成本控制工作与以前相比，是取得了成绩，还是退步了，使公共部门看到自己的差距。

2. 同类项目的平均开支标准

所谓同类项目的平均开支标准，是指那些在全国范围内有可比性的同类项目（特别是那些经常性支出项目），其年成本的平均水平，是体现同一层次公共部门平均水平的成本指标。一般情况下，大多数公共部门经过努力都可以达到这一标准。根据这一标准，我们可以了解自己在同层次公共部门中所处的水平，是超过全国平均水平，还是未达到全国平均水平，从而可以促使我们努力采取措施，赶超先进。

3. 预算标准

所谓预算标准，又可称计划标准，是指在公共部门的部门预算中预先设定的在计划期内的项目成本水平。预算标准具体包括人工成本预算、固定资产设置成本预算等。根据预算标准，公共部门可以分析其实际支出与预算之间的差异，并通过分析差异的原因，使之在以后的运行过程中，力争成本消耗不突破预算，在其所提供的公共物品的数量和质量不减少、不降低的条件下，使公共支出项目成本不断降低。

4. 标杆数据标准

所谓标杆数据标准，是指对那些有可比性的项目，可以选定一个公认的“标的物”，并以该“标的物”的相关指标数据作为比较的标准。当然，“标的物”通常是那些绩效管理较好的部门或单位所组织实施的同类项目。

（三）公共支出项目实施后成本收益分析应注意的问题

为了更好地实施公共支出项目实施后的绩效评价工作，在进行成本收益分析时应特别注意以下问题。

1. 认真把握项目立项时的成本收益目标

公共支出项目实施后的成本收益分析，其显著特点是项目的成本已经全部发生，收益情况也大体明确，通过全面分析公共支出项目成本与收益的构成及其变动情况，研究影响成本与收益变动的各种因素及其变动原因，进而判别项目实施后的绩效水平。为了达到这一目的，对实施后的公共支出项目进行成本收益分析，首当其冲的是要认真分析与把握该项目立项时所确定的成本收益目标。这是因为项目立项时的成本收益目标是既定的计划目标，我们既要以计划目标为标准来衡量项目结果，进而判别实施后的项目是否达到既定要求；又要分析实际目标与计划目标之间的差距及其产生的原因。而做好这项工作的基础与前提，就是要全面把握立项时确定成本收益目标的依据是什么？在项目实施过程中，客观情况是否发生变化以及如何变化？目标的差异是由客观情况的变化造成的？还是由人为因素造成的？显然，如果不认真分析与把握项目立项时的成本收益目标，项目实施后的绩效评价就很难有一个客观的评价尺度。

2. 全面收集与项目成本收益相关的各种资料

全面收集与成本收益相关的各种资料，是成功进行成本收益分析的基础。对实施后的公共支出项目进行成本收益分析，与立项阶段的成本收益分析不同，其成本收益分析资料应该是来自实践的“第一手材料”，而不是估计数据，因此，必须注意收集内容真实、数据正确而又具有高度相关性的资料。当然，成本收益分析所需要的资料是多方面的，不仅需要收集各种核算的实际资料，还需要收集有关的计划、定额等资料；不仅需要收集有关的数据资料，而且还需要收集会议记录、决议、报告、备忘录等文字资料；不仅需要收集国内同类项目的有关资料，而且还需要收集国际同类先进项目的资料。收集资料必须实事求是，并且进行必要的去粗取精，去伪存真的整理工作，以筛选出能够真实反映出公共支出项目成本收益状况的资料，这样才有可能作出正确的结论，并提出切实可行的建议。

3. 注意项目的影响与可持续性评价

公共支出项目的重要特点之一就是其目标的多重性与效益的外部性。评价实施后的公共支出项目绩效，不但要注意项目本身的直接效益，更要关注项目的间接效益，即特定项目对国民经济与社会发展的影响，使公共支出项目能让更多的领域受益，为全社会带来更为广泛的利益。这就是说，在公共支出项目实施后绩效评价过程中，其成本与收益分析必须关注成本与收益的外部性问题，注意项目的影响评价与可持续性评价[①]。

所谓影响评价，主要是针对公共支出项目实施后，对国民经济、社会发

① 财政部会计准则委员会编：《政府绩效评价与政府会计》，大连出版社 2005 年版，第 38 页。

展、生态环境及其他方面的影响所进行的评价。主要包括以下几个方面：一是对实现国民经济和社会发展总体目标的影响。公共支出项目必须紧紧围绕国民经济和社会发展总体目标，在实现项目直接经济效益、社会效益与生态效益的同时，还应促进投资环境的改善，为市场竞争领域相关产业发展创造良好条件。同时，还需要注重促进地区间、社会群体间均衡发展以及基本公共服务均等化，逐步缩小地区差异和贫富悬殊，实现社会公平，提高社会大众的福利。二是对社会环境的影响。改善社会环境是政府应提供的一项公共产品，需要包括公共支出项目在内的各个领域高度予以关注。公共支出项目建设过程中和建成后，一方面要考虑对本地区和周边地区生态和自然环境的影响，促进环境保护，为社会和公众创造良好的生活和发展环境。另一方面，要考虑对社会环境的影响，促进民族和睦、脱贫致富、社会就业、城市规划等社会事业的发展。三是对其他项目的影响。公共支出项目是实现社会总目标的组成部分，项目间往往相互关联。所以，公共支出项目既要考虑对其他项目建设的促进作用，也要考虑对相关项目效益的挤出作用，使公共支出项目从整体上发挥最大效益。

所谓可持续性评价，主要是针对公共支出项目建成后，对其后续运营和持续发挥作用能力所进行的评价。通常应考虑以下因素：一是持续运营能力，包括项目运营管理机构、管理体制、运行机制、运行成本、项目发挥作用期间及运营过程中存在的效益递增或递减趋势等。二是项目配套设施建设情况，包括项目是否需要相关的配套设施、配套设施建设与运营情况、配套设施与项目相匹配的程度和效果等。三是项目维护与更新，包括影响项目持续发挥作用的种种因素、消除这些因素应投入的资源和效果等。

4. 客观报告项目实施后成本收益分析的结果

对特定的项目进行成本收益分析后，要将分析时所获得的信息和结论进行反馈，并针对发现的问题提出可行的措施和建议。与此同时，应及时将项目成本收益分析的情况提供负责公共支出项目实施后绩效评价的机构，以为编制公共支出项目实施后绩效评价报告提供依据。这里特别需要强调的是，报告实施后项目的成本收益分析情况，除了通常需要报告的内容外，还应特别报告项目成本收益相关指标的实际完成情况并作出对比分析，重要的是还需要说明其原因。

第九章 平衡计分卡及其在公共支出绩效评价中的应用

一、平衡计分卡概述

本书绪论在阐述思考构建公共部门管理会计时，谈到包括经济学、管理学、财务会计学与管理会计学在内的许多学科，其理论的发源地往往是以企业为典型代表的私人部门（或称营利组织）。实际上，从“方法”的角度讲，公共部门管理中应用的许多方法，其发源地也基本上是来自企业，平衡计分卡则是其中最具现代意义的一种新的绩效评价方法，这种新的绩效评价方法正在逐步从企业走向公共部门。

（一）企业用平衡计分卡

1. 平衡计分卡的产生

平衡计分卡是由哈佛大学会计学教授罗伯特·卡普兰和波士顿公司的管理咨询师大卫·诺顿两人共同提出的。1990 年，卡普兰和诺顿对 12 家公司进行了一项研究，以寻求新的绩效评价方法。这项研究的起因是出于当时人们对传统的以财务指标为主的企业绩效评价方法的困惑。这些公司的代表和卡普兰、诺顿都相信依靠财务指标的绩效评价影响了组织创造价值的能力[①]。他们讨论了多种可能的替代方法，最后决定采用计分卡这种囊括整个组织各方面活动（包括顾客、内部业务流程、员工活动和股东利益）的绩效评价系统，并随后在《哈佛商业评论》发表了“平衡计分卡——提高绩效的评价指标体系”等三篇论文。我们可以将平衡计分卡描述为基于组织战略而精心选择的计量指标体系。对管理者而言，平衡计分卡所选择的评价指标可以向内部员工和外部利益相关者传递各种结果及有助于组织实现其使命和战略目标。

以财务指标为主的传统绩效评价体系，虽然能很好地描述过去，却不足

① 保罗·R. 尼文著：《政府及非营利组织平衡计分卡》，中国财政经济出版社 2004 年版，第 13 页。

以说明当今企业真正的价值创造机制（诸如知识和关系网络等无形资产），这是因为财务指标是滞后指标，它只是过去行为的结果，而不能代表未来。而平衡计分卡，则正是针对传统绩效评价的这些不足，通过用未来经济绩效动因（或称为前置指标）来补充这些滞后指标，即在保留财务指标这一维度的基础上，补充了三个不同的维度，即顾客、内部业务流程、学习与成长，并让企业远景与战略处于核心地位。运用平衡计分卡评价企业绩效，其最大特点是将传统绩效评价只重视财务指标的理念，转变为注重企业发展战略，以顾客为导向，平衡企业长期目标和短期目标、结果目标和过程目标、部门绩效和个人绩效、历史绩效和未来绩效、外部关注和内部要求等管理要素，以提高顾客满意度与企业核心竞争能力。

从国外应用平衡计分卡的实践来看，在风靡营利性组织（企业）之后，平衡计分卡已经在非营利性组织和公共部门得到了有效的运用，并开始获得成功。根据平衡计分卡的思想精髓，该方法应用于公共部门或公共支出绩效评价，其关键在于公共部门应牢固地树立以为社会提供优质公共产品或公共服务为己任，以“顾客满意”为导向的服务理念，努力建立学习型、服务型公共部门，尽可能用最小的成本，为社会提供更多更好更及时的公共产品或公共服务。

2. 企业用平衡计分卡的主要内容

企业用平衡计分卡如图 9－1 所示，它紧紧围绕企业远景与战略，从财务状况、顾客服务、内部流程、学习与成长四个维度来综合评价企业绩效①。

（1）财务维度。财务指标在绩效评价中必不可少，无论是对于私人部门（企业），还是对于公共部门或非营利组织，都是一样的。传统的绩效评价指标主要是财务方面的，平衡计分卡虽然引入了财务指标以外的其他三个维度的指标，但绝不等于财务指标可以省略。财务指标通常是滞后的指标，但它却是企业股东自始至终都最为关心的指标。为了取得财务的成功，努力提高企业的市场价值，应研究如何面对股东，赢得企业股东及潜在投资者的支持。

---

① 保罗·R. 尼文著：《政府及非营利组织平衡计分卡》，中国财政经济出版社 2004 年版，第 15 页。

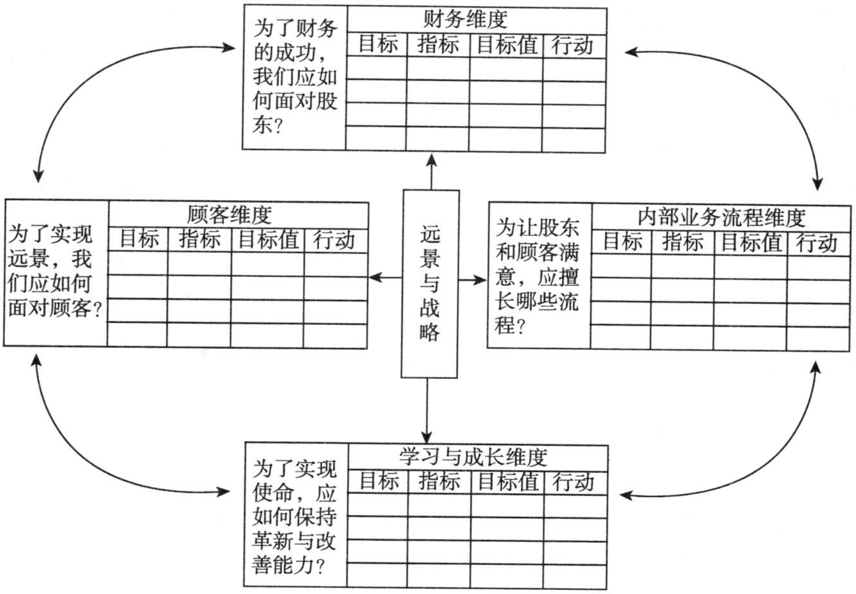

图9－1　平衡计分卡

（2）顾客维度。为了提高企业产品或服务的市场占有率，需要研究如何面对顾客，特别是要弄清谁是企业的目标顾客，以及为之服务的价值定位是什么这两个重要问题。然而，这两个问题却给许多企业带来挑战，一些企业称自己确实有目标顾客，然而，它们的行为显示出其“为所有顾客提供所有东西”的战略。正如迈克·波特所说，这种面面俱到的战略将会使企业无法显示出与竞争对手的差别。事实上，不仅仅是确定自己的目标顾客不容易，就是回答第二个问题，即价值定位也不容易，恰当的价值定位同样给大多数企业带来挑战。许多人会从迈克乐·翠希等在《市场领先者的修炼》中提到的三种修炼中选择一种：一是出色的经营，追求出色经营的组织注重低价、便利以及“简单明了”；二是产品领先，注重不断创新，力求向市场提供最好的产品；三是顾客亲密度，想方设法满足特定顾客的需求，注重的不是“一锤子买卖”，而是在深入了解顾客需求的基础上，建立长期的关系。当然，许多组织在进行价值定位时，都提出很难定位于一点。一种较为实用的方法，就是所选择的修炼应该是组织在这个方面拥有特别强的能力，并且选择这种修炼取得的绩效不低于选择其他修炼取得的最低绩效。

（3）内部业务流程维度。为了让股东和顾客满意，实现企业的价值定位，需要研究企业为持续增加股东和顾客价值所必需的内部业务流程，并要求每一条顾客维度的修炼都要有特定的内部业务流程的有效运作与之相对应。这方面的具体任务就是识别这些内部业务流程，并制定最为恰当的评价指标，以追踪其取得的进展。

（4）学习与成长维度。在平衡计分卡中，学习与成长维度的评价指标是实现其他三个维度目标的“强心剂”。从根本上讲，它们是平衡计分卡的根基。一旦确定了顾客和内部业务流程维度的评价指标和相应的行动，往往会发现企业现有员工的技能和信息系统的结构，以及组织氛围（如企业文化）与为实现企业目标所应达到的水平之间存在着差距。而为这个维度设计的指标，意在指明进而缩小这种差距，以保证取得未来可持续的绩效。

（二）公共部门用平衡计分卡的调整

美国学者尼文认为①，公共部门绩效评价“需要从一个更宽广的视角考虑组织绩效”，“需要的系统不仅能计算投入产出，还要能提供评估组织在实现使命方面取得的进展”。他认为，作为应对私人部门绩效评价挑战而产生的平衡计分卡，同样能够很好地适应21世纪公共部门发生的巨大转变。图9－2是公共部门运用平衡计分卡的模型。比较图9－1和图9－2，我们可以从中看出，公共部门与私人部门之间运用平衡计分卡的差异。

（1）使命位于平衡计分卡的最顶层。私人部门运用平衡计分卡，所有评价指标都应该导致最终绩效的改善。提高股东价值是营利组织的最终目标，它们对其财务利益相关者的责任使得它们必须这么做。而公共部门则不然，为社会提供公共产品或公共服务是公共部门的基本职责。尽管公共部门有责任高效配置资源，但这是手段，而不是最终目标。公共部门应服务于更高的目标，如促进基本公共服务均等化等。当然，公共部门履行使命，也不是一蹴而就的，但可以看到一段时间的变化。这也就说明了为什么平衡计分卡的其他维度如此重要。对顾客、内部业务流程、员工学习与成长、财务四个维

① 保罗·R. 尼文著：《政府及非营利组织平衡计分卡》，中国财政经济出版社2004年版，第28页。

度的绩效监控和从结果中获得的学习，可以向你提供短期和中期的信息，以帮助你向实现使命的方向迈进①。

（2）战略依然是平衡计分卡的核心。任何组织，无论是以营利为目标的私人部门，还是以为社会服务为使命的公共部门，都不能脱离组织战略。战略在实现组织使命而制定的各项活动中，必须具有显著的优先权。这些优先权必须与组织的状况相协调，而且互相之间也要保持协调，以有效地应对面临的挑战与机会。一旦制定了战略，平衡计分卡就成为有效的战略转化和执行的工具。

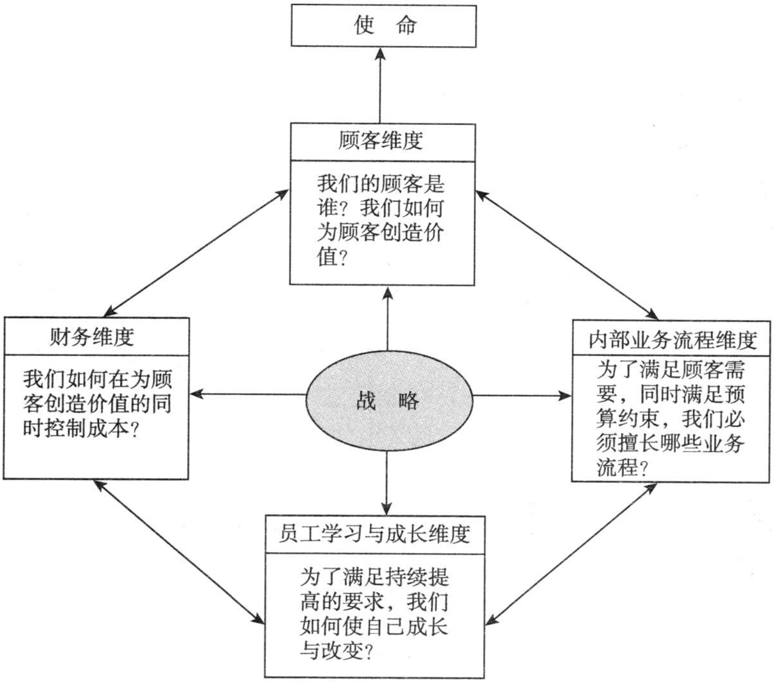

图 9－2　公共部门用平衡计分卡模型

① Robert S. Kaplan, "The Balanced Scorecard and Nonprofit Organizations", Balanced Scorecard Report, November ~ December, 2002.

（3）顾客维度得到提升。私人部门与公共部门平衡计分卡的一个明显差异，就在于公共部门的使命被置于平衡计分卡的最高层。从使命出发，更为关注的是组织的顾客，而不是财务利益相关者。实现使命与财务受托责任不同，组织必须确定其服务对象以及如何更好地满足他们的要求。正如费城红十字会的首席战略官瑞克·帕希彼根所说："我们将顾客维度置于最高层，这意味着我们所做的任何与财务、收入有关的事情，都是为了支持我们的顾客。[①]"对于营利的私人部门而言，他们对股东负有受托责任，并通过平衡计分卡的财务维度的结果监控这种受托责任。而公共部门则不然，他们关注的重点是顾客及满足顾客需要以期实现组织使命。但是，由于公共产品或公共服务往往是针对特定群体而言的，所以"谁是我们的顾客"本身，也是公共支出预算及其绩效评价所需要明确的问题。

（4）财务维度仍不可或缺。任何组织，不论其状况如何，都需要财务资源，才能成功运营并满足顾客需求。在公共部门的平衡计分卡中，财务维度可以看成是保证顾客维度成功所需要支付的成本，也是公共部门正常运转的保障或限制条件。实际上，用有限的成本提供更多更好的公共产品或公共服务，让更多的顾客感受到基本公共服务均等化的公平与正义，必然会促进社会和谐，进而实现好公共部门的使命。

（5）辨认驱动顾客价值的内部业务流程。公共部门内部的业务流程，必须有利于优质高效地为顾客服务。在制定这个维度的目标和评价指标时，应该研究这样一些问题，即为了提高顾客的满意度，公共部门必须擅长哪些关键的内部流程？现有的内部业务流程，有哪一些需要不断完善或改进？平衡计分卡成功的关键，就在于选择、评价那些能够改善顾客价值，并最终实现公共部门使命的内部业务流程。同时，我们所关注的这些流程，不是凭空想象出来的，而是直接源于顾客维度的目标和评价指标。

（6）学习与成长维度为提高公共部门绩效奠定基础。作为使命导向型组织，公共部门要实现其重要的社会目标，在很大程度上依赖于广大公务员的思想业务素质。与这个维度追求的目标特别相关的领域有三个：一是包括业务能力与政策水平在内的思想业务素质，即公务员是否拥有恰当的素质以持续应对面临的挑战；二是信息流动，有时也称为"信息资本"，即相关人员对

① From interview with Rick Pagsibigan, September 19, 2002.

影响顾客价值的问题进行有效决策时，是否拥有所需要的工具和信息；三是工作环境，主要包括是否有交流合作的文化氛围以及健全的激励与约束机制。

（三）平衡计分卡的平衡理念与因果关系

1. 平衡计分卡的平衡理念

学习与应用平衡计分卡，深刻领会这种方法的“平衡”理念很重要，尤其是下述三个方面的“平衡”问题[①]：

（1）成功的财务指标与非财务指标之间的平衡。平衡企业的历史财务数据与未来价值动因，是平衡计分卡的最基本的意图。通过平衡绩效评价的财务指标与未来绩效动因之间的关系，平衡计分卡克服了依赖财务指标的缺陷。这仍然是该系统的基本特点。

（2）组织内部与外部群体的平衡。在平衡计分卡中，财务利益相关者（如出资人）和顾客构成了企业的外部群体，而经营者与广大员工是企业的内部群体。平衡计分卡确认了在有效执行企业战略过程中，平衡这些群体之间的利益时，可能发生的矛盾的重要性。

（3）滞后指标与前置指标的平衡。滞后指标通常代表过去的绩效，顾客满意度和利润就是典型的例证。虽然这些指标很直观，也容易获得，但它们通常缺乏预测功能。前置指标是取得滞后指标的绩效动因，它们通常包括对业务流程和行动的评价。例如，响应时间是顾客满意度这个滞后指标的前置指标。尽管这些指标通常被认为具有预测性，但前置指标与滞后指标之间的关系可能具有主观性，而且数据也难以获取。平衡计分卡应该包括前置指标与滞后指标的组合。如果没有前置指标，滞后指标就无法反映出如何实现目标。相反，没有滞后指标，前置指标可能反映了短期改善，而无法说明这些改善是否改善了顾客服务，并最终实现了企业使命。

平衡计分卡的上述平衡理念，是通过分配四个维度指标的权重来实现的。那么，如何分配权重，在实践中也不是一件很简单的事情，而应该根据各个维度指标的重要性来赋予相应的权重。对于营利性企业的绩效评价而言，财务指标可以依然是四个维度中权重最大的，如一个投资项目的平

---

① 保罗·R. 尼文著：《政府及非营利组织平衡计分卡》，中国财政经济出版社2004年版，第20页。

衡计分卡，各个维度指标的权重显然应该倾斜于财务指标，如表9－1所示。但是，对于不同的企业与不同的项目，各个维度指标所选择的权重可以不同，如有时企业财务指标所占的权重会高达80%，其他三个维度指标的权重总共也只占20%。这说明，企业绩效评价的平衡计分卡，财务指标必然是核心。

当然，在设计公共支出绩效评价的平衡计分卡时，四个维度指标的权重应与企业有很大的差别。财务维度指标，对营利性企业而言，既是当期的目标，也是企业长期的目标。可是，对于公共部门来说，财务维度只是提供一个约束而不是一个目标。衡量公共支出是否成功，应该视其能否有效地满足社会公众、纳税人和利益相关者的要求，并把这种要求明确为一个具体的目标。因此，根据平衡计分卡的平衡理念，公共支出绩效评价四个维度指标的权重，往往不一定是财务维度指标的权重最高，而应视具体的评价对象，加重顾客维度（也就是公众满意度）指标的权重。科学分配平衡计分卡四个维度指标的权重，应以绩效评价的整体目标为出发点，对指标体系中的各项指标进行分析对比，权衡它们对整体绩效目标的影响程度来定。除去可采用简单的经验方法确定外，常用的比较科学的分配权重的方法有德尔菲法（或称专家意见法）和层次分析法等。

表9－1　某企业用平衡计分卡评价投资项目四个维度指标的权重

财务维度	顾客维度	内部流程维度	学习与成长维度
40%	20%	20%	20%

2. 平衡计分卡的因果关系

平衡计分卡中的每一项指标，都是一系列因果关系中的一环，通过它们把相关部门的目标同组织的战略联系在一起。在平衡计分卡中，各个方面的指标都必须代表业绩结果与业绩驱动因素双重含义，综合形成包含业绩结果与业绩驱动因素双重指标的绩效考核系统。在实际工作中，如果不注重因果关系，而只是运用财务与非财务指标，单纯地进行定期（如每个月或每季度）监控，对于执行组织战略不一定能提供什么指导作用。例如，当某个公共部门评价培训投资时，发现员工平均每个月接受八小时的培训，超过了五个小时的计划目标。但当评价服务质量时，却发现服务质量却在下降。根据这些评价结果，应该采取什么行动呢？是增加还是减少目前为员工提供的培训数量呢？答案的关键取决于对培训与质量之间关系的假设。事实上，绩效评价的真正价值就在于，根据对各个指标之间关系的假设仔细思考结果。如果你认为培训投资与服务质量正相关，而结果显示不是这样，那么你就可以根据这个信息进行反思，实施跟踪决策。

平衡计分卡之所以成为一种转化战略与实现使命的工具，其原因就在于它的指标设计十分注重因果关系。实际上，最好的战略也只是人们的一个假设。它只是人们根据自己对环境与资源等方面的了解，而对采取适当行动所做的最佳设想。从一定意义上讲，对多数组织而言，战略是一个新的目的地，是它们从前未到过的地方。而要到达这个新的地方，最为重要的是要有一种能结合战略假设，朝着目的地前进并还能进行检验的方法。这也正是平衡计分卡要帮助我们做的事情。精心设计的平衡计分卡应该通过选择的目标和评价指标描绘出组织的战略，将从学习与成长维度的绩效动因一直到顾客维度成果改善等指标连在一起，构成一个因果关系链。我们试图通过评价明确我们的战略，明确各个指标之间的关系，以便监控、管理这些指标并使他们有效发挥作用。只有这样，我们才能开始了解并成功实施我们的战略①。

当然，对任何组织而言，建立严格的因果关系都是一项挑战，特别是实现各项目标、指标之间的无缝整合难度更大。这种难度，对于多重目标的公共部门来说，更是增加了难度。然而，正如彼得·德鲁克所提醒的那样，“管理决策失误最常见的原因是强调找出正确答案而忽视提出正确问题”。我们设计平衡计分卡时，必须将绩效目标确定下来，并对平衡计分卡各项指标之间的联系，通过一系列的“如果……就……”来确认。只有这样，才有利于一开始就注意研究实现绩效目标的真正驱动因素。也许这样做，还难于一下子获得所有答案，但却可以促进提出更好的问题，进而实现既定的绩效目标。

---

① 保罗·R. 尼文著：《政府及非营利组织平衡计分卡》，中国财政经济出版社 2004 年版，第 32 页。

二、绩效管理会计与平衡计分卡绩效指标设计

毛洪涛在其著作《业绩管理会计研究》一书中，从围绕企业战略目标、加强企业绩效管理的角度，在现代企业管理会计领域进行了绩效管理会计研究的探索。他所构造的绩效（即业绩，下同）管理会计体系包括三个基本环节，即绩效策划会计、绩效控制会计和绩效评价会计[①]。借鉴毛洪涛关于企业绩效管理会计研究成果，平衡计分卡被作为绩效策划会计的方法之一，那么自然需要绩效控制会计与绩效评价会计方法随之跟进。这就是说，联系公共支出绩效评价的实际，注意运用管理会计方法来加强绩效管理工作，有利于促进平衡计分卡在公共支出绩效评价中的应用。

（一）绩效管理会计的主要方法

毛洪涛在研究企业绩效管理会计方法体系时，从绩效策划会计、绩效控制会计与绩效评价会计三个方面，介绍了一些方法[②]，现列举如下。研究这些方法可以看出，为了提高公共支出绩效，搞好绩效评价，或者说推行绩效预算，必须应有管理会计随之跟进。否则，公共支出绩效评价就会大打折扣，更谈不上推进绩效预算了。

1. 绩效策划会计方法

（1）传统财务分析法。这种方法是根据公开的财务报表信息，来计算有关指标，并进行评价。传统财务分析法所用的评价指标基本上都是财务指标，主要有净收益、投资报酬率等。

（2）贴现现金流量（DCF）分析法。这种方法有两个主要变量：即净现值（NPV）和内部报酬率（IRR），相对就形成了 DCF 分析法的两种支柱方法：NPV 法与 IRR 法。

---

① 毛洪涛著：《业绩管理会计研究》，西南财经大学出版社 2007 年版，第 13 页。

② 同上，第 102 页。

（3）标杆法。标杆法也叫做标杆管理（Benchmarking），是20世纪80年代以后兴起的一种新型管理方法。它是企业为对付最强硬的对手而进行的一种持续不断的学习过程。美国生产力与质量中心对标杆管理的定义是[①]："标杆管理是一项有系统、持续性的评估过程，通过不断地将组织流程与全球企业领导者相比较，以获得协助改善经营绩效的信息。"企业实施标杆管理的基本环节是以最强的竞争企业或那些行业中领先和最有名望的企业在产品、服务或流程方面的成功做法及实践措施为基准，树立学习和追赶的目标，通过资料收集、比较分析、跟踪学习、重新设计并付诸实施等一系列规范化的流程，将本企业的实际状况与这些基准标杆进行定量化评价和比较，分析这些基准企业达到优秀绩效水平的原因，并在此基础上选取改进本企业绩效的最佳策略。标杆管理法的核心理念是业务、流程、环节都可以解剖、分解和细化，大多数组织在某些活动、功能、流程等方面都有相似或相通之处，因而可以寻找和确定某些方面或整体绩效出类拔萃的组织和最佳实践。从一定意义上说，标杆管理法实际上就是促进组织学习、改进组织管理、提升组织绩效的一种学习与成长途径。

（4）平衡计分卡法。如前所述，平衡计分卡法是把企业的使命和战略转变为可衡量的目标和方法，用一套与战略相关的多层次指标来综合、及时地评价企业绩效，通过对财务、顾客、内部业务流程、学习与成长四个各有侧重又相互影响的方面（或称维度）进行绩效评价，来沟通战略、目标和经营活动的关系，实现短期利益和长期利益、局部利益和整体利益的均衡。

2. 绩效控制会计方法

（1）价值链分析方法。迈克尔·波特在其著作《竞争优势》中，将企业的业务流程描绘成一个价值链，认为只有对价值链的各个环节（业务流程）实行有效管理的企业，才有可能真正获得市场上的竞争优势。按照他的观点，每一个企业都是用来进行设计、生产、营销、交货以及对产品起辅助作用的各种作业的集合。一个企业的价值链和它所从事的单个作业的方式反映了其历史、战略、推行战略的途径以及这些作业本身的根本经济效益[②]。

---

① 转引自财政部预算司编著：《绩效预算和支出绩效考评研究》，中国财政经济出版社2007年版，第50页。

② 迈克尔·波特著：《竞争优势》，陈小悦译，华厦出版社1997年版，第36页。

(2) 作业链分析法。这种方法包括四个步骤：一是确定作业链的范围；二是确定作业分析单元；三是界定作业；四是对界定作业进行整合，使之合理化。以上步骤实质上是把所有性质相同的业务集合起来组成一个特定功能的作业分析过程。通过特定功能对作业进行分析和整合，目的在于将单个细小的作业组合成可以作为成本计算和控制的对象作业，以便对重点作业实施控制。

(3) 责任会计方法。责任会计包括四项要素，即分配责任权利、选择绩效评价指标、衡量绩效和根据实际绩效进行奖惩。它通过衡量每个责任中心与其决策权相对应的经营成果，并将这些结果与预期目标进行比较，以使不同层次的管理人员都能对日常活动及时作出有效的决策，在实现组织目标的同时，又体现自身价值。

(4) 全面预算管理方法。这种方法是按照企业制定的发展战略目标，层层分解、下达到企业内部的各个经济单位，以一系列的预算、控制、协调、考核为内容，建立一套完整、科学的数据处理系统，自始至终将各个经济单位的经营目标同企业发展的战略目标联系起来，对其分工负责的经济活动全过程、全方位、全员进行控制和管理，并对实现的绩效进行考核与评价的内部控制会计管理系统。主要包括四个方面，即确定预算方针和目标、预算执行、预算控制和预算考评。

3. 绩效评价会计方法

(1) 比较评价法。这种方法是对被评价对象在不同时间或不同空间的数据，进行比较分析，进而确定其差异。

(2) 指数评价法。这种方法是将单项指标值与对比标准值相比，求得单项评价指数（单项得分），再对单项评价指数进行加权平均即得出综合评价总指数（总得分）。对于逆指标可利用倒数法进行同向化处理，将逆指标变换为正指标。

(3) 功效系数评价法。这种方法是根据多目标规划的原理，把所评价的各项指标分别对照各自的评价标准，并根据各项指标的权重系数，通过功效系数转化成为可以度量的评价分类，再对各单项指标进行加总，求得综合评价分数。计算公式如下：

$$\text{单项指标评价分数} = \text{功效系数} \times 100$$

其中，对于正指标而言：

$$功效系数=\frac{该指标实际值-该指标不容许值（或该指标最差值）}{该指标理想值-该指标不容许值（或该指标最差值）}$$

对于逆指标而言：

$$功效系数=\frac{该指标理想值-该指标实际值}{该指标理想值-该指标不容许值（或该指标最差值）}$$

然后，采用加权指数功效系数法计算上层的综合功效系数：

$$W=\left[\prod_{i=1}^{n} w_i^{P_i}\right]\frac{1}{\sum_{i=1}^{n} p_i} \qquad (i=1,2,3,\cdots\cdots,n)$$

式中：W 表示上层指标的功效系数；W_i 表示第 i 个指标的功效系数；p_i 表示第 i 个指标的权重。

（4）最优值距离评价法。这种方法的基本思想是以最优值为对比标准，将各单位的实际值与最优值的相对差距作为单项评价值，通常将单项评价值的计算公式写为：

$$评价值=\left(1-\frac{实际值}{最优值}\right)\times 100$$

对单项评价值加权平均即得总评价值。与其他方法不同的是，它的评价值是个逆指标，评价值越小，表示评价单位与最优的距离越近。

（5）排队计分评价法。这种方法的原理是将所有评价单位的各单项评价指标值依优劣排队，再根据评价单位指标的名次计算各项得分。

（二）绩效管理会计的运作模式

毛洪涛关于企业绩效管理会计运作模式的讨论，对我们理解建立公共部门管理会计，促进平衡计分卡在公共支出绩效评价中应用也是很有帮助的。下面，将扼要介绍这方面的相关问题。

毛洪涛认为①，对于企业而言，绩效管理会计的运作模式是指在一定的战略目标指引下，经过绩效评价指标体系的设计、绩效标准的确定、组织和雇员绩效指标的选择与分解、绩效信息收集、绩效差异分析和比较评价等环节，最终给绩效创造者以不同形式的激励，实现对绩效行为和结果进行强化的目的，并以信息反馈的结果促进企业各层次绩效管理会计主体改进绩效行为或

① 毛洪涛著：《业绩管理会计研究》，西南财经大学出版社 2007 年版，第 110 页。

修正战略目标的动态过程。绩效管理会计的运作模式如图 9－3 所示，现说明如下：

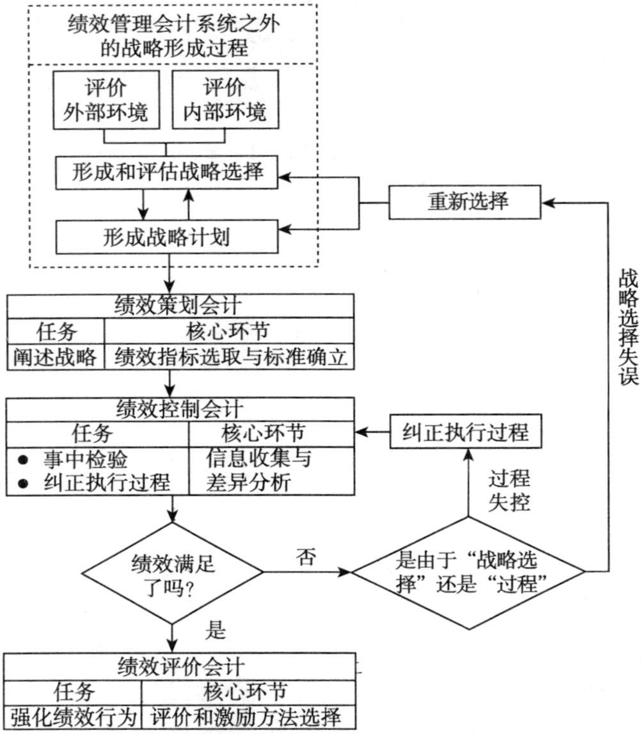

图 9－3　绩效管理会计的运作模式

（1）企业战略选择的过程是整个绩效管理会计运作的基础，但它并不构成绩效管理会计运作过程的一个基本环节，其基本职能在于通过对企业外部环境和内在能力的分析与评价，形成和评价企业的战略定位，为绩效管理会计的运作指明基本方向。

（2）阐述战略（绩效评价指标设计和标准确立）是绩效管理会计运作的起点和第一环节，其目标在于全面理解与合理分解企业战略，并力求保证企业各层次绩效管理会计主体对于企业的战略意图达成一致理解，这一环节输入的是企业有关战略意图的各种表述和主要的衡量标准，输出的是以平衡计分卡为主体的、能够清楚地表明企业战略愿景的绩效衡量指标与标准。

（3）控制绩效行为（信息收集与差异比较）是以阐述战略阶段所确立的绩效衡量指标与标准为依据，按照业务流程再造的最新管理理论与方法，将责任会计与作业管理等新兴的管理手段与方法相结合，完成对各层次绩效管理会计主体实际绩效数据的收集及其与预期绩效指标的差异比较的过程。

（4）经过控制绩效行为阶段的分析和比较，提供了实际绩效信息，从而进入绩效评价和激励（评价和激励方法的选择）阶段，达到绩效策划标准的绩效行为及其创造者将得到适当形式与力度的激励与报酬。相反，那些没有完成的绩效指标既可能成为企业修正战略、重新定位的依据，也可能成为纠正绩效行为（包括再造业务流程）的信号。

（三）平衡计分卡四个维度的绩效指标设计

设计公共支出绩效评价平衡计分卡四个维度的绩效指标，需要再重温一下公共支出绩效指标的一些相关概念。所谓公共支出绩效指标，是围绕公共支出使命，将预算绩效与预计结果进行评价与沟通的标准。科学合理地设计公共支出绩效指标，不仅是评价公共支出绩效的基础和前提，而且还可以为公共部门指明方向，激励公共部门全体员工团结共事，为实现共同目标而协调一致。

一般而言，绩效指标主要有投入、产出和成果三种类型。投入指标位于绩效指标层级结构的最底层，常见的投入指标就是支出预算的数额。产出指标就是投入的结果，也就是投入所产生的业务量。成果指标，则是反映公共支出活动给目标群体所带来的受益。这就是说，投入和产出指标主要关注内部的项目或服务本身，反映了已付出的努力和提供的服务，但却没有说明这些工作是否让目标群体受益。而成果指标，则将重心从活动过程转向成效与结果，体现了对“顾客”的关心。显然，注重运用成果指标来评价公共支出绩效，实现从关注过程向关注结果的转变，可以促进公共部门更好地履行受托责任，改善和提高公共支出决策水平，用有限的公共资金为社会提供更多、更好、更有效的公共产品或公共服务。与此同时，还应注意滞后指标与前置指标问题。例如，公众满意度指标就是典型的滞后指标。当我们进行满意度调查时，所反映和评价出来的行动早已发生，所以，需要将反映过去的滞后指标与预测性指标（即驱动社会公众满意度提高的指标）结合起来。也就是说，需要设置与利用前置指标。美国德克萨斯州审计署的戴伯拉·科尔关于滞后指标与前置指标关系的一段话很值得我们学习与借鉴[①]："滞后指标一般告诉你的是你是否已经实现了目标。而前置指标告诉的是，你是如何做的，使你有机会调整绩效，从而更成功地实现你的目标。前置指标的确认方法可以是：绘制流程图并找出重要转折点。这样就可以找出可能的绩效问题。"

下面，我们将简要介绍一下保罗·R. 尼文关于设计平衡计分卡四个维度绩效指标的一些理念[②]。

1. 顾客维度绩效指标

平衡计分卡的"顾客"，可以归集出各种各样迥然不同的顾客群体，进而出现许多的叫法。关键的问题不在于名称，而在于认识到存在着不同的团体，尽管他们都可能归在顾客这一大类，但他们却实际上拥有不同的需求。一个成功的公共部门，就必须关注所提供公共产品或公共服务所涉及的对象，特别是这些对象的需求。

在设计顾客维度绩效指标时，可以问一个很简单但很有效的问题，这就是我们的顾客需要或希望我们做些什么？设身处地为他人考虑是成功的关键，你必须站在顾客的立场找出真诚的答案。尽管不同的顾客群体可能提出不同的答案，要求不同的评价方式，但下述内容则是共同的：一是准确性，即不管你所提供的公共产品或服务是什么，顾客都期望每次都能准确送达；二是可取得性，即你所提供的公共产品或服务，都应在顾客需要的时间和地点送达，它也是顾客评价利用你所提供的公共产品或服务的难易程度的指标；三是时间性，即你所提供的公共服务使顾客消耗或节约的时间；四是选择性，即根据公共部门的性质，你可能提供多种公共产品或服务，但你所提供的公共产品或服务是否符合顾客的期望；五是效率，即社会大众特别看重一次性准确并简单地完成工作的价值；六是合作关系，顾客希望感到你真正了解他

---

① Deborah L. Kerr："The Balanced Scorecard in the Public Sector"，Performance Magazine，Vol. I，No. 8，pp4 ~9.

② 保罗·R. 尼文著：《政府及非营利组织平衡计分卡》，中国财政经济出版社2004年版，第177页。

们，并站在他们这边，为他们服务。特别是需要认真倾听顾客的意见和建议，并以某种方式帮助他们，从而以可见的方式改变他们的状况。

2. 内部业务流程维度绩效指标

内部业务流程维度绩效指标，应该直接产生于顾客维度的选择。这就是说，我们设计完顾客维度的目标和指标之后，需要问的问题是：为了实现这些顾客目标，我们必须擅长哪些业务流程？实际上，不同的公共部门，由于其性质不同，都有不同的业务流程，甚至也可能有不同的流程组合。采取何种流程或组合，才能有效地实现顾客目标，需要我们在设计内部业务流程绩效指标时考虑下述问题：一是质量问题，即采取何种业务流程或流程组合，能有效解决所提供公共产品或服务的质量问题，最大限度降低质量风险，特别是需要认真权衡质量改进目标及这种改进能否增加顾客价值指标之间的关系；二是创新问题，即能否根据变化着的情况，特别是及时听取来自顾客的意见与建议，不断完善与优化业务流程；三是合作关系，即注意与服务对象及相关方面的互动，进而不断改进工作，提高顾客的满意度；四是营销，有的研究者提出了营销的4P准则，并认为每一个准则都将产生重要的绩效指标①。这4P是产品（Product），即所提供的产品或服务，如果不是超越，至少也必须满足顾客需求；促销（Promotion），即让顾客了解产品、服务和形象；价格（Price），即顾客所感受到公共产品或服务的价值；地点（Place），即在什么地方提供公共产品或服务，也就是说公共产品或服务应设计有效的分销系统，以方便送达顾客。

3. 学习与成长维度绩效指标

从公共部门的实际出发，为适应当今社会民主与法制建设的需要，努力提高依法行政、民主行政和科学行政的能力，就必须按照学习型组织的要求，不断提高每一位公务人员的行政能力。当然，能力又是一个与技能、习惯与才能相关的概念。技能指的是经过一定的训练，再加上必要的努力，多数人都能掌握一定熟悉程度的特性或行为。习惯指的是人们相对稳定的倾向，譬如竞争精神、忠于职守等，这些倾向的形成与完善，既与自身的特质有关，也与环境有关。才能指的是人们与众不同的反复出现的思维、情感或行为类

① Thomas Wolf, Managing a Nonprofit Organization In the Twenty-First Century（New York: Fireside, 1999）, p. 162.

型。从提高学习与成长维度绩效指标的角度讲，既要注重通过培训来提高人的素质，更要重视相关岗位对才能的不同要求，确定不同岗位对所需才能的差异，让人尽其才，才尽其用，并特别注意创造积极向上、团结协调、高效廉洁的工作作风与文化氛围。

4. 财务维度绩效指标

平衡计分卡财务维度绩效指标，可以帮助说明如何以平衡效率、效益和成本的方式提供服务。具体设计指标时需要考虑下述因素：一是产品或服务的价格。即需要通过必要的计算，来确定所提供公共产品或服务的实际成本，进而评价对象的成本收益水平。二是相关支出的经济性、效率性和有效性。对于有些公共支出项目所提供的公共产品或服务，还应评价不同提供方式（如公共部门直接提供，还是引入市场机制来提供）的成本效益；对于一些可以收费的准公共产品或服务，还应考虑是否有增加收入的机会。三是财务管理。加强公共部门财务管理，是控制公共预算活动的重要环节。及时、可靠、相关的财务信息可以为各种类型的决策提供支持，而错误的财务信息则可能导致巨大的浪费。

三、平衡计分卡在公共支出绩效评价中的应用

公共支出是公共部门提供公共产品或公共服务的成本，其显著特点往往是社会效益大于经济效益，因此，公共支出绩效评价不但需要评价经济效益，更需要评价社会效益，进而需要一套综合的评价方法。财政部财政科学研究所贾康等认为，形成具体形式的平衡计分卡（表）方法，应当是财政支出绩效评价的可用方法之一①。由于公共支出预算表现为包括基本支出与项目支出两大部分的部门预算，所以，平衡计分卡在公共支出绩效评价中的应用，可以分为在公共支出项目绩效评价中的应用、在公共部门基本支出绩效评价中

① 贾康、孙洁："平衡计分卡（表）方法在财政支出绩效评价中的应用设计初探"，财政部财政科学研究所《研究报告》第 58 期（总第 921 期），2009 年 8 月。

的应用和在公共部门预算绩效评价（或称公共部门支出绩效评价）中的应用三种情况。

理论与实践表明，将平衡计分卡应用于公共支出的绩效评价，其核心内容在于绩效指标体系的建立。正如财政部预算司所指出的那样[①]，“预算支出绩效考评指标体系的设计与构建是平衡计分卡运用的关键，主要思路是以部门预算目标为管理战略，围绕平衡计分卡四个维度细化分解总目标，建立定性分析与定量分析相结合的预算支出绩效考评体系”。在设计公共支出绩效评价指标体系时，平衡计分卡要求公共部门立足使命，围绕战略，将短期目标与长期目标结合起来。对于平衡计分卡四个维度的指标，顾客和财务维度指标，侧重于评价组织的现状；而内部业务流程和学习与成长维度的指标，则更加关注组织的长远发展。由于这项工作在我国仍处于探索阶段，下面只能针对三种不同的绩效评价，就如何设计四个维度的指标体系，谈谈作者的一些不成熟的看法。

（一）公共支出项目绩效评价平衡计分卡的初步设计

如前所述，公共支出项目是以一套独特而又相互关联的任务为前提，有效地利用公共资金（或资源），为社会提供特定公共产品或公共服务所作出的一次性的努力。而公共支出项目绩效评价，就是对一个项目或项目的一部分进行全面、系统的评价。通过公共支出项目的绩效评价，可以对公共资源的分配、项目的改进以及项目的责任作出评判，包括检测项目执行的结果是否达到了预期的目标；项目的目标是否具有持续性；是否有更简洁、有效的途径达到预期的目标；是否有必要设立一个新的项目，或继续扩大项目规模；是否继续增加、减少或维持项目的投入水平，等等。

根据公共支出项目绩效评价的特点，运用平衡计分卡来评价其绩效，可以考虑将平衡计分卡的四个维度适当调整为：项目财务与实施内容维度、项目综合效益与公众满意度维度、项目管理与业务流程维度、项目承担部门（或单位）学习与成长维度（见图 9 – 4）。

---

① 财政部预算司编著：《绩效预算和支出绩效考评研究》，中国财政经济出版社 2007 年版，第 56 页。

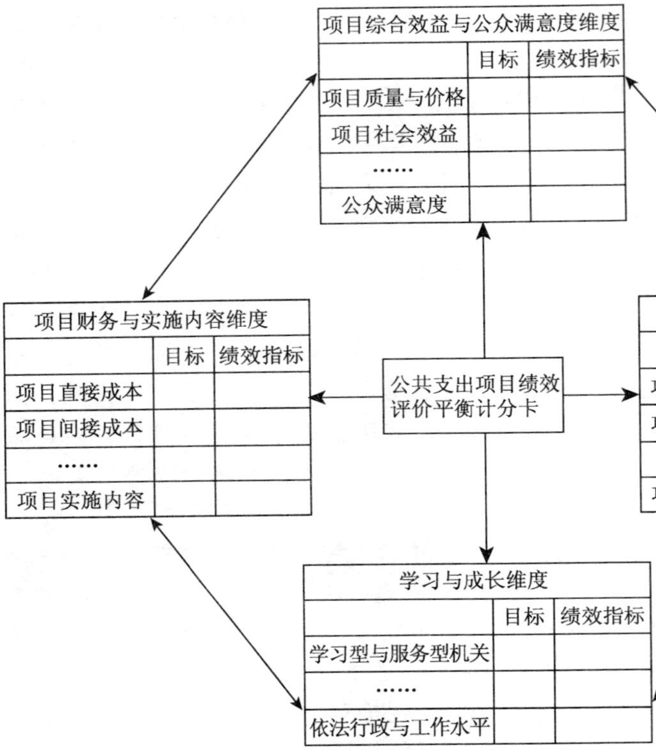

图 9－4　公共支出项目绩效评价平衡计分卡的初步设计

1. 项目财务与实施内容维度

平衡计分卡在公共支出项目绩效评价中的财务与实施内容维度，是用来说明项目的经济性与效率性，即项目的直接成本与直接生产的产品或服务。也就是项目绩效评价“量本效”分析中的“量”与“本”。在设计项目财务与实施内容维度绩效指标时，应重点考虑以下因素：

(1) 项目成本或投入指标：包括项目所消耗的各种财力、物力和人力资源。其中，项目成本指标还可分为直接成本与间接成本两类指标。

(2) 项目实施内容指标：主要包括涉及项目内容的相关数量、质量、进度与及时性以及项目达标（或达产）等项指标。

(3) 项目经济性或效率性方面的指标：如项目所提供的单位产品或服务

的成本，即项目成本与所提供产品或服务数量之间的比率等。

2. 项目综合效益与公众满意度维度

公共支出项目预算的基本目的，是为社会提供公共产品或公共服务。根据委托代理理论，对于那些直接为社会大众提供公共服务的项目，其绩效当然容易通过服务对象即社会公众的满意度来衡量；而对于有些项目，往往是针对特定群体而言的，其绩效目标除这些受益群体的满意度外，还应通过项目的公平性诠释，而赢得社会其他群体的支持与拥护；还有些项目，其绩效目标是包括经济效益与公共效益在内的综合效益目标，对于这一类项目，公众的满意度往往需要在了解项目的综合效益目标及其完成情况以后才能作出。所以，我们认为将这两者放在同一维度是比较合适的。在设计项目综合效益与公众满意度维度绩效指标时，应重点考虑以下因素：

（1）项目综合效益指标，包括项目所提供的公共产品或服务的质量和价格以及经济效益与公共效益指标。其中，经济效益主要包括投入产出效益、直接经济效益、间接经济效益（对经济发展的推动作用）与可持续经济效益等项指标。公共效益主要包括社会效益、环境效益、可持续影响、使用价值、避灾减灾等方面的指标。

（2）项目公平性方面的指标，如促进基本公共服务均等化方面的指标，项目受益群体的平均收入水平与他们的收入幅度、扶贫济困、劳动就业以及协调发展等方面的指标。

（3）公众满意度指标，包括社会公众对项目决策的满足度、对项目实施过程的满意度以及对项目实施后的成本收益情况，特别是实现预期绩效目标及其社会效益与生态效益等方面的满意程度。

3. 项目管理与业务流程维度

项目管理与业务流程维度，反映的是项目承担部门（或单位）立足使命，服务公众，实现项目绩效目标，必须擅长哪些业务流程。设计这个维度的指标时，应注重下述问题：

（1）项目财务管理方面的指标，主要包括资金使用的安全性、规范性与有效性以及配套资金的筹措能力与到位情况等项目指标。

（2）项目管理创新方面的指标，公共部门提供公共产品或公共服务包括安排与生产两个环节，但这两个环节既可以结合，是可以分离。这就涉及项目承担部门（或单位）用什么方式来实施项目的问题。不同的项目实施方式，直接关系到特定项目所提供的公共产品或公共服务的质量与相对价格。从我国公共部门的实际情况出发，在公共支出项目的实施过程中，应注意以尽可能满足社会公众的需要、努力提高社会公众的满意度为出发点与立足点，引入市场机制，以提高项目质量与降低项目成本。

（3）合作关系方面的指标，是指项目实施部门（或单位）为了提高项目绩效，应注意与私人部门（企业或其他法人）以及社会公众的合作。这种合作至少有以下明显的好处：一是可以有效解决或缓解为社会提供公共产品或公共服务的资金不足的问题；二是可以利用私人部门的管理人才与管理经验提高公共支出项目的实施效率；三是可以降低公共部门单独承担某些项目可能产生的风险；四是有利于构建“准公共产品或服务”长期“价廉物美”的激励与约束机制；五是主动与社会大众特别是利益相关者合作，改善项目的实施条件与环境，有利于降低项目的间接成本，提高社会公众的满意度。

（4）项目营销方面的指标，是指项目承担部门（或单位）应自觉履行受托责任，主动向社会宣传项目实施的内容与需要公众支持配合与监督的地方。根据委托代理理论，公共部门不仅仅要提供公众所需要的产品或服务，还应当让公众知道为什么要提供这些产品或服务，并让公众了解所提供产品或服务的价格形成机制和方法。特别是那些公共政策方面的服务，更应当加大宣传力度。只有这样，才有利于把好事办实，把实事办好，进而促进和谐社会建设。

4. 学习与成长维度

对于公共支出项目承担部门（或单位）来说，尽管具体从事项目管理的人不是全体员工，但是一个部门或单位的工作环境与文化氛围却直接关系到包括项目实施在内的全部工作绩效的好坏。同时，一个项目的顺利实施，必然离不开部门（或单位）内外相关机构的支持与配合。所以，设计项目承担部门（或单位）学习与成长维度的指标，可以从以下几个方面来考虑：

（1）学习型与服务型机关方面的指标，是指在项目绩效评价的指标体系中，应该把学习型与服务型机关建设作为学习与成长维度的重要指标，重点考察一个组织的学习与工作能力、服务质量与服务态度、政策业务水平及其变化趋势，特别是应通过对项目团队的学习与工作能力、服务质量与服务态度、政策业务水平的评价，来判断整个部门（或单位）的动力与活力。

（2）依法行政或遵章办事方面的指标，要根据项目实施的全过程，透过项目团队的资金管理、人员管理、物资管理、进度管理、现场管理等方面的情况，评价项目团队依法行政与遵章办事的水平，进而通过项目团队来评判整个部门（或单位）的依法行政与遵章办事水平。

（3）廉政建设方面的指标，需要注重有没有建立相关的制度，并采取切实可行的具体措施，并关注实际结果。

（4）和谐机关建设方面的指标，包括执行民主集中制的情况，协调工作与人际关系的情况等。

（二）公共部门基本支出绩效评价平衡计分卡的初步设计

基本支出是公共部门支出预算的一个重要方面。长期以来，人们一谈到支出绩效评价时，似乎只是针对项目支出绩效而言的。至于说基本支出绩效问题，迄今为止，尚未引起人们的重视。究其原因，恐怕主要是由于“项目支出办事，基本支出养人”传统观念的影响。事实上，在基本支出中，虽然人员经费以及与人员相关的日常性公用经费的比重较高，但是，公共部门“养人”的目的，是为了“办事”，基本支出实质上是公共部门履行职责，实现绩效目标所必需的资金保障。所以说，评价公共支出或公共部门绩效，必须将基本支出纳入评价范围，重视基本支出的“产出”与“效果”。

本书第四章讨论了公共部门的运行成本问题，从中可以看出，基本支出实质上也就是公共部门的运行成本。基于机构与编制的运行成本，其产出与效果应该是履行好本部门的职责，为社会提供良好的公共产品或公共服务。这就是说，评价公共部门基本支出的绩效，必须全面考核部门履职与管理方面的情况。财政部经济建设司认为①，基本支出绩效考评指标通常可包含五个方面：行政管理、资源配置绩效管理、公务员业绩管理、财务管理和成本效益管理。其中，行政管理包括：行政效率、服务水平、服务质量、服务及时性等四个方面；资源配置绩效管理包括：资源占用效率、资源配置效率和资源使用效率等三个方面的内容；公务员业绩管理包括：公务员数量及结构合理性、公务员完成工作量及其工作质量、服务态度、工作责任心、业务水平、勤政廉政状况等若干方面的内容；财务管理包括：财会制度健全性、合理性及执行的有效性等三个方面的内容；成本效益管理包括：基本支出所对应的

① 财政部经济建设司编著：《政府公共部门绩效考评理论与实务》，中国财政经济出版社 2005 年版，第 143 页。

部门基本职能实现的程度及效果，可通过部门自身的纵向分析比较以及与同类相关部门或相似部门绩效目标的投入及产出分析比较来获得。参考这些指标，并结合平衡计分卡的设计理念，可以考虑将平衡计分卡的四个维度调整为社会服务与公众形象维度、日常管理与业务流程维度、学习与成长维度、财务、资产与编制管理维度（见图9－5）。

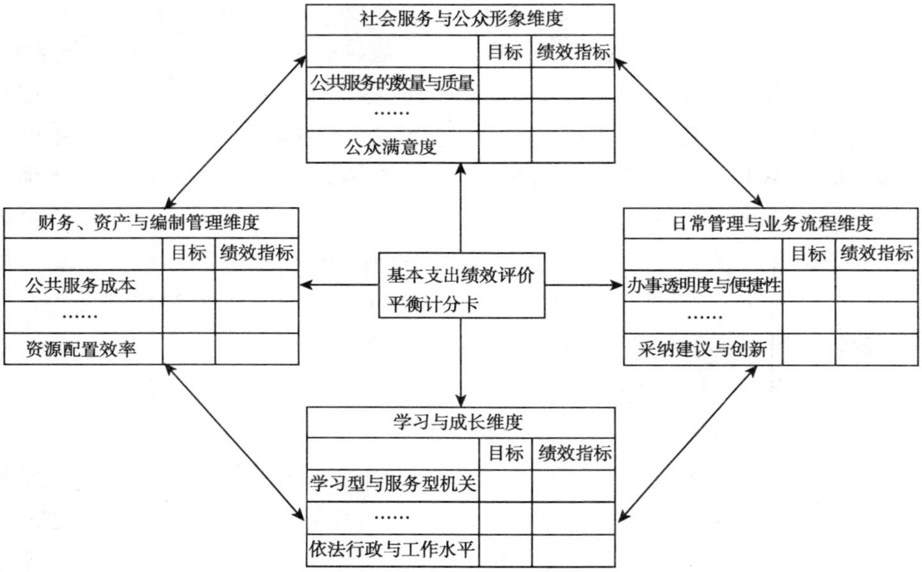

图9－5　公共部门基本支出绩效评价平衡计分卡的初步设计

1. 社会服务与公众形象维度

与机构与编制成本密切相关的基本支出，是公共部门为社会提供公共服务的成本，它的绩效应主要体现为公共服务的绩效，既要体现为按照职责要求完成提供公共产品的数量，更要体现为提供公共服务的质量。前者可以通过具体分析部门的工作内容来进行评价，而后者则需要通过公共服务的对象，即广大公众的满意度来评价。

一般而言，公众满意度指标需要通过调查获得，那么，在调查公众满意度时，如何了解和分析公众的满意度呢？贾康等提出从四个方面了解并分析公众的态度①：一是准确性，是指公共部门所提供的产品或服务是否按照公众的期望准确送达；二是可取得性，是指公共部门所提供的产品或服务应当在公众需要的时间提供；三是合作关系，是指公共部门能否站在公众的立场上解决问题，也就是通过合作的方式来解决公众与公共部门之间所产生的问题，而不是由公共部门单方面想当然地作出决定；四是对建议的听取与采纳，是指公共部门能否认真听取和接受公众所提出的建议。如果公共部门能够经常通过听取和接受公众的建议，进而以可见的方式来改善对其提供产品或服务的方式，就会提高公众的满意度。与此同时，在调查公众满意度指标时，还应注意对不同时间、不同人群、不同部门之间的公众满意度差异进行比较分析，并通过多种方式寻找其中的外在与内在原因，进而不断改进部门工作。

2. 日常管理与业务流程维度

企业绩效评价的平衡计分卡内部流程维度，反映的是企业为了满足顾客的需要，必须擅长哪些业务流程。同样，公共部门的日常工作，对那些直接面对社会服务的事项，为了提高服务质量，必须本着一切从服务对象出发的理念，想顾客之所想，急顾客之所急，解顾客之所惑，办顾客之所需，合理设计业务流程，并及时听取与采纳顾客的合理建议，不断优化业务流程。反映这一维度的指标，可以从部门的实际出发，用诸如办事透明度、便捷性、创新性以及办结时间等指标来衡量。

3. 学习与成长维度

这一维度的指标设计与评价公共支出项目学习与成长维度相似，不过其考核的对象是部门的全体工作人员。从公共部门的日常工作实际出发，学习与成长维度评价指标，应根据建立学习型、服务型与和谐型机关的要求，从个人、团队与组织三个层面来评价获取与应用知识的学习能力，及时交流总结经验教训的学习机制、不断改进与创新业务流程的学习效果。当然，从效果的角度看，应通过考核部门依法行政方面的情况，以及廉政、勤政与善政方面的情况，来体现与提升公共部门的公信力与执行力。

4. 财务、资产与编制管理维度

在由基本支出保障的公共部门日常工作中，财务、资产与编制管理涉及

---

① 贾康、孙洁："平衡计分卡（表）方法在财政支出绩效评价中的应用设计初探"，财政部科研所《研究报告》第58期（总第921期），2009年8月。

资源配置绩效，与部门履职情况直接或间接相关，可说明用何种成本效益（或效率）关系提供公共服务，是评价基本支出绩效不可忽视的问题。设计财务、资产和编制管理维度的绩效指标，在注意考察各项管理制度是否健全、合理与有效的同时，还应注意以下因素：

（1）公共服务成本问题。可通过对编制数、预算数与资产占用情况的纵向与横向的比较分析作出判断，进而也为不断改进与优化公共部门的编制管理、预算管理与资产管理提供参考依据。与此同时，对承担了相关公共支出项目的部门，还应考察项目经费的使用情况，包括在项目经费中，直接进入公共产品或公共服务的成本是多少，而被公共部门用作行政费用的又占多少。

（2）人员、资金与资产的配置效率问题。应从为社会提供公共服务的"量"与"质"出发，通过分析本部门的定员、定岗、定责情况，来判断人员配置效率，也可以说是基本支出中的人员经费支出效率；通过分析基本支出中的日常公用经费的开支情况，来判断基本支出中日常公用经费支出的效率；通过分析部门所占有的资产的使用情况，来判断资产的配置效率。因为资金、人员与资产的使用最终都体现为成本，所以，通过这些分析，可以判断一个部门所消耗的资源，到底有多少是服务于其职能的，是有效率的；而有多少是与其职能关系不大或没有关系的，是低效率甚至是无效率的。

（3）基本支出预算中的定额合理性。基本支出预算由人员经费与日常公用经费两部分组成。其中，人员经费取决于编制数与国家的工资津贴政策，对部门来说是不可控成本；日常公共经费又往往是根据编制（人员）数额、资产占用数额以及相关定额标准来确定的。所以，通过分析基本支出绩效，可以对基本支出预算中的定额合理性提出意见，为不断改进部门预算提出参考意见。

（三）部门预算绩效评价平衡计分卡的初步设计

1. 平衡计分卡与绩效预算理念

保罗·R. 尼文在《政府及非营利组织平衡计分卡》一书中明确指出[①]："在营利组织的平衡计分卡模型中，所有评价指标都应该导致最终绩效的改善。提高股东价值是营利组织的最终目标，它们对其财务利益相关者的责任使它们

① 保罗·R. 尼文著：《政府及非营利组织平衡计分卡》，中国财政经济出版社 2004 年版，第 29 页。

必须这么做。公共部门和非营利组织则不然。”对公共部门而言，“尽管组织有责任高效地配置资金，但那不是组织的最终目标。组织服务于更高的目标……对顾客、内部业务流程、员工学习与成长、财务四个维度的绩效监控和从结果中获得的学习可以向你提供短期和中期的信息，以帮助你向实现使命的方向迈进”。平衡计分卡的这些理念告诉我们，为部门履行使命提供财力保障的部门预算，必须遵循绩效预算理念，事先就应确立部门预算的绩效目标，进而才能在部门预算执行完成后，对其进行绩效评价，并且将绩效评价的结果又作为安排下一年度部门预算的重要参考依据。绩效预算与传统预算方法的不同之处在于，它把市场经济的一些基本理念融入公共管理之中，从而有效地降低了政府提供公共产品的成本，提高了财政支出的效率。可以说绩效预算不仅是一种预算方法的改变，而且是整个公共管理理念的一次革命。其特点表现为：

（1）从“花钱养机构（人员）”到“花钱买服务”。传统的预算管理方式是按照“人员—职能—经费”这种“顺算”模式进行制度安排的，将养机构（人员）作为拨款的目的，至于他们提供了多少公共服务，则与预算没有直接关系。这一模式计划经济痕迹较浓，传统的“因人设事”就是这种制度安排的产物。绩效预算则以一种全新的角度，按照企业化经营模式，把公共部门作为一个提供公共品（包括产品及服务）的经济部门，建立起“公共产品（服务）—公共产品（服务）成本—支出预算”这种“逆算”模式，通过对公共产品或公共服务的核算进行预算编制。也就是说，“花钱买服务”的绩效预算将拨款视为过程，将预算视为公共服务的价格，某单位机构多大、养人多少并不重要，重要的是提供了多少公共服务。

（2）从收支核算到成本核算。根据传统的预算理念，公共预算收支是政府意图的价值体现，在核算方面也只对收支进行核算，并未进行成本核算。在预算编制与执行的过程中，尽管也有来自人大的法律监督与工作监督，来自审计部门的审计监督以及来自财政部门的财政监督，但从现实情况来看，更多体现为对收支合规性的监督。而绩效预算则在预算中融入了成本核算的理念，要求公共产品或公共服务的提供要按照价值规律的要求讲究成本和收益，强调提供公共产品或公共服务的成本核算，进而从制度上强化了公共部门的内控机制。

（3）从“对过程负责”到“对产出和成果负责”。这是绩效预算最为根本的观念更新。传统预算采取的“顺算”模式，支出预算的确定以现有机构与编制（人员）存在的合理性为前提，以满足现有人员工资和机构运行的资金需求为目的，支出的绩效目标只是预算分配和公共部门管理的意愿而非调控性因素。这种预算模式是计划经济的产物，在预算编制乃至预算执行过程中的“供需博弈”，更多地不是由“市场”决定，而是由“市长”决定，预算执行的首要目标也是“对过程负责”。而绩效预算则要求按照市场经济规则和企业经营原则，把公共部门看做是提供公共产品或公共服务的经营部门，从而按“逆算”模式编制公共支出预算，并“对产出和结果负责”。这种预算方式是以提供多少公共产品或公共服务、达到什么样的产出目标为前提，以满足公共产品或公共服务成本的资金需要为目的，公共支出的绩效始终作为预算管理的约束性变量。

同时，传统的预算管理对公共部门支出绩效的评价，主要是看这些部门做了哪些工作，而不管这些工作是否有效，是否使服务对象受益，业绩评价也是零碎的、单向的；而绩效预算则要求建立起一套能够反映公共支出绩效的评价体系，以绩效作为考核公共部门的标准，绩效评价是系统的、多向的。各个部门的绩效评价既不是本部门说了算，也不是财政部门说了算，而是由纳税人的代表对公共部门所提供的公共产品和公共服务进行评价，且这种评价还是以产出和成果为基础的。其中，“产出”可以理解为是公共部门由预算资金（投入）支持的行为，既包括提供特定的公共产品或公共服务，也可以包括提供政策建议、法律法规的执行、合同的谈判与管理以及其他类产品和服务。“产出”绩效的评价指标包括数量指标、质量指标、时效性和成本指标等。而“成果”则可以理解为是预算资金（投入）所产生的整体影响，是公共支出资金所带来的“产出”所产生的社会影响。实行绩效预算要求公共部门将预算与管理相结合，从传统比较注意控制投入和执行，而更多地关注对“产出”特别是“成果”的管理上来。

2. 部门预算绩效评价与公共部门绩效评价

部门预算绩效是指某个部门在完成日常工作任务与特定行政工作或事业发展目标而创造的“产出”以及这些“产出”所产生的“成果”。公共部门的正常运转由基本支出支撑，其“产出”就是公共部门履行其职能，向社会提供相关的公共服务，其“绩效”体现为成本一定的情况下，公共部门所提供公共产品或公共服务的数量、质量以及公众的满意度等。而由项目支出所创造的“产出”和“成果”，即体现为公共支出项目绩效。

部门预算绩效评价应包括基本支出绩效评价和项目支出绩效评价，在执行过程中或目标完成后实现的，能够与部门预算支出绩效目标形成对应关系。在绩效评价过程中，特别是被评价方在总结部门预算支出绩效时，应结合部门基本支出和项目支出目标进行总结，使绩效与支出相对应。也就是说，成本分析是与“支出”相关的各种类型绩效评价的中心环节。由于一级政府是一级财政，并对应着一级预算，且某一个公共部门的部门预算既包括部门自身的基本支出与项目支出，同时也包括其下属单位的基本支出与项目支出。所以，从评价对象的角度看，根据部门预算所涉及的预算层次，其绩效评价首先应分清是对哪一级预算单位进行；其次，由于不同的项目支出，其实施年限可能有很大的不同，有的项目是本财政年度之内的，有的则要跨财政年度，所以，进行部门预算绩效评价，也需要明确绩效评价所涉及的时间跨度。

公共部门绩效评价是一个与部门预算绩效评价关系密切的概念。这是因为部门预算本身就是为部门履行职责提供经费保障，一个公共部门的绩效当然也是该部门预算支出所创造的成果。当然，公共部门绩效首先体现为一种组织绩效。组织绩效与个人绩效相对应，是包括人在内的所有投入组织中的要素绩效的集成。除去资金之外，一个组织的管理体制、工作职能、运行机制以及组成人员等因素都影响着组织行为的效率和有效性，进而影响着组织绩效。单从组织中的个人而言，个人的目标并不完全等同于组织目标，个人绩效也并不完全等同于组织绩效。组织绩效不是组织中所有个人绩效的简单相加，而是组织中所有个人工作绩效的综合反映。英国学者诺曼·弗林的《公共部门管理》一书在论述“个人绩效与组织绩效”时认为①，“几乎所有的公务员都要接受某个评估过程，通过此过程他们对组织绩效的个人贡献将得到评估。原则上，个人被评估的目标应该包含于组织整体的绩效目标之中”。

一般而言，良好的个人绩效水平对于组织绩效的提高可以起到积极的促进作用。同时，组织在制度设置等方面会影响到个人绩效的有效形成，科学合理的治理结构可以有效调节个人和组织之间的目标差异，达到个人绩效和组织绩效的相得益彰。与此同时，公共部门绩效评价是公共部门绩效管理的有机组成部分，并被视为公共部门绩效管理概念中的中心因素。而相应层次部门或单位的部门预算绩效，则主要是指预算安排的基本支出与项目支出的绩效。尽管公共支出也是在特定的环境由人来实施的，无论是基本支出，还

---

① 诺曼·弗林著：《公共部门管理》，中国青年出版社 2004 年版，第 187 页。

是项目支出，它们的绩效必然会受到这些要素的影响，但毕竟评价部门预算绩效，还必须从“支出”的“产出”与“结果”来评价。从公共部门的特点出发，公共部门作为公共组织，至少负有三项责任：一是怎么用钱，即资金应是按预算要求与合法程序支出的；二是钱用得怎么样，即资源是否得到了有效的利用；三是钱用的效果如何，即资源利用是否达到了预期目的。与此同时，公共部门不但应该对其决策负责，而且还要对其行为负责，不仅需要对部门预算的合规性进行评价，还需要对预算执行所产生的社会效果进行认真审视。因此，公共部门预算绩效评价是公共部门绩效评价的核心。

3. 平衡计分卡的设计思路

部门预算绩效包括基本支出和项目支出绩效两个方面。由于部门预算本身就是公共部门为社会提供公共产品或公共服务的成本，所以，评价一个公共部门的部门预算绩效，实质上就是评价这个公共部门的绩效，也是公共部门实施绩效管理的关键内容。运用平衡计分卡进行部门预算绩效评价，可以根据部门预算中项目支出预算的情况，既可以是在分别评价基本支出与项目支出绩效以后，再将各自的评价结果进行综合，也可以是在设计平衡计分卡时，就将两者结合在一起。前者适合于那些项目支出预算的数额大，甚至还是跨年度实施的部门；而后者则适合于那些项目支出预算的数额不大，且没有跨年度实施的部门。下面就将基本支出与项目支出结合起来进行绩效评价的平衡计分卡的设计思路作一简要的介绍。

总的来说，由于将基本支出与项目支出结合起来进行绩效评价的情况，主要适用于项目支出预算额度不大，且不跨年度的情况，所以，其绩效评价的平衡计分卡设计，应以评价基本支出绩效平衡计分卡的设计为基础，在相应的维度加上项目支出绩效评价平衡计分卡的相关内容就行了。

（1）在社会服务与公众形象维度，根据考核年度的项目情况，相应加上项目支出绩效评价平衡计分卡中的“项目综合效益与公众满意度维度”。

（2）在日常管理与业务流程维度，根据考核年度的项目情况，加上项目支出绩效评价平衡评分卡中的“项目管理与业务流程维度”的内容。

（3）在学习与成长维度，根据考核年度的项目情况，加上与项目管理相关的评价内容。

（4）在财务、资产与编制管理维度，根据考核年度的项目情况，加上项目支出绩效评价平衡评分卡中“项目财务与实施内容维度”的内容。

第十章
公共部门资产管理、人力资源管理中的管理会计问题

一、公共部门资产管理中的管理会计问题

（一）资产的概念与分类

1. 资产的概念

资产是经济主体拥有或控制并具有效用价值的有形的财产或无形的权利。从公共部门管理会计的角度看，对资产含义的全面认识，需要注意以下两个方面：

（1）区别企业财务会计学与经济学上的资产。在企业财务会计学中，会计准则中对资产的定义为："资产是指企业过去的交易或者事项形成的、由企业拥有或者控制的、预期会给企业带来经济利益的资源。"在经济学中，则将资产解读为是经济主体拥有或控制并具有效用价值的有形财产或无形权利。这两者之间的主要区别在于：企业财务会计强调收益的货币形态的可计量性；而经济学则强调，只要能够增进人们的效用价值，就应认定为有收益。作者认为，从公共部门与管理会计的特点出发，公共部门资产管理中的资产概念应注意上述两种概念的结合。在重视可计量的货币形态的资产外，还不能忽视难于用货币计量但具有效用价值的那些资产，如环境资源等。

（2）注意资产存在形态的多样性。资产的存在形态是多种多样的，无论是对私人部门（企业），还是对公共部门而言，需要注意的就是无形资产。无形资产是指特定主体所拥有、没有实物形态的非货币性资产，是可以带来收益的资产。当然，无形资产所带来的收益也具有较大的不确定性。对于无形资产这一概念，从企业角度去认识和研究的已经很普遍了，但公共部门的无形资产也同样能够给社会带来很大收益，而现行行政事业单位的财务会计却不计算这个方面的收益，这就需要公共部门管理会计予以重视了。

2. 国有资产的分类

（1）根据国有资产的财产性质，国有资产可以分为经营性国有资产和非经营性国有资产两类。经营性国有资产是指作为生产要素投入生产经营活动，

在商品生产和流通中发挥作用，并要求保值和增值的国有资产。这些资产体现的是经济效益与社会效益的统一。非经营性国有资产是指不直接参与生产和流通过程，而由行政事业单位占有使用的国有资产。它具有非增值性的特点，即非经营性国有资产的占有使用不是为了自身价值的增值，而是公共部门履行向社会提供公共产品或公共服务职能的物质基础。非经营性国有资产与经营性国有资产的根本区别在于：前者主要是保证公共部门的正常运转，而后者则主要是国家干预经济生活的需要。这一点也决定了两者在表现形态上的种种不同。

（2）根据国有资产的存在形态，国有资产可以分为国有有形资产和国有无形资产。国有有形资产是指具有价值形态和实物形态的国有资产，主要包括固定资产、流动资产、专项资产和其他资产。国有无形资产是指由特定主体控制、不具有实物形态，能够带来经济效益和社会效益的一切国有经济资源。

（3）根据国有资产的占有主体，国有资产可以分为企业性国有资产和非企业性国有资产。企业性国有资产是指存在于企业单位中的国有资产。非企业性国有资产是指存在于企业之外的国有资产，具体又分为环境与资源性的国有资产、事业单位的国有资产和履行国家基本职能的政府部门的国有资产。其中，环境与资源性的国有资产，如按照法律规定，应属于国家所有的山川、河流、湖泊、沼泽、海洋、矿藏和文物等；事业单位的国有资产，如义务教育部门和公共卫生（如防疫）部门的国有资产等；履行国家基本职能的政府部门的国有资产，如人大机关、行政机关、法院、检察院等部门的办公设施和军队、武警所占有的资产等。

（4）根据国有资产的分级管理，可以分为中央政府管理的国有资产与地方政府管理的国有资产。

3. 公共部门资产管理的对象

公共部门资产管理的对象，是指特定公共部门所占有、使用或管理的国有资产。我国正处于转轨时期，公共部门所管理的资产，虽然是以非经营性资产为主，也有不少所谓“非转经”资产，即由非经营性国有资产转为经营性的国有资产。同时，有些公共部门还需要管理特定环境资源性资产。明确公共部门资产管理的对象，对编制公共部门的基本支出预算和项目支出预算，加强公共部门的收支管理都有着十分重要的现实意义。

（二）非经营性国有资产的分类及其管理目标与任务

1. 非经营性国有资产的分类

非经营性国有资产按价值运动方式和表现形式划分，可分为固定资产、流动资产、无形资产、对外投资和其他资产。

（1）固定资产，是指单位价值在规定标准以上，使用年限在一年以上，使用过程中基本保持原有物质形态的资产。非经营性固定资产一般按原值计价（但要注意非经营性资产转为经营性资产时，应按规定进行资产评估，以评估价格计值）。非经营性资产一般不提折旧，要求计提的，应根据非经营性固定资产管理的有关规定、财务管理制度和会计核算方法进行计提和核算。

（2）流动资产，是指在一年内可以变现或耗用的资产。主要包括现金、各种存款、应收应付款、存货及各种有价证券等。

（3）无形资产，是指不具备实物形态，又能为使用者在一定时期内提供某种权利的资产，包括土地使用权、特许经营权等。国家有关部门在转让无形资产时，应按照国家有关规定进行资产评估，并在有关收支账中列出。

（4）对外投资，是指国家有关部门利用各种资产对其他单位的投资。国家机构的对外投资应按规定报国有资产管理部门批准，投资收入应在有关账户中列出。

（5）其他资产，是指上述各类资产以外的其他形式的资产。

此外，非经营性国有资产还可以按特定的领域或目的分为以下几类：包括在基础领域由国家投资形成的非经营性国有资产；在公共领域由国家投资形成的非经营性国有资产；国家对政权机关投资形成的非经营性国有资产。当然，国家对政权机关投资形成的非经营性国有资产，是非经营性资产最原始、最核心的部分。而上述另外两项非经营性国有资产，则是随着国家各项职能的逐步完善而逐步发展起来的。

2. 非经营性国有资产管理的基本目标

在市场经济条件下，非经营性国有资产管理的基本目标是配置合理、使用充分、讲求效益[①]。所谓配置合理，从宏观上应合理界定政府与非政府部门之间配置资源的范围。政府配置资源是为了弥补市场配置的缺陷，首

① 于树彬等主编：《资产管理与评估》，经济科学出版社 2008 年版，第 129 页。

先必须解决好财政配置资源的缺位与越位问题，尤其是应遵循公平优先、兼顾效率的原则，区分公益性、准公益性和非公益性事业；从微观上必须处理好公共部门内部的配置比例，如行政经费开支与文教科学事业费开支之间的比例等。所谓使用充分与讲求效益，就是保证非经营性国有资产的“物尽其用”。这就需要维持一个动态的合理结构，避免非经营性国有资产闲置和不足。

3. 非经营性国有资产管理的基本要求

非经营性国有资产管理实行双重体制，财政部门侧重于价值管理，主管或使用部门侧重于实物管理。对于履行专管职责的财政部门而言，必须按照行政事业单位国有资产管理暂行办法的规定，认真履行监督管理职责，从产权管理、资产评估、监督检查等方面建立健全相关制度，并监督指导相关部门做好各自的国有资产管理工作。对于行业管理部门而言，则应根据各个行业的特点，在授权范围内细化各项管理制度，加强本行业国有资产使用的监督检查工作。对于使用非经营性国有资产的各个公共部门而言，则必须根据相关的管理办法，做好下述各项工作①：

（1）加强本单位使用中的各项资产的管理工作。要建立健全各项资产，主要是固定资产和流动资产的登记制度，要做到账物相符、账证相符、账表相符，严禁以各种理由、各种形式形成账外资产。对重点固定资产应逐件建档，并进行定期、不定期盘点，建立健全并严格执行各项资产的入库验收、保管、领用、维护和保养制度。对专业技术性强的贵重设备，应配备配套设备，制定操作规程，注意人员培训，防止破坏性使用，对以不正常原因造成国有资产损坏和流失的，应追究有关人员的责任。

（2）加强非经营性国有资产的经营化管理。非经营性国有资产转化为经营性国有资产（简称“非转经”）是各国国有资产管理经常面临的重要问题。从各国的管理实践来看，特别应注意明确转化后的产权归属关系，强化国有资产的登记、检查和评估，防止国有资产的流失。对“非转经”的收入，应严格按收支两条线的规定，及时足额缴入国库或财政专户。

（3）加强非经营性国有资产的处置管理。非经营性国有资产的有偿调出、变卖和报废，必须严格履行报批制度，对大型、贵重固定资产的处置应经技

① 于树彬等主编：《资产管理与评估》，经济科学出版社 2008 年版，第 134 页。

术部门鉴定或评估，报主管部门和国有资产管理部门批准后方可进行。对资产处置的各项收入，应按收支两条线的要求，上缴国库或财政专户。对本单位闲置不用的或超过规定标准的各项资产应报国有资产管理部门加紧调剂，提高国有资产的使用效率。

（4）健全资产使用单位的国有资产报告制度。通过国有资产统计报表和国有资产管理报告等形式，与国有资产管理部门、本行业主管部门建立经常性的工作联系，以便及时掌握和全面了解单位国有资产的管理情况，并根据他们的指导性意见，不断提高国有资产的管理水平。

（三）公共部门资产管理中需要研究的管理会计问题

不同公共部门的职能不同，各自对国有资产管理的范围与责任也不相同。一般而言，各个公共部门都有管理好自身履职所必需的非经营性国有资产的责任，但只有少数公共部门才拥有管理经营性与资源性国有资产的职能。下面将结合当前我国公共部门资产管理的实际，从公共部门管理会计的角度，对非经营性国有资产管理中需要研究的管理会计问题作出一些初步探讨。

1. 公共部门资产管理与部门预算管理的关系

公共部门的资产存量是过去年度部门预算执行的结果，而公共部门的资产增量，则直接与未来的部门预算相关。根据市场经济与公共财政的要求，为了体现公共预算的公平性与效率性，加强公共部门资产管理，必须在部门预算编制与绩效管理中，强调与资产相关的信息的收集、整理、分析与运用。具体做法是在摸清各个公共部门现有资产配置情况的基础上，分析它们的利用情况，分析浪费、低效率与不当处置的因素，并在此基础上，按照正在推行的部门预算、国库集中收付、政府采购与收支两条线“四项改革”的要求，对公共部门资产的管理，从传统单纯的价值形态管理向价值形态与实物形态相结合的管理方式转变。

根据委托代理理论，在公共部门资产管理问题上，实现公共资源分配权与使用权的“两权分离”，是正确处理好公共部门资产管理与预算管理的必然要求。“两权分离”是提高公共资源配置效率，防止公共权力异化的现实需要。预算编制过程也是决策过程，可依据“手段—目标”路径来实现公共部门资产管理目标。由于众所周知的原因，长期以来，公共部门在资产管理上的重复购置、重复建设以及不合理使用等问题，所造成的资金与资源的较大浪费，已是不同程度存在的普遍现象。公共选择理论认为，公共部门的决策者同样符合“经济人”假设，同样具有追求自身利益最大化倾向，这就导致他们会尽可能多地使用公共资源的倾向。理论与实践都呼唤需要切实加强公共部门资产管理，尽快解决在公共部门之间，公共资源配置不公、使用不当、效率低下的问题。

张青对部门预算管理与公共资产占用关系的理论研究①，提出了激励相容约束下部门预算中资产配置的机制设计问题，他认为，“研究的部门预算与资产占用相结合的问题是一个典型的三阶段不完全信息博弈。在第一阶段，财政部门设计一个‘机制’或‘契约’、‘激励方案’。这里，机制是一个博弈规则，也就是预算编制阶段增量资本支出配置的规则，根据这个规则，财政部门发出信号（如资产配置标准），实现的信号决定配置结果（如什么单位得到资产购置拨款、拨款多少）。在第二阶段，所有代理人（预算单位）都接受所设计的机制。所有行政事业单位的国有资产都必须按照相关法规进行管理。第三阶段，所有代理人同时如实报告自己的类型。这里，为了获得最大期望效用，委托人只需考虑‘直接机制’，‘直接’是指代理人的战略空间等同于类型空间。这一点意味着财政部门可以通过行政事业单位之间的静态博弈来获得最大的期望效用：在预算执行阶段，通过政府采购等方式配置资产；部门再将资产存量和增量信息反馈给预算管理部门，作为预算执行和今后资产配置的参考。财政部门提供的激励相容机制是：对增量资产的预算资金进行动态配置——预算资金应配置给公共资产配置效率高的部门和单位，而不是以简单平均的原则进行分配。要做到这一点，就需要在行政事业单位之间展开竞争，包括将原先行政单位垄断的生产权和提供权向公司、事业单位转让，实现公共部门职能运行的市场化和公共服务的社会化；也可以在行政事业单位机构之间引入效率评估机制，以顾客满意度为核心产出指标，评估各类机构的配置效率等级，按照效率优先的规则，决定对预算单位资产配置增量资金的供给”。

财政部颁发的《行政单位国有资产管理暂行办法》和《事业单位国有资产管理暂行办法》已正式实施，这两个办法明确规定，对行政单位与事业单

① 张青：“部门预算管理与公共资产占用关系的理论研究”，《财政研究》，2008 年 7 月。

位的资产管理，实行分级、分类管理，并确立了“财政部门统一领导，各部门分工负责、单位占有使用”的管理体制框架。在新的形势下，无论是财政部门，还是其他公共部门，都应该坚持体制与机制创新，借鉴企业管理会计的理念与思路，学习外国的成功管理经验，在预算管理制度“四项改革”的相关环节，注入强有力的激励约束机制，逐步解决公共部门资产配置与管理过程的公平与效率问题。表 10－1 是美国联邦服务总局 2005 年确立的财产绩效管理指标体系与评价标准，从中可以给我们很多有益的启示。

表 10－1　　美国联邦服务局财产绩效管理指标体系及评价标准

一级指标	二级指标	2005 年绩效指标	是否达标
A. 顾客满意度	A1 顾客高度满意的比率	≥73%	0
B. 财务责任	B1 租用办公用房低于市场价格比率	≥8.3%	1
	B2 车辆购置价格折扣率	≥27.5%	1
	B3 车辆租用价格低于市场价格比率	≥27%	1
	B4 政府自有资产收益率大于等于 6% 的资产比率	≥68%	1
	B5 房产维修保养费用低于私人部门的比率	≤12%	0
C. 高效管理	C1 新建项目竣工率	≥85%	1
	C2 大修改造项目竣工率	≥86%	1
	C3 小修理项目预算安排比率	≥75%	1
	C4 政府自有财产闲置率	≤7%	1
	C5 政府自用财产闲置率	≥1.5%	1
D. 回应速度	D1 资产采购合同投标处理时间	<92 天	0
	D2 资产采购合同修改处理时间	<13 天	0
	D3 待处理不动产 320 天处置完毕的比率	≥80%	1
	D4 动产处理周期	<77 天	1
E. 信息系统利用程度	E1 通过电子数据交换系统接受卖主发票比例	≥56%	1
	E2 小额资产购置直接通过电子交易系统支付比例	≥95%	1

续表

一级指标	二级指标	2005 年绩效指标	是否达标
E. 信息系统利用程度	E3 交通工具信息系统使用机构的比例	≥80%	0
	E4 用不动产信息系统汇报数据的机构数	≥50%	1
	E5 多余动产申报使用在线系统的机构比例	≥89%	1
F. 社会责任	F 能源消耗降低比例（以 1985 年为基础）	≥30%	1

2. 基本支出预算编制与资产管理

基本支出是公共部门为保障其机构正常运转、完成日常工作任务所必需的开支，其内容包括人员经费和日常公用经费。其中，基本支出预算中的日常公用经费与资产管理密切相关。科学合理地确定日常公用经费定额，对促进公共资源合理配置，节约行政成本，提高公共部门支出绩效都有着不可忽视的作用。

（1）日常公用经费定额项目。为了满足基本支出预算以定员定额方式为主核定与管理的需要，财政部根据基本支出的性质，以政府收支分类科目的支出经济分类款级科目为基础，进行适当归并，最终确定了构成基本支出的 21 个定额项目，并将其划分为人员经费和日常公用经费两部分。其中，与“资产”相关的日常公用经费定额项目包括：水电费、取暖费、交通费、物业管理费、日常维修费、一般购置费等。

（2）实物费用定额。所谓实物费用定额，是指为了促进和加强公共部门实物资产高效管理，将日常公用经费中的相关定额项目，实行与实物资产相联系的定额确定方法。财政部所确定的行政单位实物费用定额试点，其范围包括行政机关用房（含办公用房、特殊业务用房、附属设施用房）和机动车辆（含小轿车、客车、货车）。行政机关用房费用定额包括：水电费、取暖费和物业管理费（含房屋日常养护维修、给排水设备运行维护、供电设备管理维护、电梯运行维护、空调系统运行维护、环境卫生管理、绿化管理、传达、保安、秩序管理及其他）等 3 项内容。机动车辆费用定额包括：燃料费、保险费、维修维护费（含维护保养费、配件和修理费）和其他费用（含养路费、过路过桥费、停车费、行车公里补助等、行车安全奖励费及其他）等 4 项内容。在执行过程中，机动车辆的实物费用定额实行“实转”，而行政机关用房的实物费用定额则实行“虚转”。其原因是由于各个部门人均办公用房的面积一是超标；二是部门之间的差异大；三是核算不规范。所以，行政机关用房实行实物费用定额，必须克服房屋面积核定这个瓶颈。

（3）实行实物费用定额需要研究的问题。财政部在认真总结办公用房实物费用定额“虚转”和车辆实物费用定额“实转”经验的基础上，推进实物费用定额试点工作的思路是[①]：“结合《行政单位国有资产管理暂行办法》和《事业单位国有资产管理暂行办法》的实施，做好中央部门和各预算单位的资产清查工作；积极与有关部门协商，尽快完善资产配置标准体系；制定统一的资产核算方法；明确办公用房核算范围等，使实物费用定额有一个科学的依据；根据社会经济发展水平、各部门实际工作需要和物价水平，进一步调整、完善现行实物费用定额标准；在摸清家底的基础上，逐步考虑对日常公用经费中的水电费、取暖费、物业管理费等定额项目按照实物费用定额方式核定。需要说明的是，按照实物费用定额核定日常公用经费时，应与部门占有的资产情况相衔接，未按相关规定报批或超过配置标准购置的实物资产，一律不安排日常维护经费。”为了让上述工作思路能逐步在各级政府的部门预算中付诸实践，必须重视不同公共部门之间所占有国有资产不公平的现状，正视相关部门维护既得利益的惯性力量，进一步创新体制机制，通过强有力的激励与约束机制，去推动公共资源配置的公平与效率。

3. 项目支出预算与资产管理

根据现行部门预算中关于项目支出的规定，资本性支出项目最终将成为国有资产的增量。其中，有一部分资本性支出项目则成为公共部门的资产。根据《行政单位国有资产管理暂行办法》和《事业单位国有资产管理暂行办法》，公共部门购置有规定配备标准或限额以上资产的，按照行政事业单位国有资产管理的有关规定，应先报财政部门审批。但是，为了促进公共资源配置公平，提高公共资源配置效率，在编制资本性项目支出预算时，还需要考虑如下问题：

（1）对社会项目而言，应坚持基本公共服务均等化方针，将有限的公共财政资金用在最需要的公共产品或公共服务上，促进公益性领域国有资产的结构优化。与此同时，对准公益性领域的产品或服务，应注意引入市场机制，选择适当的方式，尽可能用较少的财政资金引导较多的社会资本，尽可能为

---

① 财政部预算司编著：《中央部门预算编制指南（2008年）》，中国财政经济出版社2007年版，第73页。

社会提供更多更好的准公共产品或服务。

（2）从部门项目而言，应注意通过编制增量资本性支出项目，将资产配置预算与部门的职能和职责相联系，把部门资产管理和使用绩效纳入对部门的绩效评价体系中，增强部门管理好资产的责任，一方面要有效激励部门提高资产效率，另一方面也要逐步解决部门之间的“苦乐不均”问题。

二、公共部门人力资源管理中的管理会计问题

（一）人力资源会计概述

1. 人力资源会计的定义与基本假设

（1）人力资源会计的定义。人力资源会计（Human Resource Accounting）产生于20世纪60年代的美国，但到目前为止，它仍处于理论研讨阶段，还没有一个统一的定义，也没有一套公认的理论体系和可供操作的实践方法。从有关文献来看，人力资源会计的应用研究大多是以企业为主要研究对象的。

人力资源会计的定义在西方有不同的表述[①]：美国会计学家埃里克·G. 弗兰霍尔茨认为，人力资源会计是计量和报告组织的资源——人的成本和价值的程序，“把人的成本和价值作为组织的资源而进行的计量和报告”。它分为两大体系：一是用来计量组织投资于招募、选任、雇用、训练与发展人力资源与重置现有职工成本的人力资源成本会计；二是用来计量被视为组织资源的人力价值（人力组织的价值）的人力资源会计。美国会计学会对人力资源会计的定义为：“鉴别和计量人力资源数据的一种会计程序和方法，其目标是将人力资源变化的信息，提供给外界有关人士使用。”

20世纪80年代初，人力资源会计引入我国，目前尚处于介绍国外研究成果、探讨学科内容及其适用性阶段。张文贤在其主编的《人力资源会计》一

① 谌新民主编：《新人力资源管理》，中央编译出版社2006年版，第472页。

书中认为[①]，人力资源会计是对人力资源数据进行确认、计量、记录和报告的会计程序和方法。阎达五等认为[②]，人力资源会计是“对人力资源进行价值核算和管理的一种活动，包括人力资源会计与人力资源管理会计两部分，前者是以会计原则为准绳，主要鉴别、计量与提供有关人力资源的货币性信息，以使信息使用者作出正确的判断和决策的有组织的系统；后者是利用人力资源的货币性信息及其他相关信息，对人力资源的选择、开发、配置、保护、评价等进行判断和决策的会计管理活动”。王文彬等认为[③]，“人力资源会计是以货币形式反映并控制经济组织中的人的成本和价值的管理活动，是会计学中的一个新兴的分支。就广义而言，人力资源会计应包括政府、社会团体、企事业单位等各类经济组织中的人的成本与价值计量、报告、监督和控制；就狭义而言，人力资源会计则包括具有独立经济利益的各类经济组织（如各类企业、营利性的事业单位等）中人的管理活动”。

（2）人力资源会计的基本假设[④]。人力资源会计除了仍采用会计主体、持续经营、会计期间、货币计量四个会计基本假设外，还有以下四个所特有的基本假设：

①人是人力资本的载体，是人力资源投资的承担者，从人力资本在企业的占用形态来看，表现为企业人力资产。

②人是一个组织的有价资源。首先这个资源必须服务于某一特定的组织或会计主体；其次是这种有价值的经济资源可以用货币进行定量研究；再次是这种资源能为该组织创造价值。

③人力资源价值是可变的，即人力资源的管理方式与投入情况不同，其价值也会发生变化。

④人力资源会计提供经营管理所需信息，而不研究那些与会计主体无关的信息。

2. 人力资源会计的主体、目标及对象

（1）人力资源会计的主体。凡是进行人力资源核算工作的组织都是人力

① 张文贤主编：《人力资源会计》，东北财经大学出版社2002年版，第51页。

② 转引自谌新民主编：《新人力资源管理》，中央编译出版社2006年版，第472页。

③ 同上。

④ 刘仲文著：《人力资源会计》，首都经济贸易大学出版社1997年版，第29页。

资源会计的主体，一般可以从广义与狭义两个方面来理解。广义的人力资源会计，即社会人力资源会计，其主体是国家或社会，需要从全社会的角度出发，核算社会人力资源的总投入和总产出，实施人力资源的宏观管理。狭义的人力资源会计主要是企业人力资源会计，其主体是企业，需要从企业的角度出发，核算企业在人力资源方面的总投入、总产出和明确人力资源权益，实施人力资源的微观管理。

（2）人力资源会计的目标。人力资源会计的目标也需从广义和狭义两个角度来理解，即社会人力资源会计目标和企业人力资源会计目标。社会人力资源会计将人力资源作为社会的经济资源，从社会的角度出发，对人力资源数据进行会计处理，预测社会人力资源需求，核算社会人力资源投资成本和投资效益，计量社会人力资源的价值，分析社会人力资源决策方案，参与社会人力资源决策。其目标是由国民经济核算对社会人力资源的教育、卫生保障、社会保障、人力资源市场需求、人力资源效益等会计信息的总需求决定的，是为制定国民经济总决策提供人力资源会计信息，为某些国民经济部门如教育部、卫生部、组织或人事部门等制定人力资源经济总决策提供人力资源会计信息，反映国民经济总体以及国民经济各部门对人力资源的投入与产出的比例及经济效益。企业人力资源会计则是通过对其拥有或控制的人力资源数据进行处理，对企业的人力资源需求作出观测，对企业的人力资源取得方案和投资方案进行决策分析，核算人力资源的取得成本、开发成本、使用成本和替代成本，计量企业人力资源的价值，分析评价企业人力资源投资效益，进行人力资源权益分配的核算。其目标是由国家、社会及企业管理部门对某一个企业人力资源会计信息的需求决定的。具体包括为企业制定经营决策及计算企业盈亏提供会计信息；为企业各部门管理及有效利用人力资源提供会计信息；为企业所有者与经营者加强人力资本管理提供会计信息；为企业外部有关人员提供相关人力资源信息。

（3）人力资源会计的对象。人力资源会计的对象同样可以从广义和狭义两个方面来理解：广义的人力资源对象是指社会人力资源会计的对象，狭义的人力资源对象是指企业（或某一组织）人力资源会计的对象。一般来说，社会人力资源会计是从宏观上核算和管理、控制社会人力资本的总存量及总流量。它是以一个国家某一会计期间能以货币表现的社会人力资源即社会人力资本运动作为会计对象。其空间范围是一个国家的社会总人力资源，时间范围一般是一个会计期间或一个会计年度，计量单位是货币，一般对象是社会人力资本运动。社会人力资本的运动是以社会人力资本的总投入为起点，以社会人力资本的总产出为终点或者说新的起点。社会人力资本的总投入包括国家、社会、家庭对本国全部人力资源的教育、培训、开发、维持、社会保障（卫生保健、养老保险、劳动保护等）等方面投入的总资本。社会人力资本总产出指国家、社会、家庭在社会人力资源的流通市场、储备部门、使用部门等方面得到的人力资源的总价值。企业（或某一组织）人力资源会计是从微观上核算和控制人力资本总存量及总流量。它是以某一会计期间能以货币表现的人力资源即人力资本运动为会计对象。其空间范围是一个企业（或某一组织）的总人力资源，时间范围与社会人力资源会计一样也是一个会计期间或一个会计年度，主要计量单位仍是货币。一般对象是企业（或某一组织）人力资本的总运动，以对人力资源的投入为起点，以一个会计周期人力资源的总产出为终点或新的起点。企业（或某一组织）人力资本投入是指其对人力资源的取得、开发、使用、保障、离职等方面投入的资本；企业（或某一组织）人力资本产出是指其通过对人力资源一定时期的使用，所获得的人力资源价值。

3. 社会人力资源会计与企业（或某一组织）人力资源会计

按照会计主体划分，人力资源会计可分为社会人力资源会计和企业（或某一组织）人力资源会计。

（1）社会人力资源会计是从一个国家或社会的角度对人力资源进行会计处理，核算社会人力投资成本、计量社会人力投资形成的价值、评价管理方案、预测投资效果等。

（2）企业（或某一组织）人力资源会计则是以企业（或某一组织）为主体，对自身人力资源进行会计处理，将自身人力资源的投资成本和人力资源投资形成的价值作为人力资产进行确认、计量、记录、报告，并分析其市场需求、投资效益、进行投资决策等。

4. 人力资源财务会计与人力资源管理会计

按照会计目标划分，人力资源会计可分为人力资源财务会计和人力资源管理会计。显然，会计目标不同，会计信息的收集、分类、报告的程序和方法也不同。

（1）人力资源财务会计是以财务会计方法为主要手段，以对企业（或某一组织）外部提供人力资源财务会计信息为主要目的，主要是进行人力资产成本的确认、计量、记录和报告。人力资源财务会计是通过设置账户、复式记账、编制凭证、登记账簿、成本计算，最终编制财务报表，进行人力资源成本会计信息的收集、分类、汇总等工作的。人力资源财务会计可以说是由人力资源成本会计和人力资源社会保障会计两部分组成。但由于人力资源会计主要是提供人力资源成本的，所以又可以说人力资源财务会计主要是人力资源成本会计。

人力资源成本会计，是对企业（或某一组织）取得、开发、保全人力资产使用价值而进行的会计核算，是以投入价值对人力资源成本进行的会计核算，是研究为取得、开发、使用、保障人力资源以及人力资源离职损失等方面所引起的成本的计量报告，为人力资源管理提供有关人力资源成本的价值信息。

人力资源社会保障会计，是核算国家或社会（包括企业及个人）对社会成员在生、老、病、死、伤、残、丧失劳动能力、失业或因自然灾害而面临生活困难时给予的物质保障以及企业（或某一组织）在社会保障方面的投资。

（2）人力资源管理会计是以管理会计方法为主要手段，以对企业（或某一组织）内部提供人力资源财务会计信息为主要目的，主要是进行人力资源价值的预测、确认、计量、记录和报告，进行人力资源需求预测以及人力资源投资效益分析、人力资源投资决策分析等。其中，人力资源价值会计，是指通过评价产出价值，对人力资源的经济价值进行会计核算。它是人力资源会计研究最为困难的领域，主要研究当人作为企业经济资源时，如何计量和报告其对企业（或某一组织）所具有的价值。计量人力资源价值主要有以下几个方面的作用：一是满足人力资源价值管理的需要；二是满足投资者了解企业（或某一组织）总资产（包括人力资产）情况的需要；三是满足计算相关方面对企业（或某一组织）投资的需要。

5. 人力资源会计的职能

人力资源会计兼有财务会计和管理会计的特点，它所提供的信息既可为企业（或某一组织）内部管理当局使用，也可为外部关系人所用，对人力资源的管理又有其特殊性。其职能主要有：

（1）反映职能。就是运用专门的原则和方法，并遵守一定的规则，及时、准确地记录本企业、本部门的人力资源的现状和增减变动情况。反映职能是人力资源会计的基本职能。

（2）控制职能。就是提供企业（或某一组织）可以控制的人力资源成本和价值方面的信息，来实现内部人力资源的优化配置和优化控制，力求高效率地取得、使用、控制人力资源，实现更高层次的经营管理目标。

（3）预测和决策职能。人力资源会计提供的是历史数据，是对企业（或某一组织）内部人力资源的成本、价值及构成情况的完整反映，同时，这些资料又具有预期性和分析性的特点，能反映自身对人力资源运用和控制的一种趋势，所以，可利用这些数据开展人力资源营运方面的预测和决策，以降低成本、提高效率。

（二）人力资源会计应用的几个具体问题

1. 人力资源成本的概念和内容

人力资源成本是指为了获得人力资源而发生的招聘、录用、教育、培训、医疗、保险、福利、使用、管理等费用或支出。具体包括人力资源取得成本、开发成本、使用成本与离职成本。

（1）人力资源的取得成本。具体包括：一是原始成本，即用人单位获得人力资源的"购入"成本；二是招募成本，即为了吸引和确定所需要的人力资源而发生的费用，主要包括招募人员的直接劳务费用、直接业务费用（招聘洽谈会议费、差旅费、代理费、广告费、宣传材料费、办公费、水电费等）、间接费用（行政管理费、临时场地及设备使用费）等；三是选择成本，即为选择合格的职工而发生的费用，包括选拔环节如初试、面试、心理测试、评论、体检等过程发生的一切与决定录取或录取有关的费用；四是录用成本，即为了取得已确定聘任员工的合法使用权而发生的费用，包括录取手续费、调动补偿费、搬迁费等由录用引起的有关费用；五是安置成本，即将被录取的员工安排在确定工作岗位上的各种行政管理费用，录用部门为安置人员所损失的时间费用，录用部门安排人员的劳务费、咨询费等。

（2）人力资源的开发成本。具体包括：一是上岗前教育成本，即对上岗前的新职工在思想政治、规章制度、基本知识、基本技能等方面进行教育所发生的费用，包括教育与受教育者的工资、教育与受教育者离岗的人工损失费用、教育管理费、资料费用和教育设备折旧费用等；二是岗位培训成本，即企业为使职工达到岗位要求而对其进行培训所发生的费用，包括上岗培训成本和岗位再培训成本；三是脱产培训成本，即企业根据生产和工作的需要，允许职工脱离工作岗位接受短期（一年内）或长期（一年以上）培训而发生的成本，其目的是为企业培养高层次的管理人员或专门的技术人员。

(3) 人力资源的使用成本。具体包括：一是维持成本，即保持人力资源维持其劳动力生产和再生产所需要的费用，是职工的劳动报酬，包括工资、津贴、年终分红等；二是奖励成本，即为了激励企业职工发挥更大作用，而对其超额劳动或其他特别贡献所支付的奖金，包括各种超产奖励、革新奖励、建议奖励和其他表彰支出等；三是调剂成本，即为了调剂员工的工作与生活节奏，使其消除疲劳、稳定员工队伍所支出的费用，如员工疗养费用、员工定期休养费用等。

(4) 人力资源的离职成本。具体包括：一是离职补偿成本，即辞退员工或员工自动辞职时，单位应补偿给员工的费用，包括至离职时间止应付员工的工资、一次性付给员工的离职金、必要的离职人员安置费等支出；二是离职前低效成本，即员工在即将离开单位之前而造成的工作或生产低效率损失的费用；三是空职成本，即由于员工离开单位后职位空缺的损失费用，也就是由于某职位空缺，可能使某项工作或任务的完成受到不良影响，从而所造成的损失。

2. 人力资源价值的概念和内容

人力资源价值是指个人或群体为组织提供有效服务的能力，即人力资源在预期服务期内所能提供的未来收益的估计现值，这个价值实际上是组织对人力资源投资而产生的效益，在数量上，它等同于对人力资源投资引起的收入增量减去这种投资成本后的余额。

人力资源价值可以分为两个组成部分：基本价值和变动价值。任何能从事简单劳动的劳动者都有其基本价值，基本价值首先由维持劳动者生存的劳动报酬所决定。在基本价值之上，通过货币和非货币的投入，劳动者的价值可以增值，这一部分构成人力资源的变动价值。变动价值的大小主要由三个因素决定：技能、知识和业绩。在劳动力市场上，用人单位一般通过对这三个因素加以限定来确认拟录取的劳动力的价值。人力资源价值会随着时间的推移而发生变化，有的会提高，也有的会降低。同时，在一个组织中，组织的群体价值并不仅等于各个个体价值的简单汇总，会大于或小于个体价值的总和。它与一个组织的制度安排、管理方式、文化特征、个体素质以及个体之间的协作精神等因素有关。

3. 社会人力资源投资收益分析

（1）社会人力资源投资收益的特征。社会人力资源投资是指用于改变人力资源质量，提高人的生产能力的投资。它包括用于人类教育、在职培训、健康保险、积累经济信息、人口迁移等方面的费用。人力资源投资的直接成果就是形成人力资本，包括人的健康、知识、能力等方面的存量储备。人力资源的特性表现为数量和质量两个方面。社会人力资源投资主要用于改变人力资源质量的费用。精确地计算人力资源投资，在某些条件下是可行的，但更多的情况下是十分困难的。对于人力资源来说，区分消费支出和投资支出，无论从理论上还是实际处理上都是困难的。

所谓人力资源消费支出，是指满足消费偏好而丝毫不提高人的生产能力的支出。然而，通过分析人类的各种支出，可以发现大量的支出是介于上述两者之间，即这种支出中的一部分是投资，一部分又是消费。这也就说明在通常条件下严格区分消费支出和投资支出是非常困难的。那么，如何才能估算出人力资源投资的大小呢？分析发现，由于提高人的生产能力的费用可以增加人类活动的生产能力的价值，所以它们将产生一个正的收益率。这样，在估算人力资源投资时，往往采用一种可供选择的方法，就是用它的产出而不是它的投入或成本来计算。人力资源投资收益实质上是人力资本的增加，即人的生产能力的增加。由于人力资源投资而形成的全部能力都变成了人的能力或劳动能力的一部分，从而使它不能出卖。但是，它却通过对人们所挣工资和薪金产生影响的方式与市场保持着联系。因此，增加劳动者收入是这类投资收益的最终表现，可以用计算劳动者收入的变化评价人力资源投资的收益。

（2）教育投资及其收益特性。教育支出具有消费与投资双重特性。一方面，教育可以看成是一种消费支出，因为教育的目标之一是发展文化；另一方面教育也可以看成是增加人力资本的投资性支出，因为它能够提高人的管理能力、工作能力和技术能力。教育所带来的收益是文化上和经济上的双重收益，并通过受教育者未来的货币收入和非货币收入来体现。教育投资的成本，一般来说应该包括两部分：一部分是开办学校所需要的费用，它是由社会和学生的家庭所负担的；另一部分则是学生上学期间所放弃的收入，它是由受教育者支付的。作为教育投资的收益，具有间接性、滞后性、长效性、时效性和社会性等特点。所谓间接性，是指教育投资不能直接通过物质生产过程反映出来，即投资的直接结果，不是经济收益而是人力资源质量的提高，且教育本身所创造的经济收益很难收回教育投资；所谓滞后性，是指教育投资是一种长期投资，且这种投资的收益只有在受教育者就业后才能产生；所谓长效性，是指教育投资收益是长远的，它的收益期是很长的，因为学生所学到的能力是其整个一生的一部分，会在其就业后一直发挥作用；所谓时效性，是指随着知识更新速度的加快，会导致人力资本的老化和废弃，只有不断进行教育投资，实施终生教育，才可保证人力资本的完整性；所谓社会性，是指教育投资的收益更多的是全社会的收益，而不仅仅为受教育者本人所占有。

（3）健康投资及其收益特性。健康状况是人力资本的有机组成部分，往往表现为健康地工作、消费、闲暇的无疾病时间。健康投资是指获得和维持健康状况所必须付出的成本，包括健身活动、营养、衣服、住房、医疗保健和自我照管所需的费用。健康投资所带来的收益直接表现为劳动力健康状况的改善、死亡率下降和人口平均寿命的延长。

（4）人口的迁移投资及其收益特性。人口迁移或人力资源流动实质上是一种人力资源的合理配置。劳动力流动的过程也是人力资源有效配置的过程。它使劳动者与生产资料之间更加合理地结合，对提高劳动生产率、避免浪费有积极作用，从而对经济发展产生积极影响。人力资源流动是对市场薪金的一种反应，其主要动机是为了改善自身的境遇。促进人力资源迁移的真正动力通常是经济上的净收入及其与非货币性满足的某种组合。所谓经济上的净收入，就是扣除掉进行迁移所花费的成本之后所得到的货币量，且迁移成本具有在人力资本上进行自我投资的性质。迁移到新的地方之后，所获得货币和非货币性的好处是未来的利润。从投资收益的角度来看，这是一种直接的有利于投资者并能短期见效的投资。

（三）人力资源会计在公共部门预算中的应用

如前所述，公共部门的预算支出包括基本支出预算与项目支出预算两大部分。在部门预算中，无论是基本支出还是项目支出，与人力资源相关的支出都占有较大的比重。特别是在基本支出预算中，人力经费与日常公用经费基本上是与人力资源直接或间接相关的支出。运用人力资源会计理念，发挥人力资源会计的核算与监督职能，预测、分析与决策职能，对合理安排公共部门的基本支出与人力资源项目支出，控制公共支出成本，提高公共支出绩效有着重要的现实意义。

1. 人力资源会计在公共部门基本支出预算中的应用

基本支出预算包括人员经费与日常公用经费两部分。从管理会计的角度看，在基本支出预算编制、执行与监督的过程中，应用人力资源会计的理念与方法，有利于控制公共部门的运行成本。

（1）关于公共部门的编制成本问题。第四章我们介绍过公共部门编制成本的概念，它是由某个部门内设机构的结构设置及其岗位配置决定的成本，基本上属于人力资源成本的范畴。从定量与定性相结合的角度看，具体表现为某个部门人员经费的大小与工作效率的高低（如是否存在由于内设机构设置不当、职能不清，或机构内部岗位配置不当而出现的低效率现象）。在编制管理的实践中，作为一级政府，当本级公共部门的结构设置按照一定的程序确定以后，某个公共部门内设机构的结构设置与岗位配置，就决定着本部门的编制成本。尽管我们很难说某个公共部门的内设机构的结构应该如何设计，也很难说每个内设机构的岗位配置应该如何设计，但是我们完全可以通过人力资源成本会计核算，对具有可比性的同类公共部门的编制成本（包括编制成本的绝对量与相对量）情况进行比较研究分析，判断它与公共部门绩效的相关性，进而为本部门及上级编制管理部门优化编制管理提出意见与建议。同时，也可以借鉴人力资源价值会计的理念，通过搜集顾客的满意度，即特定公共部门服务对象的意见，判断某部门的工作效率，进而间接了解内设机构结构设置的合理性与运行的有效性。

（2）关于不同用人方式的成本比较分析问题。从我国的现实来看，公共部门（包括行政单位或一些全额财政供养的事业单位）实行的是财政供养终身制。通过人力资源成本会计的核算可以明显看出，不同的用人方式，其成本差异很大。也就是说，固定岗位的用人成本远高于临时岗位的用人成本。因此，对于那些必须由固定岗位承担的工作，当然只能由固定编制的相关人员来完成。但是，对于那些不一定要求固定岗位的工作，例如，后勤服务工作（如司机等）和一些技术支持工作（如计算机应用环节的技术支持工作等），或者那些突击任务，则可以通过人力市场或劳动力市场，长期（一年及一年以上的用人合同）或短期（一年以下的用人合同）聘请相关人员。为优化用人方式，降低用人成本，实现最低成本的用人方式组合，从编制与经费管理上说，需要实行固定编制、聘请编制、“定额不定编”相结合的人员编制管理与人员经费管理相结合的管理模式。其中，所谓固定编制，是指那些需要遵循《公务员法》或事业单位人事管理的相关政策进行管理的岗位，其编制管理必须严格执行编制部门的规定，相应的人员经费及与“人头”挂钩的日常公用经费由财政全额供养；所谓聘请编制，是指对于那些可以通过人才市场或劳动力市场来聘请的岗位，则要求在“定编”的基础上，可按规定程序聘请，其成本（包括工资与社会保险等）按合同规定由财政全额负担，支付方式也应按合同规定的方式进行；所谓“定额不定编”，则是指对于那些可以通过临时聘请人员来完成的工作，则不确定人员编制（即“不定编”），但需要确定相应的经费额度（即“定额”）。至于在部门预算中如何实施“定额”，则可以从实际出发，或者通过基本支出解决，或者通过项目支出解决，或者通过基本支出与项目支出相结合的方式解决。

（3）关于在日常公用经费定额制定中运用人力资源成本会计问题。我们在第四章介绍了日常公用经费定额制定的相关问题。因为日常公用经费定额项目中各项内容的计算一般是以人为主，同时辅之以能够定量的物或工作任务，所以，在收集基础数据、分析整理数据、核定各项支出定额标准等工作中，人力资源成本会计完全可以发挥较大的作用，以提高日常经费定额制定的科学性与合理性。

2. 人力资源会计在公共部门项目支出预算中的应用

（1）人力资源项目的成本和收益与人力资源的成本与价值。所谓人力资源项目，是指按特定行政工作或事业发展目标的要求，在基本支出预算之外编制的与人力资源相关的年度项目计划。显然，人力资源项目与其他项目一样，同样有一个成本与收益的问题。不过，人力资源项目与其他项目相比，在成本支出问题上是相同的，即都需要耗费资金或其他资源；而在项目收益问题上，却又有区别，人力资源项目的收益与其他项目的收益相比，则表现为不同的形式。人力资源项目的收益，用人力资源会计的话来说就是人力资源的价值，它可以通过人力资源价值会计来计量或估算。

（2）部门人力资源项目与社会人力资源项目。所谓部门人力资源项目，是指旨在提升某个公共部门或系统人力资源价值，更好地为社会提供公共产品或公共服务，不断提高公共部门绩效的人力资源项目；而所谓社会人力资源项目，则是指旨在提升社会人力资源价值，促进经济社会持续发展的人力资源项目。这两类项目，对项目所创造的人力资源价值的评估内容与重点是不同的。对于部门人力资源项目，人力资源价值评价的内容与重点主要是与部门绩效相关的项目；而社会人力资源价值评价的内容与重点，则主要是与社会效益相关的项目。

（3）其他项目中的人力资源成本与价值。所有的公共支出项目都需要由人去组织实施，也就是说很多项目都涉及人工成本。但是，由于公共支出项目的特点是为社会提供公共产品或公共服务，所以，对某一特定的项目而言，人力资源成本与价值的不同，直接或间接影响到项目的绩效，特别是与社会人力资源相关的成本收益，或与项目相关的那些无形价值（如社会公众的满意度等）。

3. 人力资源价值计量

（1）人力资源价值计量的特点。在人力资源价值会计的研究中，人力资源价值的计量是其中的核心内容。由于人力资源价值会计不是以投入价值而是以产出价值作为计量基础，这就使人力资源价值的计量结果不可能绝对准确，而只是对人力资源在未来特定时期创造新的价值的能力的一个推测或估计。当然，要想提供准确的人力资源价值的信息也是不实际的，因为在人力资源价值的计量过程中存在着许多不确定的因素。从公共部门人力资源项目来看，运用人力资源价值会计对实施人力资源项目的产出价值进行计量，将有利于人力资源项目的科学合理决策。人力资源价值的计量方法主要分为货币性计量方法和非货币性计量方法两类。

（2）人力资源价值的货币性计量方法。人力资源价值的货币性计量方法，就是将人力资源价值予以资本化，可以按个人价值和群体价值分别确定其计量方法[①]。对于人力资源个人价值的计量可采用未来工资报酬折现法，也就是将支付给员工从录用到退休或死亡期间的工资报酬，按一定的折现率折成现值，作为人力资源的价值。这种计量方法虽然容易，但需要对未来的工资报酬率及年限等作出估计，所以只能是一种粗略计算。对于人力资源群体价值的计量方法，可采用经济价值法，即通过预测未来各期收益，并将预测的盈利折成现值予以加总，最后按照人力资源投资占总投资的比例，计算人力资

① 谌新民主编：《新人力资源管理》，中央编译出版社2006年版，第488页。

源的价值。其计算步骤为：一是估计未来各期盈余现值；二是计算未来盈余现值的总额 E；三是计算人力资源投资占总投资的比重 R；四是计算人力资源价值 $V = E \times R$。这种方法以未来盈利作为计量基础，既符合资产的特性，反映又比较全面，有一定的合理性，但对于未来盈利的预测带有很大的主观性。

（3）人力资源价值的非货币性计量方法。人力资源价值的非货币性计量方法，是使用模糊计量和定性描述的方法加以分析说明，来计量某一组织职工的凝聚力、协作精神、人的潜能和适应能力等。企业人力资源非货币性分析对公共部门人力资源项目决策有着较大的借鉴意义。刘仲文认为①，人力资源价值的非货币性计量方法的逻辑思路应该是从人力资源技能信息库存资料分析评估开始，然后利用这些信息进行人力资源价值的技术指标统计分析和评价，再对人力资源价值的主观自我评价进行分析，同时结合人力资源价值的客观评价资料进行比较分析，最后利用这些综合信息得出某个人价值或某一群体价值的非货币性数据的综合结论。人力资源价值计量的非货币性方法主要有：

①人力资源价值技能信息库法。这种方法是通过对各位人员的教育水平、知识水平、工作经验以及专门技术等素质构成和能力特征编制一览表进行分类等衡量，以评价人力资源价值。

②人力资源价值技术指标统计法。这种方法是利用统计方法，计算一些有利于人力资源价值计算和分析的人力资源价值技术指标的方法。所得到的数据有些可以利用到人力资源价值的货币性计算之中，有些可作为人力资源的非货币性计量的指标对货币性指标辅以说明。非货币性的人力资源技术指标有很多种，只要有利于人力资源价值分析都可以利用。诸如，员工离职率、员工年龄结构变动表、员工工时利用率、人员结构比率等。

③人力资源价值客观评价法。这种方法是请管理人员、专家或群众等给其他人的工作绩效、工作态度、工作潜力等打分，并按一定顺序进行级别排列，作出他们自己评价的方法。评价内容可包括工作绩效、工作态度与工作潜力等。

4. 如何看公共部门中的人力资源会计

从上述关于人力资源会计的几个定义可以看出，这个新的会计分支与其

---

① 刘仲文著：《人力资源会计》，首都经济贸易大学出版社 1997 年版，第 170 页。

他财务会计或管理会计一样，又是从私人部门（最典型的是企业）开始发迹的。它是将人力资源作为企业的人力资产，对其成本和价值进行确认、计量和记录，对其供给与需求进行预测，对其投资效益进行分析，作出人力资源投资决策分析，并将其结果报告给有关方面的会计管理方法。

如果说私人部门（企业）与公共部门的最大区别，就是前者是以盈利为目标的，所以，企业所有者与经营者对包括人力资源在内的各类生产要素的经营管理，必然会让他们尽可能多地为本企业股东创造价值。而公共部门则不同，其绩效不是追求本部门的经济效益，而是追求社会效益，特别是努力实现社会的公平、正义与和谐。公共部门对人力资源的投入与管理，其目标既是提高本部门绩效管理水平，更是从本部门的职能出发，让相关的人力资源投资创造更大的社会效益。所以，基于投入产出理论与提高公共支出或公共部门绩效的角度出发，学习企业管理会计与企业人力资源会计的经验，结合建立公共部门管理会计，探索公共部门人力资源会计还是有必要的。

主要参考文献

[1] 桑贾伊·普拉丹著:《公共支出分析的基本方法》,中国财政经济出版社 2000 年版。

[2] A. 普雷姆詹德著:《公共支出管理》,中国金融出版社 1995 年版。

[3] 珍妮特·V. 登哈特、罗伯特·B. 登哈特著:《新公共服务:服务,而不是掌舵》,中国人民大学出版社 2004 年版。

[4] 林钟高、章铁生著:《公司治理与公司会计》,经济管理出版社 2003 年版。

[5] 夏恩·桑德著:《会计与控制理论》,东北财经大学出版社 2000 年版。

[6] 余绪缨主编:《现代管理会计》,人民大学出版社 2001 年版。

[7] 郭磊、郭玲著:《政府会计》,南开大学出版社 2005 年版。

[8] David C. Nice:Public Budgeting Printed in United States America.

[9] 卓越主编:《公共部门绩效评估》,中国人民大学出版社 2004 年版。

[10] 陈振明著:《公共管理学》,中国人民大学出版社 1999 年版。

[11] 财政部预算司、香港理工大学课题组译:《政府财务报告——公立单位委员会第 11 号研究报告》,中国财政经济出版社 2002 年版。

[12] 理查德·A. 马斯格雷夫、佩吉·B. 马斯格雷夫著:《财政理论与实务(第 5 版)》,中国财政经济出版社 2003 年版。

[13] 娄尔行著:《基础会计》,上海财经大学出版社 2002 年版。

[14] 朱志刚主编:《财政支出绩效评价研究》,中国财政经济出版社 2003 年版。

[15] 张少春主编:《政府公共支出绩效考评理论与实践》,中国财政经济出版社 2005 年版。

[16] 财政部会计准则委员会编:《政府绩效评价与政府会计》,大连出版社 2005 年版。

［17］中华人民共和国财政部制定：《2008 年政府收支分类科目》，中国财政经济出版社 2007 年版。

［18］财政部预算司编：《政府收支分类改革问题解答》，中国财政经济出版社 2006 年版。

［19］马国贤著：《中国公共支出与预算政策》，上海财经大学出版社 2001 年版。

［20］马国贤著：《政府绩效管理》，复旦大学出版社 2006 年版。

［21］谭跃进主编：《定量分析方法》，中国人民大学出版社 2002 年版。

［22］李含琳等著：《中国西部财政供养人员适度比例研究——经验模型及实证研究》，人民出版社 2003 年版。

［23］张瑞君、蒋砚章主编：《会计信息系统》，中国人民大学出版社 2006 年版。

［24］石人瑾等主编：《管理会计》，上海三联书店 1994 年版。

［25］黄健荣等著：《公共管理新论》，社会科学文献出版社 2005 年版。

［26］昆廷·弗莱明、乔尔·科佩尔蒙著：《挣值项目管理》，电子工业出版社 2007 年版。

［27］蒋景楠主编：《项目管理》，华东理工大学出版社 2006 年版。

［28］保罗·R. 尼文著：《政府及非营利组织平衡计分卡》，中国财政经济出版社 2004 年版。

［29］财政部财政科学研究所《绩效预算》课题组：《美国政府绩效评价体系》，经济管理出版社 2004 年版。

［30］张志超等著：《美国政府绩效预算的理论与实践》，中国财政经济出版社 2006 年版。

［31］彼得·罗西、霍华德·弗里曼、马克·李普希著：《项目评估方法与技术》，华夏出版社 2002 年版。

［32］毛洪涛著：《业绩管理会计研究》，西南财经大学出版社 2007 年版。

［33］财政部预算司编著：《中央部门预算编制指南（2008）》，中国财政经济出版社 2007 年版。

［34］蔡美德主编：《管理决策分析》，华南理工大学出版社 1992 年版。

［35］E. S. 萨瓦斯著：《民营化与公私部门的伙伴关系》，中国人民大学出版社 2003 年版。

[36] 诺曼·弗林著：《公共部门管理》，中国青年出版社 2004 年版。

[37] 吕炜著：《我们离公共财政有多远》，经济科学出版社 2005 年版。

[38] 卢现祥著：《西方新制度经济学》，中国发展出版社 2003 年版。

[39] 郭庆旺、赵志耘著：《财政学》，中国人民大学出版社 2002 年版。

[40] B. J. 理德、约翰·W. 斯韦恩著：《公共财政管理（第二版）》，中国财政经济出版社 2001 年版。

[41] 财政部经济建设司编著：《政府公共部门绩效考评理论与实务》，中国财政经济出版社 2005 年版。

[42] 贾康、苏明主编：《部门预算编制问题研究》，经济科学出版社 2004 年版。

[43] 杨灿明、李景友主编：《政府采购问题研究》，经济科学出版社 2004 年版。

[44] 于树彬等主编：《资产管理与评估》，经济科学出版社 2008 年版。

[45] 谌新民主编：《新人力资源管理》，中央编译出版社 2006 年版。

[46] 张文贤主编：《人力资源会计》，东北财经大学出版社 2002 年版。

[47] 刘仲文著：《人力资源会计》，首都经济贸易大学出版社 1997 年版。

[48] C. B. 维萨、P. W. 艾瑞斯莫斯著：《公共财政管理学》，经济科学出版社 2006 年版。

[49] 庄序莹著：《公共管理的经济学基础分析》，复旦大学出版社 2005 年版。

[50] 陈振明编著：《公共管理（MBA）专题 15 讲》，中国人民大学出版社 2004 年版。

[51] 钱维、尤伯军著：《政府投资体制的制度创新——项目法人招标制》，中国财政经济出版社 2006 年版。

[52] 程惠霞编著：《公共部门管理学》，北京大学出版社 2009 年版。

[53] 雷·H. 加里森等著、罗飞等译：《管理会计》，机械工业出版社 2009 年版。

[54] 陈杰林编：《植物保护经济学》，贵州科技出版社 1991 年版。

[55] 彭健著：《政府预算理论演进与制度创新》，中国财政经济出版社 2006 年版。

[56] 爱伦·鲁宾著：《公共预算中的政治：收入与支出，借贷与平衡》，

中国人民大学出版社 2002 年版。

［57］《公共部门人力资源管理》编写组编：《公共部门人力资源管理》，中国国际广播出版社 2002 年版。

［58］哈维·S. 罗森著：《财政学》，中国人民大学出版社 2002 年版。

［59］简·莱恩著：《新公共管理》，中国青年出版社 2004 年版。

［60］欧文·E. 休斯著：《公共管理导论》，中国人民大学出版社 2005 年版。

［61］布坎南著：《自由、市场和国家》，北京经济学院出版社 1988 年版。

［62］雷晓康等：《公共财政与政府改革》，上海人民出版社 2008 年版。

［63］R. 科斯等著：《财产权利与制度变迁：产权学派与新制度学派译文集》，上海三联书店、上海人民出版社 1994 年版。

［64］朱利安·勒·格兰德等著：《社会问题经济学》，商务印书馆 2006 年版。

［65］项怀诚编著：《中国财政管理》，中国财政经济出版社 2002 年版。

［66］财政部会计司：《政府会计研究报告》，东北财经大学出版社 2005 年版。

［67］张宜霞、舒惠好著：《内部控制国际比较研究》，中国财政经济出版社 2006 年版。

［68］孟凡利主编：《内部会计控制与全面预算管理》，经济科学出版社 2003 年版。

［69］亚洲开发银行编著：《政府支出管理》，人民出版社 2001 年版。

［70］谢秋朝、侯菁菁编著：《公共财政学》，中国国际广播出版社 2002 年版。

［71］丛树海主编：《财政支出学》，中国人民大学出版社 2002 年版。

［72］李宏健著：《现代管理会计》，湖北人民出版社 1994 年版。

［73］杨丹芳著：《财政支出经济分析》，上海三联书店 2002 年版。

［74］戴文标著：《公共经济学新论》，浙江大学出版社 2005 年版。

［75］安瓦·沙主编：《公共支出分析》，清华大学出版社 2009 年版。

［76］邓毅著：《绩效预算制度研究》，湖北人民出版社 2009 年版。

［77］Bartle John R. Jun and Ma：2001，“Applying Transaction Cost Theory to Public Budget and Finance”，In Evolving Theories of Public Budgeting，New

York Press.

［78］张青："部门预算管理与公共资产占用关系的理论研究"，《财政研究》，2008 年第 7 期。

［79］贾康、孙洁："平衡计分卡（表）方法在财政支出绩效评价中的应用设计初探"，财政部财政科学研究所《研究报告》第 58 期（总 921 期），2009 年 8 月。

［80］罗辉主编：《成本工程》，湖北科学技术出版社 1995 年版。

［81］罗辉："公共部门基本支出预算与运行成本控制"，《财会通讯》，2008 年第 8 期。

［82］罗辉："改善和提高公共部门绩效的会计使命——关于建立公共部门管理会计的基本思考"，《会计研究》，2006 年第 3 期。

［83］罗辉："公共支出项目绩效评价的'本量效'分析"，《财政研究》，2007 年第 6 期。

［84］王祺扬："英国资源会计及预算制度的主要内容及借鉴意义"，《财会通讯》，2004 年第 5 期。

［85］王祺扬："试论构建公共部门绩效预算制度"，《财政研究》，2007 年第 1 期。

后　记

2006年3月，我在《会计研究》杂志上发表了题为“提高公共部门管理绩效的会计使命——关于建立公共部门管理会计的基本思考”一文，自此以后，我就很想按照这个思路，写出一本有关“公共部门管理会计”的书来。但是，由于当时在省财政厅厅长的岗位上，行政工作十分繁忙，的确无法静下心来写书，几次提笔，却都是半途而废。庆幸的是，2008年换届来省人大工作后，又有机会将这件“旧事”重提，并与我的老同事——洪流与王祺扬两位副厅长一道，共同来完成这一心愿。经过两年的努力，我们终于拿出了《公共部门管理会计》一书的初稿，心里既欣慰又沉重。说到欣慰，是因为这厚厚的一叠文稿，是原来那抽象思路的具体化，有不少新的前沿性的探讨；说到沉重，是因为感到我们的研究还不太深入，尤其是实证分析还比较欠缺。好在这是一本“抛砖引玉”的写作尝试，尽管“砖”本身还很不完善，但相信总有一天会将“玉”引出来。

近些年来，我们注意到“绩效”一词，在研究政府、公共部门或公共支出的相关文章或著作中出现的频率大大增加，诸如“政府绩效评价”、“政府绩效管理”、“公共部门绩效评估”、“财政支出绩效评价”、“政府公共部门绩效考评”、“政府公共支出绩效考评”、“绩效预算”、“预算绩效”，等等。其中，直接由财政部领导或财政部相关司局主编的著作就有好几本，财政部还出台了《中央部门预算支出绩效考评管理办法（试行）》。这些研究成果或政策规定充分表明，提高公共支出或公共部门绩效，已成为政界、学界以及全社会共同关注的问题。根据我们长期从事财政工作的实践体会，无论是说提高公共支出的绩效也好，或者说是要编制绩效预算也好，甚至说是应加强公共部门绩效管理也好，其实际上都直接或间接涉及将有限的公共资金（财政资金）分配好、管理好、使用好，最终体现出效果来，让广大人民群众（也就是顾客）满意这个根本问题。而要解决好这个根本问题，除从政治层面上进一步加强民主与法制建设，在预算编制、预算执行与预算监督方面不断提高科学决策、民主决策与依法决策水平外，还需要从技术上为相关决策提供支撑，这也是我们所说的提高公共部门绩效、呼唤管理会计的根本原因。

根据财政部关于预算制度改革的规定，部门预算由基本支出预算与项目支出预算两大部分组成。其中，基本支出预算又包括人员经费与日常公用经费两部分。财政部关于《中央本级基本支出预算管理办法》（财预［2007］37号）第四条明确规定："基本支出预算是部门预算的组成部分，是中央部门为保障其机构正常运转，完成日常工作任务而编制的年度基本支出计划，按其性质分为人员经费和日常公用经费。"《中央本级项目支出预算管理办法》（财预［2007］37号）也明确规定："项目支出预算是部门支出预算的组成部分，是中央部门为完成其特定的行政工作任务或事业发展目标，在基本支出预算之外编制的年度项目支出计划，包括基本建设、有关事业发展专项计划、专项业务费、大型修缮、大型购置、大型会议等项目支出。"显然，基本支出预算之内的"日常工作"与基本支出预算之外的"特定的行政工作任务或事业发展目标"并没有一条泾渭分明的界线。所以，为了提高公共支出绩效，有利于预算的编制、执行与监督，必须从技术层面上划清基本支出与项目支出的边界问题，再在此基础上，分别根据基本支出与项目支出的特点，有针对性地采取相应措施分别加强基本支出与项目支出预算的绩效管理。这些工作单纯靠公共部门现行财务会计所提供的那些报表是难于满足需要的，也正因为如此，所以我们在《公共部门管理会计》一书中，始终将这个十分现实的问题作为重点来安排章节内容。这里，将对本书的结构作一简要说明：

1. 公共部门管理会计应该属于实务领域的工作，但在基础理论上的廓清，对做好这些工作也很重要。作者一贯提倡从事行政工作特别是领导工作，需要理论思考与理性实践。正因为如此，本书第一章就专门介绍了相关理论及其应用的问题，希望这些理论能成为公共部门管理会计的理论基础。本书第二章则是从总体上介绍公共收入与公共支出分析的相关问题，这些知识对后续围绕部门预算重点介绍的基本支出与项目支出分析都是必要的。本书第三章关于公共部门收支管理的几个问题，主要是从一般意义上介绍收支管理与部门预算，同时介绍一些有代表性的定量分析方法。

2. 本书第四章在讨论公共部门成本分析与运行成本控制时，就针对公共部门的特点，明确提出了两类成本概念，即"基于机构与编制的运行成本"和"基于公共产品或公共服务的项目成本"。对于一级政府来说，由于机构与编制的确定往往不是一般公共部门本身的决策事项，所以，对绝大多数公共部门来说，运行成本的控制当然是公用经费了。但鉴于公用经费的特点，现行财务会计中相关会计科目对与公用经费相关的支出凭证（如差旅费等）的归集，又不仅限于部门预算基本支出中的日常公用经费这一部分开支，还包括相关项目支出中的费用。所以，对于负责组织编制部门预算的财政部门来说，需要科学制定日常公用经费定额，这里的科学性并不只是简单的定额高低问题，而首先是应该合理确定基本支出与项目支出的界限；对于公共部门本身来说，则是需要从本身的实际出发，将本部门的日常公用经费定额制定得更为精细。

3. 本书从第五章到第八章几乎用了一半的篇幅来讨论与公共支出项目绩效管理相关的决策与实施等问题。之所以这样安排，是因为鉴于基本支出与项目支出的特点，我们认为提高公共支出绩效，既需要注意提高基本支出的绩效，更需要注重提高公共支出项目的绩效。公共支出绩效评价的切入点和着力点，应该是公共支出项目绩效评价。所以，本书的重点始终是围绕公共支出项目决策与实施的全程绩效管理来组织相关内容的。我们甚至认为，从一定意义上讲，公共部门管理会计为公共支出管理决策提供信息支撑，首先就是为公共支出项目的决策与执行提供信息支撑。其中，直接涉及“项目”的四章，主要内容是：

（1）本书第五章是从一般意义上介绍公共支出项目及其绩效评价。借鉴国外经验，从一般意义上讲，主张用“4E”也就是“四性”标准（即经济性、效率性、有效性与公平性）来评价公共支出项目的绩效。这一章还借鉴企业管理会计的“量本利”分析原理，首次提出了公共支出项目绩效评价的“本量效”分析方法。同时，还介绍了美国预算管理办公室（OMB）推出的一种用于预算项目绩效评价的新型方法，即“项目等级评价工具（PART)”。

（2）本书第六章专门介绍了公共支出项目决策过程成本收益分析与立项评估的相关问题。之所以这样安排，主要是考虑到成本收益分析方法在企业（典型的私人部门）投资项目的管理决策中的应用很普遍，也很有效。通过成本收益分析，很容易知道一个投资项目的回收期是多少，或者说内部收益率多高，进而能从众多的投资方案中选择最优方案。然而，鉴于公共支出项目既有直接成本与收益，又有由于项目的外部性所带来的间接成本与收益，所以，这一方法在公共支出项目决策过程中的应用，就往往碰到项目的成本与收益不易确定的问题。但毕竟这一方法的经济学意义很明确，仍不失为一种可供公共支出项目决策过程参考的方法。所以，这一章专门将美国学者 B. F. 理德与约翰·W. 斯韦斯的著作《公共财政管理（第二版）》第八章所介绍的三种成本分析方法介绍给读者。同时，对这一阶段所必须研究的项目审核等问题也作了简要介绍。

（3）本书第七章针对公共支出项目实施过程的特点，专门讨论了项目实施过程的成本管理与项目责任会计问题。这一章特别强调应学习企业管理会计的成功经验，建立项目成本中心与责任中心，将项目绩效管理落到实处。与此同时，这一章还根据美国学者昆廷·弗莱明与乔尔·科佩尔蒙的著作《挣值项目管理》一书，立足于公共支出项目管理实践，简要介绍了挣值法的相关概念、主要内容及其应用。作者认为，在公共支出项目的实施过程中，应用挣值项目管理方法，对于控制项目成本，实现项目绩效目标是很有必要的。

（4）本书第八章简要讨论了公共支出项目实施后绩效评价及其相关问题。对于实施后的公共支出项目，一般需要将项目的实际绩效与当初的计划绩效进行比较，看其“达标”程度，是绩效评价过程中必不可少的环节。对于基本建设这类“资本性”项目而言，实施后绩效评价更是特别重要，财政部经建司在他们的著作《财政支出绩效评价研究》与《政府公共部门绩效考评理论与实务》中都有详细的介绍。本章也从这些著作中引用了项目支出绩效考评指标的典型实例，希望通过这些实例，并结合本书相关章节所介绍的项目绩效评价的有关内容，能够从广度与深度两个方面进一步促进项目实施后绩效评价。同时，还希望运用项目实施后绩效评价的成果，不断优化部门预算的编制与执行，并据此切实促进公共部门加强绩效管理工作。

4. 本书第九章对平衡计分卡及其在公共支出绩效评价中的应用进行了专门介绍。由于这是一个新的评价体系，在国内尚无成熟的经验，所以，在介绍平衡计分卡基本概念的同时，也只能是对公共项目支出绩效评价、基本支出绩效评价与部门预算绩效评价的平衡计分卡的初步设计作一些思路性的说明，希望为这一方法的推广应用起到一些促进作用。同时，也对传统预算与绩效预算作了比较，希望通过公共部门管理会计的建立，特别是包括平衡计分卡在内的相关绩效评价方法的应用，能为绩效预算的编制与执行打下坚实的基础。

5. 本书第十章对公共部门资产管理与人力资源管理中的管理会计问题，进行了初步讨论，希望在公共部门基本支出与项目支出预算管理的实践中能引起各方面的注意，更加注重资产的优化配置及管理，更加注重开发和利用好人力资源。

需要强调指出的是，建立公共部门管理会计完全没有现存的参考样本，是一项全新的尝试。所以，我们只能在总体的“结构设计”基础上，广泛地选择“秦砖汉瓦”，也就是借用现有文献中的相关内容来充实这些“结构”。在这里，我们要由衷地感谢这些文献的作者们，是他们丰硕的研究成果为我们提供了很多学习与借鉴的材料。正因为长期以来，我们一直是这些文献的忠实读者，才有可能让我们不断丰富自己，并产生建立公共部门管理会计的想法，进而将这个想法变成现实。

财政部王军副部长对本课题的研究及本书的编写工作一直给予了热情指导和大力支持，本书成稿以后他又在百忙之中审阅了书稿，并欣然作序，让我们倍感亲切、深受鼓舞；武汉大学经济与管理学院王永海、唐建新、冉秋红、余明桂、刘启亮教授，中南财经政法大学财税学院陈志勇、王金秀教授和会计学院罗飞教授，湖北经济学院蔡红英、邓毅、刘国武教授对本书的初稿提出了很多宝贵意见，给予了真切的帮助；中国财政经济出版社社长兼总编辑贾杰、会计分社社长徐洁以及编辑樊清玉、蔡丽兰、温彦君、张若丹等同志对本书的编审与出版倾注了大量心血，给予了大力支持。在此，我们谨向各位领导和专家表示崇高的敬意和由衷的谢意！

由于我们的理论水平不高，实践经验有限，再加上这项工作又处于探索阶段，所以，本书的不妥甚至错误在所难免，我们由衷地希望与此相关的广大理论与实践工作者不吝赐教，多提宝贵意见与建议。如果本书对公共部门管理会计这门学科的建立，特别是对提高公共支出绩效能够起到一些促进作用的话，那将是我们最大的心愿，也算是我们这些为政学人的三生幸事！

作者

2010 年 10 月于武昌水果湖